GUERRE DE 1870-1871

PARIS

LES BATAILLES DE LA MARNE

G. CHARPENTIER et E. FASQUELLE, Éditeurs
11, RUE DE GRENELLE, PARIS

OUVRAGES DU MÊME AUTEUR

DANS LA

BIBLIOTHÈQUE-CHARPENTIER

A 3 FR. 50 LE VOLUME

LA GUERRE D'ITALIE (1859) (2e mille) . . . . . . 1 vol.
FRŒSCHWILLER, CHALONS, SEDAN (3e mille) . . . 1 vol.

METZ

Les Grandes Batailles (3e mille) . . . . 1 vol.
Les Derniers jours de l'Armée du Rhin
(2e mille) . . . . 1 vol.

PARIS

Le Quatre-Septembre et Châtillon (3e mille). 1 vol.
Chevilly et Bagneux (2e mille) . . . . 1 vol.
La Malmaison, le Bourget et le Trente-et-
un-Octobre (2e mille). . . . . 1 vol.
Thiers, le Plan Trochu et l'Hay (2e mille) . . . 1 vol.

En préparation :

PARIS

Buzenval et la Capitulation . . . . 1 vol.

LA LOIRE

Les Batailles d'Orléans . . . . 1 vol.
La Retraite de Chanzy . . . . 1 vol.

L'ARMÉE DU NORD . . . . 1 vol.
LA GUERRE DANS L'EST . . . . 1 vol.
SIÈGES ET CAPITULATIONS . . . . 1 vol.

Paris. — Imprimerie L. MARETHEUX, 1, rue Cassette. — 5088.

GUERRE DE 1870-1871

PARIS

LES BATAILLES DE LA MARNE

30 NOVEMBRE — 8 DÉCEMBRE

avec cinq croquis et une carte des opérations militaires

PAR

ALFRED DUQUET

PARIS
BIBLIOTHÈQUE-CHARPENTIER
G. CHARPENTIER ET E. FASQUELLE, ÉDITEURS
11, RUE DE GRENELLE, 11

1895

UN DEVOIR

Voici, enfin, le grand public qui a connaissance de mes rudes travaux et qui s'y intéresse!

Jusqu'à présent, ce n'étaient que quelques milliers de patriotes, d'officiers studieux, d'étrangers friands de notre histoire militaire qui suivaient, avec soin, le développement de mon récit de la guerre de 1870-1871 ; maintenant, ce sont les bourgeois, les soldats, les ouvriers euxmêmes qui veulent connaître les événements de l'abominable année, autrement que par les exagérations des flatteurs ordinaires du peuple ou par les plaidoyers des coupables.

Toutes les lettres que je reçois me sont une preuve de l'intérêt que l'on prend à mon œuvre, en France comme à l'étranger. Il m'était pénible de voir des Anglais, des Suisses, des Belges, des Danois, des Norwégiens, des Espagnols, des Allemands me rendre une justice que certains me refusaient, à Paris, ce qui ne laissait pas d'étonner les étrangers : « Alfred Duquet, disait le savant stratège militaire prussien Fritz Hoenig, s'est, avec le temps, visiblement et profondément enraciné dans son devoir, et il veut être juste et véridique. De notre côté, nous constatons cette résolution peut-être mieux que ses compatriotes : c'est pourquoi nous saluons son courage (1). »

Oui, certes, il m'a fallu de la volonté pour continuer ma tâche en dépit de l'hostilité de plusieurs, de l'indifférence d'un plus grand nombre. Je n'en ai que plus de reconnaissance et d'affection pour les écrivains de la presse militaire, politique et littéraire française qui, eux, n'ont pas attendu le suffrage de l'étranger pour approuver mes travaux et les signaler au public. Je les en remercie, encore une fois, de tout cœur, car ils m'ont permis de surmonter les dégoûts que m'inspiraient des attaques déloyales et intéressées, de mépriser les injustices et de ne pas sentir les mauvais procédés. Enfin, ces mauvais jours sont passés : les Français commencent à comprendre que je n'ai eu en vue que le bien de mon pays en entreprenant ce long et difficile travail.

Au surplus, il n'y a pas à s'étonner de ce revirement : toutes mes appréciations, tous mes jugements se sont trouvés confirmés par les documents qui ont paru depuis la publication de mes ouvrages. Pour n'en citer qu'un exemple, le plus récent : les lettres du général Ducrot,

---

(1) *Deutsche-Heeres-Zeitung*, n° du 19 décembre 1894.

que sa famille vient d'avoir l'imprudence de réunir en volumes, justifient pleinement mes sévérités contre le maréchal de Mac-Mahon, mes opinions sur le général de Failly, mes appréciations sur le général Ducrot lui-même.

La vérité a une telle force qu'elle finit toujours par triompher. C'est à elle, non à moi, que j'attribue le succès de mon histoire de la guerre de 1870-1871 : c'est donc mon devoir, et mon intérêt, de continuer à ne m'inspirer que d'elle, à ne me déterminer que par elle, laissant aboyer, à leur aise, les roquets que la sûreté de ma méthode exaspère.

Je me suis efforcé de mettre en lumière les belles actions des chefs et des soldats, toutes les fois qu'il m'a été donné de les découvrir, mais je n'ai pas cru pouvoir dissimuler leurs défaillances, quand j'ai eu l'occasion de les constater, la façon de raisonner de l'autruche n'étant pas la mienne. Un peuple meurt de ce qu'on lui cache, non de ce qu'il sait.

Et, cependant, je suis pris, par moments, d'une invincible tristesse, à blâmer et à condamner toujours ces généraux incapables, ces gouvernants flatteurs et serviteurs de la populace, ce Gouverneur éloquent et disert qui sème, à profusion, les fleurs de sa rhétorique sur la tombe entr'ouverte de la France égorgée.

Comme il m'est agréable de rencontrer, au milieu de ce désert de fautes, de faiblesses, les oasis où je puis louer le courage vigilant d'un

Paturel, le sang-froid d'un Berthaut, la fougue de ces quatorze colonels qui tombent, tués ou blessés, sur les sinistres plateaux de Villiers et de Cœuilly !

Si l'on savait combien il m'est dur de m'en prendre, si souvent, à des officiers généraux et supérieurs contre lesquels je n'ai aucune animosité, puisque je ne les connais pas, pour lesquels, au contraire, j'ai une grande sympathie, puisqu'ils sont soldats ! Pourquoi faut-il qu'une force irrésistible me pousse à relever leurs défaillances, dans l'intérêt même de la patrie, afin de conjurer le lamentable retour de tout ce qui nous a navrés, broyés, perdus en 1870, quand le clairon sonnera, vibrant, pour la lutte suprême, quand le canon ébranlera, de ses majestueuses détonations, les échos des Vosges.

Oui, je ne suis plus maître de moi lorsque m'apparaît la vision des gigantesques combats de la guerre future : il faut que je signale les erreurs et les crimes du passé et du présent, des militaires d'alors et des politiciens d'hier, d'aujourd'hui..... de demain. Si nous succombons, j'aurai, du moins, avant de mourir, conscience d'avoir jeté le long cri d'alarme qui sauve quelquefois les nations.

Alfred Duquet.

Paris, le 12 mars 1895.

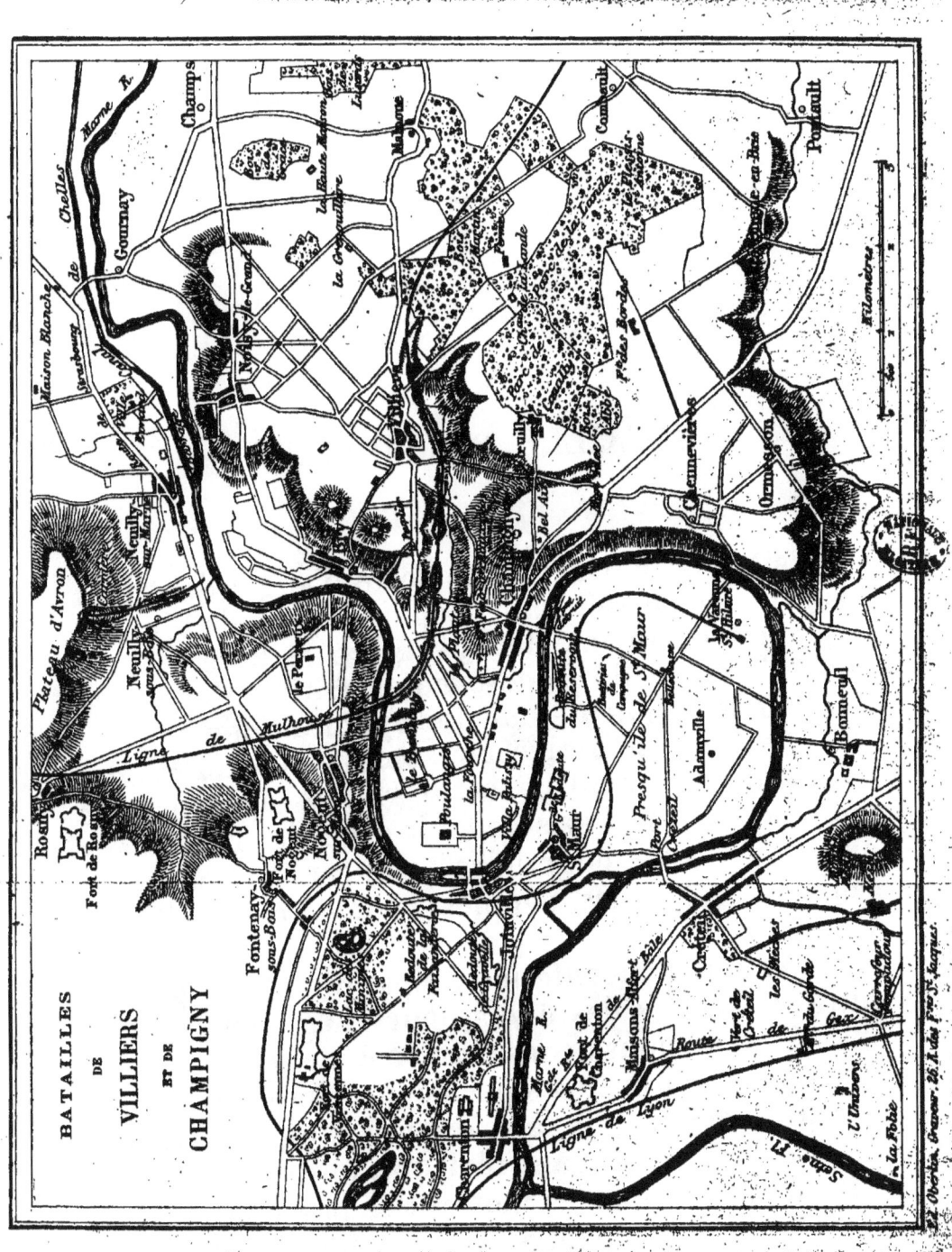

PARIS

Les Batailles de la Marne.

BATAILLE DE VILLIERS.

Le siège de Paris est une sorte d'angle dont l'un des côtés va en s'élevant, depuis le jour de l'investissement jusqu'aux 30 novembre et 2 décembre, dont l'autre côté redescend, ensuite, depuis le 2 décembre jusqu'au jour de la capitulation.

Nous sommes arrivé au sommet de cet angle, au point culminant de cette grande épopée dans laquelle, hélas! Paris joue le rôle de Troie sans avoir un Hector pour faire balancer la victoire et tenir en échec les peuples confédérés de l'Allemagne.

Nous avons raconté les préparatifs de la grande lutte, les fautes des chefs, leurs négligences, leur insuffisance; nous avons montré cette armée et cette population surexcitées par l'approche de la conflagration décisive; il faut, maintenant, en faire le dramatique et poignant récit qui, loin de relever nos généraux, va nous les montrer si bas que le rouge en monte au visage, que la douleur en serre le cœur à le broyer.

PARIS

PASSAGE DE LA MARNE

En raison du retard dans la traversée de la Marne, certaines modifications avaient été apportées à l'ordre de mouvement de l'armée.

La division de Susbielle était détachée du 2ᵉ corps, envoyée à Créteil et chargée d'enlever le mont Mesly.

La division Berthaut devait passer la Marne, à sept heures du matin, sur le pont construit en face de la ferme de Poulangis, et la division de Maussion sur le pont établi au-dessous de Nogent.

Le 1ᵉʳ corps franchirait la rivière, à la même heure, sur les ponts de Joinville.

Toujours à sept heures, le 3ᵉ corps se mettrait en mouvement. L'ordre oubliait d'indiquer sur quels ponts il passerait la Marne : en revanche, cet ordre disait que la cavalerie prendrait les mêmes ponts que le 3ᵉ corps. En somme, ce corps passera sur les deux ponts jetés au coude de la Marne, entre Neuilly et Bry (1).

« En vertu des instructions particulières données à chaque général, la division de Maussion devait porter une de ses brigades sur le village de Bry, l'autre sur le plateau de Villiers ; les deux brigades de la division Berthaut avaient mission d'appuyer cette dernière attaque, partie de front, partie sur le flanc droit.

« Le 1ᵉʳ corps devait, après la prise de Champigny, porter tous ses efforts sur le plateau de Chennevières et le parc de Cœuilly.

« Le 3ᵉ corps devait, dès l'entrée en action, s'em-

---

(1) *La Défense de Paris*, 1870-1871, par le général Ducrot; Paris, Dentu, 1876; t. II, pp. 189 et 190.

parer de Neuilly-sur-Marne, assurer la construction des ponts à hauteur de la Plâtrière et de Bry, passer immédiatement sur la rive gauche, marcher sur Noisy-le-Grand et s'emparer des hauteurs, de manière à commander le pont de Gournay et prendre à revers les défenses de Villiers.

« Il n'y avait de changé au programme que le point de passage de la Marne, conséquence obligée de la nouvelle position prise pendant la journée du 29 (1). »

Une modification heureuse du plan de la veille consistait à profiter de l'occupation du plateau d'Avron pour établir des ponts en amont de Bry, y faire passer le 3e corps, par conséquent, diminuer l'encombrement après la traversée de la rivière, et s'emparer plus vite des coteaux de la rive gauche (2).

« La division de Bellemare, à laquelle restait attaché le groupe Reille, était replacée sous les ordres du général d'Exéa qui devenait juge de l'opportunité du passage de la Marne, à Petit-Bry, et de la marche sur Noisy-le-Grand (3). »

Enfin, quelques heures après le départ de la division de Susbielle, la 2e armée quittait le bois de Vincennes et se dirigeait vers les ponts jetés sur la Marne, en descendant les rampes ménagées à cet effet.

Durant cette marche, le fort de Nogent, les redoutes de la Faisanderie et de Saint-Maur, les batteries du Réservoir et du village de Nogent dirigent, à sept heures du matin, leurs obus sur

---

(1) Général Ducrot, t. II, pp. 190 et 191. — Voir, pour la composition de la 2e armée et des autres troupes renfermées dans la capitale, *Paris*, Thiers, *le Plan Trochu et L'Hay* par Alfred Duquet; Paris, Bibliothèque Charpentier, 1894; pièce justificative n° 1, pp. 327 à 333.

(2) *Deux combats d'artillerie sous les forts de Paris*, par le général Favé; Paris, Dumaine, 1874; pp. 32 et 36.

(3) *Notes personnelles du général de Bellemare* (Inédites).

Bry, Villiers, la Fourche, le Plant et Champigny. Le mont Avron lance ses lourds projectiles sur la Maison-Blanche, Neuilly-sur-Marne, la Ville-Evrard et Noisy-le-Grand (1); ses obus tombent jusqu'au pont de bateaux de Gournay (2).

« Tout le terrain compris entre les hauteurs du Raincy et la vallée du Morbras (qui se jette dans la Marne à l'ouest d'Ormesson) est sillonné par une multitude d'obus qui, se croisant dans tous les sens, semblent frayer un chemin à nos soldats (3). »

Hélas! oui, cette multitude de bombes ne fait que *sembler* frayer un chemin à nos soldats. En réalité, nos projectiles ne touchent que la terre, ne brisent que quelques arbustes, sans frapper les rares détachements ennemis, dispersés de Chennevières à Gournay. Ce n'était pas *tout le terrain* qu'il fallait sillonner de projectiles, mais concentrer seulement nos feux sur quelques points décisifs : Chennevières, Champigny, Cœuilly, Villiers, Bry, Noisy-le-Grand. On ne le fait pas, on use notre poudre aux moineaux, on n'écrase pas Cœuilly et Villiers sous une pluie de bombes, aussi, quand nos soldats s'en approcheront, ils y trouveront les Wurtembergeois tranquillement abrités derrière des murs intacts, des ouvrages en parfait état, des maisons et des châteaux vierges, ou à peu près, de tout éclat d'obus (4).

« Le temps est magnifique mais froid; un ciel sans nuages permettra de distinguer, dans le lointain (5) », les routes, les bois, les maisons des vil-

---

(1) Général Favé, pp. 38 et 39.
(2) *Historique du 6ᵉ régiment d'infanterie saxon*, n° 105, par Larass. Bibliothèque nationale, in-8°, M, 5737. Traduction de M. Stanislas Mouillard.
(3) Général Ducrot, t. II, p. 494.
(4) Voir, *infra*, pp. 63 et 64.
(5) *Campagne de 1870-1871, Siège de Paris. Opérations du 13ᵉ corps et de la 3ᵉ armée*, par le général Vinoy; Paris, Plon,

lages, les mouvements de troupes, la fumée du canon et de la mousqueterie. Le sol, dur, va malheureusement, faciliter l'explosion des projectiles ennemis qui se seraient enfoncés sans éclater dans une terre molle et humide comme elle l'était la veille (1). De plus, « la gelée ayant durci la terre, le travail des tranchées sera pénible et le génie aura grand'peine à préparer des épaulements pour les batteries (2) ».

Vers sept heures, la division Faron, du 1er corps, passe, la première, le pont de Joinville. Son avant-garde est composée d'un bataillon du 113e de ligne, commandant Besson, et de quelques soldats du génie dirigés par le sous-lieutenant Montès.

Rien n'est palpitant comme ces marches en avant, en première ligne, du côté de l'ennemi. Chaque buisson, chaque mur, chaque maison paraissent vous menacer d'une fusillade aussi instantanée que meurtrière. Ce matin-là, à la clarté douteuse du jour naissant, les arbres, les villas, les fermes prenaient des formes et des proportions fantastiques, et l'attente du premier coup de feu étreignait le cœur des plus hardis.

Un détachement de l'avant-garde s'approche de la ferme du Tremblay où pas un bruit ne se fait entendre ; il y entre : personne. Les Allemands n'ont pas osé y passer la nuit.

Le 113e reprend sa marche et arrive à la Fourche,

1874 ; p. 264. — « Temps magnifique, assez froid. » (*Discours, Plaidoyers et Œuvres diverses de M. Edmond Rousse, ancien bâtonnier de l'Ordre des avocats, membre de l'Académie française*, recueillis et publiés par Fernand Worms, avocat à la Cour de Paris ; Paris, Larose et Forcel, 1884 ; p. 287.) — *Mémorandum du siège de Paris*, 1870-1871, par Jules de Marthold ; Paris, Charavay, 1884 ; p. 188.

(1) Général Vinoy, p. 263.
(2) *Souvenirs de la Mobile* (6e, 7e et 8e bataillons de la Seine), par Ambroise Rendu, ancien officier de mobiles ; Paris, Didier, 1872 ; p. 87.

croisement des deux chemins de Villiers et de Champigny à Joinville. Toujours le même calme. Le commandant Besson tourne alors à droite et s'avance sur Champigny. Parvenu à 500 mètres des premières habitations, il s'arrête à la hauteur du bois L'huillier et attend le détachement qu'il a envoyé explorer la ferme du Tremblay.

A cet instant, des coups de feu éclatent sur la partie sud-ouest du Plant, vaste agglomération, en forme d'obus, de jardins et de maisons se trouvant entre les deux branches de la Fourche, au sud du chemin de fer de Mulhouse, parallèlement à la route de Joinville à Bry. Ce sont les avant-postes allemands qui nous aperçoivent. On leur répond à peine.

Pendant ce temps, la division Faron achève son défilé sur le pont de Joinville; la division de Malroy, du 1er corps, et la division Berthaut, du 2e, passent sur les ponts de l'île Fanac, les batteries divisionnaires sur le pont de bateaux construit en face du canal de Saint-Maur, en aval de Joinville; la division de Maussion, pareillement du 2e corps, traverse la Marne sur les ponts de bateaux jetés au-dessous de Nogent, en face de la ferme du Tremblay.

A huit heures et demie, les quatre divisions des 1er et 2e corps avaient passé la rivière. La division Faron est en tête, dans la plaine, entre la Marne et la route de Champigny, à 500 mètres au delà de la Fourche; la division de Malroy se trouve sur la gauche de la route de Joinville, entre Poulangis et la Fourche; la division de Maussion va entrer dans le Tremblay; la division Berthaut la suit et marche entre la Marne et Poulangis. L'artillerie défile sur la grande chaussée laissée libre par l'infanterie (1).

(1) Général Ducrot, t. II, pp. 195 et 196. — *La Guerre franco-allemande de 1870-1871*, rédigée par la section historique du grand état-major prussien; traduction de M. le commandant E. Costa de Serda; Paris, Dumaine, 1878; 2e partie, p. 535.

Les Allemands n'ont pas beaucoup de forces à opposer aux masses françaises. Ils ont un bataillon saxon à Champigny et au Plant; un autre bataillon saxon et deux compagnies dans Bry; le gros de la brigade saxonne de Schulz à Noisy-le-Grand et auprès de Gournay et de Champs; la brigade wurtembergeoise de Reitzenstein à Villiers, Cœuilly, Mon-Idée et Chennevières. La brigade wurtembergeoise de Starkloff est à Sucy-en-Brie et va repousser le général de Susbielle au mont Mesly (1). Nos huit brigades n'ont donc pas grand'peine à chasser devant elles les avant-postes des brigades de Schulz et de Reitzenstein.

ENLÈVEMENT DE CHAMPIGNY ET MARCHE SUR BRY

Dès que la division Faron s'était déployée dans la plaine, comme nous venons de l'expliquer, une batterie wurtembergeoise était accourue se poster sur le bord du plateau de Cœuilly, au-dessus de Champigny, près de Bel-Air, et semait les obus au milieu de nos régiments, cibles larges et profondes.

Deux batteries françaises, sous les ordres des capitaines Lourdel-Hénaut et Michel, essaient de faire taire cette gênante artillerie; la redoute du Réservoir, élevée à mi-chemin de Champigny et de la redoute de Saint-Maur, joint son feu à celui de nos deux batteries. Mais les pièces wurtembergeoises, protégées par un épaulement en terre et dominant de beaucoup les nôtres, continuent tranquillement leur tir meurtrier. Le capitaine Trécesson est tué, un officier d'artillerie, M. Alis, est blessé, d'autres

---

(1) *La Guerre franco-allemande*, 2ᵉ partie, p. 535. — Voir, pour la composition des troupes assiégeantes, les pièces justificatives nᵒˢ I et II.

hommes sont touchés : malgré la ferme attitude des troupes, il est dangereux de rester en place : une partie de la division s'ébranle et court vers Champigny (1).

À neuf heures, le 113ᵉ de ligne enlève les premières maisons, escalade les murs et la barricade, tombe à la baïonnette sur les Saxons qui se réfugient dans le haut de Champigny. Mais le commandant Besson, de compagnie avec les commandants de Poulpiquet et Combarieu, monte la grande rue, culbute ceux qui lui résistent, fait prisonniers ceux qui s'attardent dans les habitations et, à neuf heures et demie, nous remplissons le village (2). Bien plus, trois compagnies du 113ᵉ ne s'arrêtent pas et gravissent, au pas de course, le versant du plateau de Cœuilly, par les deux routes menant à Mon-Idée. Elles apparaissent au sommet de la crête. Le capitaine de Nargeot les lance contre la redoutable batterie : en quelques minutes l'infanterie qui la couvre est bousculée et les artilleurs wurtembergeois n'ont que le temps de retourner leurs pièces et de s'enfuir au galop.

Alors, le lieutenant-colonel Pottier, commandant du 113ᵉ, ordonne au capitaine du génie de la Taille et au lieutenant Montès de mettre Champigny en état de défense. La barricade de la grande rue est enlevée, des communications à couvert sont éta-

---

(1) *La Guerre franco-allemande*, 2ᵉ partie, p. 536. — Général Ducrot, t. II, pp. 199 et 200.

(2) « Champigny mal défendu, était rapidement enlevé. » (*Enquête parlementaire sur les actes du Gouvernement de la Défense nationale*, Versailles, imprimerie Cerf et fils, 1873; rapport de M. Chaper sur le Gouvernement de la Défense à Paris, au point de vue militaire, p. 169.) — *Historique du 7ᵉ régiment d'infanterie saxon, prince Georges, nº 106*, par Schonberg. Bibliothèque nationale, in-8, M, 6870. Traduction de M. Stanislas Mouillard. — *La Campagne de France, 1870-1871*, par A. Niemann ; traduction de M. Stiedel, lieutenant de vaisseau ; manuscrit de la Bibliothèque du Cercle militaire de Paris; A, II, d, 120, p. 229.

blies dans les murs des jardins et des maisons, les bâtiments construits à la jonction des deux routes de Mon-Idée, la vieille et la neuve, sont crénelés avec soin (1).

Au centre, la division de Malroy avait marché droit devant elle; passant entre le cimetière et le Plant elle avait atteint le chemin de Bry à Champigny et recueilli quelques prisonniers dans le Grand-Four-à-Chaux, réunion de maisons, de hangars, de trous de carrières, fabrique de ciment établie sur le chemin direct de Champigny à Bry, sur la rive gauche du gros ruisseau de la Lande qui descend de Villiers, en suivant la voie du chemin de fer, et se jette dans la Marne, à l'ouest de Champigny.

A gauche, la lutte avait été un peu plus vive. La division de Maussion, précédée par les éclaireurs du capitaine de Néverlée, avait suivi la route de Bry. Les Saxons du Plant avaient d'abord fusillé son flanc droit, mais, débordés sur leur gauche par la division de Malroy, ils étaient aisément refoulés par le bataillon de francs-tireurs du général de Maussion qui leur faisait un certain nombre de prisonniers.

Voici nos hommes arrivés au remblai du chemin de fer de Mulhouse, qui coupe l'horizon de son très haut rideau de terre. La voûte, qui permet au chemin de passer sous la voie ferrée, est obstruée par une barricade derrière laquelle quelques Saxons font le coup de fusil. Nos troupiers hésitent devant l'obstacle. Le commandant en chef de la 2ᵉ armée, qui marche avec son avant-garde au lieu de se tenir derrière ses divisions pour embrasser l'ensemble de l'action et envoyer les ordres nécessaires, se précipite sur la barricade, entraînant les tirail-

---

(1) Général Ducrot, t. II, pp. 200 et 201. — *La Guerre franco-allemande*, 2ᵉ partie, p. 536.

leurs un instant émotionnés. Les assaillants renversent les gabions, abattent les poutres, déblaient le passage. Une partie de la division s'écoule sous la voûte pendant que l'autre gravit le remblai et redescend du côté de Bry, capturant tous les retardataires saxons (1).

La batterie du capitaine Nismes, le héros de la Malmaison, s'engage sous la voûte, prend le chemin de Villiers, accompagnée par de nombreux tirailleurs, et la voici qui se met en position à droite de la route, près du bord du plateau, tirant sur Villiers, à moins de 1 kilomètre.

Notre avant-garde, composée d'un bataillon du 123ᵉ de ligne, touche à Bry, que l'ennemi nous abandonne sans tenter de le défendre ; la brigade Avril de l'Enclos se tient de la route de Villiers à la Marne ; la brigade Courty est derrière, près de la voie ferrée.

Quant à la division Berthaut, elle a marché sans encombre, après avoir traversé le bois du Plant, et est venue s'intaller dans le ravin de la Lande entre les divisions de Malroy et de Maussion (2).

A dix heures un quart, tout va donc pour le mieux sur notre droite. Nous avons chassé les Allemands de la presqu'île. Nos tirailleurs s'étendent en ligne directe, du sud de Bry au sommet de Champigny et à la Marne. Derrière eux, se sentant bien les coudes, se tiennent : le général de Maussion, de Bry à la route du Plant à Villiers ; le général Berthaut, de

---

(1) « Les tirailleurs, vigoureusement enlevés par le général en chef lui-même, emportent le bois du Plant et la barricade établie sous le viaduc (la voûte) du chemin de fer. » (*Enq. parlem. déf. nationale*, rapport de M. Chaper sur le Gouvernement de la Défense à Paris, au point de vue militaire, p. 166.)

(2) Général Ducrot, t. II, pp. 196 à 198. — Ce ravin de la Lande est, plutôt, une dépression de terrain, à pentes douces, montant, d'un côté, à partir du chemin de fer, à Villiers, au parc et au mamelon, et, de l'autre côté, à Cœuilly, au plateau de Cœuilly et du Four-à-Chaux.

chaque côté du chemin de fer de Mulhouse, le long de la route de Bry à Champigny; le général de Malroy, au Four-à-Chaux, et le 113ᵉ de ligne à Champigny. Trois batteries se sont établies en avant du chemin de Bry à Champigny, non loin du Four-à-Chaux. Le gros de la division Faron n'a pas bougé de sa première position, entre la villa Palissy et Champigny, mais ce retard peut encore se réparer puisque le 113ᵉ de ligne a fait, à lui seul, la besogne de toute la division.

Malheureusement, la gauche de l'armée, composée des divisions Mattat et de Bellemare, n'a pas encore passé la Marne et n'est pas en mesure de concourir à l'attaque de Villiers (1). Nous allons voir, tout de suite, à quoi elle avait employé son temps depuis le matin.

PRISE DE NEUILLY-SUR-MARNE

Le 3ᵉ corps avait bivouaqué, le 29, aux alentours de Rosny; la division Mattat et le groupe Reille sous la redoute de la Boissière, la division de Bellemare à l'est de Montreuil-sous-Bois.

D'après les ordres reçus, le général de Bellemare devait traverser le chemin de fer de Mulhouse sous la voûte de la Mare, à distance égale des forts de Rosny et de Nogent, puis tourner à droite et prendre le chemin de Rosny à Bry. A sept heures un quart, la division se tiendrait au grand rond-point de Plaisance, formée en colonne, à gauche de la route de Strasbourg, en face de Neuilly-sur-Marne.

(1) Général Ducrot, t. II, croquis XI. — *Le Blocus de Paris et la Première armée de la Loire*, par A. G., ancien élève de l'Ecole polytechnique (commandant Grouard); Paris, Baudouin, 1894; 3ᵉ partie, p. 18.

Le général Mattat et le colonel Reille devaient passer par Rosny, suivre le chemin qui conduit à Bry, s'arrêter pareillement au rond-point de Plaisance et se former en colonne, à droite de la route de Strasbourg, en face du coude de la Marne où l'on allait jeter les ponts.

Ces mouvements sont exécutés ponctuellement par les deux divisions : à sept heures et demie, elles sont installées à droite et à gauche de la route de Strasbourg. (1).

A neuf heures (2), le général d'Exéa ordonne au général de Bellemare d'occuper Neuilly-sur-Marne. L'artillerie, placée sur une petite éminence, entre la route et le bois de la Raffinerie, commence le feu. Après une demi-heure de canonnade, toute la division s'ébranle, précédée par le régiment des mobiles de Seine-et-Marne, placé sous les ordres du lieutenant-colonel de Courcy.

Un petit ruisseau, qui se jette dans la Marne près de la Plâtrière, est franchi au moyen d'une passerelle remplaçant le pont de la grande route ; les mobiles se déploient en tirailleurs, essuient quelques décharges de l'avant-poste gardant Neuilly, puis se lancent au pas de course, emportent les premiers enclos et les premières maisons, contournent le village à droite et à gauche et finissent bientôt par en chasser tous les Allemands (3).

On s'aperçoit alors que l'écluse, dont, après coup, on a tant craint l'ouverture pour la construction des ponts, est hors de service, que le lit du canal est obstrué par des matériaux de toutes sortes qui retiennent les eaux mais ne peuvent être enlevés qu'après un long et pénible travail durant lequel le

---

(1) Général Ducrot, t. II, pp. 233 et 234.
(2) *Historique de la 1re division du 3e corps*, p. 29. Manuscrit à nous remis par le général de Bellemare.
(3) Général Ducrot, t. II, pp. 234 et 235.

niveau se rétablirait doucement entre le canal et la rivière.

Et le général de Bellemare demande au général d'Exéa ce qu'il doit faire. En attendant la réponse, le général de Bellemare met le village en état de défense.

Rien de plus facile, du reste. Déjà couvert par les batteries du plateau d'Avron, Neuilly est protégé par de longs murs perpendiculaires aux deux routes conduisant à Ville-Évrard. Des maisons isolées et le cimetière achèvent d'assurer la position garantie encore, sur la droite, par le canal et la Marne.

Aussi bien, à cette heure, les Allemands ne songeaient guère à nous attaquer de ce côté : vu leur petit nombre, ils avaient assez à faire de parer les coups que le 2e corps allait leur porter à Villiers. En effet, le commandant en chef de l'armée de la Meuse n'avait pas tenu assez compte du télégramme de M. de Moltke lui annonçant qu'il fallait s'attendre à une attaque sérieuse contre la division wurtembergeoise (1), et celle-ci avait grand'peine à résister au choc.

Il semblerait donc que, pendant cette opération sur Neuilly, le génie faisait jeter les ponts afin de venir rapidement à l'aide du général Renault dont les deux divisions se préparaient à attaquer Villiers; personne n'imaginerait que les points de franchissement n'ont pas été déterminés depuis la veille, d'autant mieux que ces points, « d'un accès facile, étaient tout indiqués par le coude de la rivière (2) »? Pas du tout : le général Princeteau se livrait alors seulement à des recherches à ce sujet, et nos grands chefs se contentaient de faire canonner vigoureusement, par quatre batteries installées sur la grande

---

(1) *La Guerre franco-allemande*, 2e partie, p. 528.
(2) Général Ducrot, t. II, p. 236.

berge du Perreux, qui domine la Marne de 10 à 20 mètres environ, Noisy-le-Grand, Villiers, Bry, la pépinière plantée en face, sur la rive gauche de la Marne, et les parcs entre Bry et Villiers. A dix heures, au moment où les troupes du 2e corps escaladaient les pentes de Villiers, aucun ordre n'avait encore été donné par le général d'Exéa pour l'établissement des ponts, bien que, dès huit heures du matin, les pontonniers fussent au rond-point de Plaisance (1), bien qu'un pont fût préparé, depuis la veille au soir, et, amarré sur la rive droite de la Marne, tout prêt à être développé, au moment voulu, par le courant lui-même, qui aurait porté un des bouts sur la rive gauche, pendant que l'autre bout serait attaché à la rive droite (2). Cette dernière manœuvre pouvait se faire en un quart d'heure.

Quelles raisons M. d'Exéa donne-t-il pour justifier son inqualifiable inaction?

Il avait peur, a-t-il dit, que les Allemands « en ouvrant l'écluse de Chelles, ne produisissent une nouvelle crue, analogue à celle de la veille, et ne balayassent les ponts (3) ».

Nous répondons :

Si la nouvelle crue devait être analogue à celle de la veille, elle n'eût pas été bien redoutable puisque celle de la veille n'avait existé que dans l'imagination complaisante de MM. Trochu, Ducrot et Krantz.

---

(1) *Enq. parlem. déf. nationale* rapport de M. Chaper sur le Gouvernement de la Défense à Paris, au point de vue militaire, p. 172, en note. — Général Ducrot, t. II, p. 236, et même page, en note. — A dix heures un quart, les pontonniers seront encore au rond-point de Plaisance. (*Ibid.*, croquis XI.)
(2) *Notes personnelles du général de Bellemare.* — *Lettre inédite du général de Bellemare.*
(3) *Enq. parlem. déf. nationale*, rapport de M. Chaper sur le Gouvernement de la Défense à Paris, au point de vue militaire, p. 173, en note.

De plus, ce *lâcher* de l'écluse de Chelles n'était pas à craindre puisque le génie savait que les Ponts et Chaussées avaient mis cette écluse hors de service, avant l'arrivée des Prussiens (1), ce qui fut constaté, *de visu*, lorsque nous y arrivâmes le 30.

Enfin, en admettant que le danger existât, pourquoi avoir attaqué Neuilly si tard? Puisque la coopération du 3ᵉ corps était indispensable aux deux premiers pour la réussite de leurs mouvements; puisque cette coopération ne pouvait se produire tant que les ponts n'étaient pas développés et prêts à livrer passage aux troupes de M. d'Exéa; puisqu'elles devaient entrer en action à dix heures et demie au plus tard; c'est à la pointe du jour que Neuilly aurait dû être enlevé, afin que le *lâcher* de l'écluse fût impossible après huit heures du matin!

L'excuse de l'état-major de M. d'Exéa est donc pitoyable et nous ne lui ferons pas l'honneur de la discuter plus longtemps (2).

Nous le répétons : pourquoi ne pas établir les ponts? L'ennemi n'est pourtant pas menaçant : il a évacué Bry sans combat; le bataillon saxon qui était chargé de défendre ce village et Noisy n'était pas bien redoutable, écrasé qu'il eût été, du reste, par nos innombrables batteries de campagne et de position, par la fusillade des milliers de tirailleurs qui eussent pu, de la rive droite de la Marne, fouiller la plaine qui s'étend dans le rentrant de la rivière, au pied des coteaux de Villiers et de Noisy, entre Bry et Neuilly.

Non, tout, jusqu'alors, s'est passé en conversa-

---

(1) *Paris*, Thiers, *le Plan Trochu et L'Hay*, par Alfred Duquet, p. 277, en note.

(2) *Enq. parlem. déf. nationale*, rapport de M. Chaper sur le Gouvernement de la Défense à Paris, au point de vue militaire, pp. 172 et 173, en note. — « Le commandement supérieur, au 3ᵉ corps, avait été visiblement hésitant. » (*La guerre de France*, par Charles de Mazade; Paris, Plon, 1875; t. II, pp. 212.)

tions, c'est le mot propre, et en promenades, puisque le général d'Exéa s'est borné à aller d'une brigade à une autre, écoutant, sans l'entendre, l'avis de chacun, répondant, répliquant, au hasard, et ne se décidant pas à prendre une résolution pourtant clairement dictée par les circonstances.

Nous savons bien qu'il a été dit que « le général Trochu avait donné pour instruction précise de n'opérer le passage de la rivière que lorsque le village de Villiers serait au pouvoir des troupes du 2ᵉ corps (1) ». Mais nous pensons que le général de Bellemare s'est trompé et a confondu Villiers avec Bry. En effet, le général d'Exéa ne devait pas attendre, pour faire passer la Marne à ses troupes, que Villiers fût au pouvoir du général Renault : 1° parce que cette instruction ne se trouve pas dans l'ordre de mouvement ; 2° parce que le général d'Exéa n'a pas fait remarquer, aux commandants de Lemud et Vosseur, qu'il ne devait traverser la rivière qu'après la prise de Villiers, quand ces commandants sont venus le presser de le faire, de la part de MM. Trochu et Ducrot (2) ; 3° parce que le général de Bellemare, lui-même, ne connaissait pas cette condition mise au passage du 3ᵉ corps, puisque, dès le matin, il voulait transporter sa division sur la rive gauche pour « opérer une diversion (3) », puisque, à midi, il avait « passé, de sa personne, avec un bataillon de zouaves (4) », alors que Villiers était loin d'être entre nos mains ; 4° enfin, parce que, si l'on peut accepter que le 3ᵉ corps n'ait pas franchi la rivière avant l'enlève-

---

(1) *Mémoire envoyé, en 1877, par le général de Bellemare, aux commandants de corps d'armée, en réponse au livre du général Ducrot* (Inédit).
(2) Général Ducrot, t. II, pp. 237 et 239.
(3) *Mémoire du général de Bellemare.*
(4) *Ibid.*

ment de Bry, il n'est pas admissible qu'il eût dû rester au Perreux et à Neuilly jusqu'à la prise de Villiers, attendu que son mouvement sur Noisy avait justement pour effet de faire tomber plus facilement la position de Villiers (1).

Donc, le général d'Exéa aurait dû être sur la rive gauche dès neuf heures ou dix heures du matin. Au surplus, nous reprendrons la question tout à l'heure, revenons à Champigny et à Bry, auprès des 1er et 2e corps.

PREMIÈRE ATTAQUE DE CŒUILLY

Aussitôt que les maisons du haut Champigny avaient été crénelées, aussitôt que les rues avaient été débarrassées de tout ce qui les encombrait, la brigade de la Mariouse s'était mise à suivre le 113e de ligne qui avait si crânement emporté la position.

Les redoutes de Saint-Maur et de la Faisanderie tiraient, à toutes volées, sur le mamelon dominant Champigny, près de Mon-Idée; le fort de Nogent, de son côté, envoyait de gros projectiles sur Cœuilly et une batterie wurtembergeoise, qui se tenait en avant, abritée par le mur du parc. Ce feu ne produisait malheureusement pas un effet appréciable.

Pendant que les 113e et 114e de ligne, de la brigade Comte, se chargent de garder Champigny et ses abords, les 35e et 42e de ligne, « les héroïques 35e et 42e de ligne, déjà tant éprouvés et décimés au combat de Chevilly, le 30 novembre (2) », suivis par les mobiles de la Vendée, cherchent à s'emparer de Cœuilly. Deux bataillons du 35e prennent, l'un, la vieille, l'autre, la nouvelle route de Chen-

(1) Voir, infrà, pp. 69 et 70.
(2) Les Batailles de la Marne en novembre et décembre 1870, par Z. J. Piérart; Paris, Sagnier, 1876; p. 35.

nevières, poussent devant eux les postes wurtem-

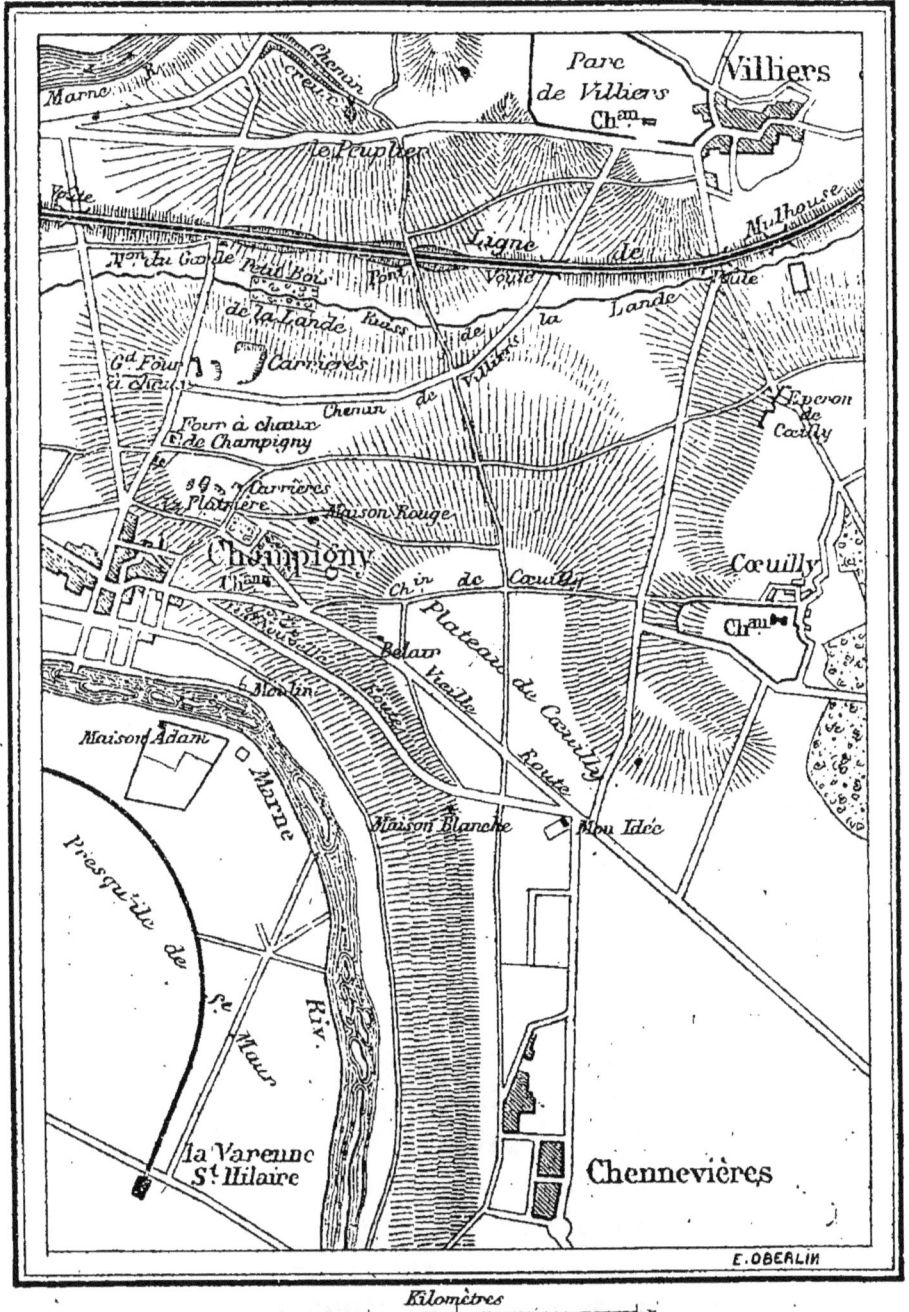
PLATEAU DE COEUILLY

bergeois, et occupent Bel-Air. Nous avons alors : à droite, Chennevières, plus ou moins fortifié, en face, Mon-Idée, auberge crénelée, à gauche, le parc de Cœuilly, ceint de murs percés de meurtrières, derrière lesquels s'élèvent de grands sapins verts et une haute futaie, dissimulant en partie, au point le plus élevé, un château servant de réduit.

C'était le cas d'utiliser les innombrables canons que l'armée française traînait derrière elle : l'assaut de ces positions fortifiées serait singulièrement facilité par le feu de notre artillerie. Or, il était dix heures et demie, et pas une pièce ne se montrait encore au-dessus de Champigny ; les deux batteries de réserve, auxquelles était échu le soin de préparer notre attaque, ne pouvaient, paraît-il, se frayer un passage dans la grande rue de Champigny, encombrée par l'infanterie qui aurait dû prendre les chemins et rues, tracés à droite et à gauche, et laisser libre la rue principale.

Le général Faron, sur lequel retombe la responsabilité de cette vicieuse marche de ses colonnes, attend, en vain, l'arrivée de l'artillerie commandée. Impatienté, il s'imagine qu'il va enlever Cœuilly, en lançant contre le parc, ses braves fantassins ; il ne comprend pas « qu'une pareille position ne saurait être forcée par l'infanterie, lorsque l'artillerie ne lui a pas frayé la voie (1) ». A onze heures, le petit plateau, dit de Cœuilly, est occupé sur tout son côté ouest : à gauche, par le 114e de ligne, au centre, par le 35e, à droite, par le bataillon de la Vendée et partie du 113e de ligne.

Ce plateau et ses pentes ressemblent à un vaste damier dont les cases allongées sont des champs formant vergers plantés, par rangées, de poiriers, de pruniers à haute tige. Dans les terres labourées poussent quelques rares peupliers, des saules, des

---

(1) Frédéric Canonge, commandant au 52e de ligne (aujourd'hui général). *Histoire militaire contemporaine, 1854-1871* ; Paris, Charpentier, 1882 ; t. II, p. 373.

touffes d'osier. Enfin, des pièces de vigne apparaissent, clairsemées, dans le vallon.

Français et Allemands sont à quelques pas les uns des autres. Chaque fois que nous faisons mine d'avancer, les tirailleurs ennemis s'enfuient à toutes jambes. Le lieutenant-colonel Lourde-Laplace, du 35ᵉ, ne peut plus retenir ses hommes ; ils fondent sur les Wurtembergeois, qui se sauvent sans essayer de résistance, ils approchent de Mon-Idée et du ravin séparant le petit plateau de Cœuilly des murs du parc, quand les Allemands démasquent une batterie installée derrière la grille; cette batterie crache des volées de mitraille, tous les murs se couronnent de légers flocons de fumée, une fusillade terrible arrête net l'intrépide 35ᵉ. Il ne faut plus songer à tenter de nouveau l'aventure, sans le secours de nos canons. Mais le 35ᵉ ne recule pas : il se cramponne au plateau, près de la vieille route de Chennevières, en avant de Bel-Air (1). Il est onze heures et demie.

Enfin, les deux batteries de réserve tant attendues débouchent par le chemin qui monte au nord de Champigny. L'une d'elles s'établit sur le plateau, à gauche du chemin de Cœuilly. Dès les premières décharges, nos artilleurs, canonnés et fusillés : à leur gauche, du côté de Villiers, en face d'eux, du côté de Cœuilly et, à leur droite, du côté de Mon-Idée, perdent la tête, chargent mal, pointent mal, plusieurs se sauvent, bref, cette batterie redescend la côte à fond de train, entraînant la seconde dans sa course folle.

Cette honteuse défaillance produit un effet déplorable sur l'infanterie. « L'artillerie ennemie concentre alors son feu sur nos tirailleurs et nos réserves, une pluie d'obus tombe au milieu des colonnes ; les morts, les blessés s'entassent ; le

---

(1) Commandant Canonge, t. II, p. 373.

désordre, la confusion sont au comble ; la situation devient intenable ; il faut, à tout prix, arrêter cette canonnade meurtrière (1). »

Furieux, le général de la Mariouse fait remonter les deux batteries défaillantes, leur intime l'ordre de se maintenir quand même en position, et surveille lui-même leur mise en train. Comme des chiens battus, nos artilleurs se placent, une seconde fois, à gauche du chemin de Cœuilly, à découvert, en butte aux coups des canons de Villiers, de la Pointe et du parc de Cœuilly. Pour comble de malheur, une nouvelle batterie, se postant à l'angle du Bois-l'Abbé, mitoyen du parc, les prend en écharpe. Les Allemands tirent avec d'autant plus de précision que les différentes positions du plateau ont été, préalablement repérées par eux. En dix minutes, nos deux batteries ont une pièce démontée, un officier tué, un de blessé, 35 hommes et 37 chevaux atteints grièvement et hors d'état de continuer la lutte. Elles font demi-tour, se retirent une seconde fois, bride abattue : on ne les reverra plus, de la journée, sur le champ de bataille.

Deux batteries de 12, en position près du Four-à-Chaux, et la batterie de marine du capitaine Bernard, établie près du ravin de la Lande, s'efforcent vainement de contrarier le feu des canons de Villiers et de la Pointe-de-Cœuilly, bien abrités et de beaucoup plus élevés que les nôtres.

Mais la batterie du capitaine Paret arrive à la rescousse : elle se déploie courageusement, non loin de Bel-Air, commence son feu et fait quitter la place à deux pièces allemandes qui se trouvent à l'angle du parc de Cœuilly. Elle devient alors l'objectif des autres pièces ennemies, elle est accablée sous les obus, et la voici, à son tour, qui prend le chemin

---

(1) Général Ducrot, t. II, p. 223.

de ses devancières et qui s'éloigne du combat (1).

C'est une victoire pour les Wurtembergois. Notre artillerie n'est plus en état de se mesurer avec leurs canonniers ; de plus, nos pièces de position de la presqu'île de Saint-Maur, ne suppléent pas à nos pièces de campagne disparues : leur action ne se fait guère sentir sur l'ennemi (2) : « le général Favé semblait malheureusement dominé par une seule préoccupation : c'est qu'il avait pour mission beaucoup moins d'appuyer nos soldats dans leur marche en avant que de couvrir, sur la Marne, une déroute qui ne pouvait manquer d'arriver d'un instant à l'autre (3) ».

Excités par leur succès, les Wurtembergeois ne doutent plus de rien. Un de leurs régiments, sur l'ordre du général de Reitzenstein, commandant la 1re brigade, s'élance du parc de Cœuilly et se dispose à nous chasser du plateau. Mais le lieutenant-colonel Lourde-Laplace et le lieutenant-colonel Boulanger, le futur ministre de la Guerre, ne sont pas hommes à avoir peur des Wurtembergeois ; électrisant leurs soldats par leur parole et par leur exemple, ils précipitent leurs deux régiments, les

---

(1) Général Ducrot, t. II, pp. 223 et 224. — « Trois fois, nos pièces essaient de s'établir en batterie sur le plateau ; trois fois elles se replient sous un feu intense en perdant la plupart de leurs hommes et de leurs chevaux. » (Arthur Chuquet, *La Guerre, 1870-1871*; Paris, Chailley, 1895; pp. 273 et 274.)

(2) « L'artillerie de la presqu'île de Saint-Maur avait eu un rôle peu efficace, non seulement du côté de Montmesly, mais encore dans la direction des efforts de l'armée sur les hauteurs de Cœuilly. » (Charles de Mazade, *La guerre de France*, t. II, p. 212.)

(3) Charles de Mazade. *La guerre de France*, t. II, p. 212. — Le général Favé a répondu que cette préoccupation ne l'a pas hanté le 30, et il ajoute, avec une apparence de raison, que si son artillerie n'a pas produit plus d'effet, c'est parce qu'il s'est conformé aux instructions formelles du Gouverneur qui n'avait pas su « concentrer suffisamment le feu, soit sur Villiers, soit sur Cœuilly ». (Général Favé, p. 68.) Selon nous, le 30 novembre, comme le 2 décembre, le général Favé n'a jamais tablé que sur la déroute certaine de la 2e armée.

35ᵉ et 114ᵉ de ligne, sur les assaillants, baïonnette en avant, flanqués en arrière, à droite, par des fractions du 113ᵉ de ligne et des mobiles de la Vendée. L'effet est immédiat : terrorisés, les Allemands veulent fuir, mais les nôtres les rejoignent, les percent, les assomment, pénètrent dans la tranchée et dans la redoute, construites sur le côté est du plateau, et s'apprêtent à descendre le petit ravin pour aborder le parc. Plus de 400 Wurtembergeois sont tués, blessés ou prisonniers. Parmi eux, le colonel de Berger, commandant le régiment, est frappé à mort; le major Schœffer est tombé grièvement blessé (1).

Le major Haldenstang n'a que le temps de garnir le mur du parc, ce qui ne l'empêcherait pas d'être enlevé, tant l'entrain de nos soldats est grand, en dépit de la mitraille de la grille, des obus de Villiers et de la Pointe-de-Cœuilly, si nos deux braves régiments n'étaient pas attaqués, sur leur droite, par des bataillons wurtembergeois, partis de Mon-Idée, sans que les généraux Faron et Blanchard aient eu la pensée de les arrêter au moyen des troupes qui garnissent Champigny.

Ce feu de flanc jette le désordre parmi nous, les deux lieutenants-colonels craignent d'être tournés, l'hésitation, prélude de la débandade, se voit sur ces visages tout à l'heure triomphants. Quoique gravement atteint d'une balle à l'épaule, le lieutenant-colonel Boulanger, qui s'est battu comme un lion, dirige la retraite vers notre première position, emportant le lieutenant-colonel Lourde-Laplace,

---

(1) Général Ducrot; t. II, p. 225. — *La Guerre franco-allemande*, 2ᵉ partie, p. 539. — Arthur Chuquet, p. 274. — Voir la relation wurtembergeoise : Général Ducrot, t. II, pièces justificatives, pp. 417 et 418. — Quand il était ministre de la Guerre, le général Boulanger nous a dit que ses hommes étaient arrivés jusqu'au parc et qu'ils y seraient entrés s'ils avaient eu des outils pour démolir le mur. Il était plus simple de le renverser, préalablement, à coups de canon.

hors d'état de se tenir à cheval à cause de ses blessures. Cette retraite difficile s'effectue avec assez de calme : nos soldats réoccupent le terrain d'où ils sont si brillamment partis. Il est midi et demi.

Alors on se compte. Que de vides! Nos pertes sont immenses, car, ramassés pour l'attaque, nos régiments présentaient une large cible aux coups de l'ennemi. Enfin, malgré le départ du lieutenant-colonel Boulanger, qui s'est évanoui après avoir ramené ses hommes à la pente ouest du plateau, malgré l'absence du lieutenant-colonel Lourde-Laplace, qu'on a emporté sur un brancard improvisé avec des fusils, les 35e et 114e de ligne se remettent de leur alerte. Les hommes du 113e de ligne font toujours bonne contenance et les mobiles de la Vendée eux-mêmes, après avoir d'abord reculé devant les feux de Chennevières et de Mon-Idée, ne bougent plus, maintenant, d'une semelle (1). Quelques compagnies de mobiles et de ligne arrivent pour appuyer le 1er bataillon de la Vendée qui, à lui seul, n'empêcherait peut-être pas les Allemands de Mon-Idée de rentrer à Champigny et de couper la retraite aux vaillants 35e et 114e de ligne (2).

Du reste, « l'infanterie wurtembergeoise, de son côté, n'était pas moins épuisée par ces luttes acharnées et se trouvait hors d'état de poursuivre son avantage, de sorte que l'artillerie allemande demeurait seule en action sur cette portion du champ de bataille (3) ».

Avant de raconter le second effort pour atteindre Cœuilly, retournons auprès des régiments du général Renault et voyons-les à l'œuvre du côté de Villiers.

---

(1) *La Guerre franco-allemande*, 2e partie, p. 540.
(2) Général Ducrot, t. II, pp. 225 et 226.
(3) *La Guerre franco-allemande*, 2e partie, p. 540. — « Les compagnies wurtembergeoises réunies à Cœuilly échouèrent lors-

ATTAQUE DE VILLIERS

Le village de Villiers, bâti sur le plateau qui porte son nom, est flanqué, du côté ouest, par un immense parc, entouré de murs, peu solides, de 2 mètres de hauteur. Le château, crénelé et barricadé, construit près de la partie sud du village, est couvert, au sud-ouest, par une batterie dont les feux foudroient le Four-à-Chaux et le versant de Cœuilly, batterie qui venait de faire tant souffrir les 35e et 114e de ligne, lors de leur marche contre le parc de ce dernier village. Un fossé, maçonné, rempli d'eau glacée, remplaçait le mur en face de cette batterie, ne gênant ainsi en rien le tir du canon ou du fusil.

Le mur ouest, sur lequel nous allions nous précipiter, parallèle à la ligne des crêtes, est long de plus de 100 mètres. Un renflement, en forme de tour basse, permet de fusiller les assaillants qui, à droite et à gauche, tenteraient de démolir ce mur ; une porte, pratiquée dans cette tour basse, établit une communication avec un ouvrage, élevé juste en avant, et avec un saut-de-loup commençant à la tour et finissant à 140 mètres plus au nord. Une haie clôt ce saut-de-loup à l'intérieur. Derrière, un retranchement pour l'infanterie consolide la position ; derrière encore un second retranchement, puis, sur la même ligne, mais plus au sud, un retranchement semblable renforce le mur dominant

---

qu'elles voulurent gravir la hauteur en avant de Champigny et elles perdirent beaucoup de monde. » (*La guerre de* 1870, par le maréchal comte de Moltke, chef du grand état-major ; édition française, par E. Jaeglé, professeur à l'École spéciale militaire de Saint-Cyr ; Paris, Le Soudier, 1891 ; p. 256.)

la naissance d'une dépression qui va jusqu'au chemin de fer de Mulhouse; à l'angle de ce mur, à l'endroit où il touche la route de Joinville à Villiers,

PLATEAU DE VILLIERS

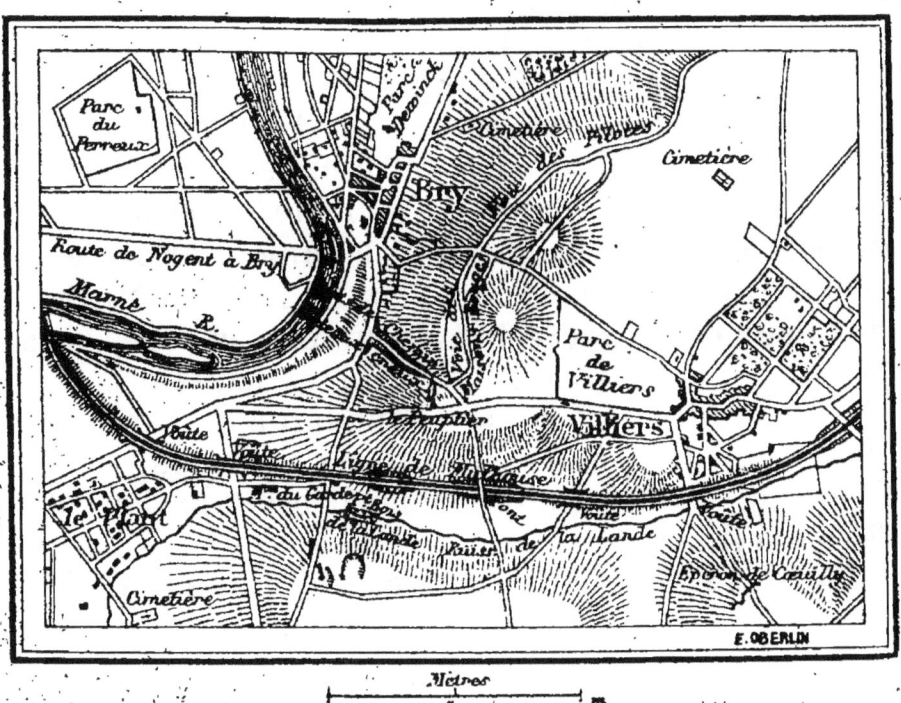

est un épaulement pour deux pièces. Enfin, derrière les deux retranchements pour l'infanterie, ont été préparés un abri pour une pièce de canon et un épaulement circulaire dans lequel tourne une pièce sur pivot.

Au nord, le cimetière vieux, un enclos le long du chemin de Villiers à Noisy et le nouveau cimetière forment trois réduits crénelés où peuvent s'abriter plusieurs centaines d'hommes; un grand mur, percé de meurtrières, suit le même chemin de Noisy, depuis Villiers jusqu'au delà du nouveau cimetière.

Au sud, une batterie bien garantie, construite sur

l'extrémité de la croupe dominant la station, enfile les pentes parallèles au chemin de fer.

Enfin, à l'est, le village est mis en état de défense (1).

La position est donc forte mais elle a, néanmoins, un grand vice : elle est commandée, à 300 mètres du parc, par deux mamelons situés à droite et à gauche du chemin de Bry à Villiers, au sommet de la côte (2). De plus, les murs du parc sont découverts, partant démolissables par l'artillerie. En ce cas, « la valeur défensive des murs est très limitée, car l'ennemi peut y faire aisément de larges brèches ; mais si, au contraire, le mur, comme il arrive souvent devant Paris, est construit au milieu d'un bois sa valeur défensive est incalculable, car dès lors, l'artillerie, ne pouvant le voir, n'a aucune prise sur lui et, derrière cet obstacle, une ligne de tirailleurs peut tenir tête à des forces de beaucoup supérieures (3) ». Encore une fois, il est loin d'en être ainsi à Villiers.

Faisons également observer qu'un long remblai

---

(1) Général Ducrot, t. II, croquis XII. — *Viollet-le-Duc et Alphand au siège de Paris*, par Massillon-Rouvet, secrétaire de Viollet-le-Duc pendant le siège de Paris; Paris, Librairies-Imprimeries réunies, 1892; p. 67.

(2) « A Villiers, dit le duc de Wurtemberg (*Neüe militar Zeitung*, août 1871), il y avait deux plateaux, à 600 pas des murs de jardins (l'un à 300 pas et l'autre à 600) occupés par deux bataillons wurtembergeois; on (les Français) les prit et on les garnit de mitrailleuses, pendant que trois brigades françaises se trouvaient derrière. Au lieu de faire, couverts par les hauteurs, un mouvement de flanc pour séparer Villiers de Noisy et s'avancer sur un terrain depuis longtemps, mais non suffisamment fortifié, contre l'endroit appelé Tilliers, il n'y eut que des attaques continuelles contre les murs de jardins dont les défenseurs résistèrent toute la journée. » (Cité par le major de Sarrepont, *Histoire de la défense de Paris en 1870-1871*, par le major H. de Sarrepont (colonel Hennebert); Paris, Dumaine, 1872; pp. 364 et 365, en note.)

(3) Capitaine von Bogulawski, du Ve corps prussien, cité par le colonel Pierron, *Les Méthodes de guerre actuelles et vers la fin du XIXe siècle*; Paris, Baudouin, 1881; t. III, 2e partie, p. 923.

gazonné de 1 mètre de hauteur, servant de chemin (voie des Maisons-Rouges) et se profilant de la route de Villiers à Joinville au mamelon sud dit de Villiers, forme un excellent abri d'où peuvent sortir des colonnes d'assaut. Enfin, il faut se rappeler que le petit nombre d'hommes dont l'ennemi disposera pour garnir ses murs, maisons et retranchements, surtout jusqu'à midi ou une heure, enlève beaucoup de valeur à la position qui serait certainement emportée si elle était intelligemment et résolument abordée à onze heures ou onze heures et demie du matin (1).

Quant au terrain séparant les mamelons du parc, ce sont des vignes, des groseilliers, des poiriers, des pruniers qui le rayent et le piquent de lignes, de touffes noires et de branches dénudées dans lesquelles la bise glaciale siffle lugubrement.

Les pentes ouest du plateau de Villiers sont couvertes de bois et d'arbres fruitiers donnant l'illusion de hauts taillis. Pruniers, vignes, groseilliers, cassissiers poussent sur les pentes sud, où se voient aussi quelques champs nus.

Pour arriver au plateau de Villiers en venant de Bry, il faut gravir une côte très raide; au contraire, de Joinville et de Neuilly-sur-Marne, la pente est assez douce.

Cinq routes mènent à Villiers : une de Joinville et une de Bry, par l'ouest, une de Noisy-le-Grand, par le nord, une de Cœuilly, par le sud, et une de Malnoue, par l'est.

Il est évident que, pour enlever cette position de front, il faudra sacrifier du monde. C'est pourquoi ordre avait été donné au général d'Exéa de faire

---

(1) Le château et le parc de Villiers « étaient occupés par un régiment wurtembergeois ». (*Enq. parlem. déf. nationale*, rapport de M. Chaper sur le Gouvernement de la Défense à Paris au point de vue militaire. p. 167.)

concourir le 3ᵉ corps à la prise de Villiers, en occupant Noisy-le-Grand et en débordant le premier de ces villages. Mais la division de Maussion est déjà à Bry sans que, comme nous l'avons exposé plus haut, le général d'Exéa se soit encore mis en mesure de faire passer la Marne à ses deux divisions. Les conséquences en vont être fatales.

Aussi bien, le général Ducrot croit que la division Mattat va se montrer du côté de Noisy : il donne donc l'ordre au général de Maussion de se préparer à aborder Villiers de face pendant que la brigade de Miribel le tournera par le sud. Il espère ainsi s'emparer de la clef des hauteurs : maître de Villiers, Cœuilly tombe forcément et Chennevières est bien compromis.

A peine nos tirailleurs ont-ils couronné le sommet des pentes, après dix heures, que les trois batteries divisionnaires du général de Maussion essaient de se mettre en position sur la crête dans le but d'abattre le mur du parc. D'autres batteries tentent également de s'établir : celle du capitaine Nismes et les mitrailleuses du capitaine Mahieu à droite de la route de Joinville à Villiers, celle du capitaine Courtois sur la même ligne, mais plus près du mamelon sud (1).

A cause de la mollesse de nos batteries du plateau d'Avron (2), du fort, du village de Nogent, des redoutes de la Faisanderie et de Saint-Maur (3), qui

(1) Général Ducrot, t. II, p. 205.
(2) « Pourquoi n'a-t-on pas amené une artillerie plus nombreuse sur le plateau d'Avron qui prenait d'écharpe les positions allemandes ? » (Les Zouaves à Paris pendant le siège, par A. Ballue (député, président de la commission de réorganisation de l'armée) ; Paris, Le Chevalier, 1872 ; p. 98.)
(3) De très bonne heure, bien avant onze heures, les redoutes de Saint-Maur se turent. « Les hommes cessèrent le feu et allèrent prendre un déjeuner qu'ils avaient certes bien gagné. » (Paul de Kerneu, Journal d'un mobile; Paris, Ghio, 1880; p. 109.) M. de Kerneu était de garde à la redoute du Réservoir.

3.

n'écrasent pas Villiers de projectiles, notre artillerie est immédiatement canonnée et fusillée par les ouvrages du parc et même par ceux de Cœuilly.

Les capitaines Nismes et Mahieu, soutenus par la batterie du capitaine Lapâque, qui s'installe près de la voie ferrée, tirent sans relâche sur Villiers pendant que les canons du général de Malroy, en position sur la pente sud du ravin de la Lande, s'efforcent de riposter aux pièces de Cœuilly.

Quant à la batterie du capitaine Courtois, la plus rapprochée du mamelon sud, prise en écharpe et à excellente portée par les tirailleurs embusqués derrière les haies et vergers de ce mamelon, elle ne peut même pas se mettre en position. « Une seule section parvient à ouvrir le feu, mais, en quelques minutes, chevaux, servants sont renversés. Il faut toute l'intrépidité du capitaine Courtois et du lieutenant Pelletier pour empêcher ces deux pièces de tomber au pouvoir de l'ennemi (1) », accident fâcheux qui ne se serait pas produit si l'artillerie avait été mieux soutenue par l'infanterie et si l'occupation des deux mamelons et leur mise en état de défense, tout au moins l'occupation de leurs pentes ouest, opération préliminaire de toute attaque de Villiers, avait été heureusement accomplie.

Rien n'eût été plus facile que de faire suivre les tirailleurs par quelques centaines d'hommes qui auraient apporté fagots, troncs de jeunes arbres, tonneaux, matelas avec lesquels le génie aurait improvisé des épaulements, sur les mamelons, qui auraient garanti nos batteries des balles de Villiers et leur auraient permis de démolir les murs branlants du parc. Le général Ducrot ne s'en avisa pas et offrit ses artilleurs comme but aux fusils des Wurtembergeois : ils ne manquèrent pas de

---

(1) Général Ducrot, t. II, p. 205.

viser et de mettre dans la cible si naïvement présentée (1).

Mais l'ennemi dispose de si faibles forces qu'il est aussi paralysé que nous : quand il veut « tenter un retour offensif, il est ramené, à son tour, avec de très grosses pertes (2) ».

Et nos canons ne font pas grand mal à l'ennemi. Placés trop bas, ils ne voient pas ou voient mal les objectifs à battre; les chefs de notre artillerie ne profitent pas de la position du parc de Villiers, situé à la gauche de la route qui va en ligne droite à partir du chemin de Mon-Idée, pour se placer en arrière et canonner le parc sans le voir (3). Lorsque nos batteries veulent changer de position et s'approcher plus près du but, exposées de face et en écharpe aux feux d'infanterie, elles n'ont que le temps de revenir à leurs premiers emplacements.

En effet, les Allemands avaient pris leurs mesures dans la limite du possible : « le capitaine Pfaff (aide de camp du général de Reitzenstein) avait amené à Villiers deux compagnies du 106e, saxon, et, à dix heures, avait informé le colonel de Abendroth que le combat était sérieux. Le colonel avait alors envoyé un escadron et une batterie à l'aide des défenseurs de Villiers (4) ».

« Aussi, était-ce avec une fébrile impatience que le général Ducrot attendait l'entrée en ligne du 3e corps; espérant toujours le voir déboucher, à chaque instant il tournait ses regards du côté de

---

(1) « A peine notre artillerie arrivait-elle au sommet des pentes qu'elle était balayée..... par des feux de mousqueterie contre lesquels elle ne pouvait lutter de si près. » (*Enq. parlem. déf. nationale*, rapport de M. Chaper sur le Gouvernement de la Défense à Paris, au point de vue militaire, p. 167.)
(2) *La Guerre franco-allemande*, 2e partie, pp. 536 et 537.
(3) *La Tactique des trois armes*, par G. Mazel, ancien officier d'infanterie; Paris, Berger-Levrault, 1880; p. 76.
(4) *Historique du 7e régiment d'infanterie saxon*.

Noisy, quand, vers les onze heures, on lui apprend, à son grand étonnement, que le général d'Exéa n'a même pas commencé son passage de la rivière (1) ».

Est-il utile de faire remarquer que cette cruelle déception n'aurait pas été ménagée au général Ducrot s'il s'était tenu sur un point de la rive gauche de la Marne d'où il aurait pu embrasser du regard tout le terrain occupé par ses trois corps d'armée, au cas où le Gouverneur, installé au fort de Nogent, aurait dirigé la lutte; si le même général Ducrot s'était tenu à Nogent, au cas où le Gouverneur, lui laissant la conduite et la responsabilité de la bataille, s'était contenté d'y assister comme simple spectateur ou comme soldat combattant. M. Ducrot aurait pu voir, alors, que M. d'Exéa sommeillait; ce n'eût pas été à onze heures, mais à huit heures, à neuf heures qu'il aurait réveillé le vieux général (2).

Le mal est fait. Ne voulant pas laisser plus longtemps ses troupes sous le feu meurtrier de Villiers et de Cœuilly, le général Ducrot risque un coup dangereux : il les jette contre le parc de Villiers.

---

(1) Général Ducrot, t. II, p. 206.

(2) « Le général en chef se place de manière à voir la plus grande partie possible du champ de bataille, et, en même temps, le point sur lequel est dirigée l'attaque principale et où doit se produire la crise de la bataille. » (*Principes de stratégie*, par le général Berthaut; Paris, Baudouin, 1881; p. 358.) — « Si le général en chef se fût trouvé à la gauche (se fût placé de manière à voir sa gauche, ce qui était suffisant) en vertu de considérations morales analogues à celles qui le retinrent au centre, la première journée des batailles de la Marne se fût terminée par une victoire. » (Commandant Canonge, t. II, p. 371.) — « Il est très avantageux que, de l'endroit où il est placé, le général en chef puisse distinguer une partie du champ de bataille. Il ne se déplacera que quand il le jugera tout à fait nécessaire, et il laissera un officier à l'endroit qu'il quittera, pour indiquer la direction qu'il aura prise. *Il ne s'exposera jamais inutilement et ne dirigera pas d'attaque partielle.* » (Marquis de Chambray, cité par le colonel R. Henry, *L'Esprit de la guerre d'après les grands capitaines et les philosophes*; Paris, Berger-Levrault, 1894; p. 501.)

C'est une grosse faute, car Villiers, comme Cœuilly, ne doit être attaqué que de flanc (1). Enfin, le général Ducrot a donné des ordres, en aveugle : nos bataillons s'élancent résolument sur les Wurtembergeois.

Courent, en tête, les éclaireurs du capitaine de Néverlée, un descendant de celui qui sauva Philippe-Auguste à la bataille de Bouvines, les francs-tireurs de la division de Maussion, enlevés par le commandant Conti, enfin, des fractions des 123e et 124e de ligne, de la brigade Avril de Lenclos.

« Tous se portent en avant, mais, arrivés à portée, nos soldats sont reçus par un feu roulant de mousqueterie; les plus avancés tombent, ceux qui suivent s'arrêtent, un moment de trouble, de désordre se produit. Les officiers généraux, les chefs de corps se précipitent au milieu de leurs hommes; ils les appellent, les arrêtent, les entraînent, et tous, chefs, soldats, 2,000 hommes environ, fondent sur l'ennemi. Les Allemands plient, et, tout en reculant, ils démasquent, à droite et à gauche, le long mur du parc, obstacle infranchissable, d'où part une fusillade meurtrière. Nos soldats s'arrêtent encore,

---

— « La grandeur du rôle du général en chef lui interdisant le détail, sa place doit être fixe pour qu'on puisse sans cesse le trouver; assez rapprochée pour qu'il puisse voir au moins ses premières lignes, et, s'il est possible, celles de l'ennemi sur le point le plus important du combat; assez éloignée pour qu'il n'ait pas la tentation de s'immiscer dans la direction du combat partiel qu'il a sous les yeux, qu'il n'ait point à prendre, à chaque instant, souci de sa personne, enfin, qu'il soit suffisamment rapproché de sa réserve générale. » (Général Guichard, *Cours d'art militaire*, cité par le colonel R. Henry, *Ibid.*) — Voir, à ce sujet : Alfred Duquet, *La Guerre d'Italie*, 1859; Paris, Charpentier, 1882; pp. 192 à 196, et le colonel R. Henry, pp. 521 et 522. — Voir, aussi, *infra*, pp. 86, 87, 97, note 3, et 221 à 223.

(1) « La sagesse conseillait d'arrêter l'agression jusqu'au temps où l'attaque des deux ailes, c'est-à-dire de Blanchard et d'Exéa, par la réussite de leurs mouvements, s'emparassent de points d'où la position de Villiers, dominée ou débordée tombât d'elle-même. » (Piérart, p. 38.)

se couchent. De nouveau, enlevés par leurs chefs, ils s'élancent une deuxième fois, et gagnent ainsi du terrain par bonds successifs ; mais, plus nous approchons, plus nous perdons de monde, car notre héroïque artillerie, en dépit de tous ses efforts, n'a pu ni faire brèche dans le parc, ni débusquer les Wurtembergeois de leurs créneaux. Cependant, un certain nombre des nôtres arrivent en se défilant, en se rasant, jusqu'à une centaine de mètres de la muraille ; arrêtés par un feu à bout portant, ils sont contraints de rétrograder et le mouvement de recul se produit sur toute la ligne (1). »

Comme toujours, ces retraites sont désastreuses. L'ennemi tire sûrement sur ces longues lignes qui ne ripostent pas. Enhardis par leur succès, les Wurtembergeois commettent l'imprudence de sortir de leurs abris et se précipitent sur les fuyards en poussant des cris de Teutons. Mais les fuyards se retournent, brûlent leur cartouche et se précipitent à la baïonnette sur les poursuivants. Par trois fois, les Wurtembergeois, refoulés, reviennent à la charge, par trois fois, nos soldats les repoussent au moyen de leurs rudes retours offensifs (2). Nous sommes, enfin, à la naissance de la pente ouest, dans un chemin tracé derrière le mamelon de Villiers, derrière le remblai gazonné : nous n'avons plus tant à craindre les coups du maudit parc. Mais 500 de nos hommes gisent à terre, tués ou blessés. Les deux braves colonels des 123e et 124e de ligne, Sanguinetti et Dupuy de Pòdio, sont morts, ainsi que le capitaine de Néverlée (3) dont une balle a coupé l'aorte et brisé la colonne vertébrale (4).

(1) Général Ducrot, t. II, p. 207.
(2) « En se mettant à poursuivre l'ennemi, les Wurtembergeois éprouvent de grandes pertes. » (M. de Moltke, p. 255.)
(3) Général Ducrot, t. II, pp. 207 et 208.
(4) *Récits sur la dernière guerre franco-allemande* par C. Sarazin,

Cette tentative prématurée n'a eu d'autre résultat que de désorganiser la division de Maussion et d'exalter le courage de l'ennemi. Il eût été préférable de se défiler, en attendant le moment d'aborder Villiers avec quelque chance de réussite, quand nos projectiles auraient fait brèche dans le mur et renversé ses défenseurs. Alors, on se serait précipité sur le parc et le succès était possible puisque les colonnes d'assaut n'avaient que 200 ou 300 mètres à parcourir pour atteindre la position, soit qu'elles partissent du mamelon de Villiers, soit qu'elles s'élançassent du remblai gazonné.

Mais « quelle folie que de se jeter à découvert sur des ennemis bien abrités, que rien n'émeut, qui prennent le temps de viser et qui sont assurés de leurs coups (1) ! »

Ce n'est pas seulement la division de Maussion qui a souffert du coup de tête du général Ducrot, la brigade de Miribel, de la division Berthaut, a cru devoir aller au secours du général de Maussion, en tâchant de faire tomber Villiers par le sud : elle n'a pas mieux réussi que notre gauche.

Le général Berthaut avait donc prescrit au colonel de Miribel de se glisser sur la pente, entre la route et le chemin de fer, de manière à forcer le village par le sud.

Deux bataillons des mobiles de la Seine-Inférieure, sous les ordres des commandants de Launay et du Mesnil-Gaillard, se mettent en mouvement. Le pont du chemin de Bry à Chennevières, jeté sur une tranchée de la voie ferrée, au nord-est du

---

médecin en chef de l'ambulance du grand quartier général de la 2ᵉ armée; Paris, Berger-Levrault, 1887; pp. 210 et 214. — « Lui et son cheval avaient reçu trente-huit balles. » (*Journal d'un officier d'ordonnance*, juillet 1870-février 1871, par le comte d'Hérisson; Paris, Ollendorff, 1885; p. 275.)

(1) Massillon-Rouvet, p. 68.

chemin circulaire de Villiers au Four-à-Chaux, est prestement emporté; les mobiles se dispersent en tirailleurs et avancent vers la batterie sud de Villiers, en se dissimulant derrière tous les plis de terrain, tous les fossés, tous les arbustes, et derrière des trous de carrières. Malheureusement, dès qu'ils approchent du chemin de Villiers au Four-à-Chaux, la fusillade, qui part du mur sud du parc, éprouve cruellement leur gauche. Un de ces bataillons, le 4e, plus rapproché de l'ennemi, ne laisse pas d'en être troublé et finit par revenir en arrière. Le colonel de Miribel le remplace par deux autres bataillons, sous les ordres des commandants Bouillé et de la Touanne, et les pousse en avant. Les tirailleurs wurtembergeois plient, nous atteignons la dépression de terrain allant de la tour basse du mur du parc aux carrières voisines du chemin de fer, mais le feu du mur sud nous reprend de flanc, un bataillon ennemi nous contient de front, 400 mobiles tombent à terre, le commandant Bouillé est frappé à mort, le commandant de la Touanne est blessé : il faut se replier jusqu'au pont jeté sur la voie ferrée, à la jonction des deux chemins venant de Bry et de Villiers.

Alors tombe le général Renault, commandant du 2e corps, la cuisse broyée par un éclat d'obus. La présence du général Ducrot, au milieu de ses troupes, avait laissé peu à faire au général Renault; il s'était contenté de galoper entre les balles et les obus poussant au combat les jeunes soldats de la brigade de Miribel (1).

« A ceux qui l'entourent pour le plaindre de sa blessure : « J'en suis fier, s'écrie-t-il, n'est-ce pas pour moi un grand honneur que de donner une de

(1) Le général en chef avait pris la place du commandant du 2e corps. (Général Favé, p. 65.) — Arthur Chuquet, p. 276.

mes jambes à la Ville de Paris (1) ». Il mourra trois jours après, « accusant constamment le *pauvre* général Trochu, qui était devenu sa bête noire, et le couvrant d'injures (2) ».

Le général de Maussion prend le commandement *nominal* du 2ᵉ corps et le général Courty le remplace à la tête de sa division (3).

Le général Ducrot finit par comprendre qu'il est plus que hasardeux d'essayer d'enlever le parc tant que les murs seront intacts : il donne donc l'ordre à l'artillerie de canonner de nouveau Villiers et Cœuilly (4), et, en même temps, il se décide à envoyer un aide de camp au général d'Exéa pour le prier de marcher enfin sur Noisy-le-Grand.

Les quatre batteries Trémoulet, Mahieu, Nismes et Lapâque s'établissent derrière le chemin de Bry à Chennevières, entre le remblai gazonné et le chemin de fer, les deux premières contenant les Wurtembergeois par le feu de leurs mitrailleuses, les deux dernières contre-battant l'artillerie de Cœuilly et de Villiers.

Quatre autres batteries : Simon, Caris, Salin et

---

(1) *Gouvernement de la Défense nationale du 31 octobre 1870 au 28 janvier 1871*, par M. Jules Favre, de l'Académie française; Paris, Plon, 1872; p. 136. — Charles de Mazade, *La guerre de France*, t. II, p. 202.
(2) Comte d'Hérisson, p. 281.
(3) Commandant Canonge, t. II, p. 372.
(4) « Contre cette formidable position, l'artillerie était nécessaire. » (*Enq. parlem. déf. nationale*, rapport de M. Chaper sur le Gouvernement de la Défense à Paris au point de vue militaire, p 167.) — « L'artillerie prépare la lutte, empêche l'infanterie de subir des pertes trop considérables là où les troupes les plus valeureuses et les plus vigoureuses se briseraient à des obstacles trop forts. » (Baron Colmar von der Goltz, commandant dans le grand état-major allemand, *La Nation armée*; traduit par Ernest Jaeglé, professeur à l'Ecole militaire de Saint-Cyr; Paris. Hinrichsen, 1884; p. 306.) — *Ibid.*, p. 307. — « Nos illustres chefs s'étaient décidés à comprendre (le 2 décembre) qu'il fallait de l'artillerie pour faire brèche aux murs qui nous arrêtaient. » (A. Balluc, p. 93.)

Chaule, sont installées en avant du chemin de Bry à Champigny, entre le chemin de fer et le Four-à-Chaux, tirant, les trois premières, sur Cœuilly et Villiers, la dernière, enfilant le ravin de la Lande au moyen de ses mitrailleuses. Il est alors onze heures et demie.

Pendant que notre artillerie tonne derechef, les généraux Ducrot et de Maussion réorganisent leurs régiments. Ils dérobent les 123e, 124e de ligne, les francs-tireurs de la division et les éclaireurs Néverlée aux coups de l'ennemi en les postant derrière le remblai gazonné. Les 125e et 126e de ligne se tiennent derrière nos canons, à gauche de la route de Joinville à Villiers.

Midi sonne. La division Berthaut est près de la voie ferrée, non loin du passage à niveau du chemin de Bry à Champigny. La division de Malroy se déploie autour du Four-à-Chaux (1).

C'est le moment psychologique de la journée : le lieutenant-colonel Boulanger touche à Cœuilly, les généraux de Maussion et Berthaut enserrent Villiers, mais l'artillerie saxonne se met en position au sud de Noisy, la brigade d'Abendroth arrive à Villiers, une autre brigade saxonne, de Léonhardi, commence à gravir le chemin de Gournay à Noisy-le-Grand, et les divisions Mattat et de Bellemare continuent à rester tranquillement sur la rive droite de la rivière, l'une au Perreux, l'autre à Neuilly-sous-Bois ! Pourquoi cet engourdissement à l'heure où le fracas de la bataille de Villiers et de Cœuilly emplit la vallée la Marne, répercuté par toutes les collines environnantes? Tâchons de l'expliquer.

(1) Général Ducrot, t. II, pp 208 à 210.

INDÉCISION DU GÉNÉRAL D'EXÉA

Aux coups de dix heures, le général d'Exéa s'était enfin décidé, sur les instances du général de Bellemare, à établir les ponts de Neuilly. Il appelle les pontonniers, qui sont, depuis deux heures, à se morfondre au rond-point de Plaisance, et donne l'ordre aux 85 hommes du capitaine Saint-Rémy et aux 30 sapeurs du capitaine Lenclos de commencer le travail, avec l'aide de 100 zouaves.

L'état-major du 3ᵉ corps apporte, comme excuse de son inaction du matin, la crainte de voir les Allemands ouvrir l'écluse du canal de Chelles, ce qui aurait produit « une nouvelle crue, analogue à celle de la veille » qui aurait balayé nos ponts (1). Or, nous savons que, la veille, il n'y avait pas eu de crue, et, quant à l'ouverture de l'écluse, le général d'Exéa et ses officiers sont impardonnables de n'avoir pas su que cette écluse avait été brisée avant l'arrivée de l'ennemi (2). Et puis, même si l'écluse n'avait pas été détruite, est-ce que le danger de son ouverture aurait été moindre à midi qu'à dix heures, à quatre heures qu'à deux heures? Vraiment, l'état-major de ce temps-là n'était guère futé, n'avait pas grand esprit de réflexion, et nous ne nous étonnons pas qu'il ait été battu par l'état-major prussien.

Enfin, on va jeter les ponts. Pour faciliter l'opération, deux nouvelles batteries s'alignent sur la haute berge du Perreux et foudroient les alentours nord de Bry. Poussé par le général de Bellemare, qui ne cesse de récriminer contre l'inaction du

---

(1) *Histoire de la guerre franco-allemande 1870-1871*, par Amédée Le Faure; Paris, Garnier, 1875; t. II, p. 147.
(2) Voir : *Paris, Thiers, le Plan Trochu et l'Hay*, par Alfred Duquet, p. 277, en note, *suprà*, pp. 14 et 15, et *infrà*, p. 284, note 4.

3ᵉ corps, le général d'Exéa prend son carnet et écrit sur une feuille :

« Ordre de jeter immédiatement les deux ponts de Bry.

« 30 novembre 1870, 11 heures. »

Puis, il détache la feuille et envoie le capitaine d'état-major Altmayer porter cet ordre au capitaine de frégate Rieunier (1). Aussitôt que le passage sera assuré la division Mattat se transportera sur la rive gauche.

Puisque le 2ᵉ corps était maître de Bry « avant dix heures et demie du matin (2) », ce n'est pas à onze heures que l'ordre aurait dû être expédié mais avant dix heures et demie. On aurait pu ainsi « gagner une demi-heure, une heure peut-être à ce moment décisif (3) ».

Quoi qu'il en soit, l'endroit choisi pour jeter les ponts est en aval de Bry, sous la colline qui s'élève, à pic, à partir du bord de la rivière. La *Persévérance* et un bateau-mouche y arrivent sans retard, et le travail commence quelques minutes avant midi.

Mais les ouvriers sont dérangés par des obus tirés de Villiers contre les batteries françaises qui se tiennent au haut des pentes de Bry : les coups, trop longs, passent par-dessus nos artilleurs et viennent tomber dans la Marne ou sur les bateaux. Deux pontons d'artillerie sont ainsi coulés. En outre, les balles pleuvent dru sur les travailleurs : les Saxons, qui, vers une heure et demie, ont chassé de Bry les hommes de la division de Maussion, visent, à 300 et

---

(1) Ce n'est donc pas à dix heures et demie que l'ordre a été donné, ainsi que le prétend l'amiral de la Roncière-le Noury. (*La Marine au siège de Paris*, par le vice-amiral baron de la Roncière-le Noury; Paris, Plon, 1874; p. 199.)

(2) *Enq. parlem. déf. nationale*, rapport de M. Chaper sur le Gouvernement de la Défense à Paris au point de vue militaire, p. 172, en note.

(3) *Ibid.*

à 500 mètres, nos marins et nos ouvriers civils. Le commandant Rieunier est atteint d'une balle aux reins : il n'en continue pas moins à diriger ses hommes, qui n'abandonnent pas le pont, quoi qu'en ait dit M. Ducrot. Seuls, les ouvriers civils quittent la partie et cherchent un abri sur la rive droite (1). Enfin, à deux heures et demie, les ponts sont terminés et le général d'Exéa pourrait y faire passer la division Mattat s'il avait le dessein d'aller au secours des régiments épuisés du 2e corps (2).

Durant ce temps, le Gouverneur, inquiet de l'inaction du 3e corps, avait, sur les onze heures, dépêché le commandant de Lemud au général d'Exéa pour presser l'entrée en ligne de ses troupes, dont l'absence se faisait cruellement sentir à l'instant où le 2e corps s'en prenait à Villiers. Il était bien tard : c'était à dix heures, au moment où l'avant-garde de la division de Maussion s'emparait de Bry, que les ponts auraient dû être commencés. Quant à ceux de Neuilly, ils pouvaient être en place à dix heures, nos canons du Perreux et nos milliers de fusils en assurant la pose contre toute résistance de l'ennemi, trop occupé à Villiers, et en trop petit nombre, pour s'opposer au passage de la rivière (3). Cela est si vrai que, en une heure, ces ponts furent déployés et que, à midi, la division de Bellemare pouvait passer (4).

(1) Amiral de la Roncière-le Noury, p. 199.
(2) *Copie du rapport du commandant Rieunier*, à nous adressée, par ordre de M. le ministre de la Marine, le 28 avril 1894.
(3) « L'opération eût été suffisamment protégée par le village de Neuilly où nous étions solidement retranchés, par le feu des mitrailleuses et de la nombreuse artillerie que le général en chef avait mise à la disposition du général d'Exéa, afin, précisément, d'assurer le passage de son corps, complément indispensable de l'attaque principale. » (Général Ducrot, t. II, p. 239.) — Commandant Grouard, *Le Blocus de Paris et la Première armée de la Loire*, 3e partie, p. 26.
(4) « Quatre ponts étaient préparés; deux au-dessous de Bry, deux au-dessous de Neuilly; il ne fallait, pour les jeter, qu'un

« Nous, cependant, dit un commandant de zouaves, nous restions toujours immobiles. Pourquoi? Le moment n'était-il pas venu d'opérer l'attaque de flanc en même temps que, par une vigoureuse offensive sur Noisy-le-Grand, nous menacerions les derrières (la droite) de l'ennemi? Mais, jusqu'à midi, nous demeurâmes témoins inutiles de la lutte furieuse engagée sur notre droite. Enfin, on nous porte en avant, sur la route de Strasbourg. Nous faisons un kilomètre environ, puis on nous arrête de nouveau. Nous touchons à la Marne. De là, nous apercevons, distinctement, entre Bry et Noisy-le-Grand, à mi-côte, deux lignes de tirailleurs échangeant une fusillade fort vive. Avec quelques canons, ou mieux, quelques mitrailleuses, la ligne allemande, prise d'écharpe par nous, serait facilement anéantie. Mais notre artillerie a disparu! Dire notre rage est impossible. Et, sur le plateau d'Avron, que fait-on? N'aperçoit-on pas l'ennemi qui est là, à portée de canon? A défaut du télégraphe, on pourrait faire prévenir par un officier à cheval. Mais rien, on ne fait rien (1) ».

Les choses vont se gâter du côté de Bry. Le général d'Exéa aperçoit de longues lignes noires sortir de Noisy et se dérouler sur le plateau et à mi-côte. C'est la brigade saxonne de Schulz qui court à l'aide des Wurtembergeois. Au lieu de profiter de la circonstance pour la prendre en flanc, le général d'Exéa, effrayé, envoie au général de Bellemare.

ordre du général d'Exéa et ses divisions pouvaient entrer en ligne avant onze heures; mais le général ne donnait pas cet ordre, et, à midi, le 3ᵉ corps était encore immobile sur la rive droite. » (*Enq. parlem. déf. nationale*, rapport de M. Chaper sur le Gouvernement de la Défense à Paris, au point de vue militaire, p. 172. — « **Les ponts auraient pu être terminés à dix heures du matin.** » (Commandant Grouard, *Le Blocus de Paris et la Première armée de la Loire*, 3ᵉ partie, p. 32.) — Opinion du général Princeteau : Le Faure, t. II, p. 147.

(1) A. Ballue, pp. 79 et 80.

qui, ne se contentant plus, a, de sa propre initiative, déjà traversé la Marne avec un bataillon de zouaves, l'ordre péremptoire de revenir sur la rive droite, et voici le mouvement suspendu (1) !
« Lorsque le général d'Exéa voit l'insuccès de la division de Maussion, au lieu de voler à son aide, il revient sur la rive droite (2). »

Furieux, le général de Bellemare demande à l'aide de camp, d'abord, à son chef, ensuite, les motifs de cette déplorable décision. Une scène assez vive s'ensuit. Le général d'Exéa, peu commode, répond qu'il est le maître et qu'il ne veut pas compromettre son corps d'armée. Le général de Bellemare « ne peut qu'obéir, ayant été replacé sous les ordres de son chef direct (3) »; bref, le 3ᵉ corps continue à demeurer inutile et à s'énerver au Perreux et à Neuilly.

Libres du côté de Noisy, les Saxons s'approchent de Bry, le long des pentes ; leurs tirailleurs découvrant, à 500 mètres, les marins du commandant Rieunier, en train de terminer les ponts de Bry, s'empressent, comme nous venons de le voir, de les cribler de balles. S'il faut en croire le général Ducrot, la panique est générale : ouvriers civils, marins se mettent à l'abri en se sauvant, les uns dans des barques, les autres, qui n'y peuvent trouver place, en sautant à l'eau à l'exemple des grenouilles,

---

(1) *Mémoire du général de Bellemare.* — « Le mouvement s'effectue, quand survient un aide de camp du général d'Exéa qui apporte l'ordre de revenir sur nos pas. » (A. Ballue, p. 81.) — « Le général d'Exéa craignit de compromettre ses troupes, arrêta leur mouvement et ramena même sur la rive droite les quelques compagnies qui se trouvaient déjà de l'autre côté de la rivière. » (Commandant Grouard. *Le Blocus de Paris et la Première armée de la Loire*), 3ᵉ partie, p. 26.) — Le Faure, t. II, pp. 147 et 148, en note.
(2) Arthur Chuquet, p. 276.
(3) *Notes personnelles du général de Bellemare.* — A. Ballue, p. 81.

en dépit du vent glacé qui souffle depuis le matin : « les ponts demeurent abandonnés (1) ». Il est une heure passée (2).

Les Saxons se mettent alors à tirer sur la division Mattat dont les grands carrés tentent leurs carabines. A peine quelques balles ont-elles frappé cette division que la voici qui se replie du Perreux sur le rond-point de Plaisance ! Pourquoi cet affolement? Pourquoi ce mouvement en arrière? Une division, flanquée de forts et de batteries, ne saurait-elle donc répondre aux coups de fusils de deux ou trois bataillons? C'est déplorable, et, dès maintenant, la journée est bien compromise.

Et voici que, justement, le commandant Vosseur, envoyé par le général Ducrot afin de hâter la marche du 3e corps, se présente au général d'Exéa. Celui-ci se réfugie derrière le mouvement des Saxons qui garnissent les pentes ; s'il fait passer la Marne à ses brigades, il prendra les Saxons en flanc, mais il court le danger d'être jeté à la rivière par une poussée des Allemands.

Dans son livre, le général Ducrot fait observer que les pentes de Noisy à Bry n'étaient pas tant garnies de Saxons que le croyait le général d'Exéa, puisque le commandant Vosseur, parti du plateau de Villiers, avait gagné les ponts, placés par nous en aval de Neuilly, en suivant les fameuses pentes, « simple fait qui prouve suffisamment combien eût été facile le passage de la Marne de midi à une heure (3) ».

(1) Général Ducrot, t. II, p. 238. — « Vers midi..... la division de Maussion perdait du terrain sur le plateau de Villiers et l'aile droite des Saxons se rapprochait de Bry. » (*La Guerre franco-allemande*, 2e partie, p. 541.) Donc, les Allemands n'occupaient pas encore Bry, comme l'amiral de la Roncière-le Noury le dit, à tort (p. 199).
(2) Nous avons ramené cette alerte à ses véritables proportions. Voir, *supra*, pp. 40 et 41.
(3) Général Ducrot, t. II, p. 239, en note.

Mais le commandant Vosseur n'a pas l'autorité nécessaire pour contredire un commandant de corps d'armée; il répond qu'il ne peut que répéter les ordres du commandant en chef, à savoir : franchir la rivière le plus tôt possible.

De plus en plus perplexe, le général d'Exéa demeurait en place, sans rien dire, sans rien faire. Pourquoi cette hésitation? Pourquoi ces craintes?

« Elles étaient au moins très exagérées, car non seulement la rive gauche offrait de nombreux abris, murs, parcs, qui auraient été de sérieux points d'appui pour nos troupes, mais encore le terrain entre Noisy-le-Grand et les ponts de Neuilly était tellement battu par les feux croisés du plateau d'Avron et des batteries de réserve du 3ᵉ corps qu'il eût été impossible à l'ennemi de s'y maintenir. A plusieurs reprises, en effet, des colonnes avaient tenté de sortir de Noisy-le-Grand pour s'approcher de la Marne; mais, criblées d'obus, elles avaient été obligées immédiatement de se retirer derrière les murs du village. Les pentes seules étaient réellement au pouvoir de l'ennemi; encore, parvint-on à l'en chasser et à dégager complètement la gauche du 2ᵉ corps (1), » comme nous le verrons bientôt; mais, afin que le récit de la bataille soit bien clair, il nous faut raconter, maintenant, ce que faisait le 1ᵉʳ corps d'armée.

NOUVELLE ATTAQUE DE CŒUILLY

Les braves 35ᵉ, 42ᵉ et 114ᵉ de ligne ne veulent pas rester sous le coup d'un échec; ils n'ont plus qu'une pensée : s'emparer de Cœuilly. L'intention est excellente, seulement l'artillerie du 1ᵉʳ corps n'a pas

---

(1) Général Ducrot, t. II, p. 240. — *Ibid.*, pp. 236 à 240.

encore trouvé le moyen de maintenir une seule de ses pièces sur le plateau. Nos batteries parviennent bien à se mettre en position et à tirer, en avant du Four-à-Chaux, mais nous avons vu toutes celles qui se sont hasardées à manœuvrer au-dessus de Champigny réduites à quitter la place. Or, approcher des murs de Cœuilly, sans les avoir préalablement canonnés efficacement, c'est démence pure.

Néanmoins, le 42e de ligne et deux bataillons, l'un du 114e, l'autre des mobiles de la Vendée, affrontent de nouveau les projectiles de toutes sortes qui labourent le plateau. Pour les soutenir, le commandant Magdelaine est invité à choisir, sur ces crêtes meurtrières, un endroit, que le capitaine du génie de la Taille protégera par un épaulement, et où nos canons pourront répondre à ceux de Cœuilly (1).

A peine le capitaine de la Taille a-t-il commencé ses travaux, qu'il voit ses sapeurs en butte, sur leur gauche, à une fusillade terrible. Profitant du départ de nos bataillons, qui se trouvent plus abrités du côté de la Marne, les tirailleurs ennemis se sont défilés par les pentes nord du plateau, se sont approchés du château de Champigny, et les voici qui nous fusillent à plaisir. Les sapeurs se hâtent de disparaître, laissant l'épaulement inachevé, et les chefs des batteries sont obligés de les installer à découvert.

Les mitrailleuses du capitaine Torterue de Sazilly montent à travers les vignes de gauche et s'établissent au nord du chemin de Cœuilly, juste en face de la grille du parc. Une trombe de balles et d'obus s'abat sur elles : le capitaine est tué, 15 artilleurs et 18 chevaux sont atteints. Quelle naïveté de tirer

---

(1) Nous ne savons pour quelle raison le commandant Magdelaine ne put venir, lui-même, choisir l'emplacement des batteries et laissa ce soin à ses capitaines.

avec des canons à balles contre les murs de Cœuilly !
« La mitrailleuse ne peut renverser des obstacles matériels » a dit fort bien Rüstow (1).

La batterie du capitaine Vernoy essaie de se mettre à la gauche des mitrailleuses : elle est réduite à l'impuissance après avoir lancé quelques obus.

Une troisième batterie, Lourdel-Hénaut, se place encore plus à gauche : fauchée par les projectiles de Villiers et de Cœuilly, elle ne peut même pas commencer le feu.

Le commandant Vaudrey, qui a pris, à défaut du commandant Magdelaine, la direction des trois batteries, ordonne la retraite qui se fait péniblement, la plupart des chevaux étant par terre. Les soldats s'attellent eux-mêmes aux canons, et des officiers traînent une mitrailleuse désemparée. C'est navrant (2). Notre artillerie est, encore une fois, chassée du fatal plateau, laissant notre infanterie seule, aux prises avec les défenseurs de Cœuilly et de Mon-Idée. Pas plus que devant Villiers, on n'a eu l'idée d'établir des épaulements instantanés, au moyen de fascines, de meubles, de matelas, de tous objets propres à arrêter les balles. Singuliers généraux !

Que faisait, pendant cette tempête de fer, le général Renault d'Ubexi, commandant l'artillerie de la division ? Ses artilleurs ne l'ont pas vu sur le plateau de Cœuilly, pas plus que le commandant Magdelaine. Pourquoi sont-ils restés, tous les deux, dans Champigny ? Chacun, alors, a suivi son inspiration personnelle ; aucun ensemble n'a existé dans l'action

---

(1) « Voyait-on, de loin, une batterie : sans s'inquiéter si elle pouvait s'acquitter de ce qu'on lui demandait, généraux et chefs d'état-major nous faisaient partir comme si nous avions eu des obus à tirer. » (*Lettre inédite de M. Paul Lalanne, sous-lieutenant dans la batterie de mitrailleuses Torierue de Sazilly.*)

(2) Tous ces tristes détails de l'écharpement des trois batteries nous ont été confirmés par M. Paul Lalanne.

de l'artillerie, qui a été nulle pendant ces attaques de Cœuilly (1).

« A ce moment encore, non pas un homme de génie, mais simplement un général habile, aurait pu obtenir un résultat décisif. D'abord, il se serait aperçu tout de suite que le parc de Cœuilly était la clef de la situation. En envoyant reconnaître ce point par un officier d'ordonnance intrépide, il aurait appris qu'il ne se trouvait dans le parc que quelques canons, admirablement servis, c'est vrai, mais soutenus seulement, par une centaine de tirailleurs (c'est ce qui explique pourquoi, sans le secours de l'artillerie, le lieutenant-colonel Boulanger a pu arriver à quelques mètres des murs). Une position aussi faiblement défendue, pouvait être enlevée sans de grandes pertes. Malheureusement, ces diverses circonstances échappèrent complètement au divisionnaire Faron qui, à défaut du commandant en chef, aurait pu deviner la situation. C'était un général très brave, mais, de son propre aveu, il se sentait écrasé par ses nouvelles fonctions, car il n'avait, jusque-là, exercé de commandement que sur un modeste régiment d'infanterie de marine. Il ne songea qu'à faire battre en brèche, par des mitrailleuses, les murs du parc qui avaient près de 2 mètres d'épaisseur (2). »

Mais pendant que notre artillerie abandonne le plateau, notre infanterie y débouche. Le lieutenant-colonel Prévault enlève le 42e de ligne ; ces braves

---

(1) « Mal soutenue par son artillerie de campagne qui n'avait pu s'établir en haut des pentes, notre infanterie fit, à plusieurs reprises, d'inutiles efforts en avant. » (*Enq. parlem. déf. nationale*, rapport de M. Chaper sur le Gouvernement de la Défense à Paris au point de vue militaire, p. 170.)

(2) *Histoire critique du siège de Paris par un officier de marine ayant pris part au siège*; Paris, Dentu. 1871 ; p. 136. Ces réflexions ne sauraient s'appliquer qu'à la journée du 30 novembre, puisque, le 2 décembre, nos mitrailleuses ne tirèrent pas sur Cœuilly.

gens chassent les tirailleurs, qui ont été cause de la retraite de nos sapeurs et de nos canonniers, et se dirigent droit sur la grille du parc de Cœuilly, soutenus, à droite, par le 114ᵉ et le 35ᵉ de ligne, ainsi que par les mobiles de la Vendée.

En dépit de notre infériorité, puisque les batteries ennemies ont toute liberté pour nous écraser, l'élan est tel, que le 42ᵉ parvient jusqu'au chemin de Mon-ldée à Cœuilly, au fond du ravin. Le 114ᵉ atteint les pentes est du plateau, le 35ᵉ s'empare de la batterie allemande, construite au sud-ouest de la vieille route de Champigny à Chennevières, et la dépasse de plus de 500 mètres ; quant aux Vendéens, ils délogent les Wurtembergeois de la Maison-Blanche et s'y installent (1). Du côté de Cœuilly, « les Allemands serrés de près, rentrent en désordre dans le parc ; quelques-uns cherchent à se défiler le long des murs ; d'autres s'arrêtent derrière les abatis du thalweg (2) ».

Par malheur, l'excitation de la marche et de la poursuite a désorganisé nos rangs ; les hommes se rassemblent, instinctivement, pour monter à l'assaut, aussi la mitraille et les balles allemandes font de sanglantes trouées dans ces masses accumulées au fond du ravin et le long des pentes. Le colonel Prévault tombe mortellement atteint ; le commandant Mowat, du 114ᵉ de ligne, est blessé grièvement ; plus loin, le commandant de la Boutetière, de la Vendée, est également frappé : le quart des officiers et des soldats est hors de combat.

---

(1) « Le général major de Reitzenstein lança ses soldats qui eurent affaire aux mobiles de la Vendée et les repoussèrent jusqu'à une ferme crénelée à l'ouest de Champigny, d'où leur supériorité de nombre nous fit battre en retraite. » (*Historique du 5ᵉ régiment d'infanterie wurtembergeois (roi Charles)*, par Mouff et Wencker. Bibliothèque nationale, in-8°, M, 6473. Traduction de M. Stanislas Mouillard.

(2) Général Ducrot, t. II, p. 229.

N'importe, quelques audacieux du 42ᵉ poussent jusqu'à 150 mètres du parc chassant devant eux les Wurtembergeois attardés sur la pente qui monte au mur du parc. Que va-t-il arriver? Allons-nous, enfin, escalader cette barrière qui vomit la mort depuis le matin? Assurément, la vaillance des 42, 114ᵉ et 35ᵉ de ligne mériterait ce glorieux dénouement de la lutte cruelle qu'ils soutiennent avec tant d'héroïque persévérance, mais le général d'Obernitz, commandant de la division wurtembergeoise, s'est rendu compte, depuis midi, de la situation du général de Susbielle à Mesly; il l'a vu reculer et, rassuré pour sa gauche, il s'est disposé à envoyer à sa droite un renfort bien nécessaire. Trois bataillons des brigades de Starkloff et de Mauch apparaissent à l'ouest de Mon-Idée et s'en prennent aux Vendéens. La batterie du capitaine Michel, en position sur la pente qui descend à la Marne, permet d'abord à nos mobiles de se défendre, mais le colonel Aubry, dont les exhortations soutiennent ces jeunes courages, s'affaisse, atrocement blessé, l'ennemi devient plus pressant, les Vendéens s'effraient, hésitent et, tout d'un coup, les voici qui font demi-tour, courant vers Champigny par la nouvelle route et le chemin du bord de l'eau, non sans laisser 150 des leurs aux mains des Wurtembergeois (1).

Que vont devenir les intrépides qui abordent Cœuilly maintenant que la Maison-Blanche est reprise, maintenant que les pentes ouest sont au

(1) L'ennemi faisait arriver ses renforts de Bonneuil, depuis qu'il était sûr de l'écrasement du général de Susbielle. (*La Guerre franco-allemande*, 2ᵉ partie, pp. 542 et 543.) — « Le général de Tümpling s'empressait d'accourir avec une forte brigade mixte, au secours de la gauche wurtembergeoise ; la VIIᵉ brigade d'infanterie se portait également sur ce point et s'engageait avec succès. » (*Opérations des armées allemandes depuis la bataille de Sedan jusqu'à la fin de la guerre*, d'après les documents officiels

pouvoir de l'ennemi? Vont-ils être coupés de Champigny et pâtir de leur audace?

Le 35ᵉ recule lentement jusqu'à l'ouvrage allemand conquis. Là, il est exposé à un feu si meurtrier que la terre est jonchée de morts et de blessés; pris de peur à leur tour, la plupart des soldats se cachent derrière la naissance des pentes, d'autres s'enfuient dans la direction de Champigny. A la vue de cette débandade, le commandant de la Mure se met à la tête d'une compagnie plus solide et ramène, de force, les fuyards au sommet du plateau, sans que les Wurtembergeois, échaudés aussi, aient eu l'idée de s'avancer sur le terrain abandonné.

Cependant, la partie du 42ᵉ de ligne qui se glissait le long de la pente nord allait toucher le but, allait entrer dans Cœuilly. Protégée, par le plateau lui-même, des feux du parc et de Mon-Idée, elle n'avait à craindre que les projectiles de Villiers et ceux de l'Éperon de Cœuilly qui ne pouvaient l'atteindre que de plein fouet. Grâce à cette disposition du terrain, le commandant Cahen et le capitaine du génie de la Taille, qui s'était joint à lui avec ses sapeurs, s'approchaient petit à petit du parc, à la faveur des fossés, des buissons, des vergers garnissant cette pente. Après avoir tourné brusquement à droite, nos admirables soldats allaient bondir sur la grille quand arrive l'ordre de se replier. 800 braves du 42ᵉ restaient sur ce lugubre plateau.

Il était temps. Le 35ᵉ, le 114ᵉ avaient fini par se garer derrière les premières pentes, au-dessus de Champigny. Le 42ᵉ demeurait seul!

du grand quartier général, par W. Blume, major au grand état-major prussien; traduit de l'allemand par E. Costa de Serda, capitaine d'état-major; Paris, Dumaine, 1872; p. 171.) — *La guerre de 1870-1871*; Résumé historique; traduit de l'allemand; Paris, Berger-Levrault, 1888; p. 117. C'est le livre classique des écoles allemandes.

« Lorsqu'il ne restait plus, dit l'*Historique du 42ᵉ*, cité par le général Ducrot, que la gauche du régiment sur le plateau, et que le commandant Cahen donna le signal de la retraite, chacun rivalisa d'efforts et d'énergie pour que le mouvement se fît avec ordre et ne dégénérât pas en fuite; sous les coups précipités de l'ennemi on se retira par échelons, l'emplacement où chaque échelon devait s'arrêter était marqué par des jalonneurs; le clairon Ranc et le tambour Chevalier, qui n'avaient cessé de battre la charge pendant le combat, se transportaient successivement à hauteur des jalonneurs et, sur l'ordre du commandant Cahen, ils sonnaient *halte*, puis *en retraite* aussi tranquillement qu'à l'exercice; ces deux soldats ont été décorés après la bataille. »

Une fois garantis par les crêtes, nous ne craignions plus les retours offensifs des Wurtembergeois. On les laissait approcher à bonne portée et des décharges bien ajustées les faisaient pirouetter comme des feuilles mortes : une poursuite à la baïonnette achevait de les refouler. « Les Français continuaient à garder le bord des rampes qui descendent vers Champigny, les Allemands Cœuilly, Chennevières, le parc et les bois, et, entre eux, s'étendait le plateau jonché de cadavres (1). »

« Jusqu'à trois heures, le combat se maintint de cette sorte, avec une alternative continue d'efforts nouveaux, de succès et d'insuccès. Dans ces luttes acharnées sur le plateau, le 35ᵉ et le 42ᵉ s'étaient montrés ce qu'ils avaient été dans les combats précédents, d'une solidité à toute épreuve, pleins d'entrain et d'audace; les jeunes soldats des 113ᵉ et 114ᵉ avaient combattu avec vaillance, les mobiles de la

---

(1) *Enq. parlem. déf. nationale*, rapport de M. Chaper sur le Gouvernement de la Défense à Paris, au point de vue militaire, p. 171.

Vendée s'étaient bien conduits, sauf cependant une partie, entraînée par une de ces paniques comme il s'en produit quelquefois, même parmi les vieilles troupes (1). »

Les soldats, ainsi que les officiers supérieurs et subalternes avaient largement fait leur devoir (2), mais les généraux n'avaient pas été à la hauteur de leur tâche. Ils n'avaient su ni brusquer la prise de Cœuilly et de Mon-Idée, ni établir leur artillerie sur les crêtes alors que la concentration immédiate du feu de toutes leurs pièces pouvait, seule, déterminer la chute des défenses ennemies. On voit bien, dans cette bataille du 30 novembre, l'action des colonels, on ne distingue pas celle des généraux qui ne sont pas parvenus, avant une heure de l'après-midi, à écraser la Ire brigade wurtembergeoise sous le poids formidable des quatre brigades du 1er corps. Il n'y a pas trace de la présence des généraux de ce corps auprès de leurs admirables régiments attaquant Cœuilly : pas un ne fut tué ou blessé. Or, si nous croyons que les généraux de division et, surtout, les commandants de corps et le commandant en chef doivent se placer de manière à bien suivre les phases du combat et à éviter balles et obus, nous croyons aussi que les généraux de brigade ont le devoir de suivre leurs bataillons, tout en n'exposant pas leur vie sans motif, puisqu'elle importe à la bonne direction de l'affaire. Il nous semble que, devant Cœuilly, commandant de corps, divisionnaires et brigadiers s'en sont trop désintéressés.

« Plus on descend de l'échelle, a dit le colonel

---

(1) Général Ducrot, t. II, p. 232. — *Ibid.*, pp. 226 à 232.
(2) « Sous le rapport des troupes, on ne pouvait certes pas espérer mieux, car elles s'étaient battues comme de vieux soldats. Nos fantassins avaient montré un élan et nos artilleurs une fermeté dignes d'un meilleur sort. » (Commandant Grouard, *Le Blocus de Paris et la Première armée de la Loire*, 3e partie, p. 32.)

von der Goltz après avoir recommandé au général en chef de se tenir éloigné du danger, plus les chefs, généraux de division, de brigade, colonels, devront se tenir rapprochés du combat et par conséquent du danger ; ils n'ont pas tant besoin d'avoir une vue d'ensemble ; il faut qu'ils interviennent promptement, résolument, selon l'impulsion du moment. C'est de *l'immédiateté* de leurs impressions que découlera leur action la plus fructueuse (1). »

Aussi bien, pendant ces sanglants combats de Cœuilly, la canonnade et la fusillade faisaient rage du côté de Villiers ; transportons-nous y donc, de nouveau, et racontons ces rudes engagements.

ATTAQUES DES SAXONS

Nous avons laissé notre centre se remettant, un peu avant midi, de son assaut de Villiers, sous la protection de son artillerie.

Tout à coup, des Wurtembergeois sortent du parc de Villiers et du cimetière neuf. Dès qu'on les aperçoit, la fusillade des nôtres, embusqués derrière les crêtes, les fait disparaître en un clin d'œil.

Ce n'est qu'une courte accalmie. Quelques minutes après cette ébauche d'attaque, débouchent, de Noisy, des masses noirâtres qui se dirigent vers les mamelons « en longeant le bord du plateau (2) ».

Le général Ducrot, ne sachant pas distinguer, à moins de 2 kilomètres, des Français ou des Allemands, ne comprenant pas que des forces françaises, maîtresses de Noisy ou ayant gravi les

---

(1) Commandant von der Goltz, pp. 129 et 130. — Voir, *infrà*, pp. 56 à 58 et 86 et 87.
(2) Général Ducrot, t. II, p. 211.

pentes entre ce village et Bry, ne s'avanceraient pas vers les mamelons, surtout « en longeant le bord du plateau », pour être prises de flanc par les feux du cimetière neuf et des grands murs crénelés du nord, mais vers Villiers, qu'il s'agit de tourner et dont elles seraient beaucoup plus près en n'inclinant pas à droite, le général Ducrot, donc, par une étrange aberration, s'imagine que ce sont les troupes du 3ᵉ corps qui ont enfin passé la Marne et viennent lui prêter leur concours.

L'illusion de cet apprenti-tacticien va être vite dissipée. A la vue de la « formation régulière de ces colonnes », il est pris de doutes et envoie à la découverte une dizaine d'éclaireurs Franchetti. Ils n'ont pas galopé un quart de kilomètre qu'ils sont accueillis à coups de fusil. Il n'y a plus à se leurrer : ce ne sont pas les bataillons du général d'Exéa, ce sont des Allemands.

Immédiatement, le général Ducrot qui eût été, comme Mac-Mahon et tant d'autres, un excellent colonel, bien qu'incapable, comme eux, de diriger une bataille, même la plus simple, le général Ducrot dissimule ses hommes derrière tous les buissons, tous les talus, tous les mouvements de terrain, dans les fossés et, particulièrement, derrière le mamelon de Villiers; il fait coucher tout son monde à terre, impose le plus grand silence, et chacun attend le signal de tirer sur ces funèbres colonnes qui s'avancent, pareillement, sans pousser un cri.

« L'ennemi n'est plus qu'à quelques mètres ; le général Ducrot s'écrie : Debout, joue, feu ! Une fusillade furieuse éclate sur toute la ligne. Nombre de Saxons tombent, les autres, terrifiés, s'arrêtent, tourbillonnent. Généraux, états-majors, cavaliers d'escorte, officiers, fantassins, s'élancent sur eux. Tout cède. Un instant, on s'aborde à l'arme blanche, et le général en chef brise son épée dans le corps d'un soldat allemand (1). »

Voilà qui est assurément fort crâne au point de vue du courage militaire, mais il n'y a plus lieu de s'étonner de l'anarchie, qui a régné durant toute cette bataille, quand on voit ainsi le général en chef se battre comme un sergent. Comment, alors, aurait-il combiné ses mouvements, fait avancer celui-ci, reculer celui-là, pressé ceux qui s'endormaient, concentré ses forces sur le point décisif? Encore une fois, c'est de la bravoure, ce n'est pas de la tactique.

Nous n'ignorons pas qu'en certains cas le général en chef doit se battre en soldat, quand tout sera perdu si l'attaque ne réussit pas et quand les troupes hésitent. « Ce n'est que très rarement, au moment critique d'une bataille décisive, et pour relever le moral des troupes, que le stratège pourra se jeter dans le tumulte de la bataille et laisser étouffer par lui la voix intérieure de sa responsabilité (2). » — « La place du général n'est pas au milieu des troupes mais derrière elles, pour les surveiller (3). » — « Sans rechercher ni fuir le péril, Napoléon se trouvait partout où sa présence était nécessaire pour voir, diriger, commander. Voilà de la bravoure, la bravoure du général en chef (4). »

(1) Général Ducrot, t. II, p. 211. — Robinet de Cléry, *Les Avant-Postes pendant le siège de Paris*; Paris, Palmé, 1887; p. 164. — Commandant Grouard, *Le Blocus de Paris et la Première armée de la Loire*, 3e partie, p. 24. — Arthur Chuquet, p. 175.
(2) Le prince Kraft de Hohenlohe-Ingelfingen, général d'infanterie à la suite de l'armée, aide de camp général de Sa Majesté l'Empereur et Roi. *Lettres sur la Stratégie*; traduites par un officier d'infanterie; Paris, Louis Westhausser, 1887; t. 1, p. 2.
(3) Opinion de M. de Bismarck, citée par Moritz Busch: *Le comte de Bismarck et sa suite pendant la guerre de France, 1870-1871*, par D. Moritz Busch, secrétaire particulier de M. de Bismarck; traduit de l'allemand avec l'autorisation spéciale de l'auteur; Paris, Dentu, 1880; p. 216.
(4) Lieutenant-colonel Hennebert, *Les Armées modernes*; Paris, Librairie illustrée; p. 299.

— « Il est d'un général en chef de diriger plutôt que de s'exposer (1). »

Il est donc entendu que le chef de l'armée n'a la liberté de se jeter dans la mêlée que lorsque le salut de cette armée l'exige. Aussi, l'on comprend Bonaparte au pont d'Arcole : l'Italie était le prix du succès ; mais, au moment de la marche offensive des Saxons, alors que, selon l'expression même du général Ducrot, les Français, « pleins de confiance », sur la défensive, deux contre un, se disposaient, comme ils l'ont fait, à culbuter les assaillants, oublier que l'on commande en chef, que l'on a charge de vies humaines, que d'une fausse manœuvre, d'un retard dépend le salut de la patrie, et se jeter ainsi au plein de la fournaise, c'est, peut-être un moyen radical de remplir un engagement, de faire honneur à une signature, ce n'est pas imiter Bonaparte, c'est trahir son devoir, déserter son poste. Les généraux en chef allemands comprenaient autrement leur rôle, ce qui leur permettait de diriger une action que les nôtres laissaient se dérouler au petit bonheur (2).

Sans compter que l'on se fait, souvent, une très fausse idée de l'influence, sur les hommes, de la témérité du général en chef. Au temps de la chevalerie, même dans les guerres de la Révolution,

---

(1) *Journal de Fidus* (Eugène Loudun), *La Révolution de Septembre, La Capitulation, la Commune*; Paris, Savine, 1889; p. 25.

(2) « A ce grotesque passage de la Marne, tant de fois ordonné et contremandé, nous avions bien vu que le général en chef s'était déchargé sur ses lieutenants, et quels lieutenants! des soins les plus graves. On disait, il est vrai, que le général Ducrot avait déployé une bravoure chevaleresque en chargeant à la tête de son escorte. Que nous importait? Le dernier caporal de zouaves en eût fait autant. Est-ce donc le rôle du général en chef? Pendant ce temps-là, des régiments entiers restaient inactifs ou étaient mal engagés. Pendant ce temps-là, tout un corps d'armée était immobilisé par l'ineptie de son commandant, et le mouvement qui pouvait décider de la victoire commençait quatre heures trop tard. » (A. Ballue, p. 91.)

quand les armées comptaient de 10 à 30,000 hommes, l'exemple du chef pouvait avoir effet sur le moral des soldats, mais, aujourd'hui, alors que les armées sont de plus de 100,000 hommes, combien de soldats sont témoins de l'héroïsme du commandant en chef? Quelques centaines, plutôt moins, car, à l'instant de la lutte, on ignore ce qui se passe à 50 mètres de soi. Est-ce la peine, pour un si mince résultat, d'abandonner au hasard la direction de la bataille?

Le commandant von der Goltz l'a fort bien dit :

« Plus avant le soldat le plus éprouvé pénétrera dans le foyer de la lutte, plus son pouls deviendra agité, plus ses pensées se succéderont plus rapides, mais moins claires, plus sa réflexion sera traversée de préoccupations personnelles, de pensées de mort. L'homme ne peut perdre rien de plus précieux que la vie, il s'intéresse vivement à sa conservation. Donc, plus on demande que *le chef garde sa vue d'ensemble et intervienne dans la marche du combat*, plus il devra se tenir éloigné d'un danger sérieux. La meilleure position pour lui est celle qui lui permet de dominer toutes les voies par où débouchent ses colonnes et, en même temps, la ligne de bataille ennemie. Ces points ne se trouvent qu'à une certaine distance, hors de portée des projectiles. Ce serait un faux point d'honneur de ne point les choisir pour ce motif. Souvent, l'exemple que donne le généralissime du mépris de la mort ne fait pas plus d'effet que celui que donne un officier subalterne, tandis que s'il conserve toute sa clarté, tout son calme réfléchi, il devient le bienfaiteur de centaines de milliers d'hommes (1). »

---

(1) Commandant von der Goltz, p. 127. — « Le stratège commettrait la plus grande faute en s'exposant à des dangers qu'il aurait provoqués, et en compromettant, par là, la continuité des dispositions et l'exécution des décisions qu'il aurait prises. »

Quoi qu'il en soit, « à onze heures, les Saxons, couverts de balles, leurs officiers tués ou blessés, se réfugiaient dans les abris du vieux cimetière (1) », après une course à la débandade; nous les suivons, mais, éternel recommencement de cette bataille, dès que nous approchons des murs du parc, la fusillade, qui crépite à tous ses créneaux, à toutes ses meurtrières, arrête les poursuivants en butte, aussi, au feu des batteries Bucher et Grot, dont les projectiles éclatent en avant de Villiers (2) : derechef, nos troupes se réfugient à la naissance des pentes.

Ce second engagement a encore plus désorganisé les divisions de Maussion et Berthaut, cette dernière ayant également dessiné un mouvement contre Villiers. L'infanterie se maintient avec peine derrière les crêtes. Pour la soutenir, le lieutenant-colonel Lucet amène quatre batteries de la réserve générale, sous les ordres du commandant Lefébure. Elles braquent leurs canons au nord de la route de Joinville à Villiers, abritées, en partie, par les deux mamelons. Ainsi postées, audacieusement, en avant de nos troupes, à 200 mètres des tirailleurs ennemis, elles commencent le feu contre le parc et contre une batterie saxonne installée au nord-ouest du cimetière neuf. Malheureusement, le général Ducrot vient de laisser les Allemands couronner les deux mamelons et, s'ils n'osent s'avancer, ils se dédommagent en tirant à outrance sur tout ce qui s'offre

---

(Général de Hohenlohe, *Lettres sur la Stratégie*, p. 2.) — « Le zèle exagéré et intempestif d'un homme qui veut diriger jusqu'aux plus petites choses peut être la cause d'un manque d'énergie, et, de la bravoure, prématurément déployée, peut résulter l'hésitation et l'indécision dans la direction du combat. » (Le prince Kraft de Hohenlohe-Ingelfingen, général d'infanterie, *Lettres sur l'Infanterie*, traduites par Ernest Jaeglé, professeur à l'École militaire de Saint-Cyr; Paris, Westhausser, 1885; p. 96.)
— Voir, *suprà*, pp. 53 et 54, et *infrà*, pp. 86 et 87.
(1) *Historique du 7ᵉ régiment d'infanterie saxon*, nº 106.
(2) *Ibid.*

à leur vue. Nos artilleurs, naturellement, souffrent beaucoup de ce feu continuel : la batterie Gros a perdu une notable partie de ses hommes quand un obus touche un de ses caissons et le fait sauter. Alors, c'est une confusion inexprimable et l'on ne peut plus guère compter sur elle.

Entre la route de Villiers et le pont jeté sur la voie ferrée, en arrière du chemin conduisant directement de Bry au plateau de Cœuilly, les batteries divisionnaires de Maussion et Berthaut continuent le combat, non sans pertes cruelles. Les batteries Nismes et Mahieu sont forcées de se mettre à l'abri des projectiles : notre artillerie ne parvient pas à faire taire, ni même à atténuer le feu de l'artillerie allemande.

Sur ces entrefaites, les chefs saxons, peu fiers de la course de leurs soldats au sommet du plateau, veulent effacer cet incident pénible par un succès éclatant. Ils rallient leurs bataillons, les font sortir de Noisy et, à une heure, les dirigent contre les batteries du commandant Lefébure, par les pentes de Noisy à Bry.

Les canons allemands, alignés devant le nouveau cimetière de Villiers, foudroient les pentes aux alentours du chemin de Bry à Villiers ; il paraît même que des projectiles trop longs atteignent les ponts de Bry.

« Le colonel d'Abendroth, constatant que le mamelon à la cote 109, domine le parc de Villiers et le cimetière, et que sa possession empêcherait les Français de déployer leur aile gauche, ordonne à ses compagnies (7ᵉ saxon), de marcher (1) ».

Et voici que l'infanterie ennemie s'approche de la division de Maussion et tire sur les travailleurs du commandant Rieunier, comme nous l'avons

---

(1) *Historique du 7ᵉ régiment d'infanterie saxon,* nº 106.

déjà raconté (1). Les vignes, les vergers qui couvrent les pentes gênent le tir de nos troupiers, les Saxons ont gagné le cimetière de Bry et leurs tirailleurs se sont même faufilés jusqu'aux maisons bâties au bas de la côte, sur la route de Bry à Noisy.

Notre artillerie du Perreux et de Bry ne semble pas avoir d'action sur ces groupes isolés; les projectiles éclatent sans résultat ou ne font pas grand mal aux tirailleurs ennemis qui gagnent sans cesse du terrain : nos quatre batteries du sommet vont être tournées et enlevées!

Très ému, le général Ducrot ordonne au commandant Vosseur de courir au galop auprès du général d'Exéa pour le supplier de passer la Marne; puis, abandonnant Bry, il dispose ses troupes face aux assaillants.

Notre mitraille contient facilement les Wurtembergeois qui sortent du parc de Villiers, mais les bataillons du général de Maussion, composés de recrues, épuisés par une lutte de trois heures, ne tiennent pas devant l'élan des Saxons. « Une panique soudaine, irrésistible, s'empare des Français qui, rejetés en arrière des plateaux, s'enfuient vers la Marne (2). » La gauche de nos batteries est tournée !

L'ennemi se jette sur les canons du capitaine Froment, établis le plus à gauche, et, là, une mêlée

---

(1) Voir, *suprà*, p. 43.
(2) Le Faure, t. II, p. 144. — « Ces jeunes troupes, saisies de panique, s'enfuient loin, bien loin, décimées, dispersées. » (*Enq. parlem. déf. nationale*, rapport de M. Chaper sur le Gouvernement de la Défense à Paris au point de vue militaire, p. 169.) — « La brigade Avril de Lenclos avait perdu, dans cette même attaque, ses deux colonels et une foule d'officiers. Un grand nombre de soldats ne s'arrêtèrent qu'à la Marne et il fut presque impossible de reformer ces deux régiments de toute la journée. » (*Ibid.*, en note.) — *Chronique du siège de Paris, 1870-1871*, par Francis Wey; Paris, Hachette, 1871; p. 239.

PARIS.   6.

furieuse s'engage entre les artilleurs français, qui veulent sauver leurs pièces, et les Saxons, qui s'efforcent de s'en emparer; Gaulois et Germains tirent à bout portant: coups de fusil, coups de revolver retentissent de tous côtés; les baïonnettes, les écouvillons percent et assomment. Le capitaine Froment finit par atteler quelques pièces qu'il fait fuir derrière le mamelon de Villiers, par la voie des Amates (voie des Pilotes): il lui est impossible d'en sauver deux autres privées d'attelages. Ce que voyant, les trois batteries, commandées par les capitaines Bajau, Gros et Malherbe, pour éviter le sort de leur camarade, se hâtent de déguerpir... les Saxons vont couper la gauche du général de Maussion: c'est un désastre.

Par bonheur, un aide de camp du général d'Exéa, le capitaine Louis, monté sur la haute berge du Perreux, suivait avec anxiété les progrès de l'ennemi. Tout à coup, dans leur mouvement en avant, les Saxons se placent de telle sorte qu'en amenant une batterie de mitrailleuses sur le mamelon du Perreux on peut les broyer sous une averse de balles. Avec une décision remarquable, le capitaine Louis court chercher la batterie du capitaine Clavel, la braque à 1,600 mètres, et voici toute la ligne saxonne prise en enfilade. Ce n'est pas long: sous cette pluie infernale, l'ennemi s'arrête, se cache, s'épouvante et se sauve à toutes jambes. En quelques minutes, il avait disparu derrière les mouvements de terrain du plateau et des pentes, ou se terrait dans les vignes, les jardins et les maisons de Bry: le 2ᵉ corps était sauvé (1)!

Le combat dégénère alors en un formidable duel

---

(1) « De l'autre côté de la Marne, le 3ᵉ corps engage son artillerie avec un tel succès que les contingents du 106ᵉ, qui combattaient à l'aile nord de la ligne de bataille, sont contraints de reculer dans les vignes de Bry. » (*La Guerre franco-allemande,*

d'artillerie, duel où nous devrions avoir une supériorité écrasante. La grosse faute de MM. Trochu et Ducrot est de n'avoir pas saisi que, disposant de 324 pièces de campagne, il ne fallait pas les engager par petits paquets, mais peser, de tout le poids de leur masse, sur les défenses et les batteries des Allemands (1).

En pareille occurrence, garder de l'infanterie et de l'artillerie en réserve est une duperie : il faut engager l'une, faire tonner l'autre, partout où il y a possibilité de tirer utilement.

« Dans les batailles livrées sous Paris, l'artillerie française soutint bravement la lutte, a dit le général Thoumas, *mais on ne sut peut-être pas l'employer en grandes masses*. Nous pouvons citer, comme exemple, l'attaque du parc et du château de Villiers. par le 2º corps de la 2º armée, le 30 novembre : 90 bouches à feu, dont 12 mitrailleuses, appuyèrent les divisions de Maussion et Berthaut mais, au dire du général Ducrot lui-même, l'artillerie de réserve fut obligée d'attendre, pour passer la Marne, que l'infanterie eût achevé de défiler sur les ponts, en sorte que les trois batteries de la division de Maussion. forcées de déboucher sur le plateau, à 500 mètres du mur du parc, battues de front et d'enfilade, fusillées par l'infanterie, furent, malgré le concours des trois batteries de la division Berthaut, écrasées avant l'entrée en ligne des quatre batteries de la réserve générale et des cinq batteries de la réserve

---

2º partie, p. 538.) — « Des mitrailleuses placées sur la rive droite de la Marne infligèrent des pertes énormes aux Saxons. » (*Les Transformations de l'armée française*, par le général Thoumas ; Paris, Berger-Levrault, 1887; t. II, p. VI.) — Arthur Chuquet. p. 275.

(1) « Il est bon de réunir, dès le commencement du combat. autant de pièces de canon que les circonstances le permettent et de se donner la supériorité du nombre. » (*Instructions sur les manœuvres d'automne* 1876.)

du 2ᵉ corps..... Il n'y eut jamais plus de 60 bouches à feu agissant ensemble..... Des attaques, qui, faites d'ensemble, auraient peut-être réussi en divisant les forces de l'ennemi, échouèrent successivement contre ces forces concentrées..... Le surlendemain, 2 décembre, c'est en amenant sur une même ligne toutes les batteries de son armée que le général Ducrot fit taire l'artillerie ennemie à la fin de la bataille (1). »

Quoi qu'il en soit, après la déroute des batteries du lieutenant-colonel Lucet, le général Ducrot donne, enfin, à la réserve d'artillerie du 2ᵉ corps, l'ordre d'entrer en action. Le commandant Dethorey place les deux batteries Buloz et Flye-Sainte-Marie entre le ruisseau de la Lande et le Four-à-Chaux. Le commandant Warnesson installe les trois batteries de Chalain, Moriau et Solier à droite et à gauche de la route de Villiers à Joinville. Avec les batteries Mahieu, Trémoulet et Lapaque, qui n'ont pas quitté le plateau de Villiers, et nos canons du Four-à-Chaux, cela forme une ligne de près de 2 kilomètres, garnie de 60 pièces, s'étendant du nord de Champigny à la route de Villiers, non loin du mamelon. Mais nous n'avons plus de canons au-dessus de Bry; nos positions sont, partout, dominées par les batteries allemandes, bien défilées, tandis que les nôtres sont exposées, sans abris, aux projectiles ennemis.

« On n'eut pas l'idée, à ce moment, d'utiliser les sapeurs du génie pour ouvrir des parallèles et faire des épaulements (2). » — « Villiers était la porte

---

(1) Général Thoumas, *Les Transformations de l'armée française*. t. II, pp. 579 et 580. — « La manière dont les Français ont employé l'artillerie dans les combats de Villiers et de Cœuilly est inexplicable. » (G. Mazel, p. 76.) — Lire l'opinion de Napoléon 1ᵉʳ sur la question de l'emploi successif des batteries : Général Berthaut, p. 350.

(2) **Massillon-Rouvet**, p. 69.

d'un terrain immense, il fallait en trouver la clef (1). »

Néanmoins, la lutte est superbe : « l'espace entre Villiers et Champigny est en feu (2) »; rarement, pareils roulements de tonnerre ont ébranlé l'air rougi et empesté par la poudre enflammée.

Et les balles recommencent à siffler à l'oreille de nos artilleurs. Les Saxons, du haut du mamelon de Villiers, tirent sur notre gauche sans que nos fantassins leur répondent. Toutefois, quelques décharges à mitraille nettoient le mamelon et le combat continue. Mais voici Cœuilly qui nous prend de flanc; les ravages sont horribles; les morts s'amoncellent, les chevaux s'abattent, les roues sont brisées, les affûts démontés; comme pris d'un noble vertige, nos canonniers, noirs de poudre et de poussière, chargent automatiquement leurs pièces et tirent toujours.

« Le général Boissonnet, commandant l'artillerie du 2ᵉ corps, son chef d'état-major, le lieutenant-colonel Viguier, sont partout et font face à tout. Le général, encourageant les hommes par sa parole et par son exemple, place lui-même, au milieu du feu, deux pièces de la batterie de Chalain. La plupart des officiers de son état-major sont atteints : le commandant Hartung, le capitaine Viel, le sous-lieutenant auxiliaire Boverat sont blessés; le capitaine Marc est frappé à mort. A quelques pas plus loin, le capitaine Solier tombe grièvement blessé; le colonel Villiers, chef d'état-major du général Frébault, a la cuisse traversée par un éclat d'obus, il n'en demeure pas moins toute la journée au milieu de ses batteries; le général Frébault, commandant en chef l'artillerie de la 2ᵉ armée, a son

---

(1) Massillon-Rouvet, pp. 73 et 74.
(2) Général Ducrot, t. II, p. 215.

cheval tué, il est même atteint par deux balles qui, heureusement, ne lui font que de légères blessures, et, jusqu'à la fin de l'action, il reste sur le champ de bataille, se montrant toujours là où le danger est le plus grand (1). »

Cependant, notre artillerie est de plus en plus malmenée : les batteries Moriau et de Chalain sont quasiment détruites ; elles ont essayé, un instant, de remplacer les canonniers abattus par des fantassins de bonne volonté, hélas ! toujours écrasées par Cœuilly, elles ne peuvent plus manœuvrer : on leur enjoint de se retirer, ce qu'elles font à grand' peine et dans un état pitoyable.

Et la batterie de mitrailleuses Trémoulet n'arrête pas son feu, de même que la batterie Mahieu, appuyées qu'elles sont par la batterie Nismes, qui reparaît sur le bord du plateau à peu près réorganisée.

Les autres batteries continuaient la lutte tant bien que mal : du reste, la fatigue et le manque de munitions commençaient à se faire sentir du côté des Allemands, de là une diminution dans la vivacité du feu. En outre, l'infanterie ennemie ne se risquait plus à des retours offensifs : la prudence, fille des leçons reçues, la retenait derrière les murs protecteurs. C'est pourquoi le général Ducrot prenait la résolution de rester sur la défensive jusqu'au lendemain, en d'autres termes, au moment où l'adversaire faiblissait, où ses gargousses et ses fourgons étaient vides, où ses troupes étaient exténuées, au lieu de faire avancer les innombrables bataillons qui se morfondent aux alentours de Vitry, de Créteil, de Vincennes, de Nogent, de Rosny et

---

(1) Général Ducrot, t. II, pp, 216 et 217. — *Mon Journal pendant le siège et la Commune par un bourgeois de Paris* (Emile Chevalet) : Paris, Librairie des Contemporains, 1871 ; p. 169.

d'Avron, et d'achever, par une dernière et formidable poussée, la rude besogne si mal conduite depuis le matin, « le général Ducrot avait décidé de remettre au lendemain la suite de son opération, et il avait déployé dix-huit batteries sur le plateau (sur la pente sud-ouest du plateau) de Villiers, ainsi que sur le versant nord du ruisseau de la Lande, pour garder solidement le terrain tombé en son pouvoir. Les Allemands, eux aussi, se bornaient à garder leurs positions actuelles. Dans les premières heures de l'après-midi, le combat commençait donc à s'éteindre graduellement (1). »

Nous avons perdu, de nouveau, Bry, les mamelons du plateau et les pentes de Bry à Noisy. Nous restons toujours maîtres des abords de la route de Villiers à Joinville, au sud du mamelon, maîtres du Four-à-Chaux et de Champigny. La division Berthaut a remplacé la division de Maussion qui se refait au Plant; le gros de la division Faron tend à gagner Joinville et se tient à mi-chemin entre la Fourche et Champigny. Il est environ trois heures (2).

ENTRÉE EN ACTION DU 3ᵉ CORPS

Le calme renaissait petit à petit, de Cœuilly à Villiers et de Champigny à Noisy, quand, semblable à ces incendies mal éteints qui, sous le souffle du moindre vent, se rallument tout à coup et lancent de nouvelles gerbes de flammes et d'étincelles, voici que le crépitement de la fusillade s'entend du côté de Bry et que les nuages blancs de la

---

(1) *La Guerre franco-allemande*, 2ᵉ partie, p. 540.
(2) Général Ducrot, t. II, pp. 210 à 218.

fumée de la poudre s'élèvent, au nord du village, chassés sur le 2ᵉ corps par la bise glaciale.

Les régiments épuisés des divisions Berthaut et de Maussion écoutent, inquiets, cette fusillade inattendue et semblent appréhender un suprême effort de l'ennemi, une dernière épreuve pour leur courage.

Non, c'est le 3ᵉ corps qui entre enfin en action, à l'heure où la lutte a cessé sur toute la ligne, de telle sorte que, de même qu'il a laissé les 1ᵉʳ et 2ᵉ corps succomber sous les obus allemands, de même ces deux corps vont le laisser broyer par les Saxons et les Wurtembergeois, sans lui apporter aucun secours sérieux et efficace (1).

Repassons donc la Marne et retraçons les faits et gestes du corps d'Exéa à partir du moment où nous l'avons quitté, après le retour, sur la rive droite, de l'avant-garde de la division de Bellemare, après l'alerte des ponts de Bry causée par les décharges des Saxons garnissant les pentes.

Depuis son retour forcé sur la rive droite, le général de Bellemare ne décolérait pas. Il n'avait, du reste, pas grand mérite à voir que l'inaction du 3ᵉ corps était d'autant plus impardonnable que le petit nombre de troupes dont disposait l'ennemi entre Bry et Noisy, la supériorité de notre artillerie d'Avron, des forts et du Perreux rendaient extrêmement facile le transport de nos troupes sur la rive gauche.

Un instant même, il interpelle furieusement un aide de camp du général d'Exéa qui lui apporte l'ordre de ne pas bouger. « Dites à votre général que

---

(1) « Malheureusement, la division de Bellemare ne devait ainsi se montrer sur le théâtre de la lutte que quand, déjà, les deux premiers corps étaient épuisés par les efforts qu'ils avaient soutenus depuis le matin. » (Commandant Grouard, *Le Blocus de Paris et la Première armée de la Loire*, 3ᵉ partie, p. 27.)

je passerai quand même (1) ». Mais, en réfléchissant, il sent qu'il ne peut ainsi désobéir à son chef direct ; il se soumet, non sans de violents accès de rage, pendant lesquels il ne ménage guère le commandant du 3ᵉ corps.

Enfin, un peu avant deux heures, le général de Bellemare va trouver le général d'Exéa et lui expose que les troupes s'énervent, que le 2ᵉ corps semble épuisé « et lui arrache à grand'peine, l'ordre d'exécuter le mouvement (2) ».

Seulement, au lieu de suivre les instructions formelles qui lui ont été données, instructions dont voici la teneur littérale : « Les ponts une fois établis, la division de Bellemare franchira la Marne et se portera sur Noisy-le-Grand. Cependant, le reste du 3ᵉ corps (division Mattat et brigade Reille) passera la rivière aux deux premiers ponts de bateaux placés au-dessous de Nogent. Remontant la Marne, ces trois brigades enlèveront Bry et la hauteur ; de là, on canonnera Noisy et Villiers. Après un feu soutenu, *la division Mattat et la brigade Reille se jetteront sur Noisy*, en combinant leur attaque avec celle du général de Bellemare. Attaquée de front et sur ses deux ailes, il est probable que cette forte position tombera en notre pouvoir. Noisy enlevé, toute notre artillerie, s'échelonnant entre les villages de Noisy et de Bry, *foudroiera Villiers*, clef de la position et objectif principal du 2ᵉ corps. (3) » ; au lieu, donc, de se conformer à ce programme, le général d'Exéa laisse la brigade Reille, à Neuilly, la division Mattat, aux environs du rond-point de Plaisance, et fait passer la Marne à la seule division de Bellemare. Bien plus ! celle-ci, en raison de l'occupation des vignes et de partie de Bry, se dirige non sur Noisy

---

(1) A, Ballue, p. 81.
(2) *Notes personnelles du général de Bellemare.*
(3) Général Ducrot, t. II, pp. 149 et 150.

mais sur le premier de ces villages ! Toutes les combinaisons préparées, tous les résultats prévus vont être, du même coup, anéantis.

Aussi bien, nous reconnaissons que, dès l'instant que les division Mattat et brigade Reille restaient sur la rive droite, il était de la dernière imprudence, de la part du général de Bellemare, de marcher vers Noisy, puisque les vignes, les maisons nord de Bry et le plateau de Villiers se trouvaient occupés par les Allemands : il eût certainement été coupé du 2ᵉ corps par les forces arrivant de Gournay et débouchant de Villiers, appuyées qu'elles eussent été par les nombreuses batteries s'alignant de Noisy à Villiers. Il eût été fou d'engager une seule division dans le cul-de-sac formé par la Marne et les hauteurs de Noisy (1). Les conditions indiquées par le général en chef pour enlever Noisy, étant loin d'être réalisées, quoi d'étonnant à ce qu'à une situation nouvelle, non prévue, contraire aux ordres donnés, le général de Bellemare ait adapté une marche nouvelle ?

Nous savons bien que l'ouvrage du grand état-major prussien s'exprime ainsi : « Le général de Bellemare débutait par diriger sa division sur Bry, afin de donner la main à la division de Maussion. Grâce à ce mouvement, le général Nehrhoff de Holderberg, qui avait pris la direction du combat sur cette partie du champ de bataille, avait le temps de ramener l'aile droite saxonne, déjà menacée à revers dans les tranchées et sur le cimetière au nord de Villiers, et d'envoyer des renforts sérieux aux troupes de Noisy-le-Grand et à l'artillerie du plateau de Villiers (2). »

(1) « Noisy-le-Grand était fortifié comme Villiers et Cœuilly, et il n'est pas certain qu'on fût parvenu à en chasser les Saxons. » (Commandant Grouard, *Le Blocus de Paris et la Première armée de la Loire*, 3ᵉ partie, p. 32.)
(2) *La Guerre franco-allemande*, 2ᵉ partie, p. 541.

Nous avouons ne rien comprendre à cette phrase. Comment la droite saxonne a-t-elle pu être menacée au nord de Bry, de deux à trois heures, puisque, à cet instant, la division de Maussion était épuisée et ne songeait qu'à s'abriter derrière les crêtes sud-ouest? Et puis, quel intérêt y avait-il, pour l'ennemi, à expédier des renforts sérieux aux troupes de Noisy-le-Grand puisqu'elles n'étaient pas attaquées?

Le général de Bellemare aurait pu monter droit devant lui, le long des parcs, vers le cimetière de Bry; de cette façon, il eût peut-être pris une partie des Saxons cachés dans le village et dans les vignes. Mais, alors, il eût été fusillé sur sa gauche par Noisy, sur sa droite par Bry et les parcs, en face par le cimetière et par les crêtes. De plus, débouchant sur le plateau, il eût été salué, à 5 ou 600 mètres, par la mitraille des batteries alignées entre Noisy et Villiers. C'eût été un désastre et l'on ne saurait trop féliciter le général de Bellemare d'avoir eu le flair de ne pas tomber dans le piège. Au contraire, en se dirigeant tout de suite vers Bry, il n'avait à essuyer que des feux de face, et après la prise du village, il atteignait le haut de la côte, garanti par les maisons et les murs des jardins.

Mais le mouvement sur Noisy, plus que dangereux exécuté par la division de Bellemare seule, eût été décisif en se conformant aux instructions données. Pourquoi M. d'Exéa ne les suivit-il pas? Sans doute pour la même raison qui l'a fait tergiverser de huit heures du matin à deux heures de l'après-midi : parce qu'il avait accepté une tâche au-dessus de ses forces, parce que son grand âge ne lui permettait plus de commander à tant de milliers d'hommes. C'était une conséquence de la faute commise en allant chercher tous les vieux généraux retraités, comme si de jeunes colonels, voire même des capitaines pleins d'ardeur, n'auraient pas fait une meilleure besogne que ces preux chargés d'ans (1).

« Toutes ces hésitations, tous ces retards ont compromis la journée : rien, maintenant, ne peut plus réparer les fautes commises ! Toute la combinaison sur laquelle reposait le succès de l'opération est détruite. Nos sanglants efforts, nos pertes si cruelles sont rendus stériles (2) ! »

A deux heures, donc, la brigade Fournès (4ᵉ zouaves, 136ᵉ de ligne) commence à traverser la Marne, sur les ponts jetés en aval de Neuilly, et se range près du grand parc de Bry, tournée du côté de Noisy, prête à se porter sur ce village vers lequel se dirige déjà un bataillon du 4ᵉ zouaves. La brigade

---

(1) « Trochu, voyant le cadre des officiers français prisonnier de guerre tout entier en Allemagne, s'était bien gardé de le remplacer en donnant de l'avancement à des officiers jeunes et intelligents, hardis, capables. Ne croyant qu'à l'expérience, à la routine et aux cheveux blancs, il était allé convoquer, pour défendre la jeune République, des vieux qui avaient déjà un pied dans la tombe. Collection de gouttes et de rhumatismes, très respectable quand elle garde la chambre et n'entrave pas l'élan d'un peuple vers sa liberté. Ban et arrière-ban des culottes de peau retraités, rappelés à l'activité « pour aider de leurs lumières et de leur énergique concours » le sauveur Trochu. Vieillards glacés par l'âge, fatigués par leurs campagnes contre les Kabyles et leurs longues années de garnison, qui n'avaient aucune envie de se faire tuer pour défendre la République, qui regrettaient amèrement leurs gouvernantes, leurs pantoufles, leurs robes de chambre, et leurs coins du feu, qui n'aspiraient qu'à la paix, qui excitaient sans cesse leurs soldats à la demander, afin de rentrer chez eux au plus vite. » (Gustave Flourens, *Paris livré*; Paris, Lacroix, Verboeckhoven et Cⁱᵉ, 1871; pp. 81 et 82.) Bien que le général d'Exéa vive encore, bien que que, par conséquent, il n'ait pas eu le pied dans la tombe en 1870, le portrait est vrai sur plusieurs autres points. — Emile Chevalet, p. 200.

(2) Général Ducrot, t. II, p. 241. — « Le général d'Exéa est blâmable de n'avoir pas tenté l'attaque de Noisy, malgré les instructions formelles qu'il avait reçues. » (*Le Blocus de Paris et la Première armée de la Loire*, 3ᵉ partie, p. 33.) — « Le général d'Exéa n'avait pas exécuté ses instructions. » (*Histoire de France depuis 1789 jusqu'à nos jours*, par Henri Martin; Paris, Jouvet et Cⁱᵉ, 1885; t. VII, p. 246.)

Colonieu (mobiles de Seine-et-Marne et du Morbihan) avait emboîté le pas derrière les zouaves et la ligne, et s'était portée sur la gauche, également en face de Noisy.

On le voit, jusqu'à présent, le général de Bellemare se conforme au programme indiqué. Mais, s'apercevant que les division et brigade Mattat et Reille ne démarrent pas du rond-point de Plaisance et de Neuilly, entendant la fusillade des vignes, des maisons de Bry et le canon du plateau, ne voyant pas nos troupes sur les crêtes de droite, le général hésite à s'engager dans le cul-de-sac de Noisy, entre la Marne et les hauteurs. Avant de marcher vers Noisy, il veut assurer sa droite, en chassant de Bry les tirailleurs qui y sont embusqués, en nettoyant les pentes des groupes de Saxons qui les émaillent (1).

A trois heures, le gros de la division s'ébranle vers Bry. Un bataillon de zouaves demeure sur la route de Noisy pour observer ce dangereux côté. Les Allemands s'étaient embusqués dans les carrières ouvertes près de Noisy et tiraillaient pour le principe. « Pendant deux heures, dit le commandant du bataillon, nous restâmes ainsi à nous regarder, nous envoyant, à longue portée, quelques balles inoffensives : nous, retenus près du parc par une consigne inflexible, les Allemands immobilisés sans doute par un ordre analogue. Nous gar-

---

(1) Selon son ordinaire habitude, quand quelque chose gêne ses déclarations ou le compromet, le général Ducrot oublie de parler de la reprise de Bry par les troupes du général de Bellemare, et alors il lui reproche de n'avoir pas marché sur Noisy. Or, il est certain que cette reprise a eu lieu : nous allons le voir tout à l'heure. « L'ennemi s'empare des crêtes de Bry, de *Bry même.* » (Le Faure, t. II, p. 146.) Il fallait donc le reprendre. — Plus juste que M. Ducrot, le commandant Grouard rend le général d'Exéa responsable de la marche des troupes du 3ᵉ corps et non le général de Bellemare. (*Le Blocus de Paris et la Première Armée de la Loire*, 3ᵉ partie, pp. 32 et 33.) — Voir, *infra*, pp. 75 à 77.

dions les ponts; ils couvraient Noisy-le-Grand (1). »

Pendant ce temps-là, la division abordait Bry. « Ce fut un combat acharné, presque corps à corps, qui dura plus d'une heure (2). » Les mobiles du Morbihan avaient été envoyés vers la gauche afin de couper la retraite à l'ennemi quand il s'enfuirait de Bry. Dès que les batteries allemandes les aperçoivent, elles les saluent à coups d'obus qui affolent ces jeunes gens; leurs officiers ne parviennent pas à les retenir : ils redescendent la pente en courant.

Les mobiles de Seine-et-Marne avaient, de leur côté, entendu crier, on n'a jamais su par qui : « En retraite! » Des clairons s'étaient mis à sonner. répétant le fatal commandement : « En retraite! » A la droite, les mobiles du Morbihan avaient déjà lâché pied. Alors, des groupes de mobiles se retirent du plateau, abandonnent la crête, redescendent la côte et, comme les obus ne cessent de tomber et d'éclater autour d'eux, malgré les voix nombreuses qui recommandent le calme, ils se troublent, prennent peur, se hâtent, se débandent et ils s'engouffrent dans le parc Dewinck. Mais les projectiles cassent les branches, fouillent les taillis, précipitent la marche des fuyards, que l'éloquence du colonel Colonieu ne peut arrêter, et c'est à Bry seulement que les officiers commencent à essayer de reformer ces bataillons de mobiles plus démolis par la fuite que par le feu. Le soir tombait et le bruit du combat diminuait peu à peu (3).

Par bonheur, le restant de la division de Bellemare se conduisait plus courageusement, et les

---

(1) A. Ballue, p. 83.
(2) *Notes personnelles du général de Bellemare.*
(3) *Le bataillon de Provins (siège de Paris, 1870-1871); Récit d'un garde-mobile,* par Médéric Charot; Provins, Le Hériché, 1872; pp. 104 et 105.

zouaves vont même pousser l'héroïsme jusqu'à la témérité. Quoi qu'il en soit, Bry est maintenant en notre pouvoir : les marins du commandant Rieunier ne sont plus fusillés des maisons du village : l'arrivée de la division de Bellemare a toujours eu cet avantage de dégager les ponts et d'assurer le passage de la rivière.

Pour un motif que nous craignons de deviner, le général Ducrot n'a pas dit un mot de cette prise de Bry. Cependant, la déclaration du général de Bellemare est formelle et se trouve confirmée non seulement par les officiers de sa division mais aussi par cette note du carnet de poche de M. Robinet de Cléry qui, entrant, le lendemain matin, dans Bry, avec son régiment, le 108ᵉ de ligne, écrivait : « Les premiers cadavres. Un lieutenant de zouaves. » M. Robinet de Cléry se rappelle parfaitement les corps de zouaves tombés, à l'entrée nord de Bry, au moment de l'assaut des premières maisons, et, notamment, ce lieutenant, tenant son sabre à la main, ce qui démontre qu'il avait été frappé en enlevant ses hommes.

Aussi bien, comme la question est importante et que l'occupation partielle ou totale de Bry, après midi, à la suite de la déroute de la division de Maussion, justifie la marche du général de Bellemare sur ce village et condamne l'opinion de ceux qui soutiennent, avec MM. Ducrot et Chaper, qu'il aurait dû se diriger vers Noisy, nous allons apporter quatre témoignages décisifs.

On sait que le général d'Exéa avait donné, à onze heures, l'ordre au commandant Rieunier de jeter les ponts en aval de Bry (1). Le travail fut en train vers midi (2), et continua, lentement, contrarié par

---

(1) Voir, *suprà*, pp. 39 et 40.
(2) Nous verrons, tout à l'heure, dans le rapport du commandant Rieunier, que la construction des ponts fut terminée *à deux*

les balles des Allemands réoccupant partie de Bry, vers une heure et demie. En voici la preuve :

« Sous la direction du capitaine de frégate Rieunier, écrit l'amiral de la Roncière-le Noury, nos marins se mettent à l'œuvre, *malgré une vive fusillade partant des maisons crénelées et des hauteurs.* Tout en travaillant, les marins font le coup de feu avec les Prussiens (les Saxons) qui les incommodent *des maisons de Bry* (1). »

« D'après des indications qui furent données au commandant de l'artillerie du fort de Nogent, dit le général Favé, *il tira sur une maison de Bry-sur-Marne occupée par des fantassins qui gênaient la construction de notre pont de bateaux* (2). »

« Dans l'après-midi, nous a dit l'amiral Rieunier, au cours d'une conversation que nous avions avec lui en avril 1894, j'étais fort gêné, dans la construction de mon pont, par les balles que l'*ennemi m'envoyait de Bry et notamment d'une maison située près du pont.* Je fis prévenir le commandant du fort de Nogent par un messager auquel je donnai les moyens de reconnaître facilement la maison. Au bout d'une heure les obus du fort tombaient sur la maison dangereuse et nous étions débarrassés de ces adversaires désagréables. » Il devait donc être une heure et demie, au moins. « Toutefois, ajouta l'amiral, nous ne fûmes pas complètement tranquilles : *des autres maisons de Bry les coups de feu pleuvaient sur nous,* mais cette fusillade était supportable. »

---

heures et demie et dura *moins de trois heures.* Donc, on commença le travail un peu avant midi.

(1) Amiral de La Roncière-le Noury, p. 199. — Les Saxons ne purent commencer, avant une heure, le feu contre les marins du commandant Rieunier puisque, à midi « ils se rapprochaient » seulement de Bry. (Voir, *suprà,* p. 44, note 1). C'est de une heure à une heure et demie qu'ils rentrèrent dans le village.

(2) Général Favé, pp. 39 et 40. — *Ibid.,* p. 43.

Voici, du reste, une partie du rapport du commandant Rieunier, envoyé au ministre de la Marine le 1ᵉʳ décembre 1870, qui ne laisse aucun doute sur la présence de l'ennemi à Bry, le 30 novembre, à deux heures et demie de l'après-midi : « J'ai la satisfaction de vous annoncer que le pont d'infanterie et celui d'artillerie ont été en place, sur la Marne, au-dessous des maisons sud du village de Bry, et à les toucher, *dès deux heures et demie de l'après-midi*. Cent marins ont été occupés à cette construction, *terminée en moins de trois heures sous le feu d'une vive mousqueterie prussienne (saxonne), à 300 mètres pour le pont d'artillerie, et à 500 pour celui d'infanterie* (1). »

Nous terminerons par le témoignage le plus inattendu et le plus probant, celui de M. Ducrot lui-même :

« A midi, lorsque les Saxons, dans leur retour offensif, *parviennent jusqu'aux maisons supérieures de Bry*, à 500 mètres au plus des ponts, une grêle de balles tombent au milieu de nos hommes (2). »

Il n'y a plus rien à ajouter : les Allemands ont été chassés des *maisons supérieures*, et inférieures de Bry par le général de Bellemare, après trois heures. C'est ce qui a permis d'achever les ponts, c'est ce qui a définitivement assuré la gauche de la division de Maussion rejetée en débandade au bas des crêtes, auprès de la Marne (3).

---

(1) *Rapport du commandant Rieunier.*
(2) Général Ducrot, t. II, p. 238. — Voir, aussi, *suprà*, p. 73.
(3) « A trois heures quarante-cinq minutes, Bry était évacué par le 7ᵉ régiment saxon. » (*Historique du régiment d'infanterie saxon*, n° 106.) Cette version concorde parfaitement avec celle du général de Bellemare. — « Foudroyés par l'artillerie de Noisy-le-Grand, nos soldats (division de Maussion) commençaient à lâcher pied, lorsque le renfort du général d'Exéa (division de Bellemare) vint aider à reprendre l'offensive, en *réoccupant Bry. On s'y battit dans les rues et jusque dans les maisons. Les deux*

7.

Cette question élucidée, racontons les rudes combats de la brigade Fournès.

A quatre heures, le général de Bellemare prescrit au colonel Fournès de couronner les crêtes, au-dessus de Bry, et de se relier à la division de Maussion. Lui-même court à la gauche pour ramener les mobiles du colonel Colonieu sur le plateau (1).

Le 4e zouaves monte par le chemin étroit, rapide et bordé de murs qui conduit à Villiers ; à sa droite, le 136e de ligne gravit la côte et ne voit plus trace des divisions du 2e corps (2) ; à sa gauche, comme nous venons de le voir, le 4e zouaves a les mobiles de Seine-et-Marne, qui ont escaladé les pentes au-dessous du mamelon s'élevant au nord du chemin de Villiers, qui n'ont pas fui, comme leurs camarades, ou qui ont rejoint leur poste de combat, enfin, ce qui reste en ligne des mobiles du Morbihan sont à l'extrême gauche, se reliant assez mal au bataillon de zouaves du commandant Ballue qui observe Noisy-le-Grand.

A peine les zouaves ont-ils pris pied sur le plateau que Villiers, où des renforts s'alignent, les

---

attaques de ce village ont été fort meurtrières. » (Francis Wey, pp. 237 et 238.) — Il résulte du plan de la bataille, dressé par le grand état-major prussien, donnant la situation des combattants vers trois heures et demie, et du croquis XX de l'ouvrage du général Ducrot, donnant cette situation à quatre heures, que les troupes de la 2e armée ne réoccupèrent pas Bry après la fuite des Saxons écharpés par les mitrailleuses du Perreux. »

(1) « A trois heures et demie, la division de Bellemare commence à gravir le chemin creux (il ne faut pas confondre ce chemin avec un autre chemin creux qui monte, au sud de Bry, et qui n'est pas bordé de murs) conduisant de Bry sur le plateau. » (*La Guerre franco-allemande*, 2e partie, p. 542.)

(2) « Arrivée sur le plateau, la division de Bellemare se trouva devant le village de Villiers, fortement occupé par l'ennemi qui avait repoussé la division de Maussion, du 2e corps, dont on ne voyait plus les avant-gardes refoulées très en arrière. » (*Mémoire du général de Bellemare.*) — « Les avant-postes de la division de Maussion étaient fort loin dans la direction de Joinville. » (*Notes personnelles du général de Bellemare.*)

accueille par un feu épouvantable. Les deux premières compagnies ont tous leurs officiers tués ou blessés, la moitié des hommes est par terre, le cheval du commandant Noëllat s'abat sur son cavalier : on se hâte de se garer derrière les crêtes.

Mais le 1ᵉʳ bataillon se présente, réuni, prêt à fondre sur l'ennemi. Ces braves gens, las de s'entendre toujours reprocher leur défaillance de Châtillon par les héros des clubs, des administrations et des mairies, veulent recommencer leurs prouesses de la Malmaison et montrer qu'ils ne sont plus les fuyards tant vilipendés. « Tête baissée, ils se précipitent sur le plateau; des murs, des fossés, des abris, jaillit un feu terrible ; la plupart tombent, les autres marchent, courent à travers une grêle de balles, mais, arrivés à 100 mètres du parc, ils sont foudroyés à bout portant. Devant eux se dresse une muraille qui ne cesse de vomir le fer et le feu. Force est de s'arrêter, de reculer. Seize officiers sur dix-huit et 311 hommes sur 600 sont hors de combat. Cependant, ces braves n'ont pas inutilement versé leur sang : ils ramènent les deux pièces de canon laissées le matin sur le plateau faute d'attelages (1), » plus « une trentaine de prisonniers dont deux officiers blessés (2).

Une rangée de canons, établie derrière le saut-de-loup et la haie du parc, au nord de la tour basse,

---

(1) Général Ducrot, t. II, p. 249. — Vainement, les zouaves se ruèrent sur le parc avec une fougue héroïque et reprirent les deux pièces abandonnées par de Manssion. » (Arthur Chuquet, p. 276.) — « Les zouaves ont ramené deux pièces de 8 laissées sur le terrain par une batterie d'une division du 2ᵉ corps (le capitaine Froment commandait cette batterie) pendant l'action de la journée et dont l'ennemi se servait contre nos soldats. » (Historique de la 1ʳᵉ division du 3ᵉ corps) — A. Ballue, p. 87. — Ce sont ces deux canons repris qu'avec sa loyauté ordinaire le général Trochu, dans sa dépêche au général Schmitz, a changés en canons conquis. (Journal officiel, nᵒ du 1ᵉʳ décembre 1870.)

(2) Historique de la 1ʳᵉ division du 3ᵉ corps.

a, surtout, de sa mitraille, balayé le mamelon de Villiers et nous a ainsi causé des pertes effroyables.

Alors, une tentative folle et superbe, tout à la fois, est de nouveau faite : la division de Bellemare, ou mieux, la brigade Fournès, veut, presque à elle seule, enlever ce parc de Villiers contre lequel, depuis le matin, se brisent les efforts du 2ᵉ corps tout entier ! Le 4ᵉ zouaves, le 136ᵉ de ligne, un bataillon du 107ᵉ, de la brigade Daudel (division Mattat), qui, seul, a passé la Marne, à droite du chemin de Villiers ; des mobiles de Seine-et-Marne, la *Légion des amis de la France*, composée d'étrangers, à gauche du même chemin, se jettent sur Villiers, enlevés par le colonel Fournès, pendant que les moins peureux des mobiles du Morbihan ébauchent une marche sur Noisy. Avron tonne utilement et gêne les longues files de l'artillerie allemande ; une batterie divisionnaire, commandée par le capitaine Malfroy, se place au haut du chemin de Bry à Villiers et commence le feu.

A ce moment, survient le général Ducrot, amenant pour tout renfort : deux bataillons du 126ᵉ, deux du 119ᵉ et deux batteries dont une de mitrailleuses (1).

« Ce dernier effort n'est pas plus heureux que les précédents ; cette fois encore, nos plus vaillants soldats vont se briser contre les obstacles qu'ils n'atteignent que pour tomber morts avant d'avoir pu les escalader ; nos batteries, écrasées par la mousqueterie, perdent, en quelques instants, la moitié de leurs effectifs en hommes et en chevaux,

---

(1) Général Ducrot, t. II, pp. 248 à 250. — « Malgré tout, le général Ducrot voulut employer immédiatement les renforts qui lui arrivaient pour renouveler l'attaque de Villiers. » (M. de Moltke, p. 257.) Non, le général Ducrot n'a fait que suivre le courant. — Il devait être quatre heures et demie, car, à quatre heures, M. Ducrot était encore près de la Villa-Palissy, au sud de la Fourche de Champigny. (Général Ducrot, t. II, p. 245.)

presque tous leurs officiers; plus de 600 hommes restent sur le terrain. Mais ces pertes cruelles, loin de diminuer l'élan de nos soldats, semblent redoubler leur ardeur; les mobiles du lieutenant-colonel de Courcy veulent encore se jeter sur le parc de Villiers. Le général Ducrot, convaincu de l'impuissance de cette nouvelle tentative, les arrête et fait cesser tout mouvement offensif. N'ayant pas été prévenus à temps du vigoureux effort de la division de Bellemare, les 2ᵉ et 1ᵉʳ corps n'avaient pu y coopérer; quelques fractions seulement s'étaient portées en avant au moment où la fusillade avait éclaté (1). »

Quant aux soldats du *Génie auxiliaire*, qui s'étaient portés en avant, sans avoir été utiles à quoi que ce soit, ils opéraient mélancoliquement leur retraite, conduits par Viollet-le-Duc, dont le calme et le courage avaient été admirables.

Environ 1,200 sapeurs étaient restés l'arme au pied, n'ayant rien fait au cours de cette sanglante journée (2).

En somme, toute l'armée était ou en retraite ou dans l'impossibilité de faire un pas en avant. Mais quand on constate combien la division de Bellemare a été près du but, on se demande si, le soir, à quatre heures, cette division ne l'aurait pas atteint, au cas où elle aurait été aidée par le 2ᵉ corps et par le 3ᵉ corps tout entiers (3)?

En tout cas, il est raisonnable de penser que

(1) Général Ducrot, t. II, pp. 250 et 251. — « Les murs crénelés sont trop élevés pour permettre l'escalade et l'on n'a rien pour faire brèche. Ah! si le mouvement avait été appuyé par de l'artillerie! » (A. Ballue, p. 88.) — « Au nord de Villiers, six batteries saxonnes avaient pris position et repoussaient, vers quatre heures et demie, la tentative du général de Bellemare sur le parc. » (*Historique du 7ᵉ régiment d'infanterie saxon*, n° 106.)
(2) Massillon-Rouvet, p. 70.
(3) « C'était le moment de ramener toute l'armée en avant. » (Charles de Mazade, *La guerre de France*, t. II, p. 209.)

Villiers aurait été emporté si l'attaque avait eu lieu à midi, menée par les 2ᵉ et 3ᵉ corps intacts et ardents, flanqués de la formidable artillerie dont ils disposaient.

« Si le passage de la Marne eût été exécuté entre onze heures et midi, ainsi que l'on était en droit de l'attendre, et si l'effort du 3ᵉ corps se fût tourné contre Noisy-le-Grand, l'ennemi se trouvait arrêté au pont de Gournay, le parc de Villiers était pris à revers et, dès une heure, nous pouvions être maîtres de tout le plateau (1). »

Pourquoi, même à quatre heures, le 2ᵉ corps n'a-t-il pas été en état de concourir à l'assaut de Villiers ?

Nous savons que, sur toute la ligne, le combat s'était changé en un duel d'artillerie diminuant progressivement d'intensité. Le général Ducrot s'avisait alors, tout en restant sur la défensive, comme les Allemands, de faire construire des épaulements, de faire élever des abris pour que ses batteries ne fussent pas enfilées par les projectiles ennemis, ainsi qu'elles l'avaient été durant toute la journée. Il était un peu tard pour le reconnaître, néanmoins, les conséquences en pouvaient être excellentes si l'on se battait de nouveau le lendemain.

Tout à coup, de grands mouvements de troupes se produisent du côté de Champigny ; le capitaine Colin, de l'état-major de la division de Malroy, arrive au Four-à-Chaux, pour le faire évacuer, au moment même où le général Ducrot s'y trouve afin d'y faire construire des épaulements de batteries.

---

(1) Général Ducrot, t. II, p. 284. — « Pour vaincre du premier coup, » la simultanéité des efforts était indispensable, et justement, cette condition essentielle ne fut pas réalisée ». (Commandant Grouard, *Le Blocus de Paris et la Première armée de la Loire*, 3ᵉ partie, p. 16.)

Au même instant, le général Blanchard envoie demander au général en chef l'autorisation de battre en retraite vers les ponts (1).

« A la nouvelle de cet incroyable incident, le général Ducrot, dans un premier mouvement d'indignation bien légitime, s'écrie : ««Allez dire partout que, sous peine de mort, je défends d'abandonner aucune position (2). »» Et le voici piquant des deux vers Champigny.

Son irritation augmente à mesure qu'il avance. Le général Blanchard qui, depuis le matin, donnait les signes d'une mauvaise volonté et d'une indifférence incroyables, n'avait pas attendu l'autorisation de son chef pour commencer le mouvement rétrograde (3). Partout, les bataillons se repliant en désordre : plus de rangs, plus de généraux, une sorte de déroute honteuse; ne se justifiant par rien puisque les Wurtembergeois, fourbus et peu nombreux, n'osent pas s'avancer sur le plateau de Cœuilly (4).

---

(1) *Enq. parlem déf. nationale*, rapport de M. Chaper sur le Gouvernement de la Défense à Paris au point de vue militaire, p. 173.

(2) Général Ducrot, t. II, p. 244. — « Le général Ducrot ne pouvait contenir sa colère; il faisait dire au général Blanchard, commandant du 1er corps, que, sous peine de mort, il était défendu d'abandonner aucune position; mais c'était déjà fait. » (Charles de Mazade, *La guerre de France*, t. II. p. 207.) — « Entre deux heures et demie et trois heures du soir, un ordre inexplicable de retraite, donné par le commandant du 1er corps à l'insu du général en chef, ramène la 3e division en arrière de Champigny. » (Commandant Canonge, t. II, p. 373.) — Henri Martin, t. VII, p. 246. — *Enq. parlem. déf. nationale*, rapport de M. Chaper sur le Gouvernement de la Défense à Paris au point de vue militaire, p. 173.

(3) « Le général Ducrot apprend que le 1er corps a reçu l'ordre de se reporter en arrière. Bientôt, en effet, il peut constater que la division Faron reflue sur la Marne. » (Commandant Grouard, *Le Blocus de Paris et la Première armée de la Loire*, 3e partie, p. 30.) — Voir la note précédente.

(4) *Enq. parlem. déf. nationale*, rapport de M. Chaper sur le Gouvernement de la Défense à Paris, au point de vue militaire, p. 174.

Un grand nombre d'entre eux se sont enfuis pour ne plus revenir au feu. En effet, nous lisons dans le récit de la bataille par le docteur Fleury, qui se trouvait, ce jour-là, à Plessis-Lalande :

« A partir de deux heures et pendant tout le reste de la journée, un spectacle étrange, dont nous ne comprîmes pas tout d'abord le caractère et la signification, s'offrit à nos regards.

« A travers champs, et par les trois grandes avenues qui, du pont du chemin de fer se dirigent vers Plessis-Lalande au centre, vers Saint-Martin à gauche et vers Plessis-Trévise à droite, des hommes, en nombre de plus en plus considérable, s'avançaient en titubant. Nous les prîmes même pour des blessés, mais la plupart d'entre eux étaient encore armés de leurs fusils qu'ils portaient ceux-ci sur l'épaule, ceux-là sous le bras, d'autres en bandoulière.

« Ces hommes étaient des fuyards qui pâles, exténués, couverts d'une sueur froide, effarés, désespérés, affolés de terreur, désertaient le champ de bataille. Cette foule compacte, formée surtout par des Wurtembergeois, contenait aussi des Saxons et des Prussiens. L'on y voyait des soldats de toutes armes : fantassins, cavaliers démontés, artilleurs. Les uns couraient droit devant eux, jetant leurs fusils, leurs sabres, leurs casques dans les fossés des routes, dans les bois, par-dessus les murs, dans les jardins, jonchant le sol de leurs cartouches. Des armes et des casques furent trouvés le lendemain dans le parc de Plessis-Lalande et la terrasse du château fut littéralement couverte de cartouches. Les autres pénétraient dans les cabarets et dans les maisons abandonnées, y déposaient leurs armes et se cachaient dans les caves, dans les greniers...

« Une vingtaine d'hommes se précipitèrent ensemble dans nos communs et supplièrent, à genoux, le jardinier de les cacher. Ces malheureux furent découverts, le lendemain, par des gendarmes wurtembergeois, qui les emmenèrent après leur avoir lié les mains derrière le dos.

« C'était donc une fuite, une déroute, une débandade, un affreux sauve-qui-peut, et ce mouvement désordonné se prolongea pendant toute la nuit (1) ».

Et, pourtant, après trois heures du soir, la division Faron a évacué Champigny et se dirige bravement vers Joinville. Heureusement, le 113e de ligne n'a pas quitté le sommet des crêtes et les maisons du haut Champigny. Sur l'ordre du général Ducrot, la division Faron réoccupe les positions désertées et le général en chef redescend vers Joinville pour faire une scène au général Blanchard qui, paraît-il, est tranquillement rentré à la Villa-Palissy, voisine de la Fourche, quand la fusillade du général de Bellemare crépite soudainement au-dessus de Bry.

Le général Ducrot, persuadé que l'ennemi revient à la charge contre les débris des divisions de Maussion et Berthaut, se précipite du côté du mamelon de Villiers, et il y arrive à l'instant où les vaillants bataillons de la brigade Fournès sont déjà à quelques mètres du parc. On sait le reste.

A notre avis, cette dernière attaque de Villiers a été une faute. Elle n'avait aucune chance de réussir bien que nous ayons presque touché le but. Eussions-nous escaladé le mur que nos efforts se seraient brisés contre les ouvrages de seconde ligne. Dès l'instant que le général de Bellemare ne trouvait plus les soldats du 2e corps sur les pentes du plateau, et il le reconnaît lui-même, ce pouvait être, assurément, fort crâne d'aborder les

(1) *Occupation et bataille de Villiers-sur-Marne et de Plessis-Lalande*, par le docteur Louis Fleury, professeur agrégé à la Faculté de Paris; Paris, Lacroix, Verbœckhoven et Cie, 1871; pp. 111 et 112.

redoutables défenses des Allemands, ce n'était pas pratique. Nous sommes même convaincu que si le général de Bellemare, au lieu de rejoindre ses troupes de gauche, était monté, avec ses zouaves, par le chemin bordé de murs, qui mène de l'église de Bry au plateau, il aurait renoncé, devant les obstacles évidents, à une tentative fatalement condamnée à échouer sans une diversion à droite ou à gauche. Mais, en ce temps-là, les Français ne se doutaient guère des lois de la tactique; les généraux entraînaient leurs hommes, ramenaient au feu ceux qui fuyaient, sans embrasser, d'un coup d'œil militaire, l'ensemble du terrain, sans conduire leurs bataillons dans le vrai sens du mot. Quand ils avaient indiqué à chaque colonel une marche probable, chacun ne prenait plus conseil que de lui-même et l'autorité du chef suprême n'intervenait plus que pour ratifier les coups-de-tête des colonels. Quand on pense que les gigantesques efforts de la brigade Fournès ont pu être tentés, pendant près de deux heures, sans que le général Ducrot ait vu le commandant de la division, dont elle faisait partie, soit avant, soit pendant, soit après le combat, on comprend nos insuccès. Que sur un espace de quatre lieues on ait de la peine à découvrir un général de division ou le commandant en chef, cela va de soi, mais que, le long d'une ligne de un kilomètre, les généraux de Bellemarre et Ducrot n'aient pu se rencontrer, voilà qui est tristement extraordinaire.

Nouvel exemple prouvant que le général en chef doit se tenir en dehors de la lutte, dans un endroit d'où il embrasse toute l'affaire et qu'une fois cet emplacement choisi il ne doit plus le quitter. « Rien que de changer de place durant la bataille, cela a de grands inconvénients. Il en résulte ceci que les officiers porteurs de rapports courent après vous que des sous-ordres qui cherchent le généralissime ne le trouvent pas ou ne le trouvent que trop tard (1). » Mais, nous le reconnaissons, la difficulté commence quand on a, pour commander des corps d'armée, un général Blanchard ou un général d'Exéa qui ne tiennent aucun compte des ordres du général en chef.

Est-il utile d'ajouter que personne n'avait vu, sur la rive gauche, à Bry ou aux environs, le commandant du 3ᵉ corps, le général d'Exéa. « Il n'interviendra que pour envoyer, sans rime ni raison, l'ordre d'abandonner les positions conquises sans lui, presque malgré lui (2). »

Pendant toutes ces luttes, depuis dix heures du matin, la division Mattat, rangée en colonnes, avait piétiné sur place, sans que M. d'Exéa daignât la porter au secours de ceux qui se battaient. Quelle triste histoire ! Quelle lamentable incapacité de ces généraux ! Les troupiers s'indignaient d'une pareille aberration, d'un semblable mépris des principes élémentaires de la bataille. « Notre impatience est extrême, écrit un soldat de la division Mattat. Nous assistons au combat depuis longtemps engagé au centre ; nous apercevons des mobiles qui reculent sur les pentes conduisant au plateau de Villiers. Les ponts sont terminés, qu'attendons-nous ? Pourquoi n'abordons-nous pas Noisy-le-Grand que canonne si durement, depuis le matin, l'artillerie du mont Avron ?... Au lieu de passer rapidement la rivière et de nous étendre à gauche, comme le prescrivaient les ordres primitifs, nous attendons pendant de mortelles heures (3) ! »

Habent sua fata populi !

---

(1) Commandant von der Goltz, p. 128. — Voir, *supra*, p. 32, note 2, et, *infra*, pp. 97, note 3, et 221 à 223.
(2) A. Ballue, pp. 88 et 89.
(3) Robinet de Cléry, pp. 136 et 137.

APRÈS LA LUTTE

Le soleil était couché, les funèbres positions de Noisy, de Villiers et de Cœuilly se noyaient dans l'ombre du soir; il n'y avait plus à se battre mais à s'installer, à reformer les régiments, à prévenir tout retour offensif de l'ennemi. Personne ne resta sur le plateau: tout le monde se défila derrière les crêtes.

« La canonnade continuait encore après que la chute du jour rendait la régularité du pointage impossible et que nos coups ne pouvaient plus produire d'utile effet. Un fusillade très vive, provenant d'un feu de deux rangs prolongé, succéda au bruit du canon, puis cette fusillade, terminée par des coups isolés, fit place au plus complet silence (1). »

Bientôt ce fut la nuit, mais une nuit claire, boréale, avec un vent du nord qui cinglait le visage, sifflant sinistrement à travers les ceps de vigne et les branches d'arbres brisées par les balles ou les obus. Une lune superbe répandait ses lueurs d'argent sur le champ d'horreur où des milliers d'hommes se débattaient dans le sang, au milieu des cadavres déjà raidis par la gelée.

Devant le parc de Villiers, c'était affreux. Torturés par la soif, par la douleur des blessures, grelottant de fièvre et de froid, les malheureux se tordaient sur la terre durcie, en poussant des cris qui poignaient le cœur des moins impressionnables. Il était difficile de résister à ces appels lamentables. Des hommes courageux se précipitaient pour relever et secourir les blessés, mais, dès que les Wurtembergeois, craignant une surprise de nuit, aper-

---

(1) Général Favé, p. 42.

cevaient le moindre mouvement sur le plateau, la fusillade recommençait et les sauveteurs s'abattaient, à leur tour, sur le corps de ceux qu'ils voulaient arracher à la mort.

Il fallut renoncer à s'approcher des blessés : la bise glaciale, qui soufflait sur ce plateau désolé, acheva ceux que la légèreté de leurs blessures aurait permis de sauver, s'ils n'avaient pas passé la nuit, sans abris, sans couvertures, littéralement congelés par ce froid de 10 degrés.

Et le calme solennel des belles nuits d'hiver, si richement constellées, décuplait le bruit des derniers coup de fusil, faisait plus tristes les plaintes du vent dans les arbres dépouillés, plus angoissés les cris des mourants, et tombait sur toutes ces souffrances, sur toutes ces agonies, les rendant plus cruelles encore par sa désespérante indifférence pour les douleurs humaines (1).

---

(1) « Belle nuit d'hiver, avec un magnifique clair de lune. Mais, Dieu ! qu'il faisait froid ! » (Robinet de Cléry, p. 138.) — « La gelée, compagne des nuits sereines, sévissait avec vigueur. » (Ambroise Rendu, p. 90.) — « La nuit fut affreuse. Le thermomètre descendit jusqu'à 10 degrés au-dessous de zéro..... Peu de vieux soldats, chargés de campagnes, ont eu à supporter une nuit aussi dure que celle du 1er décembre. » (*Gaulois et Germains, Récits militaires*, par le général Ambert; *Le Siège de Paris*; Paris, Bloud et Barral; pp. 276 et 277.) — « Le froid, qui se mit brusquement à sévir, vint augmenter les souffrances des troupes qui purent à peine prendre quelque repos dans la nuit du 30 novembre au 1er décembre. » (Commandant Grouard, *Le Blocus de Paris et la Première armée de la Loire*, 3e partie, pp. 39 et 40.) — Docteur Sarrazin, p. 215. — Charles de Mazade, *La guerre de France*, t. II, p. 215. — *Histoire de la guerre de 1870-1871* par le général baron Ambert; Paris, Plon, 1873; p. 349. — Antonin Gourju, *La Côte-d'Or au siège de Paris*; Paris, Armand Colin, 1871; p. 17. — *Souvenirs d'un garde national pendant le siège de Paris et sous la Commune*, par un volontaire suisse, IIe partie. La Capitulation; Neuchâtel, Sandoz, 1871; p. 80. — *Paris et les Allemands, journal d'un témoin, juillet, 1870-février 1871*, par A. du Mesnil; Paris, Garnier frères, 1872; p. 181. — Commandant L. Rousset; *Les Combattants de 1870-1871*; Paris, Librairie illustrée; p. 222. — Commandant Canonge, t. II, p. 376. — *A Paris pendant le siège*, par un An-

Le 30 novembre, au soir, notre ligne allait d'Avron à Maisons-Alfort, en passant par Neuilly-sur-Marne, Bry, Champigny, Adamville et Créteil, devant lequel s'était aussi livré un sanglant combat que nous raconterons tout à l'heure. La division d'Hugues gardait le plateau d'Avron, la brigade Reille Neuilly, partie de la division Mattat les abords nord de Bry, la division de Bellemare Bry et les deux mamelons du plateau de Villiers, le 2ᵉ corps les pentes sud-ouest de ce plateau, le 1ᵉʳ corps le Four-à-Chaux et Champigny, la division de Susbielle Créteil.

Devant Villiers, les Français s'efforçaient de construire des abris pour l'artillerie et l'infanterie. Les soldats du génie et les travailleurs auxiliaires de M. Viollet-le-Duc se mettaient à l'ouvrage ; malheureusement, la terre, calcinée par la gelée, n'était entamée qu'au prix de peines inouïes et la besogne avançait bien lentement.

Les lignes allemandes s'étendaient de la Maison-Blanche, sous Avron, au carrefour Pompadour, en passant par Gournay, Noisy-le-Grand, Villiers, le plateau de Cœuilly, Chennevières, Ormesson, Bonneuil et le mont Mesly. La XXIVᵉ division saxonne se tenait à Noisy, la division wurtembergeoise à Villiers, Cœuilly et Chennevières.

---

glais, *membre de l'Université d'Oxford;* traduction, notes et documents divers par Félix Sangnier; Paris, Ollendorf, 1888; p. 186. — *Précis de la guerre franco-allemande*, par le colonel Fabre; Paris, Plon, 1875; p. 333. — Marie Sebran, *Journal d'une mère pendant le siège de Paris;* Paris, Didier, 1872; p. 129. — *Journal du siège par un bourgeois de Paris*, 1870-1871; Paris, Dentu, 1872; pp. 440 et 441. — Henri Martin, t. VII, p. 246. — Gustave Flourens, p. 182. — Général Ducrot, t. II, p. 296. — Arthur Chuquet, p. 277. — A.-J. Dalsème, p. 238.

CONSIDÉRATIONS

Nos pertes, à Champigny, Cœuilly et Villiers montaient au triste chiffre de 4,000 hommes hors de combat; les Allemands n'en avaient que 1,693 : moins de la moitié (1) !

Il est très difficile de déterminer la quantité de troupes engagées des deux côtés. En effet, va-t-on compter la division d'Hugues, qui est restée inerte au plateau d'Avron, la division Mattat, qui s'est morfondue, toute la journée, au Perreux? C'est pourquoi nous croyons ne pas être loin de la vérité en ne comptant que les corps qui ont eu des tués ou blessés en quantité appréciable, la présomption étant que les autres n'ont pas pris une part active à la lutte.

Nous trouvons, alors, du côté des Français, 64 bataillons, car nous déduisons les 16 bataillons de la division Mattat et de la brigade Reille, soit 38,000 combattants d'infanterie. Du côté des Allemands, 27 bataillons, soit 21,000 combattants d'infanterie.

La proportion de nos canons, sans compter ceux des forts et des batteries fixes, et des pièces allemandes était de 3 à 2. Nous possédions plus de 250 pièces et l'ennemi en avait moins de 160. Les deux cavaleries adverses ne prirent aucune part à la lutte (2).

Mais, encore une fois, nous ne calculons que sur les troupes engagées dans la journée. Le résultat serait quelque peu modifié si nos prenions le nombre de combattants dans la matinée.

---

(1) *La Guerre franco-allemande*, 2ᵉ partie, pp. 222* et 223*. — Général Ducrot, t. II, p. 284.
(2) *La Guerre franco-allemande*, 2ᵉ partie, pp. 222* et 223*. — Général Ducrot, t. II, p. 285.

Voici l'opinion de Rüstow à cet égard :

« Les Wurtembergeois et la VIIe brigade prussienne, les seules troupes disponibles dans la matinée entre la Seine et la Marne, ne comptaient pas plus de 16,000 hommes d'infanterie et de cavalerie dont 5,000 au plus occupaient l'aile droite à Villiers, Cœuilly et Champigny. Les deux corps d'armée qui passèrent la Marne, le 30 au matin, sous les ordres de Ducrot, comptaient de 60,000 à 70,000 hommes avec la division de Susbielle. On comprend donc qu'ils refoulèrent immédiatement les Allemands (1). » — « Il n'y avait que deux brigades allemandes sur une longueur de 5,500 mètres, la XLVIIIe saxonne, à Noisy, et la Ire, wurtembergeoise, de Villiers à Chennevières (2). » M. de Moltke oublie les Wurtembergeois des brigades de Starkloff et de Mauch qui sont arrivés à Mon-Idée dans l'après-midi (3).

En somme, du mont Mesly à Neuilly-sur-Marne, les troupes du général Ducrot, plus de huit divisions, n'avaient eu devant elles que les XLVIIe et XLVIIIe brigades, saxonnes, les Ire et IIe brigades, wurtembergeoises, et la VIIe brigade d'infanterie prussienne, en première et en seconde ligne (4).

« L'infériorité numérique de nos ennemis était,

---

(1) Rüstow, *Guerres des frontières du Rhin*, 1870-1871 ; traduit de l'allemand, par Savin de Larclause, colonel du 1er lanciers ; Paris, Dumaine, 1871 ; t. II, p. 155. — Les 1er et 2e corps comptaient, sans la division de Maud'huy et de Susbielle, de 48 à 50,000 hommes ; en face des troupes françaises, l'ennemi avait un régiment saxon occupant Champigny, Bry et Noisy. Derrière Noisy, la XLVIIIe brigade, et, à Villiers, Cœuilly et Chennevières, deux brigades wurtembergeoises. (*Guerre franco-allemande, Résumé et commentaires de l'ouvrage du grand état-major prussien*, par Félix Bonnet, chef d'escadron d'artillerie ; Paris, Dumaine, 1882 ; t. II, p. 201.)

(2) M. de Moltke, p. 255.

(3) Voir, *supra*, p. 50.

(4) « Les débuts furent favorables aux Français, joignant un noble entrain à la supériorité du nombre. » (*Relation historique*

du reste, largement compensée par leurs fortes positions défensives. Combattant toujours derrière des retranchements, des murs, des abris, ils échappaient à nos coups tandis que nous, au contraire, constamment à découvert, canonnés, fusillés de toutes parts, nous venions sans cesse nous briser contre des obstacles matériels que notre artillerie ne pouvait entamer (1). »

Ce n'est pas tout à fait juste. Les Allemands *ne combattirent pas toujours derrière des retranchements et des murs;* le général Ducrot oublie les attaques de Bry par les Saxons et les sorties des Wurtembergeois sur le plateau de Cœuilly. Il ne faut pas dire, non plus, que notre artillerie *ne pouvait entamer les obstacles matériels* qu'elle avait devant elle. Si elle avait été employée rationnellement, en masse, si les généraux français s'étaient préoccupés de la couvrir, de l'abriter, *les obstacles matériels* n'auraient pas tenu une heure devant le feu de nos 250 pièces de campagne et des canons de marine des forts (2).

« Le Gouverneur ne s'était pas attaché à concentrer successivement le feu d'un grand nombre de pièces sur le point d'où l'on voulait chasser l'ennemi, et, en dispersant autant qu'il le faisait le feu des canons, il courait le risque de n'obtenir sur aucun point un résultat décisif. Il n'avait pas aperçu l'importance que devait avoir l'occupation de la partie haute du village de Champigny, et il ne profitait pas de l'action des batteries de la boucle de Saint-Maur pour chasser l'ennemi de ses couverts, qui étaient masqués aux feux de la plaine de Cham-

---

et *critique de la guerre franco-allemande en 1870-1871*, par Ferdinand Lecomte, colonel fédéral suisse: Paris, Tanera, 1874 (t. III, p. 415.)
(1) Général Ducrot, t. II, p. 286.
(2) Voir, *suprà*, pp. 4, 63 et 64.

pigny par les maisons du village. Enfin, ses prescriptions conduisaient à tirer sur des emplacements de trop grande étendue pour que le canon produisît un effet certain; elles pouvaient amener, en pure perte, la consommation des munitions, en les envoyant sur des emplacements que l'ennemi n'occuperait pas (1). »

Aussi bien, on se rendra compte du mauvais emploi de nos canons en constatant que, le 30 novembre, à Noisy, Villiers et Cœuilly, l'artillerie saxonne eut 2 officiers, 33 canonniers, 25 chevaux hors de combat, et l'artillerie wurtembergeoise 10 officiers, 56 canonniers et 70 chevaux atteints (2). L'effet de notre tir à obus, y compris celui d'Avron, des forts et des redoutes, peut donc être considéré comme ayant été presque nul sur les batteries allemandes, d'autant plus que les balles des chassepots ont dû être pour beaucoup dans les pertes éprouvées par le personnel et les chevaux de ces batteries.

Une remarque intéressante à faire, à propos des abris, c'est que, le 30 novembre, *où nous attaquâmes presque toujours, nous perdions moitié plus de monde que les Allemands, qui nous attendaient bien garantis de nos projectiles.* Au contraire, nous verrons, plus tard, que le 2 décembre, *où nous fûmes attaqués presque toujours, les Allemands perdirent autant de monde que nous qui les attendions bien garantis de leurs projectiles.*

Il faut aussi constater la puissance des réduits de campagne. Le jour de la bataille de Saint-Privat, les Prussiens étaient venus se briser contre les fortifications improvisées par le général Frossard, au Point-du-Jour; le jour de la bataille de Villiers, les Français se sont jetés sur les parcs de Cœuilly et de

---

(1) Général Favé, pp. 34 et 35.
(2) *La Guerre franco-allemande*, 2ᵉ partie, pp. 222* et 223*.

Villiers organisés défensivement et n'ont pu les enlever. C'est la conséquence du perfectionnement des armes de l'infanterie et, dans la prochaine guerre, cette vérité sera encore plus sensible : il ne faudra pas songer à enlever un réduit en marchant à découvert contre lui.

En 1870, c'était encore possible, à la condition que l'attaque fût bien préparée par l'artillerie, et à la condition aussi que les réduits fussent *tournés*; c'est un principe que le général Ducrot a oublié au moment de l'action : « Devant un réduit, l'assaillant doit l'*investir* rapidement et solidement, le réduire au silence et l'enlever de vive force; l'artillerie rend ici les plus grands services (1). » Or, notre artillerie n'avait pas réduit au silence, ni même ébranlé, les défenseurs de Villiers et de Cœuilly, notre infanterie ne les avait ni investis, ni même tournés, et nous ne les avions attaqués que de front! L'échec était, alors, pour ainsi dire, fatal : le petit nombre des défenseurs des deux réduits nous a, seul, permis d'en approcher.

Maintenant, comment expliquer l'attaque de Cœuilly avant celle de Chennevières? Nous avons vu que notre artillerie n'avait pu tenir, sur le plateau, où elle était battue par les feux de Cœuilly et de Villiers. Mais, du côté de Chennevières, il lui était plus aisé de se défiler et de bombarder l'entrée de la seule rue du village de Chennevières qui est de facile accès et qui n'était qu'imparfaitement fortifié. De là, par les Bordes et le Bois l'Abbé, le parc de Cœuilly était pris à revers et, pendant que partie de nos troupes défendait Chennevières contre les Allemands venant de Villeneuve-Saint-Georges

(1) *Les Eléments de la Tactique*, par J. Meckel, officier supérieur d'état-major; traduit de l'allemand par H. Monet, lieutenant breveté au 123e régiment d'infanterie; Paris, Westhausser, 1887; p. 384.

et de Bonneuil, l'autre partie poussait sur Cœuilly, s'en emparait et, maîtresse de cette position, faisait tomber toute la ligne des retranchements ennemis jusqu'à Gournay (1).

Personne n'y songea, ni Blanchard, ni Ducrot, ni Trochu : on alla au petit malheur.

Il est également curieux de remarquer qu'on ne rechercha pas, après la bataille, pour le punir, celui qui avait donné l'ordre d'évacuer Champigny, vers trois heures et demie. Est-ce le général Blanchard? Est-ce le général Trochu? Est-ce un général de division? On ne le sait pas d'une façon positive, mais il est permis de supposer que c'est le général Blanchard qui est le coupable (2).

Sans malveillance envers les chefs du 1er corps, nous nous permettrons de faire observer que cette évacuation de Champigny nous paraît avoir toujours été dans les intentions des généraux de ce corps qui ont envoyé leurs troupes sur Cœuilly à contre-cœur, qui n'aspiraient qu'à regagner Joinville, considérant la partie comme perdue par suite du retard de vingt quatre heures apporté dans l'opération par l'impéritie de M. Krantz (3).

Puisque nous nous occupons des ordres, n'est-il pas étrange qu'il n'y ait pas trace d'une communication quelconque, du commandant en chef de la 2e armée, au général Blanchard ou à ses lieutenants,

---

(1) Piérart, p. 36, en note. — *Ibid.*, p. 37.
(2) Le Faure, t. II, p. 146. — Voir, *suprà*, pp. 82 à 85. — *La Revue des Deux-Mondes* du 15 juillet 1873 reproche au général Blanchard « d'avoir eu la pensée de quitter les hauteurs de Champigny et de Cœuilly ». (Général Favé, p. 65.)
(3) La négligence d'un ingénieur, le contre-ordre non arrivé au général Vinoy, l'immobilité des autres troupes pendant cette attaque (combats de l'Hay et de la Gare-aux-Bœufs) *ont retiré toute chance de succès à l'attaque du lendemain* (bataille de Villiers) *qui, pour tous, n'était plus qu'une satisfaction donnée à l'opinion publique.* » (*Notes personnelles du général de Bellemare.*) — Charles de Mazade, *La guerre de France*, t. II, p. 212.

durant la bataille, sauf, bien entendu, les imprécations dont il les gratifia quand il accourut à Champigny, après la fin de la lutte du 2ᵉ corps contre Villiers, lorsqu'il apprit le mouvement de retraite du 1ᵉʳ corps.

Nous n'avons pas trouvé, non plus, d'autre ordre du général Ducrot au général d'Exéa que celui porté par le commandant Vosseur. Alors que, de l'aveu de M. Ducrot lui-même, l'intervention du 3ᵉ corps à Noisy était la condition nécessaire de la prise de Villiers, clef de la position (1), il est loisible d'estimer que c'est peu et que le rôle d'un commandant en chef doit être plus actif, plus intelligent, moins indifférent à ce qui se passe à sa droite et à sa gauche.

Il aurait fallu faire avancer le général d'Exéa et, seuls, le général en chef et le Gouverneur avaient ce pouvoir. Or, l'un combat au premier rang, toujours à la même place, sans se préoccuper de sa droite et de sa gauche, sans les voir, sans les diriger vers le but suprême, tenant, ainsi, non l'emploi d'un chef d'armée mais celui de la mouche du coche, au grand détriment de ses soldats (2). L'autre est invisible, muet, sourd, paralysé, et son intervention, au cours de cette sanglante lutte de huit ou neuf heures, se borne à faire dire, une fois, au commandant du 3ᵉ corps, qu'il devrait bien ne pas rester en place et traverser la Marne. Certes, le conseil était excellent, seulement il ne fallait pas que ce fût un conseil mais un ordre, réitéré catégoriquement un quart d'heure après, s'il n'était pas exécuté tout de suite (3).

---

(1) Général Ducrot, t. II, pp. 204, 209, 218 et 246.
(2) Voir, *suprà*, pp. 32 et 56 à 58.
(3) Le Gouverneur de Paris n'avait su que laisser faire ses subordonnés, sans intervenir dans la conduite des opérations. » Commandant Grouard, *Le Blocus de Paris et la Première armée*

Hélas! c'est l'éternel chapelet de ce siège : le Gouverneur n'a pas fait acte de commandement à Villiers, comme il n'a pas fait acte de présence à Châtillon et à la Malmaison, parce qu'il avait une peur folle de son ami Ducrot, parce qu'il redoutait les colères, les récriminations de cet emporté, au cas où il se serait permis de prescrire un mouvement qui n'aurait pas été, préalablement, approuvé par son subordonné (1). A moins que ce ne soit parce que le Gouverneur avait le sentiment de son impuissance à conduire une bataille, et pour éviter, ainsi, la responsabilité d'un échec. Au surplus, ce sont, peut-être, les deux raisons de l'abstention du général Trochu. Quoi qu'il en soit, on ne saurait s'empêcher de s'écrier, en étudiant ces douloureuses journées du siège : « Quels singuliers chefs d'armée ! Quels drôles de généraux ! Faut-il avoir

---

de la Loire, 3ᵉ partie, p. 35.) — « Le général Trochu s'est renfermé scrupuleusement, m'a-t-on dit, dans son rôle d'assistant. » (A. du Mesnil, p. 178.) — « Les moyens de communication rapides, peut-être les instructions parfaitement précises, avaient fait défaut et l'on n'avait pas obtenu la combinaison d'efforts qui eût fait réussir l'opération. » (Colonel Fabre, p. 332.) — « Pourquoi le général en chef n'a-t-il pas fait établir, en arrière de notre ligne de bataille, un fil électrique qui lui aurait permis de transmettre rapidement ses ordres à tous les corps d'armée? » (A. Ballue, p. 98.) — M. de Moltke, lui, ne comprenait pas ainsi le rôle de général en chef : « Les combats du Mont-Valérien (la Malmaison), 21 octobre, et de Buzenval, 19 janvier, sont les seuls qui soient livrés sous ses yeux; pour tout le reste, c'est par le télégraphe que sont transmis ses ordres «« directives »» et instructions. » (*M. de Moltke par Charles Malo*; Paris, Berger-Levrault, 1891; p. 59.) — Voir, *supra*, pp. 32, note 2, 86 et 87, et, *infra*, pp. 221 à 223 et 249 à 250.

(1) « Le général Trochu regardait Villiers et Cœuilly, en paraissant croire que la journée du lendemain serait nulle, mais que nous pourrions reprendre l'offensive le 4. Des réserves errantes passaient au pas gymnastique en arrière de la batterie (où se trouvait le Gouverneur); le général leur fit signe, de la main, pour les arrêter, en disant : «« C'est inutile; c'est un combat d'artillerie »». Et, comme son geste n'était pas compris, un de ses aides-de-camp se disposait à rejoindre les mobiles; mais le général le retint, en ajoutant : «« Non, c'est Ducrot qui commande. »» (A. du Mesnil, p. 184.)

passé tant d'années à commander des bataillons pour les diriger si mal quand l'heure de se montrer a sonné ! »

COMBAT DE MESLY

La division de Susbielle, chargée de l'attaque sur Mesly, Bonneuil et Ormesson, qui devait garder la droite du 1ᵉʳ corps des feux de flanc, lors de sa marche sur Cœuilly, avait reçu l'ordre de se masser derrière Créteil, le 29 au soir, et d'occuper le mont Mesly dès sept heures du matin, le lendemain.

Sous le prétexte que les troupes étaient fatiguées, le général Ducrot consentit à modifier cet ordre et la division ne s'ébranlait qu'à trois heures du matin, le 30, se dirigeant sur Port-Créteil, par Joinville et Saint-Maur, pendant que son artillerie suivait la route de Charenton.

Arrivé à la Marne, le général de Susbielle faisait passer la rivière à ses troupes, sur un pont de bateaux jeté pendant la nuit, et, vers six heures, avant le jour, la division tout entière était rassemblée derrière Créteil, de chaque côté de la route de Bâle.

A sept heures et demie, la redoute de Gravelle, le fort de Charenton, la batterie de marine de Maisons-Alfort, aidés par deux batteries installées près du pont de Créteil et de l'église d'Adamville et par les deux batteries de la division de Susbielle, bombardent inutilement Mesly, le mont Mesly et Bonneuil.

Les troupes restent sans bouger, énervées par cette bruyante canonnade, car M. Trochu a enjoint de ne pas s'élancer sur l'ennemi avant la fin du bombardement qui doit durer une heure et demie (1)! Il faut bien donner aux Allemands le temps de se mettre en mesure de nous recevoir!

La grande route de Bâle conduit à Bonneuil et au

LE MONT-MESLY

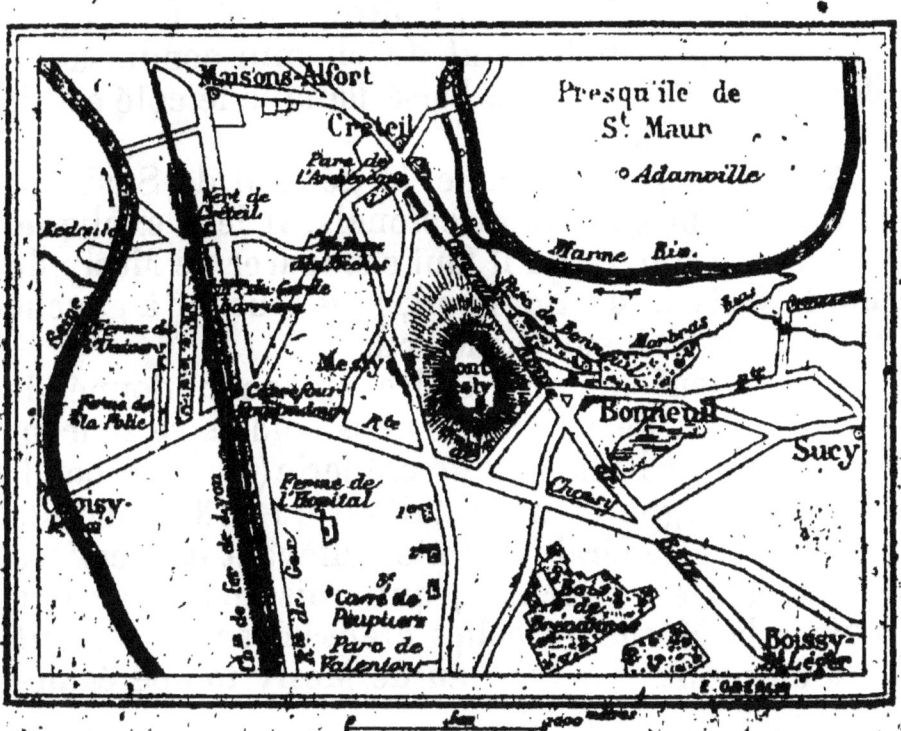

flanc est du mont Mésly. Deux chemins partent de l'ouest de Créteil et viennent se rejoindre à une centaine de mètres de Mésly. Une autre route part de la ferme de Notre-Dame-des-Mèches et conduit au carrefour Pompadour, fortifié et occupé par les Wurtembergeois. La ferme de l'Hôpital est également crénelée par eux et reliée à la route de Gex par une tranchée. Des troupes de la Ire brigade du IIe corps prussien la défendent. Le hameau de

(1) Général Ducrot, t. II, pp. 251 à 253.

Mesly est pareillement barricadé; quant au mont lui-même il est joint à Mesly par une tranchée, qui commence à son sommet nord, et est couronné, à son sommet sud, par un grand ouvrage qui bat Créteil et Maisons-Alfort. La route de Bâle est coupée par deux barricades, l'une, établie à 400 mètres de Créteil, à la naissance de la croupe nord-est du mont Mesly, l'autre, à 400 mètres plus loin, à l'embranchement du chemin conduisant à Bonneuil, dont le parc boisé flanque le côté est de la grande route.

À huit heures et demie, le général de Susbielle réunit ses brigadiers et colonels. Il leur explique, en quelques mots, qu'il faut s'emparer de Mesly, du mont Mesly et de Bonneuil, puis tourner à gauche et pousser droit sur Ormesson.

Il est neuf heures. Ordre est enfin donné de cesser le feu de l'artillerie; nos soldats se lancent en avant avec beaucoup de crânerie (1). D'un bond, le 117e de ligne et un bataillon du 118e, conduits par le brave général Lecomte, enlèvent la première barricade, les tranchées, qui unissent la grande route à la Marne, et celles creusées sur le versant nord du mont. Le hameau de Mesly tombe également en notre pouvoir.

L'ennemi fuit en désordre : il se réfugie dans le parc de Bonneuil, au sommet du mont, et au carrefour Pompadour (2).

Notre élan ne s'arrête pas. Les lieutenants-colonels Galland et de Beaufort, à la tête des 3e bataillons des 117e et 118e de ligne, chassent les Alle-

---

(1) Les Allemands disent, au contraire, que « les Français avançaient lentement ». (*Historique du 3e régiment d'infanterie wurtembergeois*. Bibliothèque nationale, in-8, M, 7206. Traduction de M. Stanislas Mouillard.)

(2) « A neuf heures et demie environ, six bataillons forçaient les compagnies wurtembergeoises à se replier sur Bonneuil. » (*Ibid.*)

mands du grand ouvrage dominant le plateau, et voici que, sans respirer une seconde, le lieutenant-colonel Galland descend en courant la pente sud-est du mont et jette une partie de son 3ᵉ bataillon sur les maisons construites à la rencontre de la grande route de Bâle et du chemin qui mène à la route de Choisy-le-Roi.

Malheureusement, la position est bien préparée pour la résistance. Nos soldats tournent autour des bâtiments, tentent même de marcher vers Bonneuil, mais, fusillés à bonne distance par les défenseurs des maisons du carrefour et pris de flanc par le feu des Wurtembergeois occupant le parc de Bonneuil, ils n'ont que le temps de remonter lestement la pente, et de se remettre à couvert dans le grand ouvrage du plateau où ils attendent que le parc de Bonneuil soit pris par le général Lecomte (1).

Cette reculade est d'autant plus regrettable que la possession des maisons du carrefour nous aurait permis de prendre à revers la seconde barricade et aurait ainsi singulièrement facilité la conquête du parc et celle de Bonneuil lui-même. C'est ici que l'entrée en action d'une batterie d'artillerie, ayant suivi les colonne d'assaut, aurait permis, du haut du mont, de fouiller, à coup d'obus, les maisons du carrefour et d'en faire déguerpir les Allemands.

Enfin, nos soldats se sont bien conduits, ont admirablement emporté Mesly et le mont, c'est déjà beaucoup. Seulement, pourquoi le lieutenant-colonel Galland a-t-il été laissé seul pour l'attaque du carrefour? Pourquoi ses deux compagnies n'ont-elles pas été suivies par partie des 117ᵉ et 118ᵉ de ligne? Pourquoi la brigade de la Charrière n'a-t-elle pas marché derrière la brigade Lecomte et ne s'est-elle pas trouvée en mesure de lui prêter son appui? En

---

(1) Général Ducrot, t. II, p. 256 et 257.

de pareilles aventures, on ne réussit qu'en frappant fort et vite : la réflexion prolongée perd tout.

Mais quelle est la cause de l'arrêt de la gauche du général Lecomte ?

Après avoir escaladé la première barricade de la grande route, le 2ᵉ bataillon du 117ᵉ de ligne s'était vu fusillé : de front, par la seconde barricade, à droite, par un petit bois planté sur le versant est du mont en face du parc de Bonneuil, et, à gauche, par les tirailleurs cachés derrière les murs crénelés de ce parc.

Toutes les tentatives pour s'emparer de front de ces positions étaient demeurées vaines. Heureusement, nous sommes maîtres du mont. Nos généraux s'aperçoivent qu'il est facile de prendre, de flanc et à revers, le petit bois et la seconde barricade.

Le 2ᵉ bataillon du 117ᵉ revient à la charge et attaque de front la barricade pendant que le 3ᵉ bataillon du 118ᵉ descend du plateau et tombe sur les derrières du petit bois et de la seconde barricade ; en quelques minutes, les deux positions sont emportées, mais nous nous heurtons au mur du parc hérissé de fusils wurtembergeois. Là, l'ennemi est à l'abri de notre artillerie, si peu à craindre qu'elle soit ce jour-là et de ce côté, et les deux bataillons des 117ᵉ et 118ᵉ de ligne ne peuvent dépasser les fossés de la route de Bâle opposés au fatal mur.

Les Français se mettent, alors, à fortifier le mont Mesly et à installer, dans le grand ouvrage, deux pièces de canon qui répondent à l'artillerie allemande établie entre le bois de Brévannes et le croisement de la route de Bâle et de la route de Choisy. Le commandant du génie Houbigant dirige les travaux ; le hameau de Mesly est mis également en état de défense, surtout du côté de l'ouest et du côté du sud.

Mais l'ennemi sent notre point faible, c'est-à-dire, notre droite. Il cherche à nous tourner, et, pour cela, il envoie des troupes sur la route de Gex, par le carrefour Pompadour. A ce moment, dix heures et demie, la batterie du capitaine Deschamps, qui gravissait la pente ouest du mont afin de foudroyer, du sommet, les rassemblements à sa portée, s'arrête, s'installe à mi-côte, et dirige son tir sur le carrefour Pompadour. Désagréablement surpris par ces salves, le 3e régiment wurtembergeois ne se hasarde plus à pousser du côté de Maisons-Alfort ou de Notre-Dame-des-Mèches. Il se terre derrière les retranchements du carrefour Pompadour, entre la route de Gex et le chemin de fer de Lyon (1).

Néanmoins, la situation n'était plus brillante pour nous. En effet, il n'y avait rien à faire de sérieux avec quatre régiments qui risquaient eux-mêmes d'être enlevés. Il aurait fallu qu'à cet instant des renforts importants, en infanterie et artillerie, débouchassent de Maisons-Alfort et de Créteil pour nettoyer le quadrilatère formé par la ligne de nos tranchées de Créteil à la redoute de la pépinière à Vitry, par la Seine, par la route de Choisy-le-Roi à Bonneuil et par le chemin de Créteil à cette dernière route, passant à Mesly ; il aurait fallu que l'artillerie de Saint-Maur fît sentir le poids de ses projectiles à l'ennemi ; il aurait fallu, enfin, que, dès le matin, le général Vinoy appuyât le mouvement de la division de Susbielle.

Rien de tout cela n'eut lieu. Au plus fort de l'action, aucun bruit de combat ne se faisait entendre sur la rive gauche de la Seine, le général Vinoy n'ayant pas été prévenu par M. Trochu de la marche du général de Susbielle (2) ; pas une compagnie

---

(1) Général Ducrot, t. II, p. 257 et 258.
(2) Général Vinoy, p. 267. — *La Guerre franco-allemande*, 2e partie, p. 532. — Colonel Lecomte, t. III, p. 418.

ne se montrait du côté de Maisons-Alfort ; les bataillon de mobiles, postés derrière les redoutes, et qui auraient dû soutenir notre flanc droit, ne bougeaient pas ; quant aux gardes nationaux de Belleville, disséminés dans les cabarets de Créteil, on sait quel fond on pouvait faire sur leur concours ; ils ne seraient qu'une cause de trouble et de panique (1) ; enfin, l'aide de Saint-Maur était à peu près nulle (2), le général Favé n'ayant pu « concerter l'action de ses batteries fixes avec les dispositions d'attaque de la division de Susbielle (3) ». En somme, cette division était abandonnée.

Le général de Susbielle était donc très inquiet et s'attendait, d'un moment à l'autre, à voir les renforts allemands, massés dans Bonneuil, tourner notre gauche en se glissant sous les futaies du parc, pivoter brusquement à gauche et ramasser, dans un seul coup de filet, nos troupes du mont et celle de Mesly, c'est-à-dire, les deux brigades.

Notre droite n'était pas en meilleure posture car il était commode, pour l'ennemi, au lieu de s'avancer droit sur Maisons-Alfort par la route de Gex, de se faufiler sous la longue langue de bois qui s'étale entre la ferme de l'Univers et le talus du chemin de fer de Lyon, de tourner à droite et de marcher vers le nord de Mesly pendant qu'une partie des assaillants ferait mine d'attaquer nos tranchées du Vert-de-Créteil. Ce mouvement était d'autant plus facile que les Allemands occupaient fortement le

---

(1) « Créteil était occupé par les gardes nationaux de Belleville, incapables d'inspirer la moindre confiance. » (Commandant Grouard, *Le Blocus de Paris et la Première armée de la Loire*, 3ᵉ partie, p. 27.)

(2) Charles de Mazade, *La guerre de France*, t. II, p. 212. — « Le général de Susbielle ne fut pas suffisamment soutenu par les batteries de la presqu'île de Saint-Maur. » (Henri Martin, t. VII, p. 246.)

(3) Général Favé, p. 64.

remblai du chemin de fer et la maison du garde-barrière, située à 300 mètres de nos tranchées.

Mais la brigade de mobiles du général Ribourt finit par arriver. Le général de Susbielle la charge de garder notre droite contre une attaque tournante venant du chemin de fer ou du carrefour Pompadour; en même temps, le général de Susbielle ordonne au général Lecomte de reprendre sa marche sur Bonneuil, et au général de la Charrière, qui amène quelques bataillons, de passer entre Mesly et le mont et de marcher droit devant lui par le chemin de Créteil à Valenton.

La brigade, moins deux bataillons laissés à Créteil pour surveiller les gardes nationaux de Belleville, est accueillie par un feu roulant de mousqueterie dès qu'elle dépasse les positions déjà occupées par le 118e de ligne. Le 115e est très maltraité, un grand nombre d'officiers et soldats tombent à terre, notamment le commandant Angammarre et le capitaine Bertrand.

Sans se laisser ébranler, la brigade, conduite par le général de la Charrière, continue à progresser, en excellent ordre, et atteint la partie sud des pentes du mont. Alors c'est une fusillade ininterrompue : des fossés de la route de Choisy-le-Roi, du bois de Brévannes, d'un carré de peupliers planté à l'ouest du chemin de Créteil à Valenton, au sud de la route de Choisy-le-Roi, partent des volées de balles qui nous éprouvent cruellement. Le général de la Charrière prescrit au lieutenant-colonel Cajard, commandant le 115e de ligne, de courir, à la baïonnette, vers les carrés de peupliers, poussant à l'ouest du chemin de Valenton, pendant que lui-même, enlevant le restant de sa brigade, s'élancera sur le carrefour Pompadour et la ferme de l'Hôpital fortement défendue.

Avec un superbe entrain, le 115e traverse la

route de Choisy et purge d'Allemands les deux premiers carrés de peupliers, mais fusillé, sur sa droite, par les défenseurs de la ferme de l'Hôpital, sur sa gauche, par les contingents wurtembergeois embusqués dans le bois de Brévannes et au croisement de la route de Choisy-le-Roi à Boissy-Saint-Léger et du chemin de Bonneuil à Valenton, reçu, de face, par la brigade du Trossel, du IIe corps prussien, qui défend le parc de Valenton, canonné, également de face, par deux batteries wurtembergeoises et les trois batteries de la brigade du Trossel installées à droite et à gauche de Valenton, notre brave 115e ne peut plus avancer (1). Trois compagnies sont donc tapies dans les fossés de la route de Choisy-le-Roi, contenant les Allemands de la ferme de l'Hôpital ; trois autres compagnies se tiennent derrière le premier carré de peupliers ; quatre autres remplissent la partie sud de ce premier carré ; enfin, deux dernières compagnies sont au centre du deuxième carré, sans oser aborder le troisième (2).

Il est impossible d'être plus en flèche que le 115e de ligne. Ce régiment est entré comme un coin dans la ligne ennemie qu'il a déformée de telle sorte qu'elle présente maintenant un angle aigu, dont les deux côtés ont 1,400 et 1,800 mètres, à vol d'oiseau, et vont : l'un du troisième carré de peupliers, près de Valenton, à l'extrémité nord du parc de Bonneuil, et l'autre, du même carré de peupliers, à la maison du garde-barrière, sur le chemin de fer de Lyon, en face de Vert de Créteil.

(1) « C'est grâce au feu des trois batteries de la VIIe brigade, du IIe corps, prenant position près de Valenton, qu'on parvint à arrêter la division française. » (M. de Moltke, p. 253.) — *La Guerre franco-allemande*, 2e partie, p. 530.
(2) Général Ducrot, t. II, pp. 258 à 260. — *La Guerre franco-allemande*, 2e partie, pp. 529 et 530.

Le feu cesse, un instant, dans la plaine : le 115ᵉ semble inattaquable. Ce n'est qu'une trève. Les renforts allemands accourent de tous les points de l'horizon. Vainement, nos troupes se précipitent encore sur le parc de Bonneuil : la position est mieux défendue que le matin, les nôtres ne peuvent approcher du mur et se voient bientôt attaqués eux-mêmes jusque sur le plateau.

L'ennemi est si pressant que l'on craint de le voir reprendre le grand ouvrage : le général major de Starkloff a lancé à l'assaut la partie de la IIᵉ brigade wurtembergeoise qu'il vient d'amener de Sucy-en-Brie ; nos soldats se sauvent ; tout est compromis. Mais le général de la Charrière se met à la tête du 116ᵉ de ligne, gravit la pente et tombe sur le flanc gauche des assaillants. Pris de peur, à leur tour, ceux-ci redescendent le versant sud en courant à toutes jambes. Marchant sur leurs pas, le 116ᵉ pénètre dans le parc de Brévannes où il est arrêté par l'arrivée des fractions disponibles de la IIᵉ brigade wurtembergeoise.

En dépit de cet arrêt, la situation est, de nouveau, sauvée. Hélas ! pour bien peu de temps ! Les réserves allemandes ont réoccupé le petit bois situé le long de la grande route de Bâle, sur le versant est du mont, en face du parc de Bonneuil, voici, par conséquent, les défenseurs du grand ouvrage pris de flanc et à revers. Nos deux pièces de canon sont ou démontées ou privées de servants et de chevaux ; le sous-lieutenant de Bussières, qui les commande, s'affaisse, frappé à mort ; le général de la Charrière a la main broyée par une balle ; une seconde lui fracture le haut de la cuisse ; il n'en reste pas moins au milieu de ses hommes, tout couvert du sang qui l'inonde, et il rappelle le vaillant 115ᵉ de ligne, qui se replie, en bon ordre, sur la route de Choisy-le-Roi, et prend le chemin de

Créteil à Valenton. Le capitaine Tarigo reste, avec deux compagnies, dans le deuxième carré de peupliers, facilitant ainsi la retraite du 115ᵉ. L'ennemi montre la plus grande prudence et ne se hasarde pas à brusquer l'affaire de ce côté.

Enfin, inclinant à sa droite, le 115ᵉ va gravir la pente et courir au secours des défenseurs du plateau, quand le général de Susbielle, débordé, sur sa gauche, par les bataillons allemands qui s'écoulent par le parc de Bonneuil, qui ont chassé, de l'île Barbière, la compagnie du capitaine Dallé, chargée de couvrir notre extrême gauche, et qui parviennent presque jusqu'à Créteil, donne l'ordre au 115ᵉ de fondre sur le flanc gauche de ces dangereux assaillants.

Cette démonstration ne fait que retarder la catastrophe : notre gauche reste toujours découverte jusqu'à Créteil où les mobiles du général Ribourt paraissent scellés. Les défenseurs du grand ouvrage plient sous les averses de projectiles ; les quelques héros qui s'obstinent sur la position vont être enlevés par les masses ennemies (1).

Le général de Susbielle ne veut pas, cependant, abandonner la partie ; le canon tonne furieusement du côté de Villiers ; évidemment une grande bataille s'y livre ; reculer, c'est permettre aux Allemands de faire filer sur Chennevières les troupes qui pressent si fort les brigades Lecomte et de la Charrière. Oui, le général de Susbielle « ne peut se résoudre à prononcer le mot de retraite. Avec le peu de

---

(1) Général Ducrot, t. II, pp. 261 à 263. — *La Guerre franco-allemande*, 2ᵉ partie, p. 530. — » De ce côté (Mesly) la supériorité numérique des Français était insignifiante, aussi furent-ils repoussés de toutes parts. » (A. Niemann, p. 231.) — Les forces étant, de part et d'autre, d'environ 10,000 hommes, les troupes allemandes habituées à vaincre, refoulèrent bientôt la division française. » (Colonel Vandevelde, *Commentaires sur la guerre de 1870-1871*; Bruxelles, Muquardt, 1872 ; p. 265.

monde qu'il a encore sous la main, il veut essayer une tentative désespérée. Les tambours, les clairons sonnent la charge ; généraux, officiers, soldats se jettent en avant ; l'ennemi, encore une fois, est refoulé, mais cet élan suprême ne peut ramener les succès de la matinée (1). »

Dans le trouble de ces rudes engagements, les braves gens qui ont été le plus loin dans les lignes ennemies et qui tiennent encore : à 2 kilomètres de Créteil, à 1 kilomètre de Mesly, dans le deuxième carré de peupliers, ont été complètement oubliés. Vers midi et demi, le capitaine Tarigo, qui les commande, se voyant isolé au milieu de la plaine, se décide à se retirer aussi. Il dirige ses soldats vers le premier carré de peupliers, mais, suivi de près par les Prussiens du général du Trossel, il veut faire tête avant de gagner ce premier abri. Attaqué de front par l'infanterie, sur sa droite par la cavalerie wurtembergeoise sortie de la ferme de l'Hôpital où elle s'est tenue pendant l'action, le vaillant capitaine va succomber. Il est blessé d'un coup de sabre à la tête, son cheval est tué sous lui. Cette sanglante mêlée de lames et de baïonnettes dure quelques minutes ; nos deux compagnies ont admirablement combattu, mais, les officiers étant tombés les uns après les autres, elles sont capturées, à l'exception de quelques soldats qui ont la chance d'échapper aux sabres des cavaliers ennemis (2).

Ce succès n'avait pas été obtenu « sans qu'il en coûtât beaucoup de sang aux Allemands, notamment dans le bois (dans les carrés de bois) de Valenton, où quelques compagnies françaises tinrent tête au 42e (2e) de Poméranie, chargé de les en dé-

---

(1) Général Ducrot, t. II, p. 263.
(2) *Ibid.*, pp. 263 à 265. — *La Guerre franco-allemande*, 2° partie, p. 531. — M. de Moltke, p. 253.

loger avec l'assistance de la cavalerie wurtembergeoise (1).

Les batteries allemandes se rangent, alors, depuis Valenton jusqu'à la grande route de Bâle et couvrent de leurs feux les défenseurs du plateau ; l'infanterie, de son côté, ne cesse de les cribler de balles ; nos soldats, harassés par cette longue lutte, se tournent vers Créteil. Il n'y a plus à se leurrer : « faute d'artillerie suffisante, les Français ne peuvent pas se maintenir au mont Mesly (2) ».

Le général de Susbielle organise la retraite. Embusqués derrière les haies, cachés dans les moindres plis de terrain, nos troupiers font le coup de feu avec les Allemands qui s'avancent lentement. Cent hommes, du bataillon des francs-tireurs de la division, jusque-là tenus en réserve, s'installent derrière un mur crénelé, à la droite de la grande route de Bâle, au commencement de la pente nord du mont, s'apprêtant à recevoir l'ennemi s'il veut pénétrer dans Créteil.

Aussi bien, le lieutenant-colonel Galland, du 117ᵉ ligne, n'a pas encore lâché le grand ouvrage. Chaque fois que les Allemands se présentent, les quelques vaillants, qui sont restés avec leur colonel, reçoivent les assaillants à la baïonnette et les contraignent à reculer.

Cependant, quand cet énergique colonel constate qu'il est bien seul, il attelle ses hommes à la pièce qui a encore ses roues et parvient à la ramener, tout en ajustant les Allemands qui le suivent à cent pas, sans oser le joindre.

Le commandant Rabot-Desportes, du 116ᵉ, aban-

---

(1) Edmond Neukomm, *Les Prussiens devant Paris*, d'après les documents allemands ; Paris. Librairie de la Société des Gens de Lettres ; p. 201.

(2) Colonel Lecomte, t. III, p. 417. — *Histoire critique du siège de Paris par un officier de marine*, p. 129.

donne, à son tour, la tranchée de Mesly au mont, et suit le lieutenant-colonel Galland. Il est deux heures : les Allemands occupent derechef tout le plateau (1).

Le commandant Gravis, du 115ᵉ, qui, depuis le commencement de l'affaire, contient les ennemis du carrefour Pompadour, défend énergiquement le hameau de Mesly. Quand il se voit sur le point d'être enlevé, il bat rapidement en retraite vers la tranchée de l'Archevêque, sur la droite de Créteil.

Satisfaits d'avoir reconquis leurs positions du matin, les Allemands ne songent pas à aborder Créteil où ils seraient trop exposés au feu de nos batteries de position : ils se contentent de semer des obus au milieu des troupes réfugiées derrière le village (2).

Et le tonnerre de la bataille, qui se livrait à Villiers et à Cœuilly, grondait toujours de l'autre côté de la Marne. Le général de Susbielle, se doutant bien que son échec va laisser le champ libre aux Wurtembergeois pour se porter au secours de leur Iʳᵉ brigade engagée à Cœuilly, veut recommencer le combat. Ses troupes en sont, hélas ! incapables. « Elles sont trop éprouvées, trop impressionnées ; tous les corps mélangés dans les rues, les fermes, les parcs ne présentent plus qu'une masse confuse sur laquelle les chefs sont sans autorité, sans action (3). »

En dépit de tout, vers trois heures, le général de Susbielle a réinstallé sa division sur les bivouacs du matin. Il va essayer de la reporter sur Mesly,

---

(1) Niemann dit que l'ennemi avait repris toutes ses positions à une heure. (p. 231.)
(2) *Historique du 3ᵉ régiment d'infanterie wurtembergeois.* — *Historique du 2ᵉ régiment d'infanterie wurtembourgeois*, par Petermann. Bibliothèque nationale, in-8°, M, 6975. Traduction de M. Stanislas Mouillard.
(3) Général Ducrot, t. II, p. 266.

mais, à ce moment, le commandant Faivre, de l'état-major particulier du Gouverneur, lui apporte un billet écrit au crayon et ainsi conçu :

« Si le général de Susbielle a occupé Montmesly sans difficultés, et s'il n'y est pas menacé, *il fera ses dispositions pour le quitter demain jeudi, à cinq heures du matin, et rallier le général Ducrot par le chemin le plus court, c'est-à-dire, par le pont de Port-Créteil et ceux de Joinville. Il se placera entre Poulangis et le Tremblay pour y prendre les ordres du général Ducrot.* Si la situation était autre que celle que je crois, il prendrait conseil des circonstances, et aurait notamment à examiner, s'il ne serait pas absolument nécessaire à la sécurité de l'armée qu'il tînt solidement Créteil et Maisons-Alfort, qui forment la droite de l'armée (1). »

Ce singulier billet, preuve que le Gouverneur n'a jamais eu l'intention de faire sortir de Paris la 2ᵉ armée, comme nous l'avons expliqué dans notre précédent volume (2), décide le général de Susbielle à ne pas reprendre une position qu'on lui ordonne d'évacuer le lendemain matin, et il se contente d'organiser la défense de Créteil et de Maisons-Alfort.

« De ce côté, il faut le dire, l'opération fut manquée (3). » Ce sanglant engagement avait été une défaite pour nous, défaite d'autant plus déplorable qu'elle a entraîné l'échec de notre droite à Cœuilly (4).

---

(1) Général Ducrot, pp. 266 et 267.
(2) *Paris, Thiers, le Plan Trochu et L'Hay*, par Alfred Duquet, pp. 236 et 237.
(3) *Histoire critique du siège de Paris par un officier de marine*, p. 129.
(4) « L'opération sur Montmesly avait une sérieuse importance, car, en occupant cette position, nous commandions Bonneuil qui mène à Chennevières, et, sur la droite, le carrefour Pompadour qui conduit à Choisy-le-Roi. » (A. du Mesnil, p. 178.)

Nous comptions 2 officiers et 104 soldats tués, 45 officiers et 717 soldats blessés, 7 officiers et 361 soldats disparus. En tout, 1,236 hommes hors de combat.

Les Allemands n'avaient que 2 officiers et 86 soldats tués, 12 officiers et 275 soldats blessés, et un seul disparu. Soit, 376 hommes hors de combat (1).

Un de nos plus intrépides généraux, M. de la Charrière, allait mourir, le surlendemain, des horribles blessures qu'il avait reçues.

Il était malaisé d'être plus battu.

LA GARE-AUX-BŒUFS

Dans la matinée du 30 novembre, le commandant en chef de la 3e armée, qui n'avait pas été prévenu de l'attaque de la division de Susbielle contre le mont Mesly, parcourait les positions de la rive gauche, depuis Montrouge jusqu'à Ivry, et recommandait aux commandants des forts de balayer, de leurs obus, la route de Versailles à Choisy-le-Roi, dès qu'un rassemblement ou un convoi ennemi s'y montrerait, afin d'empêcher les renforts ennemis d'approcher de la Seine.

Cette tournée s'acheva sans qu'aucune dépêche parvînt au général Vinoy l'avertissant de ce qui se passait à droite et à gauche de la Marne. Arrivé à Ivry, le général monte à l'observatoire du fort et reste tout étonné de ce qu'il découvre. Le temps est superbe aucun brouillard n'estompe les objets et cette pureté du ciel « permet de distinguer, dans le lointain, toutes les péripéties du combat : le soleil brille et les armes étincellent tout comme à une

---

(1) Général Ducrot, t. II, pp. 269 à 273.

revue. Depuis le fort de Nogent et les hauteurs d'Avron, qui se dessinent au loin, jusqu'aux redoutes de Gravelle et de la Faisanderie, plus rapprochées du sud, tout l'horizon est couvert de la fumée des canons. La ligne allemande est établie sur les hauteurs qui dominent Champigny, et l'on voit distinctement l'artillerie ennemie, qui a pris position entre Villiers et Cœuilly, tantôt avançant et tantôt reculant..... Toutefois, l'attention est plus particulièrement attirée par le spectacle, plus rapproché, de l'action engagée non loin du fort. Des troupes (division de Susbielle) se sont portées en avant de Créteil : les hauteurs du mont Mesly viennent d'être enlevées et sont occupées par elles (1). »

Bientôt, il n'y a plus d'illusions à se faire : les combattants du mont Mesly faiblissent; on aperçoit des hommes isolés, d'abord, des groupes, ensuite, quitter le mont. De plus, les Allemands reçoivent des renforts par la route de Choisy-le-Roi. Quoique sans ordres, le général Vinoy décide que les troupes de Vitry et d'Ivry vont se porter en avant afin d'arrêter l'expédition de ces renforts. La division Pothuau poussera droit sur Choisy-le-Roi; la brigade Blaise attaquera Thiais. Les marins seront sous les ordres du capitaine de vaisseau Salmon, le héros du Bourget (2). La garde nationale prend position devant la Gare-aux-Bœufs, les hommes déployés en tirailleurs pour appuyer les marins qui vont attaquer ce point avec de l'artillerie de campagne (3). Les canonnières remontent la Seine, les batteries de la pépinière et du pont du chemin de

---

(1) Général Vinoy, pp. 264 et 265.
(2) *Paris, La Malmaison, le Bourget et le Trente-et-un-octobre*, par Alfred Duquet; Paris, Bibliothèque Charpentier, 1893; pp. 148, 152, 153, 154 et 189.
(3) *Le siège de Paris, 1870-1871, Souvenirs personnels d'un volontaire* par M. de Senevas; Evreux, Hérissey, 1871; p. 41.

fer bombardent la Gare-aux-Bœufs et Choisy-le-Roi (1).

Tout à coup, l'infanterie de marine, conduite par l'amiral Pothuau qui marche en avant, à cheval et l'épée à la main, s'empare, en un clin d'œil, de la Gare-aux-Bœufs, en chassant l'ennemi qui se sauve en désordre vers Choisy-le-Roi où il se réfugie.

Sur notre droite, une colonne des mobiles de l'Indre, sous les ordres du colonel Champion, sort de la barricade de Vitry, prend la route de Choisy et cerne, sans pouvoir s'en emparer, une petite maison construite le long de cette route, à la hauteur de la Gare-aux-Bœufs, et servant d'avant-poste aux Prussiens.

Le capitaine de frégate Desprez s'élance alors de la Gare-aux-Bœufs, avec 25 marins, et se dirige vers Choisy. A 100 mètres, il tombe, mortellement percé d'une balle au ventre. Ses hommes reviennent sur leurs pas, le général Vinoy ne croyant pas pouvoir enlever la position.

Mais l'ennemi concentre ses forces dans le cimetière et derrière les premières maisons de Choisy : une fusillade sérieuse, et les batteries de Thiais et de Choisy, qui tirent sans relâche, rompent tout mouvement offensif de notre part.

Là, encore, on ne s'explique pas pourquoi la supériorité numérique de notre artillerie n'a pas écrasé les canonniers allemands, car nos batteries flottantes de la Seine, nos wagons blindés, les redoutes de la pépinière et du bord de l'eau, ainsi qu'une batterie d'artillerie qui s'est portée à 400 mètres de Choisy, canonnent les positions allemandes. De plus, le fort d'Ivry ne cesse de tonner et ses gros projectiles s'abattent sur Choisy. Et tout cela pour rien, puisque le feu est dirigé de telle

(1) Le Faure, t. II, p. 118.

sorte que l'ennemi peut demeurer derrière ses abris, en éprouvant des pertes insignifiantes (1).

A l'extrême droite, la brigade Blaise s'avançait lentement vers Thiais. Elle aperçoit une colonne ennemie qui cherche à gagner Choisy-le-Roi. Celle-ci hésite, à la vue de nos soldats, puis rentre dans Thiais et dans les tranchées qui l'entourent. Une vive fusillade crépite et les canons, étagés devant le village, mêlent leur voix grave aux détonations stridentes de la mousqueterie. Tout le terrain, du Pigeonnier au Moulin d'Argent-Blanc, est sillonné par les projectiles. Le général Blaise estime, alors, que sa démonstration est suffisante et se prépare à replier ses bataillons.

Nos conquêtes se bornaient donc à la prise de la Gare-aux-Bœufs. L'amiral Pothuau voulait qu'on y restât afin de donner, une fois par hasard, aux soldats, la satisfaction de ne pas reculer. Mais le général Vinoy pensa que la position était trop excentrique, sans intérêt pour la défense, et ordonna d'évacuer ces grands bâtiments qui auraient pu abriter 500 hommes. A huit heures du soir, nous quittions la Gare-aux-Bœufs sans que les Prussiens s'en doutassent.

Heureuse retraite! Si le général Vinoy n'avait pas eu la bonne inspiration de résister aux instances de l'amiral, la catastrophe de la courtine de Malakoff, de la Maison-en-Croix et du Petit-Redan se serait renouvelée à la Gare-aux-Bœufs! En effet, à minuit, une explosion formidable ébranle le sol; une gerbe de feu, couronnée d'un gros nuage de fumée roussâtre, déchire la nuit, montrant, dans son éblouissante clarté, des débris de toutes sortes projetés en l'air par la force de l'explosion. Ce sont les Prussiens qui viennent de faire sauter les fou-

(1) Voir, *infrà*, p. 118.

gasses, qu'ils avaient disposées par avance, pour le cas où nous occuperions la Gare-aux-Bœufs. Nous n'y étions plus.

« Cette importante construction disparut tout entière sous l'action destructive de la poudre : le lendemain matin, au jour, il n'en restait plus que des murs calcinés et des poutres noircies, et nous pûmes, en présence de ce spectacle désolé, nous rendre compte du danger immense que venaient d'éviter nos soldats (1). »

L'affaire de la Gare-aux-Bœufs coûtait à la division Pothuau 10 tués et 62 blessés. Les mobiles de l'Indre, de leur côté, comptaient une vingtaine d'hommes hors de combat, parmi lesquels les lieutenants Boucheron et Bernardeau tués (2).

Les Prussiens avaient perdu une soixantaine d'hommes (3).

En somme, ce petit combat n'avait eu d'autre résultat que de permettre au général de Susbielle d'opérer sa retraite plus facilement. Certes, c'était quelque chose, mait c'était peu. Il en eût été tout autrement si nous avions eu un général en chef et un état-major général. « Commandée à dix heures du matin, cette diversion aurait pu avoir un résultat plus utile (4). »

« Comme on l'a vu, on avait pris seulement ses dispositions sur la rive gauche de la Seine au moment même où la division de Susbielle était écrasée, sur la rive opposée, par les renforts venus de Choisy-le-Roi et de Villeneuve-Saint-Georges. Si les deux opérations, au lieu d'être successives, eussent été

---

(1) Général Vinoy, p. 272.
(2) *Ibid.*, pp. 264 à 272. — Amiral de la Roncière-le Noury, pp. 204 à 206. — Général Ducrot, t. II, pp. 274 à 277.
(3) *La Guerre franco-allemande*, 2ᵉ partie, pp. 532 et 533.
(4) *Enq. parlem. déf. nationale*, rapport de M. Chaper sur le Gouvernement de la Défense à Paris au point de vue militaire, pp. 176 et 177.

simultanées, il est permis de croire que la division de Susbielle se serait établie solidement entre Mesly et le mont Mesly; que, de là, tournant ses efforts contre Bonneuil, elle serait parvenue à en déloger l'ennemi; alors elle s'élevait sur le plateau par la vallée du Morbras, Ormesson, et prenait à dos Chennevières, attaqué de front par le 1ᵉʳ corps. Dans tous les cas, si ce résultat n'avait pas été obtenu, l'on aurait, du moins, tenu en échec une partie des troupes ennemies et contribué ainsi à assurer le succès de l'opération générale (1). »

« Malheureusement, le général Vinoy n'avait pas été prévenu de l'attaque du mont Mesly; *soit oubli de l'état-major général*, soit que l'on comptât sur l'initiative du commandant en chef de la 3ᵉ armée pour recommencer, dans la matinée du 30, la diversion déjà tentée le 29, *on ne lui fit rien savoir*, et des nombreux moyens d'action dont il disposait : division Pothuau, brigade Blaise, canonnières, wagons blindés, etc., rien ne fut employé au début de la journée (2). »

« L'action tardive des forces de la rive gauche permit aux Allemands de se porter de Choisy sur le mont Mesly, et nos sacrifices furent en pure perte dans la division de Susbielle comme dans la 3ᵉ armée (3). »

Il nous a paru intéressant de citer littéralement M. Ducrot et d'enregistrer son aveu. Il est acquis, maintenant, que l'état-major général de M. Trochu,

---

(1) Général Ducrot, t. II, p. 277.
(2) *Ibid.*, p. 276. — « Le général Vinoy n'avait pas reçu avis de la démonstration opérée par la division de Susbielle. » (*La Guerre franco-allemande*, 2ᵉ partie p. 532.) — *Enq. parlem. déf. nationale*, déposition du général Vinoy, p. 121. — Commandant Félix Bonnet, t. II, p. 199. — Commandant Grouard, *Le Blocus de Paris et la Première armée de la Loire*, 3ᵉ partie, p. 29. — *Ibid.*, pp. 35 et 36. — M. de Moltke, p. 253. — Charles de Mazade, *La guerre de France*, t. II, p 211. — Commandant Canonge, t. II, p. 375.
(3) Général Ducrot, t. II, p. 278.

que le général Schmitz, tant vanté, *avaient oublié* d'avertir un chef d'armée des opérations ordonnées à sa gauche !

La veille, ils n'avaient pas songé à aviser le général Vinoy de la remise au lendemain de l'attaque de Villiers et de Champigny ; ce jour-ci, ils *oubliaient* de le prévenir qu'il aurait à soutenir la diversion capitale faite par le général de Susbielle ! C'est à ne pas croire !

Nous ne cesserons de le répéter : « Combien y a-t-il de civils qui auraient commis la faute lourde de ces militaires ? » Après de pareilles bévues, ces illustres guerriers sont bien mal venus à proclamer jalousement qu'eux seuls sont compétents dans les questions de stratégie et de tactique ! Tudieu ! que serait-ce donc s'ils ne l'étaient pas ! Nous le dirons encore : « Le premier chef d'insurgés donné s'y serait mieux pris qu'eux pour diriger ses soldats. »

Un mot pour finir. M Charles de Mazade reproche au général Vinoy de n'avoir pas soutenu plus tôt le général de Susbielle. Ce reproche n'est pas justifié puisque M. de Mazade reconnaît lui-même que le commandant de la 3ᵉ armée « n'avait pas reçu d'ordres, ce qui était un tort (1) », puisque c'est de son propre mouvement qu'il opéra une diversion en faveur du général de Susbielle. M. de Mazade aurait donc dû adresser son blâme à ses amis MM. Ducrot et Trochu, non au général Vinoy, et féliciter ce dernier de son intelligente initiative.

M. de Mazade exprime également le regret que le commandant de la 3ᵉ armée, après avoir engagé le combat, le 30, l'ait rompu dès qu'il a vu la division de Susbielle en sûreté, ce qui a permis au général de Tümpling de faire passer une brigade du

---

(1) Charles de Mazade, *La guerre de France*, t. II, pp. 212 et 213.

VI⁰ corps sur la rive droite de la Seine, pour renforcer les Allemands de Chennevières et de Cœuilly (1). Mais la nuit s'approchait et ce n'était guère le moment d'aborder Choisy-le-Roi, qui exigeait une attaque des plus sérieuses. « Nous n'aurions pu tenter d'avancer qu'en perdant beaucoup de monde et sans espérer un résultat bien satisfaisant (2). » Quant à conserver la Gare-aux-Bœufs, on n'a pas oublié quelle catastrophe aurait entraîné cette occupation, par suite de l'explosion formidable qui se produisit dans la nuit.

Non, si l'on veut trouver les coupables de la journée du 30, il ne faut pas s'en prendre aux généraux Vinoy et de Bellemare, mais à MM. Blanchard, d'Exéa, Ducrot et Trochu.

ÉPINAY

Du côté du Mont-Valérien, la démonstration des assiégés contre la Malmaison, la Bergerie et la redoute de Montretout n'avait pas été poussée à fond : la fusillade et la canonnade avaient fait plus de bruit que de mal ; mais du côté de Saint-Denis la lutte avait été sérieuse.

La brigade du général Lavoignet, un autre héros du Bourget (3), avait occupé Drancy et une ferme, située à un kilomètre à l'est, et appelée Groslay. La division de cavalerie du général Bertin de Vaux avait soutenu la brigade Lavoignet. Les Allemands nous avaient laissé faire, se contentant de se retirer derrière la Morée et dans le Bourget. Aussi bien,

---

(1) Charles de Mazade, *La guerre de France*, t. II, p. 213.
(2) Général Vinoy, p. 270. — *Ibid.*, p. 271.
(3) *Paris, La Malmaison, le Bourget et le Trente-et-un-Octobre*, par Alfred Duquet, pp. 111, 113, 114, 171 et 176.

si le général Lavoignet est flanqué d'une division de cavalerie, il n'a pas un canon à sa disposition. Il n'y a donc rien à essayer de pratique en dehors de cette promenade militaire et nos bataillons se gardent bien de dépasser le chemin de fer de Soissons, ni de tâter le Bourget, dont le général Lavoignet a conservé un mauvais souvenir. « L'ordre formel du Gouverneur est, d'ailleurs, de ne rien engager dans la plaine (1). » En revanche, une affaire importante allait commencer plus à l'ouest, à Epinay-sur-Seine.

L'amiral de la Roncière-le Noury, avait caché la brigade Hanrion, derrière des plis de terrain qui se trouvent devant le fort de la Briche. A deux heures, le fort, une canonnière et une batterie établie sur la rive droite de la Seine, entament le feu contre Epinay. Au bout d'une demi-heure, l'amiral donne au général Hanrion le signal de l'attaque.

Une compagnie de fusiliers marins, conduite par le lieutenant de vaisseau Glon-Villeneuve, se faufile, sans être vue, par le chemin de halage, escalade la barricade élevée à l'entrée d'Epinay, et la voici dans les premières maisons, sans avoir rencontré de résistance. D'autres fusiliers-marins passent par-dessus les murs du parc, que les Prussiens abandonnent précipitamment, décontenancés qu'ils sont par l'apparition des Français dans la partie sud du village.

Au même instant, trois bataillons des mobiles de la Seine et le 135e de ligne suivent la route de Saint-Denis à Sannois, en dépit d'une fusillade meurtrière. Bien enlevés par le général Hanrion, dont la bravoure et le sang-froid font oublier les erreurs du Bourget, un mois auparavant, nos

(1) Amiral de la Roncière-le Noury, p. 201.

soldats renversent tous les obstacles et entrent dans Epinay où la bataille s'engage, furieuse, au milieu des rues et à l'intérieur des maisons. Tout un détachement du 71ᵉ régiment prussien est cerné et pris.

Dans ce combat, le commandant Saillard, des mobiles de la Seine, un diplomate qui s'était fait soldat pour défendre son pays envahi, s'était précipité, à la tête de jeunes gens n'ayant de soldats que l'uniforme. « Une balle lui avait fracassé le bras droit; il s'était fait attacher son sabre à la main gauche qui, bientôt était brisée à son tour. Il n'avait pas lâché pied et, malgré le sang qui l'inondait, il était debout, donnant l'exemple à tous; une troisième l'avait atteint au côté et renversé. Soutenu par ses soldats qui l'entraînaient, il ne quittait le champ de bataille qu'à regret, et une quatrième balle le blessait grièvement à l'épaule (1). »

A trois heures, les Prussiens sont définitivement chassés du village et refoulés sur Ormesson et dans quelques habitations, bâties sur la berge nord du fossé des moulins, où ils sont bombardés par la Briche (2). « Bientôt, les ouvrages placés de ce côté sont à leur tour, pris à dos, et les Prussiens sont obligés de les évacuer (3). »

(1) Jules Favre, *Gouvernement de la Défense nationale du 31 octobre 1870 au 28 janvier 1871*, p. 134. — « Les accidents les plus graves avaient déterminé, à la main gauche, des désordres tels qu'il fallut lui enlever les chairs jusqu'au coude. La source de la vie se tarit au milieu de ce supplice. » (*Ibid.*, pp. 134 et 135.)
(2) « A trois heures, toute la localité à l'exception de quelques fermes situées de l'autre côté du chenal du moulin et qui furent défendues avec opiniâtreté, était au pouvoir des Français. » (M. de Moltke, p. 254.) — « Après un combat de rues, nos troupes achèvent d'enlever Epinay, et les Prussiens sont refoulés sur la droite, poursuivis par le feu de nos batteries. » (*Le vice-amiral baron de la Roncière-le Noury*, notice biographique par M. Alfred de Janoigny, ancien préfet; Evreux, imprimerie Charles Hérissey, 1881; p. 39.)
(3) Commandant Félix Bonnet, t. II, p. 199.

Au reste, l'ennemi n'avait pas perdu de temps. Les troupes du IVe corps se massaient sur leurs positions de combat, et 42 pièces de canon commençaient le feu : 18 à Orgemont, 12 auprès de Saint-Gratien, et 12 auprès de Montmorency. Le général de Kessler, officier d'état-major de la XIIe division d'infanterie, lance alors ses colonnes à l'assaut d'Epinay. L'une d'elles sort de Saint-Gratien et prend la route de Sannois; une autre débouche du sud d'Enghien et pousse, à travers champs, droit sur le village; enfin, une troisième va, d'Ormesson, vers la partie nord d'Epinay. Ces masses inondent les rues non barricadées : « une lutte sanglante s'engage dans l'intérieur et se prolonge, acharnée, de maison en maison (1). »

Nos soldats font très bonne contenance et ne songent nullement à la retraite, mais, à quatre heures, le commandant de l'Héraule, aide de camp de l'amiral, prescrit au général Hanrion de rentrer à Saint-Denis avant la nuit, conformément aux ordres du Gouverneur.

Tout désappointés, nos hommes finissent par obéir. Ils se retirent, en combattant, et reviennent à leurs cantonnements, pendant que les Prussiens reprennent facilement possession d'Epinay (2).

« Ces reculades continuelles brisaient le ressort du soldat qui s'irritait de voir sans cesse ses efforts et ses succès ne produire aucun résultat (3). »

Enfin, 73 prisonniers, dont un aide de camp; des munitions, deux fusils de rempart en bronze restent entre nos mains. Nos pertes se montent à

---

(1) *La Guerre franco-allemande*, 2e partie, p. 534.
(2) Pour ce combat d'Epinay, voir : Amiral de la Roncière-le Noury, pp. 200 à 203, et *La Guerre franco-allemande*, 2e partie, pp. 533 à 535.
(3) *Histoire générale de la guerre de 1870-1871*, par L. Dussieux, professeur honoraire à l'Ecole de Saint-Cyr; Paris, Lecoffre, 1881; t. I, p. 248.

36 tués, dont 3 officiers, et 237 blessés, dont 19 officiers (1).

Les Prussiens comptent : 7 officiers tués, 13 blessés, 63 soldats tués, 160 blessés, plus les prisonniers que nous venons d'indiquer (2).

L'ennemi avait engagé quatre régiments d'infanterie. Une remarque curieuse et qui prouve combien il était aisé, pour les Allemands, de manœuvrer leurs canons, par suite de la mauvaise direction de notre artillerie de place, c'est qu'ils n'eurent, ce jour-là, qu'un seul canonnier blessé (3)! Ils tiraient donc comme au polygone.

Voilà cette journée du 30 novembre achevée! Du nord au midi, sur l'immense périmètre de l'investissement, la poudre avait étalé ses longs nuages de fumée blanche; les détonations retentissantes d'un millier de canons avaient ébranlé le sol et serré tous les cœurs; depuis le matin, ç'avait été « une canonnade sans interruption, une canonnade si pressée que le coup de canon n'était plus perceptible et qu'il semblait que c'était l'interminable grondement d'un orage qui ne se décide pas à éclater. Cela avait aussi quelque chose d'un déménagement céleste, où des Titans remueraient sur votre tête les commodes du ciel (4) » des cen-

---

(1) Amiral de la Roncière-le Noury, p. 203. — C'est à tort que l'amiral dit que les prisonniers étaient Saxons : ils faisaient partie de la VIIIe division d'infanterie du IVe corps. (*La Guerre franco-allemande*, 2e partie, p. 221*.
(2) *Ibid.*
(3) *Ibid.*
(4) *Journal des Goncourt*; Paris, Bibliothèque Charpentier, 1890; 2e série, t. I, p. 143. — « Nuit effroyable! Des décharges d'artillerie me réveillent, à minuit. Je ramène la couverture sur ma tête et prie pour les malheureux que jettent dans l'éternité tous les engins diaboliques, produits de la civilisation. Le bruit est continuel et continuel mon serrement de cœur en entendant ces signaux de mort. » (*Griffonnages quotidiens d'un bourgeois du quartier latin, du 14 mai 1869 au 2 décembre 1871*, par Henri

taines et des centaines d'hommes avaient été tués, des milliers d'autres se tordaient de douleur, le corps mutilé par les éclats d'obus, ou percé par les balles plus redoutables encore, et tout cela, dans quel intérêt avouable, dans quel but pratique?

Personne n'eût été en état de le dire, et MM. Trochu et Ducrot moins que personne! « Nos troupes avaient perdu 5,000 hommes, et ces pertes cruelles étaient inutiles (1). »

Et puis, quelle tactique! Quels généraux! « Tous les chefs de l'armée n'étaient pas exempts de reproche (2) », il s'en faut de beaucoup.

Cette bataille de dépit, livrée sans foi en la victoire perdue d'avance par la négligence de MM. Krantz, Ducrot et Trochu, conduite contre toutes les règles, ou mieux, abandonnée au hasard, avait été engagée par peur de la population parisienne qui n'aurait pas manqué de conspuer les tristes chefs de nos armées, au cas où leurs foudroyantes proclamations de la veille se seraient changées, par leur faute, en piteuses reculades, sans qu'un coup de canon eût été tiré, sans qu'un sanglant effort eût été fait.

Singuliers temps que ceux où les généraux se déterminent, non d'après les nécessités militaires, mais par la peur des quolibets, où le sang des soldats, leur vie, le salut de la patrie sont à la merci de l'amour-propre de M. Ducrot ou de la vanité de

---

Dabot, docteur en droit, avocat à la Cour d'appel; Péronne, imprimerie Quentin, 1895; p. 100. — « Quelle horrible nuit et quelle affreuse journée! Pendant dix-huit heures une effroyable canonnade n'a cessé de se faire entendre. » (Marie Sebran, p. 127.) — *Le siège de Paris* 1870-1871 par Adolphe Michel; Paris, Courcier, 1871; p. 272. — *Paris sous les obus*, 19 septembre 1870-3 mars 1871 par A. J. Dalsème; Paris, Chamerot, 1883; pp. 218 et 224. — Edmond Rousse, t. II, p. 287.

(1) Commandant Grouard, *Le Blocus de Paris et la Première armée de la Loire*, 3ᵉ partie, pp. 31 et 32.

(2) *Ibid.*, p. 32.

M. Trochu qui se sont engagés, sans savoir assurer l'exécution de leur parole, et qui, pressés par l'échéance impitoyable, acquittent leur dette en cadavres !

Nous démontrerons bientôt que, le 29 novembre, il était possible, aisé même, de surprendre les Allemands et de les écraser ; que, le 30, c'était beaucoup plus difficile et que le résultat eût été nul : enfin, que reprendre la lutte, le 2 décembre, était tellement dangereux, le succès tellement impossible que cela confine au crime ou à la folie.

Nous aurons fini le récit compliqué de ces combats du 30 novembre en affirmant que, partout, ou presque partout, si les généraux furent au-dessous de leur tâche, et principalement MM. Trochu, Ducrot, Blanchard et d'Exéa, les soldats, des enfants auxquels on venait d'apprendre l'exercice, se conduisirent comme de vieux troupiers.

« Dans ces engagements, les Français avaient déployé une bravoure incontestable et beaucoup de solidité. Ce n'étaient plus là, les soldats qui s'étaient enfuis le 19 septembre et, quoique inférieurs à leurs adversaires allemands, exaltés par leurs succès continuels, ils avaient bien combattu et bien manœuvré (1). » Venant d'un Anglais, une pareille appréciation à sa valeur.

Sans doute, il y eut des défaillances, ainsi qu'on en remarque dans toutes les armées, ainsi qu'on en constaterait chez les Allemands si leur admirable service de prévôté qui fait, sur place, brûler la cervelle à tout homme surpris, sans raisons, loin de sa compagnie, ne fonctionnait pas avec la rigueur qu'une autorité aussi cruelle qu'intelligente a su lui imprimer. Mais, dans l'état d'anarchie où se

---

(1) *La Campagne de* 1870; traduit du *Times* par Roger Allou; Paris, Garnier frères, 1871; pp. 223 et 224.

débattaient, maladivement, l'armée et le peuple de Paris, avec des chefs sans capacité et sans volonté, avec des gouvernants sans énergie et sans expérience, il faut savoir gré aux soldats d'avoir bien voulu, d'eux-mêmes, marcher à la mort (1).

Que n'aurait-on pas fait de tous ces bons vouloirs, même des mauvais, si la discipline, seul ressort des armées, se fût rencontrée, en réalité, chez les assiégés, et non pas, seulement, à l'état de légende !

(1) Henri Martin, t. VII, p. 246.

LE PREMIER DÉCEMBRE

CONSEIL DE GUERRE DE POULANGIS

Le calme est donc revenu sur ces hauteurs de Villiers, de Cœuilly, si bruyamment battues, pendant toute la journée, par la canonnade et par la fusillade.

Le général Ducrot se hâte de gagner le château de Poulangis, appartenant à Mme Chapsal, la veuve du grammairien, où il a établi son quartier général, et, après un repas sommaire, il examine la situation avec les généraux Tripier, Frébault et Appert.

Il ne lui vient pas à l'idée de se transporter chez le Gouverneur: il sait trop bien que celui-ci soupirera son éternel « Que sais-je? » et entamera une interminable conférence sur les « pourquoi » et les « parce que », sans apporter de solution aux redoutables questions posées. Il traite donc son chef en quantité négligeable, certain que les décisions qu'il va prendre seront ratifiées par le généralissime.

Ce conseil de guerre, tenu à Poulangis, sous la présidence du général Ducrot, a une telle importance qu'il nous faut en donner, intégralement, le résumé fait par le général lui-même. Rien n'est plus instructif, rien n'est plus désolant que ce résumé, véritable photographie morale de la ville assiégée, de sa population, de l'armée, de ses chefs.

Que d'enseignements pour les générations futures ! Heureuses celles qui sauront en faire leur profit ! Pourvu qu'ils ne servent pas qu'aux étrangers ! Voici la pièce :

« Nul ne pouvait se faire illusion sur la gravité de la situation. *L'opération était manquée.* Si nous avions encore quelques chances de succès, elles étaient bien faibles, si faibles que *la sagesse et la raison commandaient de ne pas poursuivre une partie si hasardeuse.*

« Nous n'avions pu percer les lignes d'investissement, malgré d'énergiques efforts réitérés, dans lesquels nous avions perdu l'élite de nos soldats et de nos cadres. *A chaque instant, l'ennemi recevait de nombreux renforts, et, désormais, il était en mesure de repousser victorieusement toute nouvelle tentative de notre part.*

« Nos munitions d'infanterie et d'artillerie étaient épuisées en grande partie, beaucoup de pièces étaient hors de service ou sans chevaux.

« Il était donc matériellement impossible de reprendre la lutte dès le lendemain matin ; il fallait, avant tout, distribuer des cartouches, réapprovisionner les caissons, reconstituer les attelages, et tout cela ne pouvait se faire qu'à l'aide des ressources de Paris et de Vincennes.

« Si nous eussions été dans les conditions ordinaires de la guerre, c'est-à-dire, n'ayant à nous préoccuper que de considérations purement militaires, il est probable que nous nous serions immédiatement décidés à repasser la Marne ; une fois réorganisés, nous aurions repris nos opérations sur un autre point où la soudaineté de l'attaque pouvait seule permettre de tromper la vigilance de l'ennemi.

« En admettant même la marche triomphante de l'armée de la Loire dans la direction de Fontainebleau, c'eût été le meilleur moyen de coopérer utilement à son action. Mais nous étions soumis à une influence néfaste qui avait pris un tel ascendant que tout devait plier devant elle. Le Gouvernement, loin de la maîtriser, de l'entraîner à sa suite, n'avait cessé de la subir, de se courber devant elle ; cette influence, dont nous avons plusieurs fois parlé, parce que nous la rencontrons partout, dans les affaires civiles comme dans les affaires militaires, sur le champ de bataille comme dans les troubles de la rue, c'était l'opinion publique. Véritablement affolée, nous l'avions déjà vue se manifester au moment du retard occasionné par la crue de la Marne (la prétendue crue) ; elle eût certainement été exaspérée par la nouvelle d'un mouvement de retraite, et, en la bravant, on se fût exposé à voir éclater une insurrection plus terrible que celle du 31 octobre.

« Le général Ducrot sentait si bien tout cela qu'il n'eut même pas la pensée de proposer au général Trochu la combinaison qui lui semblait la seule rationnelle. Il comprit que le combat devait être poursuivi à outrance *autant pour l'honneur des armes* que pour maintenir devant nous les troupes d'investissement qui, sans cela, eussent été libres de se porter à la rencontre des armées extérieures. Et, sans plus tarder, il prescrivit de tout préparer pour recommencer la lutte (1). »

---

(1) Général Ducrot, t. II, pp. 294 à 296. — « L'état-major français considérait d'ores et déjà la tentative qu'il avait faite de forcer la ligne d'investissement comme à peu près manquée, à moins qu'on ne fût secouru du dehors, et, sans nul doute, ce fut la crainte seule d'exaspérer la population qui le décida à maintenir plus longtemps encore la 2ᵉ armée sur la rive gauche de la Marne. » (M. de Moltke, p. 258.) — « La non-réussite du premier jour entraînait forcément celle des jours suivants,

Le premier point à retenir, dans ce résumé du général Ducrot, c'est que, le 1ᵉʳ décembre, « l'opération était manquée » que « la sagesse et la raison commandaient de ne pas poursuivre une opération si hasardeuse », « qu'à chaque instant, l'ennemi recevait de nombreux renforts et que, désormais, il était en mesure de repousser victorieusement toute nouvelle tentative de notre part ».

Après cet aveu du général Ducrot, on reste stupéfait quand il écrit, à la fin de son résumé: « Je prescrivis de tout préparer pour recommencer la lutte. » Il est difficile de trouver une conclusion plus contraire aux prémisses: la logique du général Ducrot ne saurait être donnée pour exemple (1).

Il est vrai que le général présente une excuse: la pression exercée par l'opinion publique sur les affaires militaires. L'excuse est-elle bonne? Assurément non. Un général ne doit subir aucune pression et Napoléon Iᵉʳ a dit, justement, que le devoir élémentaire d'un chef d'armée est de se refuser à exécuter une marche, un plan qu'il croit mauvais. Et puis, cette pauvre opinion publique était-elle si coupable, en l'espèce? Avait-elle eu tort, notam-

---

puisque les Allemands auraient le temps de grouper sur la Marne les forces nécessaires pour arrêter l'élan des Français. » (Commandant Canonge, t. II, p. 371.) — « Le général Ducrot lui-même tenait l'opération du 30 novembre pour manquée et il eût fait repasser, dans la soirée, la Marne à la 2ᵉ armée, s'il n'avait été retenu par la crainte de créer au Gouverneur des embarras de la nature de ceux du *Trente-et-un-octobre*. » (*Ibid.*, p. 376.)
— « Il était cependant manifeste pour chacun qu'on ne pouvait songer à recommencer l'attaque le lendemain (*à fortiori* le surlendemain), et qu'ayant échoué dans une première tentative, on ne réussirait pas mieux dans un nouvel effort contre un ennemi qui recevait à chaque instant des renforts. » (Commandant Grouard, *Le Blocus de Paris et la Première armée de la Loire*, 3ᵉ partie, p. 39.) — « Il nous aurait fallu vaincre du premier coup. » *Ibid.*, p. 16.) — « Ducrot lui-même aurait quitté la partie s'il n'eût craint de provoquer un nouveau Trente-et-un-octobre. » (Arthur Chuquet, p. 277.)

(1) Voir, *infra*, pp. 157 et 158.

ment, de ne pas croire à une crue qui n'avait jamais existé? Le général Ducrot est-il prudent en rappelant cette fantaisie de M. Krantz endossée par lui? Certes, l'opinion publique n'aurait pas eu l'influence qu'elle a possédée pendant tout le siège si les généraux et les ingénieurs avaient été intelligents, instruits et énergiques. C'est parce qu'ils ne faisaient rien, ou commettaient des fautes grossières, que l'opinion publique ne les respectait plus, n'avait plus confiance et se substituait à eux. Palikao à la place de Trochu, Gambetta à la place de Jules Favre et de Jules Simon, que de grandes choses on aurait faites à Paris (1)!

Mais, si c'eût été une faute de recommencer le combat le 1ᵉʳ décembre, que dire de la décision prise par le général Ducrot d'attendre au 2? Elle est inqualifiable: cela confine à l'aberration (2).

Comment! Vous reconnaissez que l'ennemi « reçoit, à chaque instant, de nouveaux renforts » et vous lui laissez vingt-quatre heures pour achever sa concentration!

« La supériorité du nombre restant encore aux Français, on pouvait croire qu'ils se hâteraient d'en

---

(1) « M. Gambetta avait sur M. Trochu une réelle influence et l'on doit regretter que le tribun n'ait pu peser directement sur les décisions du général. Il l'eût certainement éperonné et contraint d'agir. » (*Histoire de la Révolution de 1870-1871*, par Jules Claretie; Paris, Librairie illustrée; t. I. pp. 298 et 299.)

(2) « S'il est vrai que les généraux français auraient pu opérer, le 1ᵉʳ décembre, avec les troupes dont ils disposaient, et qu'ils aient négligé, pour des raisons secondaires, d'occuper, ce jour-là, le front Gournay-Chennevières, ce qu'ils pouvaient évidemment faire grâce au nombre de leurs troupes, ils ont commis une faute impardonnable. » (Rüstow, t. II, p. 160.) — « L'ennemi sut mettre à profit cette trêve d'un jour. » (Henri Martin, t. VII, p. 247.) — « L'occupation de Bry et de Champigny était un avantage si les Français avaient pu continuer leurs attaques. » (A. Niemann, p. 231.) — « Le lendemain, le temps continuait à être clair; cependant les Allemands restaient sur la défensive. De notre côté, immobilité complète et *bien funeste;* car il est certain que, si l'ennemi ne nous attaquait pas dans nos positions,

profiter pour une reprise d'action dès le matin du 1ᵉʳ décembre. Il n'en fut rien (1). »

Le général Ducrot allègue, pour sa défense, qu'il fallait « distribuer des cartouches ». Est-ce que les cartouchières des Allemands étaient pleines ? Il prétend qu'il fallait « réapprovisionner les caissons ». Est-ce que ceux de l'ennemi n'étaient pas vides ? A la guerre, il est mauvais de croire qu'il n'y a que soi de fatigué, d'épuisé, d'affamé, de dépourvu, de maltraité ; la plupart du temps, l'adversaire est logé dans la même hôtellerie et c'est celui qui a le plus

---

relativement faibles, c'est qu'il ne se croyait pas en forces suffisantes ou que les munitions lui manquaient. » (*Mémoire sur la défense de Paris, septembre* 1870, *janvier* 1871, par E. Viollet-le-Duc, ex-lieutenant-colonel de la légion auxiliaire du génie ; Paris, Vve A. Morel, 1871 ; p. 29.) — *Ibid.*, p. 32. — « L'ennemi n'avait point à se presser et pouvait, à loisir, concentrer toutes ses forces en vue de la lutte prochaine. » (Général Vinoy, p. 275.) — Général Favé, p. 44. — Charles de Mazade, *La guerre de France*, t. II, p. 215. — Commandant Félix Bonnet, t. II, p. 206. — *Le siège de Paris, journal d'un officier de marine*, par Francis Garnier ; Paris, Delagrave, 1885 ; p. 88. — M. de Moltke, p. 258. — *Histoire critique du siège de Paris par un officier de marine*, pp. 132 et 133. — Dussieux, t. I, p. 248. — A. Ballue, pp. 92 et 98. — Major de Sarrepont, p. 365. — *Histoire de la guerre de* 1870-1871 par le général Ambert, p. 349. — Pierart, pp. 40, 43 et 45. — Edmond Neukomm, pp. 211 et 212. — *Souvenirs d'un garde national par un volontaire suisse*, IIᵉ partie, p. 83. — Docteur Louis Fleury, pp. 113, 120 et 124. — *La guerre au jour le jour*, 1870-1871, par le baron A. du Casse ; Paris, Dumaine, 1875 ; p. 210. — *La guerre de* 1870 par L. Vandevelde, lieutenant colonel ; Bruxelles, Guyot, 1871 ; Bibliothèque nationale, L⁴ʰ, 1101 ; p. 270.

(1) Colonel Lecomte, t. III, p, 419. — » Contrairement à toute attente, la bataille des 29 et 30 novembre ne continue pas. Au lieu de profiter du succès de la veille, du passage de la Marne et de l'occupation des crêtes par le général Ducrot, le Gouverneur arrête les opérations offensives sous le spécieux prétexte de rendre les derniers honneurs aux morts. et de relever les blessés, comme si ce temps d'arrêt n'est pas des plus dangereux et ne fait que trop bien le jeu de l'ennemi! » (Baron du Casse, pp. 209 et 210.) — « Le général Blondel, mon voisin, très distingué, très intelligent, parole ferme, nette, et d'une facilité remarquable. Ancien aide de camp du maréchal Soult, ami du général de Tinan. Il ne comprend pas que le général Trochu n'ait pas continué son mouvement hier (1ᵉʳ décembre). » (Edmond Rousse, t. II, p. 290.)

de résistance, le plus d'obstination qui finit par saisir la victoire et qui en récolte tous les bénéfices.

Il nous était d'autant plus commode, si l'on commettait la faute de ne pas retraverser la Marne, de recommencer immédiatement la lutte, que Vincennes et Paris, arsenal et magasin inépuisables, étaient à quelques mètres du champ de bataille, tandis que les Allemands se trouvaient fort éloignés de leurs approvisionnements ; d'autant plus commode que nous avions, à profusion, routes et chemins de fer pour faire parvenir à nos troupes vivres et munitions, alors que l'ennemi n'avait à sa disposition, pour son ravitaillement, que de rares chemins défoncés par la pluie, par la neige, par tous les charrois des jours précédents.

L'ennemi, lui, ne perdait pas son temps : tous ses renforts se hâtaient d'accourir derrière Villiers et Cœuilly. « Et, pendant qu'au su et au connu du général en chef, cette inquiétante concentration s'effectuait, nos troupes étaient censées relever les blessés abandonnés par l'ennemi sur le champ de bataille et ensevelir religieusement les morts, selon l'expression du rapport officiel... Ainsi donc, alors, on pensait à ensevelir religieusement les morts étrangers et on oubliait les Français vivants qui allaient, le lendemain, être inutilement sacrifiés ! Aviez-vous donc peur de fatiguer vos troupes et ne saviez-vous pas que par un froid rigoureux, l'inaction est bien autrement pénible que la fatigue du combat ?... Toujours irrésolu et manquant de cette rapide initiative si indispensable à un commandant en chef vous temporisiez avec les circonstances. Il ne fallait cependant pas hésiter. On devait continuer à attaquer, vigoureusement, le 1ᵉʳ décembre, en faisant donner le reste du corps d'Exéa, maintenu jusque là en réserve, et en ordonnant la continuation de sorties vigoureuses et à fond par Vinoy et de la Roncière. Ou bien encore, si, dès ce jour, l'impossibilité de la trouée du côté de la Marne était devenue évidente pour le commandant en chef, il devait profiter des moyens de transport dont il disposait pour opérer dans une nouvelle direction (1).

Enfin, et ce sera notre dernière critique du résumé de M. Ducrot, en quoi « l'honneur des armes » réclamait-il une nouvelle et inutile hécatombe? L'honneur des armes n'a jamais consisté à commettre une sottise et nous ne savions pas qu'il était honorable de recevoir des coups. En certain cas, nous le reconnaissons, il ne faut pas se rendre sans combat, et nous comprenons très bien le petit et vaillant Danemark résistant, sans espoir, à la Prusse et à l'Autriche; mais il ne s'agissait pas, pour nous, de se rendre, il s'agissait, au contraire, de lutter énergiquement et dans les meilleures conditions possibles. Alors, pourquoi courir au-devant de la défaite, surtout quand le vigoureux, le sanglant combat de la veille a montré le courage de nos troupes? Tout cela, ce n'est pas de la guerre, c'est du don quichottisme. Si l'armée de Paris ne devait pas rester inactive, afin de ne pas laisser broyer l'armée de la Loire, elle avait le droit et le devoir de choisir son terrain, son jour et son heure, à la condition d'agir sans retard.

Au sortir de ce conseil de guerre, tenu à Poulangis, le général Ducrot partit, au milieu de la nuit, pour porter au Gouverneur, qui s'était installé au fort de Rosny, les décisions qu'il venait de prendre. Bien entendu, le général Trochu les homologua

(1) *Histoire critique du siège de Paris par un officier de marine*, pp. 132 et 133. — Il fallait « mettre franchement en ligne les trente bataillons mobilisés de la Garde nationale que le général Clément Thomas lui-même » devait conduire, le lendemain, « sur le lieu du combat ». (*Ibid.*, p. 137.) — *La Campagne de* 1870; traduit du *Times*, pp. 224 et 225. — Baron du Casse, p. 210.

purement et simplement; à trois heures du matin, le général Ducrot était de retour à son quartier général de Poulangis (1). « Il fut reconnu, d'un commun accord, qu'en raison de l'état des esprits à l'intérieur de Paris, il ne fallait pas songer à se retirer. C'eût été, cependant, ce qu'il y avait de mieux à faire, afin de réorganiser l'armée en toute sécurité et de la mettre en mesure de reprendre bientôt l'offensive sur un autre point (2). »

RETRAITE DE LA DIVISION DE BELLEMARE

Aussitôt que le jour commence à blanchir l'horizon, le général Ducrot monte à cheval et se met à visiter sa ligne d'avant-postes.

La division Faron occupait toujours la partie de terrain comprise entre Champigny et la Marne.

La division de Malroy gardait le Four-à-Chaux.

Ces deux divisions n'avaient pas su se retrancher sérieusement pendant la nuit. Faute d'outils, paraît-il, car « il est certain que presque toujours lorsque l'on compte sur les voitures du génie ou autres moyens de transport pour avoir des pioches, des pelles, etc., rien n'arrive au moment opportun (3) », on avait peu travaillé, surtout au Four-à-Chaux où « les épaulements et les tranchées n'existaient pas ou étaient à peine ébauchés (4) ».

Furieux de cette mollesse, de cette désobéissance, le général Ducrot ne ménage pas les commandants de batterie et le général de Malroy; malheu-

---

(1) Général Ducrot, t. II, p. 296.
(2) Commandant Grouard, *Le Blocus de Paris et la Première armée de la Loire*, 3ᵉ partie, p. 39.
(3) Général Ducrot, t. II, p. 297, en note.
(4) *Ibid.*

reusement, tout se passe en récriminations et une punition sévère n'est pas infligée aux négligents. C'est donc peine et paroles perdues.

Un peu plus loin, le spectacle de la division Berthaut, placée juste devant le parc de Villiers, depuis le chemin creux jusqu'au chemin de fer, en passant par le *Peuplier*, grand arbre, au pied duquel la vue est fort étendue, et près duquel le général Ducrot aura la bonne idée de se tenir, hélas! trop rarement, pendant la bataille du lendemain, le spectacle de la division Berthaut, donc, console le général en chef des défaillances du 1er corps. Là, en dépit de la proximité de l'ennemi, malgré la gelée, on a pioché ferme et intelligemment. Une grande batterie a été commencée sur le haut de la pente sud ; entre le *Peuplier* et la voie ferrée, des tranchées, des trous de sentinelles ont été creusés et rendent moins précaire la position de nos régiments (1).

Mais, en continuant son inspection, le général Ducrot est, de nouveau, saisi d'un violent accès de colère : lorsqu'il arrive au-dessus de Bry, il ne trouve plus la division de Bellemare ; de Noisy à Bry, toutes les pentes sont évacuées ; les Allemands n'y sont pas encore, néanmoins, ils y pourraient être. Le général Ducrot s'emporte donc contre le général de Bellemare, l'accusant d'avoir abandonné son poste (2). Après ce flot d'invectives, il enjoint au général d'Exéa de faire réoccuper Bry et ses alentours par une partie de la brigade Mattat. Que s'était-il passé ? Quelques lettres vont nous l'apprendre.

Rentré à Poulangis, le général Ducrot avait trouvé une missive de M. d'Exéa au Gouverneur,

---

(1) Général Ducrot, t. II, p. 297.
(2) *Ibid.*, p. 298.

annotée, en marge, par ce dernier. Voici la lettre et l'annotation :

« Général d'Exéa au général Trochu.

« 1ᵉʳ décembre, 5 heures du matin.

« Mon général,

« J'ai l'honneur de vous envoyer copie d'une lettre que vient de m'adresser le général de Bellemare, *qui se trouve sur la rive gauche de la Marne, à Bry et* sur les crêtes voisines :

«« Bry, 1ᵉʳ décembre, 4 heures du matin.

«« Mon général,

«« Mes rapports de grand'gardes et les renseignements de prisonniers, m'annoncent l'arrivée, par chemin de fer, à Villiers et à Noisy, de rassemblements considérables de troupes et d'artillerie.

«« Il est plus que probable qu'on va nous attaquer très vigoureusement ce matin ; nous ne sommes pas en mesure de résister, et nous risquons, les ponts venant à être détruits par des obus, d'être jetés à la Marne ; je crois prudent de faire passer de suite la Marne, d'autant plus qu'il n'y a pas à penser à se porter en avant ; on laisserait seulement un bataillon ou deux.

«« Le général commandant la 1ʳᵉ division du 3ᵉ corps.

«« *Signé :* DE BELLEMARE. »»

« D'après ces renseignements, mon général, *j'ai donné l'ordre à la division de Bellemare de repasser la Marne immédiatement ;* j'ai, en même temps, écrit au général Ducrot, *à Champigny*, pour lui communiquer la lettre de M. le général de Bellemare, et l'informer de l'ordre de retraite que je viens de donner.

« Mon corps d'armée se trouvera en position, rive droite de la Marne, avec quatre bataillons à Neuilly-sur-Marne. »

Le Gouverneur avait écrit, en marge :

« Fort de Rosny, 1ᵉʳ décembre, 9 heures du matin.

« Cette lettre m'arrive de Paris, où le général d'Exéa, *qui m'y croyait rentré*, me l'avait adressée.

« Je vois d'un autre côté qu'il vous a informé de ce mouvement imprévu, et qui me paraît très inopportun, *car le général de Bellemare aurait toujours pu se replier, par la rive gauche, sur le gros de l'armée;* mais je me demande si sa lettre, qui a été dirigée sur Champigny, vous est parvenue. Dans tous les cas, il faut continuer énergiquement la défense de nos positions.

« N'a-t-il pas été question d'armistice pour l'enterrement des morts et l'enlèvement des blessés (1) ? »

Sauf l'annonce de l'arrivée des renforts par le chemin de fer, ce qui était impossible comme l'a fort bien fait remarquer le général Ducrot, il n'y avait pas un mot de la lettre du général de Bellemarre qui ne fût l'expression de la vérité.

Peu importait que les renforts arrivassent par chemins de fer ou par routes de terre, ce qui était certain c'est que des masses considérables accouraient à l'aide des Saxons et des Wurtembergeois ; M. Ducrot le reconnaît lui-même puisqu'il a écrit, dans le résumé que nous avons donné plus haut :
« A chaque instant l'ennemi recevait de nombreux renforts. »

« Le général de Bellemare qui a passé une partie de la nuit à parcourir les avant-postes, affirme de la façon la plus positive, et de nombreux témoins,

---

(1) Général Ducrot, t. II, pp. 298 et 299. — *Enq. parlem. déf. nationale*, rapport de M. Chaper, sur le Gouvernement de la Défense à Paris au point de vue militaire, pièces justificatives, p. 160.

les chefs de grand-gardes et les officiers de son état-major, peuvent en faire foi, que des mouvements considérables avaient lieu dans les troupes ennemies ; des bruits très caractéristiques de voitures, de troupes en marche, et la nuit tout cela s'entend fort bien, firent penser au général que l'ennemi recevait des renforts et se massait pour attaquer, au point du jour, l'armée française, sur sa gauche, qui faisait une pointe très avancée. Cela, du reste, a été confirmé par les rapports de l'armée allemande (1). »

« Si nous avions été attaqués, le général de Bellemare pensait que « nous n'étions pas en mesure de résister ». Le général Ducrot était du même avis puisqu'il a déclaré, toujours dans le même résumé : « Nos munitions d'infanterie et d'artillerie étaient épuisées en grande partie ; beaucoup de pièces étaient hors de service ou sans chevaux. *Il était donc matériellement impossible de reprendre la lutte dès le lendemain matin.* »

Ajoutons que la division de Bellemare avait été plus maltraitée que toutes les autres ; « elle était désorganisée par suite des pertes énormes qu'elle avait subies. Sans ordre d'aucune espèce, n'ayant pas vu le général en chef, le général de Bellemare avait pour devoir de veiller à la sûreté de ses troupes (2) ».

N'est-il pas encore évident que si l'artillerie ennemie avait détruit les ponts, c'en était fait de la division de Bellemare qui eût été prisonnière ou jetée à la rivière. Et c'était possible attendu que, la veille, alors que les Allemands n'étaient pas en nombre, alors que nos soldats étaient pleins d'ardeur, les

(1) *Mémoire du général de Bellemare.*
(2) *Ibid.* — « Un régiment manquait presque tout entier à l'appel, celui du Morbihan ; les autres avaient fait de grandes pertes. » (*Ibid.*)

obus ennemis tombaient sur les ponts que construisait le commandant Rieunier.

Et il n'y a pas que le général de Bellemare pour croire que la position de Bry était détestable. Un ami du général Ducrot, dans un livre écrit en 1887, rapporte l'opinion du général Coiffé à ce sujet :

« Le colonel Coiffé, chargé spécialement de la défense de Bry, me confie en secret qu'il trouve la position détestable. Nous avons la Marne à dos, devant nous les Allemands, couverts par des retranchements formidables et, sur notre gauche, Noisy-le-Grand, qui est toujours en leur pouvoir. Nous sommes cramponnés à des pentes fort raides comme la vigne à l'espalier : un insuccès nous jetterait en désordre dans la Marne (1). »

Enfin, le général de Bellemare avait-il tort de croire qu'il « n'y avait pas à penser à se porter en avant » quand le général Ducrot était tout à fait de son opinion, nous venons de le lire dans son résumé : « Il était matériellement impossible de reprendre la lutte dès le lendemain matin » ?

En ces conditions, le général de Bellemare, qui avait des raisons de se croire abandonné sur la rive gauche de la Marne, puisque la division de Maussion était, pour ainsi dire, évanouie, fondue (2), avait agi intelligemment en adressant à son chef un exposé vrai de la situation. C'était à celui-ci de ne pas approuver la retraite d'une de ses divisions sans en avoir référé au général en chef.

Mais le général de Bellemare n'a pas accepté l'expression « abandon de la position » inconsidéré-

---

(1) Robinet de Cléry, pp. 143 et 144. — Voir, *infrà*, pp. 176 et 236.

(2) Il était difficile de se relier avec la division de Maussion « en raison de la nuit et de l'éloignement de cette division, près de la ferme de Poulangis, à plus d'un kilomètre en arrière ». (*Mémoire du général de Bellemare.*)

ment employée par M. Ducrot : « Le général Ducrot se sert d'un mot qui perdrait à jamais tout officier s'il était justifié, car il implique, de la part d'un subordonné, non seulement l'exécution d'un mouvement sans ordres mais encore une lâcheté. Le fait est formellement démenti par le général d'Exéa (1). » C'est ce que nous avons soutenu tout à l'heure.

Quant à l'appréciation de M. Trochu : « le général de Bellemare aurait toujours pu se replier, par la rive gauche, sur le gros de l'armée », nous nous permettons de ne pas la trouver sérieuse. De quelle manière le commandant de la 1re division du 3e corps aurait-il pu effectuer sa retraite, pris en queue par les forces venant de Noisy, en flanc par celles qui étaient maîtresses du plateau de Villiers et des pentes, surtout n'ayant qu'une route à sa disposition pour cette retraite, celle de Bry à Joinville, au-dessous des crêtes, le long et un peu au-dessus de la Marne ?

Enfin, nous appelons l'attention sur l'étrange façon de correspondre de nos généraux. Voilà un chef de corps qui écrit, non à son supérieur immédiat, le général Ducrot, mais au Gouverneur ; un chef de corps qui, du champ de bataille, adresse sa missive à Paris, et qui envoie un autre billet au général en chef, non à Poulangis mais à Champigny ! Il ignorait donc que le Gouverneur n'était pas à Paris, que le général Ducrot avait son quartier général à Poulangis ?

Oui, personne ne savait où était le général Ducrot ! « A dix heures du soir, dans la nuit du 30 novembre au 1er décembre, le général de Bellemare écrit au général en chef, sous les ordres duquel il se trouve directement placé après le passage

---

(1) *Mémoire du général de Bellemare.*

de la Marne, une lettre dans laquelle il lui expose la situation en le priant d'y remédier. Le commandant de Saint-Geniès, de son état-major, est chargé de remettre cette lettre en mains propres, il part immédiatement. A quatre heures du matin, le commandant de Saint-Geniès revient rapportant la lettre qu'il n'a pu remettre à destination, ayant cherché partout, mais vainement, le général Ducrot : à Joinville, à Nogent et sur tous les points occupés par l'armée, même jusqu'à Vincennes. C'est alors que le général de Bellemare se décide à écrire au général d'Exéa (1) » pour lui demander des ordres que le général Ducrot ne lui donne pas.

Nous ne cesserons de le répéter : « Ce n'est pas la guerre, c'est le jeu de Colin-Maillard ! »

Quoi qu'il en soit, le 107e de ligne remplace la division de Bellemare, gardant Bry et ses abords ; le colonel Coiffé ramène son 108e, qui avait suivi le général de Bellemare, à l'exception d'un bataillon laissé pour protéger le pont. Ce régiment s'installe dans la partie basse de Bry.

Bientôt, l'ennemi n'attaquant pas, chacun reprend confiance. Le général de Maussion, qui a remplacé le général Renault à la tête du 2e corps, et qui a été lui-même remplacé par le général Courty dans le commandement de sa division, fait exécuter à cette division un mouvement vers la gauche : le 125e de ligne se relie au 107e, le 126e établit deux bataillons devant Noisy-le-Grand, au haut de la pente et dans la plaine s'étendant de la Marne à la route de Noisy. Un troisième bataillon se tient le long du chemin creux, derrière et à gauche de la division Berthaut (2). C'est la dispersion et le mélange des corps et des régiments élevés à la hauteur d'un

---

(1) *Mémoire du général de Bellemare.*
(2) Général Ducrot, t. II, p. 300.

principe. Comment, avec cet absurde système, un colonel pourra-t-il tenir ses bataillons en main ?

En dépit de la défectueuse disposition des troupes, le danger causé par le départ de la division de Bellemare, prématurément ordonné par le général d'Exéa, est momentanément conjuré (1).

Quant à la division de Bellemare, elle était venue reprendre ses emplacements du 30 au matin, à Neuilly-sous-Bois (2).

ARMISTICE

Si les généraux français n'étaient guère disposés à recommencer la lutte, le 1ᵉʳ décembre, il en était de même chez l'ennemi pour lequel une suspension des hostilités était une véritable aubaine, qui allait lui permettre de se refaire des pertes de la veille, d'amener tranquillement ses vivres et ses munitions, et de faire avancer ses troupes de soutien dont l'arrivée rendrait bien difficile l'enlèvement de Villiers et de Cœuilly. « Armistice de crocodile : Bismarck a simplement besoin de faire avancer des masses en réserve (3). »

---

(1) « A cinq heures du matin, d'après l'ordre du général commandant en chef le 3ᵉ corps, la division tout entière a repassé la Marne, laissant les positions du plateau et celles de Bry au 107ᵉ de ligne, renforcé plus tard par le 108ᵉ. » (*Historique de la 1ʳᵉ division du 3ᵉ corps.*)

(2) *Ibid.*

(3) Jules de Marthold, p. 191. — « On parle d'une suspension d'armes..... Les Prussiens n'en profiteront-ils pas? » (*Paris, Journal du siège*, par Mᵐᵉ Edgar Quinet; Paris, Dentu, 1873; p. 189.) — « Grâce à cette trêve, il fut loisible aux Allemands de faire affluer de grosses masses sur le point que nous devions attaquer. » (Ambroise Rendu, p. 96.) — On enterra religieusement les morts. « Il se fit même, à cet effet, une suspension d'armes tacite que les Allemands n'eurent garde de refuser ni de troubler. » (Colonel Lecomte, t. III, p. 420.) — « Les Allemands se

Et, de fait, dans la nuit même, M. de Moltke dirigeait sur le secteur menacé une partie des IIe et VIe corps d'armée. « Par suite, à neuf heures du matin, les VIIe et XXIe brigades d'infanterie venaient à Sucy; la IIIe division, arrivée seulement depuis la soirée précédente dans ses cantonnements de Palaiseau, sur la rive gauche de la Seine, repassait le fleuve, à sept heures, avec l'artillerie de corps, et, prenant par Villeneuve-Saint-Georges, atteignait, dans l'après-midi, la position qui lui était assignée entre Boissy et Sucy (1). »

Un instant, le prince royal de Saxe eut l'idée de faire attaquer tout de suite nos positions de Bry et de Champigny, du moins, le récit du grand état-major prussien le déclare; mais les Saxons et les Wurtembergeois avaient été trop maltraités, la veille; de plus, l'intérêt des Allemands à gagner du temps était si manifeste qu'ils ne donnèrent pas suite à cet ordre du commandant en chef de l'armée de la Meuse.

« Durant ce temps, les Allemands travaillaient aussi à renforcer leurs positions. Comme la gauche de l'armée de la Meuse se trouvait solidement appuyée, pour le moment, par la présence de plusieurs brigades prussiennes sur ses derrières, le prince royal de Saxe avait envoyé l'ordre au commandant du XIIe corps de rejeter derrière la Marne les forces françaises qui se maintenaient toujours dans une attitude menaçante à Bry et à Champigny et de détruire les ponts. Mais cet ordre parvenait à destination à une heure déjà si avancée que son exécution devait être ajournée (2). »

renforçaient de trois brigades prussiennes qui venaient appuyer solidement les derrières de leur gauche. » (Arthur Chuquet, p. 277.)

(1) *La Guerre franco-allemande*, 2e partie, p. 544.
(2) *Ibid.*, pp. 544 et 545.

De leur côté, les Français employaient la journée « à reformer les régiments, les batteries, à reconstituer les attelages, à se réapprovisionner en munitions (1) ».

Dans les deux camps, on songeait, du reste, si peu à se battre que, depuis le matin, sur ces lugubres plateaux de Villiers et de Cœuilly, Français et Allemands se mêlaient pour enterrer les morts et relever les quelques blessés que la gelée de la nuit n'avait pas glacés pour toujours. Un armistice tacite existait entre les deux armées.

A une heure de l'après-midi, le comte Sérurier, vice-président de la *Société de secours aux blessés militaires*, s'était rendu, en bourgeois, aux environs du parc de Villiers. Il était même parvenu à l'un des angles de ce parc et avait prié le chef du poste wurtembergeois de faire passer une carte à son général. Après une attente assez longue, un officier allemand se présenta et lui dit de revenir au même endroit, à trois heures. A cette heure, le même officier se présenta, de nouveau, et arrêta, verbalement, avec le comte Sérurier, que, jusqu'à la nuit tombante, les hostilités ne seraient pas reprises. Il fut alors possible de continuer, sans crainte, la triste besogne commencée depuis le matin (2).

---

(1) Commandant Grouard, *Le Blocus de Paris et la Première armée de la Loire*, 3e partie, p. 40. — Arthur Chuquet, pp. 277 et 278.

(2) Général Ducrot, t. II, pp. 304 et 305. — « Dans l'après-midi, une suspension d'armes de plusieurs heures était consentie, afin de permettre l'enlèvement des morts et des blessés sur la partie du champ de bataille située entre la Marne et la Seine. » (*La Guerre franco-allemande*, 2e partie, p. 544.) — « Un armistice tacite régnait entre les deux armées, pendant lequel on s'occupa de relever les blessés; un armistice véritable fut conclu l'après-midi et devait durer jusqu'à la nuit tombante. » (Commandant Grouard, *Le Blocus de Paris et la Première armée de la Loire*, 3e partie, p. 40.) — *Tablettes d'un mobile*, par Léon de Villiers et Georges de Targes; Paris, Mollie, 1871; p. 212. — Néanmoins, le 2 décembre, il y avait encore beaucoup de morts sur le plateau et même dans les rues de Bry.

M. le comte Sérurier nous a raconté ses impressions pendant les trois quarts d'heure qu'il a attendu l'officier wurtembergeois, au coin du parc de Villiers.

« C'était épouvantable, nous a-t-il dit, de voir ces traînées, ces tas de corps noirs que le rouge des pantalons français piquait en manière de funèbres coquelicots. Le froid ne diminuait pas, en dépit d'un pâle soleil d'hiver, et faisait présager une nuit meurtrière, aussi se hâtait-on de relever tous les blessés, persuadé que l'on était que les plus robustes ne pourraient en supporter une seconde. Cette cruelle besogne s'accomplissait en silence ; Allemands et Français se regardaient sans colère, l'œil triste, comme des gens qui redoutent pour eux, le lendemain, le sort de ceux qui gisent, raides et déjà défigurés, dans les sillons et sur l'herbe jaunie du plateau. Quant à moi, seul, entre les deux lignes d'avant-postes, je m'attendais toujours, malgré la convention arrêtée, à voir recommencer instantanément le feu et à tomber percé comme une écumoire, par les balles des deux partis. »

TRAVAUX DE CAMPAGNE
EMPLACEMENT DES TROUPES

Pendant que partie des soldats enterre les morts, partie travaille aux fortifications de campagne ou se reforme en se réunissant à d'autres batteries d'artillerie, à d'autres régiments désorganisés, décimés par la rude bataille de la veille.

A Bry, les murs des parcs, des jardins entourant le village sont crénelés, le chemin en saillie, qui suit la portion ouest de la crête du plateau de Villiers, est encore surélevé par les terres que l'on jette en creusant une tranchée sur le côté opposé à l'ennemi. On construit des redans devant les ponts de Neuilly et de Bry.

Des tranchées sont creusées sur la partie sud-ouest des pentes du plateau de Villiers. Une grande redoute est à peu près achevée entre le *Peuplier* et le chemin de fer et l'on y installe la batterie Moriau. Quelques épaulements pour canon sont élevés non loin de la voie ferrée.

Les Fours-à-Chaux sont fortifiés par le capitaine Glises (1). Une longue tranchée relie la carrière au petit bois de la Lande, les murs sont crénelés, des abris sont préparés à l'est et à l'ouest de la route de Bry à Champigny. A droite du Grand-Four-à-Chaux, il y avait un immense tas de pierres calcaires : on se met à l'œuvre, on régularise ce monticule, on lui donne la forme d'une redoute, avec un relief de 10 à 12 mètres, et la Batterie blanche domine le chemin du Four-à-Chaux à Villiers. D'autres tranchées, d'autres épaulements pour loger infanterie, canons et mitrailleuses sont creusés et élevés, du petit bois de la Lande à Champigny.

Les travailleurs de Viollet-le-Duc apportent ici leur concours précieux :

« Les officiers, les sous-officiers se placent sur les tracés de Viollet-le-Duc ; ils servent eux-mêmes de jalons, puis des soldats prennent leur place ; les ordres, donnés à voix basse, volent de bouche en bouche. On se sent à proximité de l'ennemi ; seuls

---

(1) Il y a deux Fours-à-Chaux : le Grand, situé sur la route de Bry à Champigny, à 800 mètres de la mairie de ce village, à 200 mètres du ruisseau de la Lande ; et le Four-à-Chaux de Champigny, bâti sur la même route, à 450 mètres de la mairie. Il y avait, enfin, la Plâtrière, située à l'ouest du petit bois du haut Champigny, à 350 mètres à l'est du Four-à-Chaux de Champigny. (Voir : *La Guerre franco-allemande*, plan de la bataille de Villiers, n° 25 ; et général Ducrot, t. III, croquis II.)

les coups de pioche dans la terre gelée retentissent avec le glissement de la pelle dans le sol..... Au-dessous de la pente qu'occupe la *Légion du Génie* est un petit bois à vingt-cinq mètres en arrière, dérobé à la vue de l'ennemi : là sont les réserves des avant-postes. Des mobiles y sont en bivouac..... aux alentours sont des cadavres de chevaux en partie dépecés; ceux des hommes ont été enlevés. Les soldats n'ont pas eu de vivres; ils cherchent à faire griller des tranches de chair de cheval qu'ils viennent de tailler eux-mêmes; ils les mangent sans pain, toutes brûlées, mais non cuites. Leurs souliers dans le brasier, ils ressemblent à des gens hébétés, répondent à peine à nos questions. Le froid et la fatigue semblent les avoir transformés en cadavres; s'ils n'eussent été secoués par la fièvre, on eût pu les croire tout à fait inanimés (1). »

La compagnie du génie du capitaine de la Taille prépare, assez mal d'ailleurs, la défense du haut Champigny : le parc en pointe, un autre grand parc formant l'angle de la nouvelle et de l'ancienne route de Chennevières sont sommairement fortifiés. Malheureusement, par suite du peu d'entente existant entre les divisions Faron et de Malroy, le petit bois, qui pousse à l'est de la Plâtrière, au nord du parc en pointe, n'est ni mis en état de défense, ni même occupé, et c'est par là que l'ennemi se faufilera, le lendemain matin.

Le génie civil creuse des tranchées entre Champigny et la Marne qui permettent aux mobiles de la Vendée de se remettre de leur mésaventure de la veille.

« On renforce les barricades de la tête de Champigny, mais, comme les avant-postes prussiens

---

(1) Massillon-Rouvet, p. 77.

sont très rapprochés et qu'il est à craindre qu'une brusque attaque ne nous oblige à abandonner notre première ligne de défense, on en organise une deuxième en arrière, dans la partie ouest de la rue de l'église ; tous les étages y sont crénelés, des communications sont établies dans les maisons ; du côté opposé, on renverse les plafonds, de telle sorte que si l'ennemi parvient à s'en emparer, il ne puisse tirer que des rez-de-chaussées. À hauteur de cette rue, une barricade en sacs à terre barre la grande rue parallèle à la Marne (1). »

Enfin, on construit une batterie au-dessus de la Plâtrière de façon à canonner Villiers et les pentes, de Chennevières à Champigny (2).

Cependant, nous avons le devoir de déclarer que tous ces travaux se faisaient mollement, sans direction supérieure, qu'ils auraient pu être établis, et plus nombreux et plus résistants, si l'on y avait employé les hommes qui gelaient ou vagabondaient de tous côtés. Des gardes mobiles affirment qu'aux avant-postes on se renferma dans une criminelle inaction. « Aucune mesure ne fut prise pour conserver la position, aucune tranchée ne fut creusée, aucun obstacle construit, aucun créneau pratiqué ; les troupes, harassées par trois nuits d'insomnie, baguenaudèrent, du matin au soir, dans les rues de Champigny (3). »

En tous cas, s'il n'en fut pas partout de même, il est au moins regrettable que cette funeste apathie ait existé quelque part.

(1) Général Ducrot, t. II, p. 307.
(2) Ibid., pp. 306 à 308. — « Les travaux de défense furent poussés avec activité sur tout le front de l'armée. » (Commandant Grouard, Le Blocus de Paris et la Première armée de la Loire, 3e partie, p. 41.)
(3) Antonin Gourju, p. 18. — « Nos troupes se sont fortifiées, sans grande hâte, dans leurs cantonnements. » (A. du Mesnil, p. 181.) — Baron du Casse, p. 211. — Voir, infrà, pp. 152 et 153.

Pour défendre ces travaux de campagne, ces tranchées, ces épaulements, ces villages, nos troupes sont ainsi disposées, d'après le général Ducrot :

Le 3ᵉ bataillon du 42ᵉ, commandant Landry, désigné, à quatre heures du soir, pour occuper les deux parcs de la tête de Champigny, y arrive à la nuit ; les 1ʳᵉ, 2ᵉ, 3ᵉ et 4ᵉ compagnies sont placées dans le parc en pointe, les 5ᵉ et 6ᵉ, dans celui formant angle entre les deux routes de Chennevières.

Le parc en pointe est limité, au sud, par une forte grille qui se prolonge jusqu'à la partie supérieure ; la face nord est bornée par un mur de 2 mètres 50 de hauteur dans lequel les Allemands s'étaient ménagé une sortie, à une soixantaine de mètres de la pointe, sur le chemin de la Folie, aujourd'hui rue des Perreux, qui sépare le petit bois de ce parc en pointe. Une voûte, construite 60 mètres plus bas, à l'est, passe sous ce mur nord et sous le chemin, donnant issue à un grand fossé desséché qui traverse, en tranchée, le petit bois. Cette voûte est fermée par une grille. Le château, formé de plusieurs corps de bâtiments, sert de réduit.

Le mur nord du parc en pointe (1) n'a pas de créneaux ; cependant il est indispensable d'en pratiquer si l'on veut être en mesure de résister ; mais les outils manquent ; instamment demandés, on les promet pour dix ou onze heures du soir : l'incurie ou l'impuissance de la direction du génie se fait toujours sentir.

En attendant, les compagnies ouvrent des communications en arrière ; une barricade de 1 mè-

---

(1) Ce parc en pointe est maintenant coupé par des rues transversales et divisé en un grand nombre de petites propriétés.

tre 50 de hauteur est élevée sur le chemin, devant la brèche du mur nord; des tas de fagots poussés contre la grille de la voûte du grand fossé desséché interceptent le passage.

Des travaux sont également exécutés dans le grand parc entre les deux routes par les 5e et 6e compagnies du 42e, qui s'établissent derrière les murs ouest et sud et dans la maison bâtie à l'angle des routes; mais, toujours faute d'outils, on ne peut créneler ni les murailles ni les habitations.

Le 1er bataillon du 35e de ligne se tient à l'entrée de Champigny, défendant la barricade du haut de la grande rue, les barricades des deux routes de Chennevières, une autre en arrière et celle de la rue de la Croix, qui descend de la Plâtrière.

Dans la nuit, un détachement de cent hommes, du 35e, sous les ordres du lieutenant Blondel, est envoyé à la Plâtrière; tout en protégeant la batterie, il se relie aux grand'gardes des mobiles de la Côte-d'Or établies aux alentours.

Le 2e bataillon du 42e de ligne, commandant Cahen, occupe un grand parc au-dessous de la nouvelle route de Chennevières. Cette position commande toute la plaine, entre les pentes et la Marne, ainsi que la rue de Sucy; malheureusement, elle est elle-même commandée par la nouvelle route de Chennevières.

Le 113e de ligne se tient dans la plaine, le long de la Marne, avec avant-poste de quelques hommes au moulin de Champigny. Un bataillon défend la barricade de la rue de Sucy, au coin sud-ouest du grand parc occupé par le 2e bataillon du 42e, et la tranchée qui va, de la rivière, aux premières maisons du village, à 200 mètres en avant du pont; ce bataillon garnit aussi le groupe de maisons bâties à gauche de cette tranchée. Deux autres bataillons du 113e sont en arrière de la chaussée du Pont.

Le restant de la division Faron remplit la partie et les abords ouest de Champigny.

Pendant la nuit, en avant du Grand-Four-à-Chaux, une batterie est construite dans une immense carrière à sable. L'ouvrage reçoit huit pièces de 24 court : six dirigées sur Cœuilly, deux battant, à revers, les pentes sud de Villiers. Deux autres pièces, que l'on attend, prendront directement à partie la Maison Rouge, située à 500 mètres de là, au pied des pentes de Cœuilly, à 200 mètres du petit bois, maison qui sert d'avant-poste aux Prussiens. Du haut de l'ouvrage, on a vue sur Villiers, Cœuilly et toute la vallée qui sépare les deux plateaux.

Reliée, à gauche, aux batteries d'artillerie de marine élevées entre les carrières et le petit bois de la Lande; appuyée, à droite, par la batterie de la Plâtrière; soutenue, en arrière, par la Batterie Blanche, cette grande Batterie des Carrières est le centre de résistance, la clef de la position.

Comme la veille, l'artillerie de la division de Malroy est installée sur tout le terrain qui s'étend du ruisseau de la Lande au Signal, à 100 mètres du Four-à-Chaux de Champigny.

Un bataillon du 121ᵉ de ligne garde la gauche de cette position, dans le petit bois de la Lande et dans la carrière en avant du Grand-Four-à-Chaux.

A droite, le 3ᵉ bataillon des mobiles de la Côte-d'Or garde la Plâtrière, les carrières avoisinantes et la route de Bry à Champigny, le long et au nord de ce dernier village.

En face de Villiers, la brigade Bocher, de la division Berthaut, défend les tranchées creusées entre le chemin de fer de Mulhouse et Bry : deux bataillons du 119ᵉ de ligne, entre la voie ferrée et la route de Joinville à Villiers, avec un autre bataillon à 200 mètres de la batterie construite sur la pente sud du plateau ; un bataillon du 120ᵉ, de la tranchée qui suit le chemin creux et va jusqu'au *Peuplier*. Deux autres bataillons de ce régiment sont derrière, sur la pente.

Le 125ᵉ de ligne est à la gauche du 120ᵉ. Il défend le versant, depuis le chemin creux jusqu'à Bry. La brigade de Miribel a un bataillon entre le chemin de fer de Mulhouse et le petit bois de la Lande. Le restant de la brigade se trouve en arrière des 119ᵉ et 120ᵉ; les plus maltraités par la lutte de la veille se refont dans le bois du Plant.

Toutes les batteries du 2ᵉ corps, plus ou moins reconstituées, attendent, près de la voûte de Champigny, le moment de remonter la côte et de s'engager derechef.

Passons, maintenant, à notre gauche. Dès qu'il était arrivé à Bry, le général Daudel, commandant une brigade de la division Mattat, du 3ᵉ corps, avait inspecté les troupes, remplissant Bry. Puis, le lieutenant-colonel Coiffé, commandant le 108ᵉ de ligne, l'avait aidé à organiser la défense.

Le premier point à occuper était le parc Dewinck, grand enclos situé au nord de Bry, entre la route de Noisy et la rue de Rigny. Maîtres de ce parc, les Allemands pouvaient prendre, de flanc et à revers, le village de Bry. Malheureusement, le départ de la division de Bellemare et l'absence de la brigade Bonnet, de la division Mattat, limitaient le nombre des défenseurs de Bry. Le général d'Exéa ne savait pas plus, ce jour-là, que la veille, se servir de ses troupes, et ni le Gouverneur ni le général Ducrot ne lui imposaient une meilleure direction. Ainsi empêché d'occuper le parc Dewinck, le général Daudel décide que toutes les issues qui y donnent accès seront fortement barricadées et que la première ligne de défense s'arrêtera à l'entrée nord, vers Noisy-le-Grand, à la hauteur des premières maisons, la place de la mairie devenant le réduit de la position.

Le 108ᵉ de ligne est donc établi dans la portion nord du village, à partir de l'église, depuis la Marne jusqu'à la naissance des pentes, et dans le grand parc de Bry, à l'est de l'église.

Au-dessus, un bataillon du 108ᵉ continue la première ligne de défense des crêtes, à la gauche du 125ᵉ; deux bataillons du 107ᵉ prolongent cette ligne, qui s'infléchit vers le nord-ouest, à 150 mètres au nord du chemin de Villiers. Deux de ces bataillons, garantis par le talus longeant la crête, découvrent tout le plateau qu'ils ont la liberté de balayer de leurs feux.

A mi-côte, derrière les troupes, le 126ᵉ se tient en réserve, prêt à se porter : soit sur le plateau, du côté de Villiers, soit sur les pentes, du côté de Noisy.

Et l'on se met à travailler aux fortifications de campagne. Pour tous ces travaux de défense, le général Daudel n'a que 25 sapeurs du génie, avec un officier, et il ne peut mettre à la disposition de son infanterie ni pelles, ni pioches! Et cela, à une demi-heure de Nogent, à une heure de Vincennes, à une heure et demie de Paris! MM. Trochu, Schmitz et de Chabaud-La Tour n'ont pas trouvé moyen de diriger sur Bry et Champigny quelques centaines de pelles et de pioches! Il eût cependant été de militaires avisés d'en faire réunir un certain nombre, à Vincennes et à Nogent, le 27 ou le 28; certes, elles ne manquaient pas à Paris : ils n'y ont pas songé!

Enfin, les sapeurs percent des créneaux dans les murs des parcs et des jardins occupés par le 108ᵉ et construisent une barricade à l'entrée nord de Bry. Malgré toute leur activité la besogne marche lentement. Vainement, les corps demandent, avec instance, des outils à l'état-major général : on ne leur répond pas.

A onze heures du soir, sauf les quelques travaux exécutés aux entrées nord et nord-ouest du village, rien n'est disposé pour une défense efficace. Néanmoins, il faut être prêt, avant le jour, à repousser une attaque. Tout le monde est mis sur pied : les maisons, les caves sont fouillées ; on réunit les voitures, les barriques, les futailles que l'on peut trouver. A trois heures du matin, de solides barricades, formées de deux rangs de tonneaux remplis de pavés, de terre, de fumier, interceptent toutes les avenues par lesquelles les Allemands pourraient arriver ; la place de la mairie est fortement organisée en vue de la résistance ; des meurtrières sont percées ; dans divers îlots de maisons on établit des communications.

A notre extrême gauche, le colonel Reille, conserve toujours Neuilly-sur-Marne et s'y retranche formidablement. A notre extrême droite, le général de Susbielle complète les travaux de défense de Créteil (1).

Et tout cela pour rien ! Pas plus à Bry qu'à Champigny on n'a l'intention de faire la trouée, pas même la force d'aborder l'ennemi. Les généraux sont découragés et MM. Trochu et Ducrot le sont encore plus que les généraux. Ce dernier l'a avoué :

« Les chefs étaient en proie aux anxiétés les plus poignantes. Quelques-uns cherchaient à se faire illusion sur l'arrivée probable de l'armée de la Loire et, par suite, sur la possibilité de reprendre l'offensive ; mais le plus grand nombre, n'entrevoyant que trop bien la triste réalité, se disait que l'on pourrait tout au plus se maintenir sur ces posi-

---

(1) Général Ducrot, t. II, pp. 308 à 316. — Voir, *Ibid.*, croquis XXIV, XXV et XXVI.

tions si chèrement achetées, et dont la possession, somme toute, n'améliorait en rien notre situation. Le Gouverneur avait résumé ce fatal état de choses dans une phrase relatée plus haut : «« Dans tous les cas, il faut continuer énergiquement la défense de nos positions. »» En dehors de cela, aucun plan nouveau, aucune instruction sur la suite à donner aux opérations. C'est qu'en effet il n'y avait rien à entreprendre, rien à faire, si ce n'est lutter passivement; personne ne le disait encore, mais tout le monde le comprenait ou le sentait (1) ! »

Le Gouverneur ne donnait pas plus d'ordres ce jour-là que la veille, il ne se montrait même pas et échappait aux questions, comme aux récriminations, en ne sortant pas du fort où il se cachait à tous les regards.

« L'état-major français reconnaissait que la tentative de sortie était totalement manquée. Toutefois, dans la crainte des mouvements populaires qui pourraient se produire par suite d'un retour immédiat de l'armée sur Paris, le général en chef maintenait sur la rive gauche de la Marne la plus grande partie des troupes qui s'y trouvaient déjà et se mettait en devoir de faire retrancher les positions conquises (2). »

De leur côté, « les Allemands se cantonnaient, autant que le permettait l'espace disponible et la proximité de l'adversaire, savoir : à l'aile droite, les Saxons entre Noisy et Villiers; dans cette dernière localité, la Ire brigade wurtembergeoise, qui faisait également partie des troupes aux ordres du prince Georges ; à sa gauche, et se reliant à elle, la VIIe brigade prussienne, qui se prolongeait jusqu'à Chennevières. L'aile gauche, à Sucy et à Valenton,

---

(1) Général Ducrot, t. II, pp. 316 et 317.
(2) *La Guerre franco-allemande*, 2e partie, p. 544.

continuait à être formée par les deux autres brigades wurtembergeoises, derrière lesquelles la IIIᵉ division prussienne et l'artillerie de corps du IIᵉ corps d'armée occupaient Villecresnes, Marolles, Santeny et Servon. La XXIᵉ brigade, envoyée sur le champ de bataille, sans sacs et sans vivres, était renvoyée sur la rive gauche de la Seine, dans les environs d'Athis (1) ».

Le héros de Sadowa, le général de Fransecky, commandant du IIᵉ corps, avait, sur l'ordre de M. de Moltke, pris la direction de toutes les troupes se trouvant entre la Seine et la Marne et avait établi son quartier général au château Le Piple. Toutefois, il devait obéir au commandant en chef de l'armée de la Meuse. Celui-ci, qui ne doutait de rien, et qui était furieux des pertes subies, la veille, par ses Saxons, dont les avant-postes avaient été enlevés, ordonna au général de Fransecky d'attaquer, le lendemain, s'il ne l'avait fait déjà. Le général prescrivit donc au prince Georges de Saxe de se précipiter de grand matin sur Bry et Champigny, avec toutes ses forces, soutenu qu'il serait par la VIIᵉ et la VIᵉ brigades, pendant que les autres troupes, sans exception, se tiendraient sous les armes, dans leurs cantonnements, prêtes à marcher (2).

---

(1) *La Guerre franco-allemande*, 2ᵉ partie, p. 545. — « Le IIᵉ corps d'armée, qui était cantonné derrière le frond sud, où il formait la réserve de la IIIᵉ armée, avait appuyé à droite, et le soir (30 novembre), il recevait l'avis de passer tout entier sur la rive droite de la Seine, pour y être sous les ordres du commandant en chef de l'armée de la Meuse jusqu'au moment où l'ennemi serait définitivement repoussé. » (Major Blume, p. 172.) — « Ce sage mouvement eut l'admirable chance de se rencontrer tout juste avec l'offensive française qu'il devait prévenir, et qu'il n'eût pas prévenue si elle avait eu seulement quelques heures d'avance. » (Colonel Lecomte, t. III, p. 421.) Ce qui serait arrivé si M. Krantz n'avait pas eu la présomption de se croire capable de jeter un pont.

(2) *La Guerre franco-allemande*, 2ᵉ partie, p. 545.

Les Allemands avaient donc résolu « de rejeter, le 2 décembre, l'armée de Ducrot sur la rive droite de la Marne (1) ». Dans ce but, toutes les troupes disponibles avaient été rassemblées en arrière de Noisy, Villiers, Cœuilly et Chennevières (2). Les deux armées vont se heurter, le lendemain, dans un second et terrible choc.

(1) Rüstow, t. II, p. 157. — « L'ordre avait été donné, de Versailles, de reprendre Bry et Champigny à tout prix et de chasser les Français derrière la Marne. » (*La Campagne de* 1870; traduit du *Times*, p. 225.)
(2) *Ibid.*

BATAILLE DE CHAMPIGNY

AVANT LE JOUR

Dans la journée du 1ᵉʳ décembre, la température, loin de se relever, s'était abaissée de plus en plus. La nuit fut terrible : le thermomètre marqua 11 ou 12 degrés au-dessous de zéro. Les Allemands en souffrirent beaucoup, mais nos soldats, épuisés de fatigue, n'ayant pu, depuis trois jours, dormir une minute, raidis par le froid qui bleuissait leurs pauvres corps exposés sans capotes, sans couvertures, aux morsures cruelles de l'air glacé, n'ayant à manger que du pain ou du biscuit, auxquels l'Intendance n'avait pas su procurer un verre de vin ou de café, rôdaient, sombres et découragés, à la recherche de quelques victuailles. Les uns avaient déterré ou ramassé des légumes, les autres avaient coupé, sur les chevaux tués la veille, un quartier de viande que l'on faisait cuire au bout d'un pieu. Cette nourriture sommaire n'avait pas rassasié les affamés, réconforté les affaiblis, relevé les courages abattus (1).

« Ainsi, vous vous proposiez de faire une trouée.

---

(1) Général Ducrot, t. II, p. 316. — «. Il fait un temps splendide, très froid, pas un nuage. » (Edmond Rousse, p. 290.) — Arthur Chuquet, p. 278.

Par conséquent, vos troupes devaient forcément camper en plein champ, pendant plusieurs jours, avant d'atteindre les villes non envahies. Et vous n'avez pas songé que le vêtement du corps était aussi nécessaire que sa nourriture pour assurer le succès? Non, non, cette négligence est inexplicable et impardonnable (1). » Et la nourriture? Comment! Vous en êtes à la première étape, vous communiquez encore avec Paris, avec vos magasins, et vos hommes n'ont à manger que les chevaux morts qu'ils dépècent sur le champ de bataille? Qu'auraient-ils donc mangé, le lendemain, si la malchance les avait fait réussir dans leur opération (2)? Où donc sont passés les six jours de vivres emportés le 28 dans les sacs? Ne pouvait-on, de Paris, remplir les vides des précédentes journées? Décidément, MM. Trochu et Ducrot se montraient aussi mauvais administrateurs militaires que détestables stratèges ou tacticiens !

Cependant, vers quatre heures du matin, un grand nombre d'hommes s'étaient endormis, d'un sommeil de plomb, dans les maisons, dans les caves et jusque sur les chemins, au risque de se réveiller les pieds gelés ou les poumons congestionnés. Le brouillard et la brume du matin enveloppaient la plaine et le haut des collines d'un long nuage de vapeurs ne permettant pas de distinguer à cinquante pas devant soi. Tout paraissait calme et chacun goûtait un repos relatif après les deux rudes journées que l'on venait de passer.

« Trochu pensait pouvoir, le 2 décembre et les jours suivants, sans doute, continuer le chômage de la veille, comme en plein Paris, quand, au

---

(1) *Histoire critique du siège de Paris par un officier de marine*, p. 138. — *Journal de Fidus, La Révolution de septembre, la Capitulation, la Commune*, pp. 42 et 43.

(2) Voir, *infrà*, p. 256, l'opinion d'un aide de camp de M. Trochu.

matin, il fut attaqué, à son tour, sur toute la ligne, et dut livrer bataille dans de plus mauvaises conditions que s'il avait eu l'iniative des mouvements (1). »

L'aube blanchit légèrement le ciel quand le général Ducrot sort dans la cour de la ferme-château de Poulangis pour commencer son inspection. Au même instant, voici que, du côté de Champigny, éclate une fusillade nourrie, bientôt accompagnée par le sourd grondement du canon. Le général saute à cheval et prend, au galop, la route de Joinville à Champigny, mais à peine a-t-il parcouru quelques mètres qu'il se heurte à un torrent tumultueux de voitures, de cavaliers, de fantassins affolés se sauvant du côté de la rivière (2).

Le premier soin du général Ducrot et de son état-major est d'endiguer le torrent. Ils se campent au milieu de la route, revolver et sabre à la main ; le flot se divise en deux et s'écoule de chaque côté, dans la plaine. Le commandant Lambert, grand prévôt de l'armée, prenant quelques gendarmes et quelques éclaireurs Franchetti, aidé aussi par cinq compagnies de la *Légion auxiliaire du génie* qui croisent les baïonnettes (3), court aux ponts de Joinville, les barricade, rassure les fuyards, leur fait honte de leur panique et décide le plus grand nombre à le suivre et à revenir à Champigny (4).

(1) Colonel Lecomte, t. III, p. 420.
(2) Des ouvriers civils, qui travaillaient aux tranchées et qui n'étaient ni armés, ni disposés à recevoir les balles ennemies, s'enfuirent en désordre et jetèrent la panique dans la rue principale. (Viollet-le-Duc, pp. 29 et 30.) — « Nous trouvons les routes de Villiers et de Champigny encombrées, à perte de vue, par une masse compacte de fuyards qui courent vers la Marne. » (Docteur Sarazin, p. 217.) — « Ce fut une véritable déroute. » (*Histoire critique du siège de Paris par un officier de marine*, p. 135. — Colonel Fabre, p. 334.
(3) Massillon-Rouvet, p. 84. — Viollet-le-Duc, p. 30. — Docteur Sarazin, pp. 217, 218 et 219.
(4) Arthur Chuquet, p. 279.

Le général Favé, témoin oculaire, raconte ainsi cette débandade :

« Dans la partie de la plaine voisine de la Marne, des soldats se détachaient successivement de leurs rangs et, tournant le dos à l'ennemi, se dirigeaient vers les ponts. En observant, à la lunette, je reconnus que ce mouvement avait son origine vers la partie des pentes du terrain qui montent de Champigny vers Chennevières. Sans nul doute, l'ennemi avait attaqué nos avant-postes avant le jour, et la vue des premiers fuyards avait propagé, à mesure qu'ils passaient, une panique d'autant plus explicable que nos jeunes soldats avaient encore, du moins pour un grand nombre, passé la nuit à leur place de bataille. La débandade se propageait graduellement sous nos yeux, et nos troupes placées à la droite de Champigny semblaient un chapelet dont le lien a été rompu et qui va s'égrenant rapidement (1). »

« Ainsi, dès le début de la journée, le tiers à peu près de l'armée se rejetait en désordre vers la Marne. Les deux autres tiers, fort heureusement, tenaient bon, et le tir rapide et soutenu de notre artillerie, se mêlant à la fusillade, apprenait que tout n'était pas perdu (2). »

Le général Ducrot, très inquiet, appelle à lui la division de Susbielle, qui se tient à Créteil, et la division de Bellemare, qui bivouaque au rond-point de Plaisance. Ces deux divisions ont l'ordre de se mettre en marche sans perdre une minute et d'accourir au plus vite. Le commandant en chef fait dire aussi au général Clément-Thomas d'amener, sur la rive droite de la Marne, entre Joinville et

---

(1) Général Favé, pp. 45 et 46.
(2) Docteur Sarazin, p. 218.

Nogent, quelques bataillons de la garde nationale mobilisée (1).

Arrivé à Champigny, le général Ducrot y constate le plus grand désordre, mais, comme on rencontre toujours, dans l'armée française, un certain nombre d'hommes qui ne se démontent pas facilement et qui combattent, pour leur propre compte, sans se soucier de la maladresse de leurs chefs ou de la poltronnerie de leurs camarades, il a suffi de quelques centaines de ces intrépides pour arrêter les assaillants qui ne parviennent pas à les déloger des maisons, des parcs et des jardins (2).

ATTAQUE DE CHAMPIGNY

Le général Faron et l'un de ses brigadiers, le général de la Mariouse, avaient établi leurs grand'-gardes d'une façon déplorable, sans prendre la peine de faire remarquer aux officiers d'avant-postes quelle responsabilité ils assumaient et quelle vigilance il fallait déployer (3).

On nous objectera que ces recommandations peuvent avoir été faites par les généraux sans que les officiers de première ligne en aient tenu compte, mais ce que l'on ne saurait contester, c'est que les grands chefs n'ont pas, alors, surveillé l'exécution de leurs ordres, vérifié s'il était tenu compte de leurs recommandations; ce que l'on ne saurait contester c'est la faute commise en n'occupant pas le petit bois situé au nord du parc en pointe, dont il était le complément de défense naturel. Une faute pareille consistait à avoir abandonné les taillis

---

(1) Charles de Mazade, *La guerre de France*, t. II, p. 217.
(2) Général Ducrot, t. III, pp. 5 et 6.
(3) Les grand'gardes « croyaient être en seconde ligne, couvertes par des troupes françaises ». (Antonin Gourju, p. 18.)

poussant entre la nouvelle et la vieille route de Chennevières, à l'est du grand parc dominant la plaine de la Marne. En une situation si critique, ni le brigadier, ni le divisionnaire, ni le général Blan-

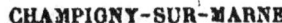
CHAMPIGNY-SUR-MARNE

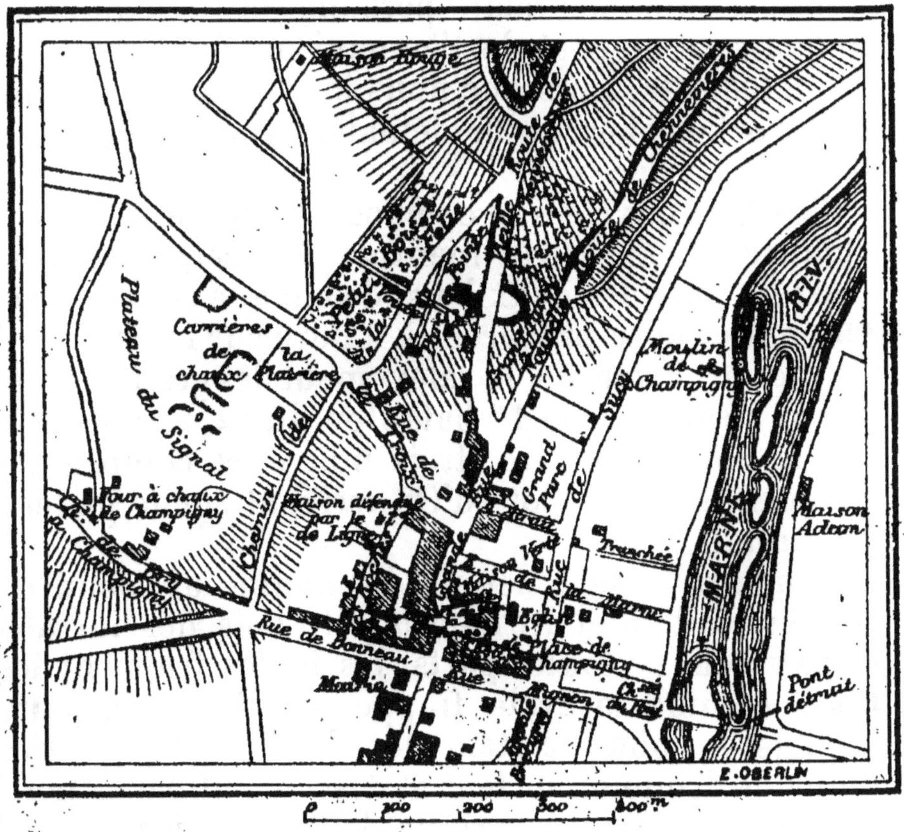

chard, commandant le corps, n'avaient pensé à s'assurer des positions qui rendaient toute surprise impossible : ces messieurs allaient donner, le 2 décembre, une seconde et déplorable représentation de leur conduite du 30 novembre.

Enfin, nos soldats reposaient tant bien que mal quand les sentinelles, veillant le long du mur est du grand parc et au bout du parc en pointe, et celles qu'on avait placées sur la lisière nord du petit bois, entendent, avant le lever du soleil, du bruit dans les taillis. L'obscurité devenant un peu moins épaisse, on aperçoit des groupes qui se glissent sous les fourrés où ils disparaissent. Au lieu de se préoccuper de ces mouvements suspects, les officiers de grand'garde s'imaginent que ce sont des ouvriers français chargés de mettre les bois en état de défense, comme s'il était possible que ces ouvriers arrivassent du côté de l'ennemi ou fussent venus de notre côté, sans que nous les eussions entendus s'approcher alors qu'ils défilaient sur nos derrières ou sur nos flancs.

Ces faux ouvriers se composent, en réalité, de six compagnies du 7e régiment wurtembergeois qui se massent dans les deux bois, de chaque côté du parc en pointe, et se préparent à fondre sur nous (1).

Chez les Français, le relèvement des grand'gardes se fait aisément : le 1er bataillon du 42e remplace le 3e à la pointe du parc ; trois nouvelles compagnies des mobiles de la Côte-d'Or arrivent sur le plateau du Signal.

Soudain, à sept heures du matin, un coup de sifflet se fait entendre dans le petit bois, des hurrahs retentissent de toutes parts, les balles frappent les murs comme la grêle frappe les vitres les jours d'orage, les obus éclatent ; les Wurtembergeois des taillis de droite en sortent et descendent par la nouvelle et par l'ancienne route de Chennevières, pendant que ceux du petit bois courent à la voûte grillée du parc en pointe et vers la gauche de la Plâtrière : le parc en pointe n'a plus que sa base qui ne soit

(1) Voici une autre explication de la surprise : La veille, au soir, le général Martenot a fait savoir à ses mobiles que la brigade de la Mariouse doit sortir de Champigny de grand matin, pour occuper les enclos boisés qui se trouvent en avant des grand'gardes ; nos jeunes soldats croient que les mouvements qu'ils entendent sont ceux des soldats du général de la Mariouse et ne s'en inquiètent pas. (*Historique du régiment des mobiles de la Côte-d'Or.*)

pas attaquée par l'ennemi; le grand parc, formant aussi triangle, a sa base et presque la moitié de ses côtés entourés par les Allemands.

En même temps, le 2ᵉ bataillon de chasseurs wurtembergeois, descendant de Bel-Air, suit la route de Sucy, au pied des pentes, le long de la Marne, dépasse le moulin de Champigny et se dispose à tourner notre droite (1).

Mais c'est à notre gauche que le danger est le plus grand. Les Wurtembergeois, se glissant le long de la lisière nord du petit bois, tombent, à l'improviste, grâce à l'obscurité qui n'est pas encore dissipée, sur la Plâtrière et les carrières qui l'avoisinent au nord et à l'ouest. C'est une scène affreuse. L'ennemi coupe les attaches des tentes et éventre les malheureux soldats ainsi emprisonnés, en perçant, de leur baïonnette, les renflements mouvants de la toile (2). Les survivants des mobiles de la Côte-d'Or, atterrés par cette tuerie à laquelle ils s'attendent si peu, se sauvent à toutes jambes du côté du Four-à-Chaux de Champigny, entraînant,

(1) « Une armée ne peut être surprise que par la présomption, la négligence ou l'incapacité de celui qui la commande. » (Feuquières, cité par le colonel R. Henry, p. 446.) — « Il est toujours possible de se mettre en garde contre une surprise tactique. » (*Ibid.*, p. 462.) — « Toujours la même négligence. » (Juliette Lamber (Mᵐᵉ Edmond Adam). *Le siège de Paris, journal d'une Parisienne*; Paris, Michel Lévy frères, 1873; p. 318.) — « Comme toujours, dans cette guerre, nos avant-postes, surpris, se replièrent dans les dernières maisons. » (Viollet-le-Duc, p. 29.) — Massillon-Rouvet, pp. 82 et 83. — Charles de Mazade, *La guerre de France*, t. II, p. 216. — Rüstow, t. II, p. 159. — Francis Garnier, p. 93. — *Histoire critique du siège de Paris, par un officier de marine*, p. 135. — Colonel Fabre, p. 334. — A. Ballue, p. 92. — Colonel Lecomte, t. III, p. 422. — Major de Sarrepont, pp. 365 et 366. — Commandant Rousset, p. 219. — *Histoire de la guerre de 1870-1871*, par le général Ambert, p. 349. — Pierart, p. 47. — Paul de Kerneu, p. 114. — Francis Wey, p. 241. — *Souvenirs d'un garde national par un volontaire suisse*, IIᵉ partie, pp. 86, 87 et 98. — A. du Mesnil, p. 183. — Henri Martin, t. VII, p. 247. — Colonel Vandevelde, p. 266. — Arthur Chuquet, pp. 278 et 279.

(2) Ambroise Rendu, p. 99.

dans la débâcle, les compagnies qui viennent les relever. Des obus, faisant explosion au milieu de nos campements, y mettent le feu, une épaisse fumée se répand dans l'air et augmente le désarroi général. Les mobiles d'Ille-et-Vilaine suivent l'exemple de leurs camarades de la Côte-d'Or, et voici tout ce monde qui roule sur le chemin de Bry et sur la route de Joinville (1). Les Allemands pressent les fuyards, baïonnette aux reins, pénètrent dans l'enclos de la Plâtrière et se répandent sur le plateau du Signal : la gauche de Champigny est tournée (2) !

Quelques officiers français s'efforcent de calmer les mobiles affolés : le colonel du régiment de la Côte-d'Or, M. de Grancey, désolé d'avoir laissé seuls des soldats aussi impressionnables et inexpérimentés, sort de la maison de Champigny où il a passé la nuit (3), se jette au-devant de ses hommes

---

(1) « Les mobiles de la Côte-d'Or et ceux d'Ille-et-Vilaine se sauvent sans essayer de résister. » (*Historique du 35ᵉ de ligne.*) — Dans les positions avoisinantes, « qui étaient censées gardées par la brigade de mobiles du général Martenot, les mesures de précaution n'avaient pas été prises, non plus, ou elles avaient été mal prises, et, dans tous les cas, on n'en avait pas surveillé l'exécution. Il y avait eu, tout au moins, un certain désordre dans l'établissement du service de grand'garde, sur le front où se trouvaient les mobiles de la Côte-d'Or et d'Ille-et-Vilaine, de sorte qu'on était, sans le savoir, à peu près à découvert ». (Charles de Mazade, *La guerre de France*, t. II, p. 219.) — Francis Garnier, p. 93. — *Histoire critique du siège de Paris par un officier de marine*, p. 135. — Antonin Gourju, pp. 18 et 19.

(2) — « Dès le premier choc, au plateau du Signal, les mobiles qui forment la brigade Martenot, Côte-d'Or et Ille-et-Vilaine, saisis de panique, détalent vers la Marne et entraînent avec eux les troupes de seconde ligne. » (Arthur Chuquet, p. 279.) — On appelle plateau du Signal le terrain dominant qui s'étend entre les carrières de la Plâtrière et le Four-à-Chaux de Champigny.

(3) « Un ordonnance se précipite dans la chambre où M. de Grancey se trouvait avec l'un de ses officiers, M. de Blic, et l'aumônier du régiment..... : «« Mon Dieu ! monsieur le vicomte, les voici qui reviennent tous ! Entendez-vous ? Regardez, les voici ! »» De la fenêtre, nous apercevons, en effet, des mobiles et des soldats, descendant le coteau, fuyant en désordre, poursuivis par

avec un de ses officiers, M. de Blic, menaçant, encourageant, cherchant à les rallier et à les pousser en avant. « Faites-les entrer dans les maisons et tirer de là », commande le colonel; puis, à la vue de la déroute qu'il se reproche, il est pris d'un beau désespoir : après avoir lancé un dernier cri, d'un mouvement rapide, il pousse son cheval vers les premières lignes, du côté de la Plâtrière. Le colonel n'est plus qu'à cent pas de l'ennemi, tenant encore par le bras un de ses hommes qu'il a entraîné avec lui, lorsque deux balles l'atteignent presque au même instant : il s'affaisse et la débandade recommence. M. de Grancey a été frappé à mort (1).

Mais d'autres officiers, le commandant d'Andelarre, chef du bataillon de grand'garde, le capitaine Lorenchet de Montjamont ramènent, dans les carrières du Four-à-Chaux de Champigny, la moitié du bataillon, qui court déjà vers la Fourche. Ce retour offensif est heureusement appuyé par les batteries du commandant Briens qui viennent s'installer sur la ligne des Fours-à-Chaux et tirent à mitraille contre les Wurtembergeois. Ceux-ci hésitent, s'arrêtent; or, l'arrêt, en pareil cas, c'est le commencement du recul : les Français se remettent, les mobiles d'Ille-et-Vilaine, ralliés par le colonel de Vigneral, se précipitent sur le plateau du Signal et s'emparent encore de quelques carrières. Mais, là, exposés au feu plongeant des pentes des plateaux de Cœuilly et de Villiers, entassés les uns sur les autres, les mobiles sont décimés. Près de 600 hommes sont atteints en quelques minutes, et,

---

l'ennemi. » (*Le vicomte de Grancey*, 1831-1870; Paris, Plon, 1873; pp. 67 et 68.) Cette notice est du contre-amiral Ribourt. — « Les chefs dormaient dans les villages, au lieu de surveiller de tout près l'œuvre des grand'gardes. » (Piérart, p. 45.)

(1) *Le vicomte de Grancey*, p. 68. — *Les mobiles de Rennes au siège de Paris*, par J.-B. Mazères; Rennes, Leroy, 1871; pp. 63 à 67.

parmi eux, les commandants Le Gonidec et le Mintier de Saint-André. Bientôt, c'est le colonel de Vigneral qui tombe grièvement blessé. Il remet le commandement à son dernier chef de bataillon, M. du Dezerseul, qui, frappé à son tour, a l'énergie de rester au milieu de ses soldats. « Bourguignons et Bretons luttent désormais sans reculer d'une semelle; tous ceux qui tombent, gisent, alignés, à leur place de bataille (1). »

En compagnie du commandant d'Andelarre, M. du Dezerseul a le bonheur de maintenir ainsi au feu les 250 mobiles lui restant en main; il profite, même, du trouble causé, dans les rangs ennemis, par la mitraille de notre artillerie, pour marcher en avant : il nettoie, des Wurtembergeois qui le remplissent, le plateau du Signal et les rejette dans la Plâtrière, dans le petit bois et dans les vergers voisins de la Maison Rouge, habitation de campagne construite au pied du versant nord-ouest du plateau de Cœuilly (2).

Au centre de Champigny, nos affaires vont plus mal. Le parc en pointe est entouré, presque sur toutes ses faces. Des têtes d'Allemands se montrent au-dessus des murs et aux brèches, les assaillants se pressent à la sortie ménagée par eux avant leur expulsion, le 30 novembre, à la voûte du grand fossé, à la grille d'entrée et aux grilles du côté sud. Revenues de leur surprise, les compagnies françaises relevées accourent à l'aide de leurs camarades et le combat commence avec un acharnement épouvantable. Tout le long des grilles on se fusille à bout portant, les soldats des deux partis passent

---

(1) Arthur Chuquet, p. 279.
(2) Général Ducrot, t. III, pp. 8 et 9. — *Garde nationale mobile de la Côte-d'Or, Bataille de Champigny, 2 décembre 1870, Rectification au rapport présenté à l'Assemblée nationale*; Dijon, Darantière; pp. 13 et 14. — Antonin Gourju, p. 20.

même leurs baïonnettes entre les barreaux de fer et percent la poitrine, crèvent la tête de ceux qui se présentent à portée : c'est horrible. Les braves du 42ᵉ tiennent donc et peuvent croire qu'ils vont repousser l'ennemi quand, du côté de Champigny, éclatent les hurrahs barbares des Allemands. Ceux-ci ont pu desceller les barreaux des grilles de la partie basse du parc en pointe et le 42ᵉ est tourné, cerné, fusillé à revers. Les défenseurs de la sortie nord et de la voûte s'effraient, cessent le feu, s'éloignent du mur : les Allemands se précipitent par les ouvertures que nos soldats leur abandonnent.

« Le jour commence à poindre, on se voit à peine. A travers les haies, les massifs, les bouquets d'arbres, Français et Allemands se cherchent, s'abordent, se tirent à brûle-pourpoint, luttent corps à corps ; les nôtres, enveloppés de tous côtés, à bout de forces, cèdent, reculent. Quelques groupes complètement cernés, mettent bas les armes (1). »

D'autres groupes se replient en faisant le coup de feu derrière les bosquets et les maisons construites au sud du parc en pointe, en façade sur l'ancienne route de Chennevières. Ils gagnent enfin une brèche ouvrant sur la rue de la Croix et s'efforcent de rétablir le combat, abrités qu'ils sont par la barricade élevée au sud de cette rue. Mais les Allemands garnissent les fenêtres de la très haute maison de la Plâtrière, dont ils sont maîtres ; leurs balles, bien dirigées, renversent les défenseurs de la barricade : il faut, de nouveau, battre en retraite. Les uns se jettent dans une maison de la rue des Roches dont le jardin, entouré de murs, permet une certaine résistance ; d'autres s'enferment dans une seconde maison, également entourée d'un

---

(1) Général Ducrot, t. III, pp. 9 et 10. — *Historique du 42ᵉ de ligne.*

jardin clos de murs, au coin de la rue de la Marne (1) et de la rue de Sucy, à la hauteur de la barricade construite dans cette rue; le restant se sauve vers la mairie. A notre gauche, et surtout à notre centre, le désastre est consommé.

Toutefois, les héros de la maison de la rue des Roches foudroient, de leurs chassepots, les Allemands qui tentent de déboucher par la rue de la Croix pour gagner la chaussée du pont et prendre, d'un seul coup de filet, tout ce qui se bat encore des défenseurs du haut Champigny. Un soldat, nommé Arrighi, se tient dans le jardin de cette maison de la rue des Roches, la moitié du corps dépassant le mur de clôture, pour indiquer aux défenseurs les mouvements de l'ennemi et les endroits où il faut tirer de préférence (2). Grâce à la valeur de ces hommes, l'ennemi est arrêté : il ne peut défiler dans la rue des Roches et gagner la rue de Bonneau.

Les défenseurs du grand parc, sous les ordres du commandant Cahen, n'ayant pas su résister derrière les murs, ni se retrancher dans la massive maison bâtie dans ce grand parc au croisement des deux routes de Chennevières, l'ennemi descend, avec impétuosité, par ces deux routes, après avoir capturé les compagnies du 42e chargées de cette défense. Nous venons de perdre, là et au parc en pointe, l'élite de notre armée, les rudes soldats qui se battent depuis le commencement du siège et qu'on met toujours en première ligne. C'est un malheur irréparable.

Enivré par un aussi beau succès, l'ennemi, d'un seul élan, enlève les barricades jetées à droite et à gauche du grand parc, sur la vieille et la nou-

---

(1) Le général Ducrot appelle cette rue, on ne sait pourquoi, rue Champignolle.
(2) *Historique du 42e de ligne.*

velle route de Chennevières. La haute barricade établie dans la grande rue, entre les rues de la Croix et Atrait, est emportée en un clin d'œil. Les Allemands font prisonniers ceux de nos soldats qui n'ont pas fui, mais, arrivés à une quatrième barricade, à 80 mètres au-dessous de la rue de la Croix, ils sont reçus si brutalement par ses défenseurs, peu intimidés, que la marche triomphale de l'ennemi est arrêtée net. Bien mieux, un mouvement tournant intelligemment exécuté, nous fait cerner et prendre toute une compagnie wurtembergeoise.

Malheureusement, à notre droite, le péril est pressant. Les Allemands, descendus par la nouvelle route de Chennevières et arrivés par la rue de Sucy, ferment les issues de l'immense parc s'étendant sur la pente sud, entre la grande rue et la rue de Sucy. Le 2e bataillon du 42e, se voyant perdu, se masse, en colonne serrée, force la grille de la rue de Sucy et passe sur le ventre des assiégeants. Mais au lieu de tenir tête, il recule jusqu'à l'église, et même jusqu'à la chaussée du pont, entraînant, dans son mouvement de retraite, la plupart des soldats du 113e chargés de défendre la tranchée de la Marne et la barricade improvisée dans la rue de Sucy, au débouché de la rue Atrait. Les Wurtembergeois profitent de la chance pour s'emparer de cette barricade.

Et les voici qui reprennent leur marche en avant. Mais le commandant Besson, réunissant les épaves résistantes du 113e, s'installe derrière une autre barricade, pareillement élevée dans la rue de Sucy, à 10 mètres en avant de la rue de la Marne. Il reçoit l'ennemi avec des décharges à bout portant et le force à se retirer. Il est aidé, dans cette besogne, par les débris du 42e de ligne qui ont pu s'échapper du parc en pointe et qui se sont retranchés à l'intérieur et aux alentours d'une maison dont le jardin, clos de mur, est bordé à l'ouest et au sud par la rue de la Marne et la rue de Sucy, à la hauteur de la barricade si crânement disputée à l'ennemi.

Par malheur, les chasseurs wurtembergeois se sont emparés du moulin de Champigny; s'avançant alors, le long de la Marne, ils emportent la tranchée mal défendue, remontent la rue de la Marne et prennent le commandant Besson à revers. Voilà encore une barricade perdue pour nous : les épaves du 113ᵉ lâchent et ne s'arrêtent qu'à la place de Champigny.

A huit heures du matin, chassés de tout le haut Champigny et de la partie sud du village, nous ne possédons plus, au delà des rues de Bonneau et Mignon et de la chaussée du pont, qui se font suite, que les pâtés de maisons limités par ces rues, la rue des Roches, jusqu'au jardin occupé par les soldats du 42ᵉ, la rue du Four, la place de la Pompe, y compris la Maison-Verte, bâtie sur cette place, au coin de la grande rue et de la rue du Clocher, l'église, la rue de la Marne et la rivière.

A la droite du village, le chemin de halage est barré, au-dessous du pont, par une barricade. Des soldats du 113ᵉ de ligne, cachés dans les maisons construites sur la chaussée et derrière le petit mur qui la borde, font le coup de feu avec l'assaillant qui essaie de se faufiler le long de la rivière. A la gauche du village, des hommes du 114ᵉ, installés dans les constructions de la rue de Bonneau, au nord de la rue des Roches, relient les combattants de Champigny aux mobiles de la Côte-d'Or, terrés dans la grande carrière, au nord du plateau du Signal, et aux mobiles d'Ille-et-Vilaine, retranchés dans le Four-à-Chaux de Champigny.

Pour comble de malchance, le soleil s'est dégagé du brouillard; maintenant, il brille, aveuglant, de ses rayons, nos artilleurs et nos fantassins, qui visent mal, tandis que nos adversaires, abrités sur les hauteurs, dominant nos positions, voient nos batteries et nos régiments admirablement éclairés. Aussi tirent-ils à coup sûr.

« Le village de Champigny offre le spectacle le plus navrant. La grande rue est pleine de mobiles, de soldats de toutes armes, courant dans tous les sens ; un convoi de vivres cherchant à s'avancer, augmente encore le désordre, la confusion. Les paroles, les exhortations, les menaces ne font rien sur ce torrent de fuyards toujours grossissant. Depuis le Four-à-Chaux jusqu'à la Marne, notre front se trouve presque absolument dégarni (1). »

La situation est donc quasi désespérée : nos généraux n'ont rien su voir ni prévoir, la droite de l'armée va être tournée, en dépit des batteries de la presqu'île, l'ennemi va être bientôt à la Fourche, c'est l'enveloppement, le désastre, c'est la réalisation des craintes du général de Bellemare, c'est l'armée tout entière jetée à la Marne (2) ! Quelques troupes fraîches accourant à l'aide des Wurtembergeois et c'en est fait de nous !

Heureusement, le général de Fransecky a commis la faute des militaires. Une certaine école, au lieu de se plier aux circonstances, de se déterminer d'après les heures, les lieux, l'état moral des deux adversaires, suit à la lettre les prescriptions de théories. On ne doit pas engager tout son monde en même temps, il faut une réserve, etc., etc. Le général de Fransecky n'a donc pas fait donner toutes ses troupes ; il a une réserve, encore éloignée

---

(1) Général Ducrot, t. III, p. 11.
(2) La Marne coulait au pied du coteau, et, si nous étions obligés à une retraite précipitée, les ponts étaient peu nombreux pour repasser la rivière où nous courions le risque d'être jetés par l'ennemi. » (Général Vinoy, p. 273.) — Voir, *supra*, pp. 138 à 143.

de l'action; il n'a lancé sur Champigny que deux régiments et un bataillon de chasseurs. Bien que notre surprise ait été complète, que notre déroute ait été navrante, il a suffi de quelques hommes de cœur tenant dans les jardins, dans les maisons, derrière une ou deux barricades, pour faire éprouver à l'assaillant des pertes sérieuses, pour finir par briser son élan et pour l'arrêter tout à fait (1).

Il en eût été autrement si deux ou trois régiments avaient suivi les premiers, si les VIe et V^e brigades avaient apporté immédiatement leur concours. La fougue du premier moment, loin de se calmer, eût été doublée par les nouveaux arrivants, nous n'eussions pas eu le temps de nous reconnaître et la division Faron eût été anéantie. Mais, encore une fois, les généraux prussiens avaient suivi les errements ordinaires, leurs réserves n'avaient pas atteint Champigny et, quand elles entreront en ligne, nous aurons recouvré nos esprits et notre écrasement ne sera plus aussi facile qu'au début de la journée. Tant, à la guerre, il ne faut s'inspirer que du fait immédiat, de la nécessité de l'instant; tant il faut profiter de l'occasion, qui s'offre rarement deux fois dans le cours d'une bataille!

ORGANISATION DE LA RÉSISTANCE

Donc, si les généraux Blanchard et Faron ne paraissent pas encore, le général de la Mariouse se décide à rejoindre ses troupes. Il rallie deux compagnies du 35e et tâche d'arrêter les fuyards. Vains efforts : ceux-ci, ne pouvant plus passer par la grande rue, s'écoulent par les rues latérales et

---

(1) Général Ducrot, t. III, pp. 9 à 11.

reprennent leur course vers la Fourche, au milieu des voitures et des chevaux dont rien ne saurait ralentir l'allure.

Mais le général Frébault a prescrit à toute l'artillerie de se mettre en position, et le général Blanchard, qui commence à donner signe de vie, place trois batteries divisionnaires à l'est de la Fourche, de chaque côté de la route de Champigny, avec ordre de mitrailler les Allemands quand ils déboucheront du village, car, pour cet étrange général, la perte de Champigny ne fait plus de doute : suivant son idée de l'avant-veille, il n'y a plus, selon lui, qu'à protéger les ponts afin de permettre à l'armée de repasser la Marne.

Quant à l'artillerie de réserve, se plaçant près de la rivière, elle canonne Bel-Air et le plateau de Cœuilly; mais, trop en contre-bas, elle n'a pas grande action sur l'artillerie ennemie.

Il n'en est pas de même des canons installés dans la presqu'île de Saint-Maur; leur feu, dirigé sur les hauteurs, au-dessus et à droite de Champigny, gêne singulièrement l'infanterie allemande.

Malheureusement, le général Favé, persuadé, à la vue des fuyards, que Champigny est perdu et qu'il faut, à tout prix, protéger les ponts de Joinville; craignant aussi, probablement, que les Allemands ne passent la Marne et ne lui enlèvent ses pièces imparfaitement défendues par quelques bataillons de mobiles, fait revenir, entre le village de Saint-Maur, et le petit parc, les batteries alignées à mi-chemin de Bellechasse et du chemin de fer de Vincennes, à l'extrémité de l'ancien parc Saint-Maur.

Il serait bien plus simple, au cas où elles n'auraient pas de vue sur le chemin de Sucy et les pentes sud de Champigny, de porter ces batteries sur l'éminence du Réservoir, à l'est de la redoute, et de leur faire ouvrir le feu contre la nouvelle route de Chennevières, le chemin de Sucy et le chemin de halage par où l'ennemi s'avance ; mais les reporter jusqu'à Saint-Maur est de l'exagération dans la prudence, et une exagération regrettable car leurs obus ne manqueraient pas de faire souffrir les assaillants.

Aussi la colère du général Ducrot se comprend facilement quand il apprend que les batteries Brasilier, Donato et Piron ont quitté leurs emplacements.

« Outre les six pièces de sa batterie, le capitaine Piron avait quelques autres pièces de 12 de siège, tirées de la redoute de Saint-Maur, où elles étaient trop éloignées pour rendre d'utiles services. De sa position à l'extrémité du parc, cette formidable batterie de siège voyait, à petite distance, les flancs du coteau de Chennevières, les pentes qui dominent Champigny, les routes qui conduisent à ce village ; son feu eût rendu impossible l'arrivée des réserves ennemies et eût immédiatement dégagé la division Faron ; derrière la redoute de Saint-Maur, au contraire, elle était trop loin pour être utilisée (1). »

C'est vrai, mais le général Ducrot se fait illusion sur l'effet foudroyant du canon tirant sur des pentes ; il est, également, très optimiste en pensant que « la presqu'île de Saint-Maur est suffisamment couverte par le fossé de la Marne (2) » : l'ennemi aurait pu traverser le petit bras de cette rivière au moyen des deux îles émergeant en face du moulin de Champigny, ou, plutôt, au moyen de l'île située

(1) Général Ducrot, t. III, p. 13, en note. — « Malheureusement, à droite, les batteries de la presqu'île Saint-Maur, si bien situées pour flanquer nos positions, se taisent et même, dès le début de la panique, se reportent en arrière, sous prétexte de couvrir la retraite. » (Commandant Grouard, *Le Blocus de Paris et la Première armée de la Loire*, 3e partie, pp. 42 et 43.)

(2) Général Ducrot, t. III, p. 13.

directement au-dessous de Chennevières. A ce moment, il n'y avait pas de forces françaises dans la Varenne-Saint-Hilaire et au Mesnil; rien n'empêchait donc les Allemands de traverser la Marne, et, s'ils tentaient l'aventure, que devenaient les batteries aventurées au bout de l'ancien parc de Saint-Maur? Sans doute, mieux gardées, elles auraient résisté à un coup de main, mais les mobiles de l'Hérault et de Seine-et-Oise n'étaient pas assez aguerris pour repousser un assaut délibérément conduit. C'est une circonstance atténuante en faveur du général Favé.

Il faut ajouter aussi, toujours à la décharge du général Favé, que les saillants de la presqu'île n'étaient pas assez élevés pour bien voir, de tous les côtés, par-dessus les bois et les villas qui la parsemaient déjà: on ne pouvait, par conséquent, s'opposer facilement à un passage de la rivière, et il était possible qu'on le connût en recevant les balles de l'ennemi.

Enfin, les crêtes et les pentes de Champigny ne sont pas commodes à canonner utilement, étant couvertes par de grands bois, sorte de rideau derrière lequel des régiments entiers ont la liberté de se cacher. Il n'y avait guère, nous le répétons, que la nouvelle route de Chennevières, le chemin de Sucy et la plaine, entre les pentes et la Marne, en situation d'être battus par nos projectiles.

Quoi qu'il en soit, le feu de nos pièces de la presqu'île se trouve concentré, de la redoute du Réservoir, près de laquelle s'est placée la batterie de 4 du capitaine André, au village de Saint-Maur, où se sont réfugiées les batteries Brasilier et Piron. En choisissant cette position de combat, le général Favé avait en vue, dit-il, un double objet: « empêcher l'ennemi de couper le 2e corps d'armée de ses ponts, l'empêcher de descendre la pente des coteaux, si un mouvement général de retraite ramenait nos 1ᵉʳ et 2ᵉ corps d'armée dans le rentrant de la Marne (1). »

C'était très bien dans l'hypothèse d'une retraite; c'était regrettable dans l'hypothèse d'une reprise des positions enlevées et, *à fortiori*, en cas d'offensive sur Cœuilly. Or, le général Favé n'avait pas encore reçu avis que la partie fût abandonnée : il ne devait donc pas préjuger l'échec. Aussi bien, il n'aurait pas eu la possibilité de douter, de choisir, s'il avait été relié au général en chef, comme il aurait pu et dû l'être, par un service de correspondance, télégraphique ou autre, qui lui aurait fait connaître presque instantanément les volontés de son supérieur. Mais on n'avait pas eu l'idée d'organiser ce mode de correspondance qui, du reste, eût été inutile puisque le général Ducrot, au lieu de diriger les batailles, se jetait dans la mêlée comme un simple soldat, puisqu'il était impossible de savoir en quel endroit il se trouvait (2).

Quant à l'artillerie ennemie, quoique placée sur une position dominante, elle ne faisait pas grand mal à nos batteries de la presqu'île : on s'en rendra compte en constatant que, pour un si gros combat, elles eurent « un sous-officier blessé et quelques roues de brisées (3) ». Nouvel exemple du peu d'effet qu'a souvent l'artillerie.

En résumé, nous ne possédons plus la partie supérieure de Champigny. Par suite de la mauvaise organisation du service de grand'garde, par la négligence des généraux et des colonels, la division Faron a été culbutée sur toute la ligne et a perdu la plus grande partie des 35ᵉ et 42ᵉ de ligne, les meilleurs de l'armée (4).

(1) Général Favé, p. 46.
(2) Voir, *infrà*, pp. 240 à 248, la discussion de la conduite du général Favé, le 2 décembre.
(3) Général Favé, p. 48.
(4) *Ibid.*, pp. 45 à 48. — Général Ducrot, t. III, pp. 11 à 14.

ATTAQUE DU GRAND-FOUR-A-CHAUX

Juste à l'instant où les Wurtembergeois surprenaient si déplorablement la division Faron à Champigny, deux compagnies du 1ᵉʳ régiment wurtembergeois, sorties de Villiers, longeaient le chemin de fer et se jetaient sur le petit bois de la Lande. Une autre colonne du même régiment inclinait à gauche et s'approchait de la Batterie de la Carrière.

La droite du 121ᵉ de ligne, découverte par la retraite des mobiles de la Côte-d'Or et d'Ille-et-Vilaine, était, un moment, sur le point d'être tournée; les Allemands, arrivant sur les hauteurs abandonnées, criblaient de balles l'emplacement même du bivouac (1). « Dès lors, tout le poids de la lutte retombait sur la brigade Paturel..... obligée tout à la fois, de défendre ses positions et de remplir le vide ouvert par la retraite de la brigade Martenot (2). »

Mais nos grand'gardes ne se laissent pas intimider : elles répondent à l'ennemi et ne se retirent que pas à pas (3). Comme le général Paturel n'est pas de l'école des généraux de Champigny, dès les premiers coups de feu, il rassemble ses deux régiments, prend les premières compagnies formées et court à l'aide de ses avant-postes. Trois compagnies du 121ᵉ repoussent les assaillants de la Batterie de

---

(1) *Historique du 121ᵉ de ligne.* — « La retraite un peu désordonnée de la brigade Martenot tout entière laissait, tout à coup, dans notre ligne, une trouée des plus dangereuses. » (Charles de Mazade, *La guerre de France*, t. II, pp. 219 et 220.)
(2) *Ibid.*, p. 220.
(3) « La brigade Paturel avait eu l'œil au guet et, grâce à l'attentive vigilance de ses sentinelles... elle gardait ses positions. » (Arthur Chuquet, p. 280.)

la Carrière, et, cette besogne faite, volent au secours des trois autres compagnies de leur régiment qui combattent dans le petit bois de la Lande où la situation est mauvaise. En effet, selon notre ordinaire habitude, nous avions été surpris : les trois capitaines, MM. Mainson, Leyroux et Drouot, pour réparer leur faute, se battent en héros et leur exemple électrise les soldats. Cependant, l'élan des Wurtembergeois est tel que nous sommes à peu près chassés du petit bois de la Lande. Mais les Allemands, assaillis de flanc et à dos par le général Paturel, en marche contre la lisière sud de ce petit bois, « rétrogradent avec de grandes pertes dans le ravin au sud de Villiers (1) », « nous laissant 30 prisonniers dont un officier (2) ».

Excité par ce succès, le général Paturel veut poursuivre les fuyards : toute la brigade s'ébranle aux cris de : « *En avant! En avant!* » Pris de terreur, les Wurtembergeois se sauvent, comme des lièvres, vers Cœuilly et Villiers et ne s'arrêtent que derrière leurs retranchements. La compagnie du capitaine Bapst, qui s'acharne après les fuyards, franchit le pont du chemin de fer de Mulhouse, s'approche audacieusement de Villiers et arrive au sommet de la pente, croyant y rencontrer les nôtres. Hélas ! le capitaine constate qu'il est seul et que notre gauche n'a pas pris pied sur le plateau. Les Wurtembergeois ont eu le temps de rentrer dans leurs tranchées, de se dissimuler derrière leurs murs crénelés ; rien ne gêne plus le tir des défenseurs du parc qui voient les Français à bonne distance. La fusillade recommence de plus belle ; la brave petite compagnie ne saurait enlever, à elle toute seule, une position que

---

(1) *La Guerre franco-allemande*, 2ᵉ partie, p. 547.
(2) Général Ducrot, t. III, p. 15. — « La brigade Paturel tient bon au Four-à-Chaux. » (Piérart, p. 47.)

les divisions de Maussion, Berthaut, et de Bellemare ont vainement essayé d'emporter l'avant-veille : il faut revenir du côté du pont.

Les autres fractions du 121ᵉ et le 122ᵉ de ligne, sous la vigoureuse impulsion du général Paturel qui, l'épée à la main, marche à leur tête, suivent le ravin de la Lande, pourchassant les Wurtembergeois, baïonnette aux reins ; elles dépassent même le chemin qui va, du pont franchi par le capitaine Bapst, au plateau de Cœuilly, et parviennent jusqu'à la première voûte de Villiers, sous le chemin de fer. Là, aussi, il faut s'arrêter ; pris, de face, par la fusillade des tranchées creusées devant le chemin de Villiers à Chennevières, devant l'éperon de Cœuilly, et par les projectiles des batteries installées sur cet éperon ; pris, de flanc droit, par les canons braqués au sommet de la crête nord du plateau de Cœuilly ; pris, de flanc gauche, par la fusillade des Wurtembergeois embusqués derrière le remblai de la voie ferrée, la brigade souffre atrocement : les morts et les blessés tombent si dru qu'il n'y a plus qu'à se mettre à l'abri (1).

Les uns se cachent, à la faveur des saules, des buissons ; les autres se terrent dans les fossés et les sillons, mais tous continuent le feu contre leurs adversaires de gauche et de face. Chaque fois que l'ennemi, humilié de voir ces petites poignées d'hommes le refouler jusque dans ses retranchements alors qu'il avait eu la présomption de penser pouvoir les chasser des leurs, s'avance, pour les

---

(1) « Nos compagnies marchèrent sans hésitation ; voyant un général, M. Paturel, marchant à leur tête comme un simple soldat, les hommes montrèrent un élan remarquable, malgré un feu effroyable qui nous venait de face, de gauche, et les balles qui sifflaient de droite, balles perdues et passant trop haut, mais qui me faisaient supposer que, de ce côté, on avait faibli un instant. » (*Extrait du récit du capitaine Quéval, du* 122ᵉ *de ligne, Général Ducrot*, t. III, p. 327.) — Arthur Chuquet, p. 280.

écraser, la fusillade de nos soldats, et, surtout, le feu foudroyant de deux mitrailleuses du général Berthaut, en batterie à une centaine de mètres de la maison du garde-barrière, le rejettent, en désordre, derrière ses abris.

C'est un second exemple, après celui des mitrailleuses du capitaine Clavel qui, le 30 novembre, ont pulvérisé les Saxons sur les pentes nord de Bry, de la puissance formidable de cet engin quand il est aux mains d'officiers sachant s'en servir et ne l'employant pas, naïvement, comme les généraux du 1er corps l'avaient fait, l'avant-veille, devant Cœuilly, à tirer contre des murs et des levées de terre (1).

« Ainsi, vers sept heures et demie, l'attaque du centre ennemi avait complètement échoué devant la vigoureuse résistance de la brigade Paturel, dont les tirailleurs étaient arrivés à plus de 1,000 mètres de leur première position; les Allemands s'étaient retirés d'un côté jusque sous Villiers, de l'autre sur les pentes du plateau de Cœuilly (2). »

C'était un beau fait d'armes qui compensait la honteuse débandade de Champigny.

Pendant ce temps, la division de Malroy se préparait derrière la brigade Paturel : la tranchée reliant le chemin de fer au petit bois de la Lande, ce petit bois, la carrière devant le Grand-Four-à-Chaux, les bâtiments du Grand-Four, la tranchée, creusée entre le chemin conduisant à Villiers et le Four-à-Chaux de Champigny, sont garnis par cette division. Les batteries Buloz et Flye-Sainte-Marie, sous les ordres du commandant Déthorey, s'établissent sur le versant du ravin de la Lande et

---

(1) Voir, *suprà*, pp. 46 et 47.
(2) Général Ducrot, t. III, p. 16.

RÉSISTANCE DE LA DIVISION BERTHAUT

Le général Berthaut avait charge, comme nous le savons, de la défense des pentes occidentales et méridionales du plateau, allant, du chemin de fer de Mulhouse, au chemin creux qui monte, du chemin de Bry à Joinville, à la route de Villiers, près du *Peuplier*.

N'ayant pas la moindre confiance dans le génie, pour procurer le matériel indispensable aux travaux de campagne, le général avait eu le soin, au moment du départ de ses soldats pour Joinville, de les munir des outils nécessaires à la construction de tranchées et d'épaulements. Aussi, le commandant Bardonnaut, du génie, avait-il pu, assez aisément, fortifier la position.

Vers sept heures, les sentinelles avancées rentrent doucement dans les tranchées, en prévenant leurs chefs de l'approche des Allemands. Chacun se tient à son poste, les artilleurs de la batterie Moriau dans la grande redoute, à droite du *Peuplier*, l'infanterie derrière les ouvrages en terre, les arbres et les buissons.

D'un seul bond, le 1er régiment wurtembergeois est sur nous. Les soldats de la brigade Bocher, effrayés par cette terrifiante apparition, ne soutiennent pas le choc : ils se sauvent. Mais l'ennemi n'a, là, qu'un régiment et s'en prend à une division; les troupes de seconde ligne arrivent à la rescousse, ramenant les fuyards avec elles; les

---

(1) Général Ducrot, t. III, pp. 14 à 17.

balles françaises percent les rangs de l'assaillant pendant que les coups de mitraille du capitaine Moriau les broient à bout portant. Ainsi reçus, les Wurtembergeois font volte-face : ils s'enfuient à la débandade du côté de Villiers, abandonnant leurs blessés et leurs morts. Un régiment, nous le répétons, ne pouvait venir à bout d'une division : il y avait eu, là, une faute grave de commise par les généraux ennemis.

Quant à notre artillerie, elle continue à se mettre en position, depuis le chemin creux, à la hauteur du *Peuplier*, jusqu'à la voie ferrée, à la hauteur de la maison du garde-barrière.

Sur ces entrefaites, le colonel de Miribel fait marcher sa brigade de mobiles, qui commence par tirer, à 1,200 mètres, contre les rassemblements ennemis que l'on aperçoit sur le plateau de Cœuilly. Ce feu est si bien dirigé qu'en quelques minutes le plateau est nettoyé : les Allemands ont disparu.

Les Wurtembergeois tentent bien de revenir à la charge, du côté de la brigade Bocher, en suivant le chemin de fer, mais ils attaquent mollement, sans conviction; quelques coups de fusil suffisent pour les faire rétrograder : l'arrivée de la brigade de Miribel achève de leur enlever tout esprit de retour.

En raison de l'échec de son infanterie, l'ennemi recourt à son artillerie : toutes les pièces disponibles, dix batteries, se rangent sur les hauteurs, depuis Villiers jusqu'à Cœuilly, et les obus commencent à tomber, serrés, sur nos fantassins et nos artilleurs. Tous nos canons, braqués, du chemin creux au Four-à-Chaux de Champigny, répondent de leur mieux; mais les Allemands nous dominent et il en résulte un grand désavantage pour nous.

L'infanterie se gare assez bien; malheureusement l'artillerie, exposée, le plus souvent à découvert, aux coups bien dirigés de l'ennemi, souffre beaucoup.

La batterie du capitaine de Chalain est démontée, ses servants sont renversés; le colonel Minot n'a que le temps de lui ordonner de se mettre à l'abri. Traînée par les hommes, à défaut de chevaux, cette batterie est reportée derrière le remblai du chemin de fer.

« Dans la journée du 30 novembre et la matinée du 2 décembre, la batterie de Chalain avait perdu 43 hommes et 71 chevaux. Le capitaine de Chalain n'avait, avec lui, qu'un seul officier, M. Bureau, sous-lieutenant auxiliaire, sortant de l'Ecole centrale, qui se fit remarquer par son entrain et son énergie (1). » Exemple frappant de ce que l'on pourrait faire des officiers de réserve et de territoriale si l'on daignait les instruire sérieusement. Mais la jalousie fait oublier la patrie et l'on ne veut pas comprendre que ceux qui doivent partager les mêmes dangers ont droit au même savoir, aux mêmes devoirs, aux mêmes honneurs.

Les batteries des capitaines Simon et Lapâque sont bientôt obligées de suivre le capitaine de Chalain; il ne reste plus, pour soutenir la lutte, que deux mitrailleuses, à la maison du garde-barrière, et les batteries Nismes, Dubois et Moriau, près du chemin de Villiers à Joinville, et cela, grâce à l'appui que leur prêtent les six pièces et les deux mitrailleuses de la 3ᵉ division, bien abritées derrière des épaulements construits sur le remblai du chemin de fer, grâce, aussi, au feu du fort de Nogent et des batteries qui l'environnent.

Chaque fois, donc, que l'ennemi fait mine de lancer son infanterie, nos mitrailleuses le refoulent instantanément : voyant qu'ils ne nous entament

---

(1) Général Ducrot, t. III, p. 20, en note.

pas, les Allemands s'abritent, à leur tour, dans leurs ouvrages et, de ce côté, la bataille n'est plus qu'une lutte d'artillerie (1).

« Malgré le feu violent de l'artillerie ennemie, qui a continué, après le départ de nos pièces, les troupes d'infanterie ont généralement peu souffert, parce qu'elles étaient abritées derrière les tranchées creusées pendant la nuit et la journée précédentes, et elles ont tiré très lentement sans se laisser troubler par le feu de l'artillerie adverse (2) ».

Au centre, les Français ont repoussé, victorieusement, tous les assauts des Allemands.

ATTAQUE DE BRY

Mais le danger ne gisait pas au centre ; c'était à droite, par Champigny, à gauche, par Bry, que nous risquions d'être tournés. Nous avons vu comment le péril avait été provisoirement conjuré du côté de Champigny, racontons, maintenant, comment nous faillîmes être chassés de Bry, de combien de peu il s'en fallut que nous fussions pris de flanc et en arrière de notre ligne de bataille.

Le village de Bry-sur-Marne se composait de deux rues, la grande rue et la rue du Four, allant, parallèlement, toutes les deux, de l'église au château de Bry. Là, les deux rues forment un coude et se jettent dans la route de Noisy. A droite, un chemin monte, en pente douce, vers le cimetière ; à gauche, c'est le parc Dewinck.

---

(1) Général Ducrot, t. III, pp. 17 à 21. — Ces deux mitrailleuses « ont fait beaucoup de mal à l'ennemi ; elles ont fait rétrograder une forte colonne d'infanterie qui s'avançait sur la pente du plateau de Cœuilly, et nous l'avons vue fuir en désordre ». (*Rapport du général Berthaut.*)

(2) *Ibid.*

De la place de la mairie et de l'église part une autre rue, amorce du chemin de Bry à Joinville. Une belle chaussée conduit, de cette même place, au pont, détruit, de la Marne. Des avenues droites et des rues semées de villas coupent le terrain entre

BRY-SUR-MARNE

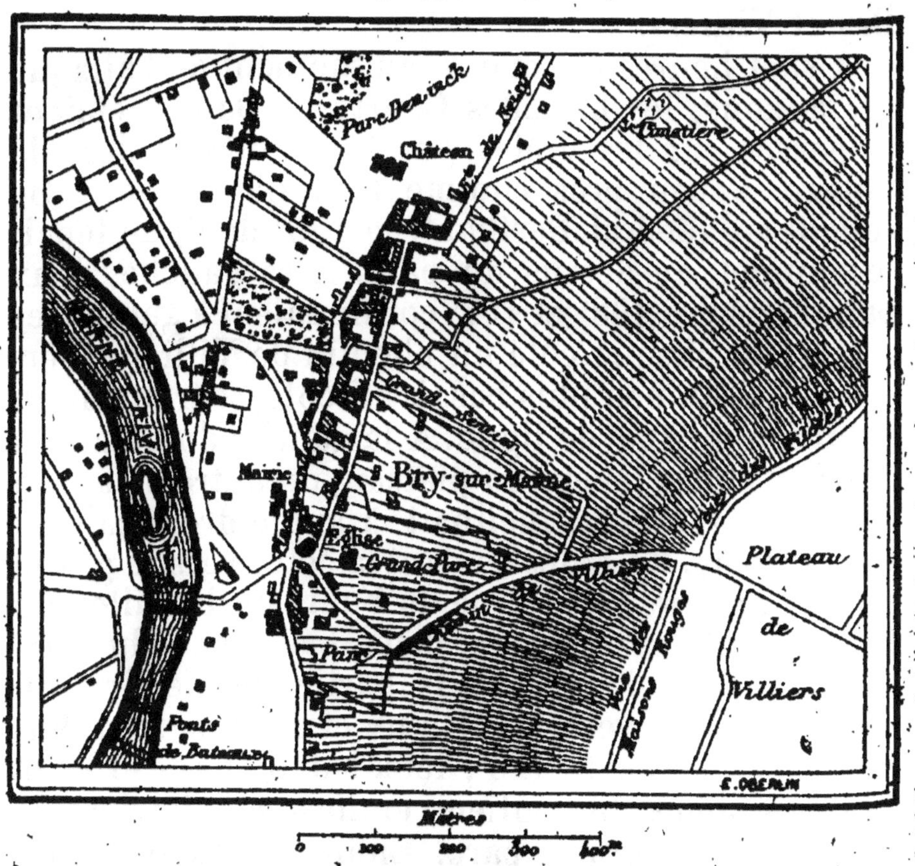

la grande rue et la rivière : l'avenue de Rigny est la plus belle de ces larges voies.

A partir de toutes les maisons construites à l'est du village, la pente commence, très raide, jusqu'aux crêtes, d'où l'on voit Villiers, et sur lesquelles on s'est tant battu, le 30 novembre.

Un chemin, dit chemin de Bry à Villiers, étroit et escarpé, fermé à gauche par les murs du grand parc, à droite par ceux du parc, va de l'église au haut des crêtes. Un autre chemin, appelé grand sentier (aujourd'hui rue Franchetti), prend au milieu de la rue du Four et se jette dans le précédent, à l'est de la pointe du grand parc, après avoir fait, à mi-côte, un coude subit. Avec le fameux chemin creux, partant de la route de Joinville, au sud du village, ce sont les seules voies de communication entre Bry et Villiers.

A sept heures du matin, au moment de l'attaque des Saxons, les brigades Courty et Daudel étaient disposées sur les crêtes, sur les pentes et dans le village, à peu près comme la veille au soir. Se reliant au général Berthaut, le 125ᵉ de ligne tenait le sommet, au-dessus du parc. A sa gauche, deux bataillons des 108ᵉ et 107ᵉ continuaient à garder les crêtes, de chaque côté du chemin de Villiers. Derrière eux, un peu plus bas, à mi-côte, se trouvait un bataillon du 126ᵉ de ligne. A la gauche du bataillon du 107ᵉ, sur la lisière du plateau, un autre bataillon du même régiment inclinait, à angle droit, faisant face à Noisy. En redescendant la côte, vers le grand sentier qui vient de la rue du Four, un bataillon du 126ᵉ reliait le 107ᵉ aux deux bataillons du 108ᵉ chargés de la défense de la partie sud de Bry, du carrefour de l'avenue de Rigny et de la mairie. Derrière le bataillon du 126ᵉ, deux bataillons des 108ᵉ et 126ᵉ servaient de soutien, embusqués derrière le mur nord du grand parc. Enfin, un bataillon du 107ᵉ occupait les maisons au sud de l'église et le parc.

Le village avait été fortifié par des barricades, des murs crénelés, des maisons percées permettant les communications intérieures ; à ce point de vue, le général Ducrot affirme que « tout était prêt, le matin du 2 décembre (1) ».

(1) Général Ducrot, t. III, p. 21. — « Grâce aux bonnes dispositions prises par le général Daudel et la vigilance des avant-

Bien avant le jour, la division de Nehrhoff de Holderberg se massait entre Noisy-le-Grand et la Grenouillère, renforcée de quatre bataillons de la division de Montbé et de toute l'artillerie du corps saxon.

A sept heures du matin, trois bataillons des 107e et 104e saxons et une compagnie de pionniers débouchent de Noisy, suivent sans être inquiétés, grâce à la brume, la route qui descend à Bry et tombent, à l'improviste, sur nos avant-postes. D'un seul élan, le cimetière, le parc Dewinck, les premières maisons de Bry et la première barricade sont enlevés. Les Français fuient en désordre vers la mairie, il semble que l'ennemi va achever sa victoire et rejeter notre gauche dans la Marne ou sur Joinville (1).

Exténués par trois nuits passées sans sommeil, à la vilaine étoile, sur la terre humide ou glacée, brisés par les marches et les contre-marches, par le piétinement sur place des 28, 29, 30 novembre et 1er décembre, engourdis par le froid ou blottis dans les maisons au milieu des monceaux de paille, les hommes se sont laissés surprendre à Bry comme à Champigny (2).

Voici comment un soldat du 108e raconte cette surprise de Bry :

« A l'aube, des hurrahs! et les crépitations de la fusillade. Le village est envahi. L'ennemi occupe nos maisons, retourne contre nous nos barricades ; il parvient jusqu'à 100 mètres de la place centrale

postes, cette attaque... fut repoussée. » (*Notes personnelles du général de Bellemare.*) Grâce à la vigilance des troupes de seconde ligne, car celles d'avant-postes furent surprises.
(1) « Il y va du salut de l'armée; Bry repris, les débris du 3e corps sont rejetés sur le centre, et les troupes qui occupent Champigny, attaquées sans doute à la même heure, sont tournées sur leur gauche. » (Robinet de Cléry, pp. 145 et 146.)
(2) Arthur Chuquet, pp. 278 et 279.

(place de la mairie). Quelques pas plus loin, il va atteindre les ponts de bateaux et nous couper la retraite. Chacun court aux armes et descend dans la rue sous une grêle de balles.

« Notre compagnie de grand'garde a entièrement disparu. Comment a-t-elle pu se laisser ainsi surprendre ? L'ennemi descendait, en masse, par la grande route. Aux premières lueurs du jour, les grand'gardes du plateau l'ont aperçu déjà tout près de Bry, tandis que la sentinelle de notre barricade se promenait de long en large sans donner le signal d'alarme. Quelques minutes après, la fusillade éclatait (1). Le capitaine Musset s'est vigoureusement défendu ; on a retrouvé son sabre ensanglanté sur le terrain. Mais il a été enlevé, lui et ses hommes. Sur tous les points de notre ligne, l'attaque commençait au même instant. L'ennemi, sortant de Noisy et de Villiers, nous abordait de toutes parts. Pendant que nous combattions dans les rues du village, nous entendions les hurrahs retentir sur le plateau (2). »

Heureusement, un sergent et un caporal, le sergent Decker et le caporal Choisnet, s'acharnent à défendre : l'un, les premières maisons, l'autre, une deuxième barricade élevée plus près de la place de la mairie. Quand l'ennemi débouche dans la grande rue, il est reçu par une salve de balles que lui tirent les compagnies Rouillé et Bonetti qui accourent à l'aide des deux braves : aussi chancelle-t-il

---

(1) Le commandant du Hanlay a donné ces détails à M. Robinet de Cléry. Pourquoi, alors, n'a-t-il pas conjuré la surprise en faisant tirer, des crêtes, sur l'ennemi qui descendait par la route de Noisy ? Sa fusillade, eût-elle été inefficace, n'en aurait pas moins eu l'avantage de prévenir nos grand'gardes de Bry ; mais elle n'aurait pas été sans effet puisque ses tirailleurs ne se trouvaient qu'à 3 ou 400 mètres de la route de Noisy. — Voir, aussi, *Historique du* 108e *de ligne*.

(2) Robinet de Cléry, pp. 144 et 145.

sous le plomb et se réfugie-t-il, en toute hâte, dans les maisons du nord (1).

Au même instant, le général Daudel et le colonel Coiffé, commandant le 108ᵉ de ligne, arrêtent les débandés par leur ferme attitude, les ramènent au combat. Une lutte meurtrière s'engage dans les maisons, dans la grande rue et dans la rue du Four. Le bataillon saxon d'avant-garde « ayant perdu presque tous ses officiers (2) », ne se maintient plus qu'avec peine dans la partie nord du village.

Pendant tout ce temps, le 1ᵉʳ bataillon du 126ᵉ de ligne avait descendu la pente où il était posté et cherchait à secourir le 108ᵉ de ligne. Mais nos soldats se présentent trop à découvert : de tous les enclos occupés par l'ennemi partent des milliers de balles qui portent jusqu'aux jardins des maisons de la grande rue, proches de la place de la mairie, occupées par des compagnies du 108ᵉ. Le 126ᵉ fait donc de grosses pertes ; le commandant du bataillon, M. Gillant, tombe glorieusement, en enlevant ses hommes. Alors, le mouvement de recul se dessine nettement ; les compagnies, désorganisées, remontent le versant (3). Le lieutenant-colonel Neltner et le commandant Méda parviennent, enfin, à remettre un peu d'ordre ; les soldats se dissimulent derrière les haies, les arbres, les ornières, les sillons et reprennent le feu contre les Saxons qui ne peuvent plus avancer, en butte qu'ils sont, aussi, aux balles des bataillons du 108ᵉ et du 126ᵉ, embusqués dans le grand parc.

Et la bataille continue, furieuse, du côté de la

---

(1) *Historique du 108ᵉ de ligne.*
(2) *La Guerre franco-allemande*, 2ᵉ partie, p. 356.
(3) « Le bataillon du 126ᵉ qui, sur la gauche, gardait Petit-Bry, avait été refoulé par l'ennemi. » (*Historique du 125ᵉ de ligne.*) — « Un grand nombre de nos soldats, n'écoutant pas la voix de leurs officiers, se replient en désordre. » (*Journal des marches et opérations du 126ᵉ de ligne pendant le siège de Paris.*)

grande rue. Deux fois, les Saxons se précipitent à l'assaut de la deuxième barricade, deux fois, ils sont écrasés par les projectiles envoyés des maisons où les Français sont retranchés.

Une tentative de l'ennemi pour tourner notre gauche, en se glissant entre la rivière et le village, ne réussit pas : les Allemands sont obligés de regagner les maisons du coude de la grande rue.

A notre droite, l'ennemi n'est pas plus heureux. Le 3ᵉ bataillon du 107ᵉ saxon s'en prend au 3ᵉ bataillon du 107ᵉ français, qui garde le haut de la côte, face à Noisy. Après une minute d'hésitation, les nôtres se remettent ; à la voix du commandant du Hanlay, ils se jettent sur l'assaillant, le repoussent et reconquièrent le terrain perdu.

Mais le général Ducrot, informé de la déroute du haut Champigny, de la surprise de Bry et des efforts tentés par les Saxons pour passer entre la Marne et le village et cerner la brigade Daudel, prescrit, sur le désir du trop prudent général d'Exéa, de repasser sur la rive droite. Il ordonne, également, de replier les ponts de Neuilly et d'évacuer ce dernier village. C'est la défaite dès les premiers coups de feu.

Par bonheur, le général Daudel n'estime pas la position si désespérée ; il se fait tirer l'oreille pour céder la place et n'exécute son mouvement de retraite qu'avec une extrême lenteur. Sur ces entrefaites, le général Trochu arrive à Bry : appréciant justement la situation, il contremande les instructions du général Ducrot, prescrit de marcher de de l'avant et de reconquérir les positions perdues (1).

Et de fait, à ce moment, la situation des Saxons aventurés dans le nord de Bry commence à devenir critique : s'ils ont pu arriver jusqu'au parc Dewinck,

---

(1) Général Ducrot, t. III, pp. 25 et 26, en note.

jusqu'aux premières maisons de Bry, sans être inquiétés par notre artillerie de la rive droite, en raison de l'obscurité régnant encore aux premiers instants de la lutte, le jour permet, maintenant, de voir tous les mouvements ennemis ; le général de Nehrhoff de Holderberg ne peut plus faire sortir ses réserves de Noisy, la route de Bry étant balayée par nos projectiles, aussi est-il contraint d'abandonner à eux-mêmes les trois bataillons dont les progrès avaient, d'abord, été si rapides (1). Les Saxons avaient été cruellement éprouvés, « le 107e, notamment, avait perdu presque tous ses officiers (2) ».

« Deux batteries de 12, aux ordres du commandant Babinet, établies en amont des ponts de Neuilly, croisent leur feu avec les pièces d'Avron et obligent bientôt à la retraite la batterie du parc de Noisy. Six autres batteries de 12, aux ordres des commandants David et Foncin, en position sur le mamelon du Perreux et ses pentes, battent la plaine et le versant, par lesquels l'ennemi cherche à nous tourner, ou tirent à toute volée sur le plateau de Noisy-Villiers pour inquiéter ses réserves. Les mitrailleuses du capitaine Clavel, reprenant leur emplacement de l'avant-veille au sommet du Perreux, contribuent pour leur part à refouler les colonnes allemandes, tentant de déboucher de Noisy-le-Grand, et à disperser les groupes qui nous attaquent par les pentes (3). »

« Le colonel Stoffel, l'homme à la dépêche, qui commande l'artillerie du plateau d'Avron, dirige son feu sur Noisy que la 4e batterie allemande est

---

(1) « Le feu des forts et des nombreuses batteries de position balayait les pentes et le plateau jusqu'à Villiers et rendait impossible tous secours sérieux à nos positions avancées. » (Major Blume, p. 173.)
(2) M. de Moltke, p. 259.
(3) Général Ducrot, t. III, p. 24. — Charles de Mazade, *La guerre de France*, t. II, p. 218.

obligée d'abandonner (1). » Quelques pièces de 7, du colonel Pothier, nouvellement fondues, confiées au lieutenant Armengaud, font une excellente besogne et prouvent qu'il était possible de créer, à Paris, une artillerie capable de lutter avec l'artillerie perfectionnée des Allemands (2).

Revenons à Bry. Les Saxons, en dépit de notre tonnerre d'Avron et de Nogent, n'en tiennent toujours pas moins dans la rue du Four, jusqu'à la ruelle allant à la grande rue, presqu'en face d'un petit chemin qui court, à mi-côte, au sud du cimetière. Nous sommes également gênés par le tir du 107e et du 104e saxons qui garnissent la pente, de la crête au nord du village. Notre gauche a fléchi, de ce côté, par suite du départ du 126e de ligne : la 5e et la 6e compagnies du 3e bataillon du 107e de ligne sont enlevées presque en entier (3), les tirailleurs ennemis gagnent le grand sentier qui monte, de la rue du Four, au chemin de Villiers, au nord-est du grand parc.

Cependant, le 108e de ligne reprend, lentement mais sûrement, les maisons du nord de Bry perdues au commencement de la lutte. Grâce à l'arrivée de la compagnie du génie du capitaine Lenclos, qui a été chassée des crêtes où elle travaillait aux tranchées lors de l'attaque des Saxons, le colonel Coiffé s'approche en faisant percer les murs des

---

(1) Le Faure, t. II, p. 151. — A. Niemann, p. 230.

(2) « C'est à la bataille de Champigny qu'avaient été faits les premiers essais des pièces de 7, fondues et terminées à Paris, et se chargeant par la culasse ; elles avaient toutes été mises en batterie à Avron. Cette pièce nouvelle est incontestablement très bonne au point de vue de la justesse de son tir et de sa portée; elle envoie ses obus jusqu'à 6,500 mètres avec une précision très satisfaisante. » (Général Vinoy, p. 286.) — « La 4e batterie de gros calibre saxonne fut chassée de Noisy par le feu de l'artillerie. » (A. Niemann, p. 233.) — Ambroise Rendu, p. 98. — Jules Richard, *Annuaire de la guerre de* 1870-1871 ; 2e partie, Armées de la Défense de Paris ; Paris, Dentu, 1889 ; p. 57.

(3) *Historique du* 107e *de ligne*.

maisons et des jardins. L'ennemi, ne recevant plus de renforts, ne sait plus que se défendre, mais il s'en acquitte si bien que ce ne sera qu'après de longs efforts qu'on l'expulsera définitivement de cette partie du village. Il est huit heures et demie (1).

« En somme, à cette heure, le combat est rétabli sur toute la ligne et nos troupes font, partout, la meilleure contenance (2). »

DEUXIÈME ATTAQUE DE CHAMPIGNY

Le prince royal de Saxe s'était imaginé qu'il suffirait d'une vigoureuse poussée pour rejeter, sur la rive droite de la Marne, les troupes françaises qui occupaient Bry et Champigny. Ses lieutenants, le prince Georges de Saxe et le général de Fransecky s'étaient aperçus, au bout d'une heure et demie, que la besogne était malaisée et que les forces mises en action se trouvaient insuffisantes pour la mener à bonne fin.

« La première attaque du général de Fransecky avait complètement échoué, et ce général avait fait avancer la VIIe brigade pour en tenter une seconde, avec l'appui d'une nombreuse artillerie, qui vint s'établir à l'est de Champigny (3). »

« L'opiniâtre défense des Français, à Bry et à Champigny, déterminait le général de Fransecky à appeler la VIe brigade de Sucy sur Chennevières, et la Ve de Marolles sur Cœuilly, avec quatre batteries de l'artillerie de corps du IIe corps d'armée. Le VIe était invité à tenir une brigade disponible, à

---

(1) Général Ducrot, t. III, pp. 21 à 26.
(2) Commandant Grouard, *Le Blocus de Paris et la Première armée de la Loire*, 3e partie, p. 43.
(3) *Ibid*.

tout événement, à Villeneuve-Saint-Georges (1). »

Le général du Trossel, commandant la VIIe brigade, a l'ordre d'emporter Champigny et de couper la retraite à la brigade Paturel, audacieusement en flèche, à la hauteur et au sud du mur ouest du parc de Villiers, de chaque côté du chemin de fer de Mulhouse.

Au premier moment, cette dernière opération semble réussir. Le régiment de grenadiers n° 9 (2e de Poméranie), descendant, vers neuf heures moins le quart, du plateau de Cœuilly, à droite et à gauche du chemin de Bry, se répand sur les pentes, parallèlement au chemin de Champigny à Cœuilly, et le voici tirant, à coup sûr, dans le flanc droit de la brigade Paturel.

Le général français ne s'intimide pas : il prend 400 hommes et les jette contre les tirailleurs poméraniens. Bien que supérieurs en nombre, ceux-ci se retirent immédiatement sur leur gros : ils disparaissent derrière les crêtes.

Le général Paturel commet alors la faute de ne pas s'en tenir à ce succès et d'essayer de prendre pied sur le plateau. Aussi, dès que sa troupe apparaît, à découvert, un feu roulant culbute ses hommes ; lui-même s'affaisse, blessé si grièvement qu'il est obligé de quitter le combat et de remettre le commandement au commandant Leclaire, du 121e de ligne.

Mais la mort ou la disparition du chef influent toujours sur le moral du troupier : à la vue de leur général blessé, les soldats se troublent, perdent confiance ; les Allemands s'aperçoivent de cette hésitation : ils se précipitent contre nous, de flanc et de face, par le versant que nous venons de leur faire remonter et par le ravin du ruisseau de la Lande.

(1) *La Guerre franco-allemande*, 2e partie, p. 548.

Alors, en peu de temps, nous perdons toute notre avance : nous reculons jusqu'au petit bois de la Lande et jusqu'à la Batterie de la Carrière : notre centre n'est plus en flèche, notre ligne de bataille est redevenue droite, de Champigny aux crêtes de Bry (1).

Dans ce mouvement en arrière, nous avions abandonné la compagnie du capitaine Bapst, du 122e de ligne, qui n'avait pas quitté le pont du chemin de fer sur lequel passe le chemin de Bry au plateau de Cœuilly. Après une lutte acharnée, la compagnie, décimée, est obligée de se rendre ; son chef est arraché, avec peine, par les officiers allemands, à la fureur de leurs soldats qui veulent le tuer (2).

L'ennemi essaie de profiter de son avantage, il s'approche du petit bois de la Lande et de la Batterie de la Carrière ; mais, maintenant, c'est lui qui est à découvert : en butte aux coups de mitraille de notre artillerie, aux balles de notre infanterie bien défilée, il s'empresse de disparaître derrière les crêtes du plateau de Cœuilly et les ouvrages de Villiers. Il est neuf heures passées.

A Champigny, la bataille continue.

Sur notre droite, les Wurtembergeois s'épuisent à nous tourner : ils ne peuvent vaincre la résistance du 113e de ligne qui défend admirablement l'avenue Brétigny et la chaussée du pont.

Dans la grande rue, l'ennemi est plus heureux. Il s'avance, maison à maison, jusqu'à la rue du Four et jusqu'à la rue du Clocher. Ceux de nos soldats qui gardent la barricade coupant la grande rue, entre la place de la Pompe et la rue de la

---

(1) « Nos tirailleurs, sans réserves, trop avancés et trop à découvert pour continuer utilement la lutte sur ce terrain, durent regagner leurs tranchées. » (*Historique du* 121e *de ligne.*)

(2) *Récit du capitaine Bapst*, général Ducrot, t. III, p. 326.

Marne, sont obligés de se sauver en toute hâte.

Mais, là, s'arrêtent les progrès des Allemands. Les défenseurs du jardin de la rue des Roches, du pâté de maisons construites entre cette rue et la rue du Four, ceux de cette dernière rue, de la rue du Clocher, de l'Eglise, et, surtout, les braves de la Maison-Verte, formant l'angle de la grande rue et de la place de la Pompe, ne cèdent plus un pouce de terrain. Chaque fois que les Wurtembergeois avaient voulu s'emparer de la Maison-Verte, ils avaient été repoussés avec de grandes pertes.

Mais une partie du 6ᵉ régiment de Poméranie (nº 49) accourt à la rescousse ; il cherche, à son tour, à pénétrer dans cette meurtrière Maison-Verte. Une fois encore, les hommes courageux qui l'occupent forcent l'ennemi à s'éloigner.

Les voici, pourtant, presque entourés : la seule issue par laquelle il y a moyen de se retirer, par laquelle on pourrait leur porter secours, la place de la Pompe, est sillonnée par les balles des Allemands qui remplissent la maison qui fait le coin de la grande rue et de la rue du Four ; or, les munitions vont bientôt manquer, ces braves gens vont être contraints de mettre bas leurs armes impuissantes !

En conséquence, ordre est donné au commandant de Bussy de faire établir, par ses sapeurs, une communication entre le pâté de maisons resté en notre pouvoir, à la gauche de l'église, et la Maison-Verte. Un double caponnière, faite de sacs à terre, est élevée à travers la rue du Clocher : maintenant, renforts et munitions, peuvent, à l'abri, parvenir jusqu'à nos intrépides soldats. Vainement, les officiers ennemis battent leurs hommes pour les forcer à continuer de tirer par les fenêtres et les murs crénelés, les Allemands commencent à perdre du terrain au nord de la grande rue. Conduits, d'abord, par le capitaine de la Taille, qui tombe frappé d'un coup de fusil en pleine figure au moment où il passe près d'une fenêtre, ensuite, par le capitaine Granade, nos sapeurs cheminent, de maison en maison, chassant, à mesure, les ennemis devant eux.

« De la droite à la gauche, le village de Champigny semble en feu. Des meurtrières, des fenêtres, du clocher, des barricades, des coins de rues, des haies, des vergers, la fusillade se croise de toutes parts. Un homme du 35e, excellent tireur, posté dans un grenier, en arrière de la chaussée du pont, brûle jusqu'à cent paquets de cartouches (1). »

Il est bien difficile, en effet, de peindre le tableau que présente Champigny à ce moment. C'est une fournaise où chacun est aveuglé par la fumée et par la poussière. Les obus, en éclatant, font sauter les fenêtres, les portes et les toits des maisons comme des bouchons de bouteilles de Champagne, et tout cela retombe en pluie de tuiles, ardoises, chevrons, meubles brisés, planches, moellons et plâtras qui blessent nombre de soldats entassés aux alentours. Le bruit de la fusillade et de la canonnade est si fort qu'on ne peut s'entendre à un mètre et qu'il faut se crier dans l'oreille ce que l'on veut faire comprendre : on se croit dans une sorte de cratère.

Nos hommes, cependant, ne se laissent pas ébranler par ce feu infernal : loin de reculer, ils tendent à progresser. Notre droite, de menacée, devient menaçante (2) : le sanglant travail continue ; « le ciel est clair, gai et lumineux (3) ».

---

(1) Général Ducrot, t. III, p. 31. — A. Niemann, p. 233.
(2) Général Ducrot, t. III, pp. 28 à 31. — « Loin de faire de nouveaux progrès, les Allemands sont bientôt réduits à défendre la partie du village qu'ils ont conquise. » (Commandant Grouard, *Le Blocus de Paris et la Première armée de la Loire*, 3e partie, p. 43.)
(3) Massillon-Rouvet, p. 87, d'après une aquarelle faite, sur place, par Viollet-le-Duc. — Général Vinoy, p. 275. — *Notes personnelles du général de Bellemare.*

COMBATS AU CENTRE

Après la retraite de la brigade Paturel, la lutte ne s'était pas ralentie dans le ravin de la Lande et sur le plateau du Four-à-Chaux. Se sentant impuissante, l'infanterie allemande avait passé la main à l'artillerie et, de Villiers à Cœuilly, cette dernière faisait rage contre toutes les positions occupées par les Français.

Pourtant, du chemin de fer à Champigny, il n'y avait plus que l'énergique brigade Paturel pour arrêter l'ennemi, car une grande partie de la brigade Martenot avait fui jusqu'au Plant où l'on s'évertuait à la reformer.

Dans le commencement du combat d'artillerie, les canonniers de la division de Malroy avaient supporté courageusement l'averse de projectiles qui tombait sur eux, mais, vers dix heures, trois batteries wurtembergeoises, s'alignant sur le bord nord-ouest du plateau de Cœuilly, avaient pris en demi-flanc les batteries de Malroy et les deux du commandant Déthorey qui les renforçaient : nos artilleurs avaient été forcés de quitter la place. Pendant que le commandant Briens, réfugié entre le Plant et le cimetière de Champigny, tâchait de remettre ses pièces en état de lutter contre la redoutable artillerie allemande, le commandant Déthorey s'installait, en contre-bas, derrière le remblai de la route de Bry à Champigny et, là, il recommençait le feu, aidé par notre artillerie de réserve, en ligne à l'ouest de Champigny.

En présence de cette éclipse quasi-totale de notre artillerie, les Allemands reprennent courage. Leurs tirailleurs s'avancent, d'abord timidement, puis, s'enhardissent, et nous les voyons descendre les pentes, en se faufilant derrière les haies, les arbres fruitiers et dans les fossés.

Une maison, entourée d'un jardin clos de murs, se trouve à la naissance des pentes du plateau de Cœuilly, au nord-ouest de Champigny. Cette maison, qu'on a appelée Maison-Rouge à cause de la couleur de ses murs, est pleine de Prussiens qui fusillent notre première ligne, à bonne distance. Les intrépides de la brigade Paturel s'impatientent de ce feu meurtrier : une compagnie du 122e de ligne se précipite contre la position. D'un bond, nos soldats atteignent les murs nord et est, les franchissent, mais le jardin est sillonné par les balles que l'ennemi, retiré derrière les murs opposés, leur tire à bonne portée. De plus, les nôtres sont le point de mire des tirailleurs répandus tout le long des pentes : il n'y a plus qu'à se replier puisque l'on n'a pu s'installer dans la sinistre Maison-Rouge.

Dès que l'ennemi s'aperçoit de notre retraite, il sort de ses cachettes et nous talonne audacieusement pendant qu'un bataillon du 6e régiment de Poméranie, débouchant du petit bois planté au nord du parc en pointe, s'efforce de couper la retraite à l'héroïque compagnie. Au même instant, le colonel de la Monneraye, enlève trois compagnies de son 122e de ligne et prend les Poméraniens de flanc. Le brave colonel tombe de cheval, la cuisse percée d'une balle (1); atteint mortellement, il reste à terre, ne voulant pas que ses hommes le relèvent et les poussant encore, de la voix, contre les Prussiens. Nos soldats obéissent à leur colonel blessé : conduits par le commandant Aillery, renforcés par quelques groupes du 121e de ligne et quelques mobiles de la Côte-d'Or, ils fondent, à la baïonnette, sur les Poméraniens; en une charge superbe,

---

(1) Henri Dabot, p. 195.

ces trois ou quatre cents hommes les refoulent dans la Plâtrière et le petit bois « leur faisant une cinquantaine de prisonniers et délivrant quarante des nôtres qui viennent de tomber entre leurs mains (1) ».

Immédiatement, un succès plus décisif encore est obtenu par la glorieuse brigade Paturel. Le capitaine Forest-Defaye profite de la déroute des Prussiens pour les poursuivre, baïonnette au dos, et pénètre avec eux dans la Plâtrière. Le combat reprend, quelques minutes, parmi les tas noirs de charbon de terre et les tas blancs de chaux prête à être cuite, derrière les charrettes brisées, les murs écroulés, sous les toitures crevées et effondrées des bâtiments ; mais, cernés de toutes parts, les Prussiens, et les officiers qui les commandent, mettent bas les armes, et nous sommes maîtres de « cette importante position qui domine le parc en pointe et une partie des maisons de Champigny occupées par l'ennemi. Deux compagnies du 121ᵉ s'y installent (2) ». Par malheur, le capitaine Forest-Defaye a été atteint mortellement dès le début de l'engagement et ne peut jouir de sa victoire.

L'ennemi ne laisse pas d'être inquiet. En effet, cette reprise de la Plâtrière rend bien critique la situation des Allemands aventurés dans le bas Champigny ; ils peuvent être pris à revers par la rue de la Croix : il suffirait que le général Blanchard se souvînt qu'il est chef de corps et daignât être au courant de ce que font ses soldats pour que les combattants ennemis de la grande rue fussent mal en point : mais le général Blanchard reste muet ou

---

(1) Général Ducrot, t. III, p. 33.
(2) *Ibid.* — « De fortes colonnes ennemies (françaises) approchant par le Plant, les Allemands abandonnent les carrières. » (*La Guerre franco-allemande*, 2ᵉ partie, p. 548.)

invisible et son étrange attitude justifiera bien la colère du général Ducrot.

« A la suite de cette vigoureuse offensive, les Allemands épuisés, mis en désordre, semblent ne plus songer à reprendre l'attaque; nous profitons de ce moment de répit pour remettre un peu d'ordre dans les deux régiments de la brigade Paturel, si cruellement éprouvée.

« Le général était blessé; les deux colonels des 121ᵉ et 122ᵉ tués; trois chefs de bataillon hors de combat. Le 122ᵉ avait perdu près de 600 hommes et 27 officiers, le 121ᵉ 400 hommes et 21 officiers.....

« Ainsi, à dix heures, deux brigades étaient venues successivement se heurter à nos défenseurs de Champigny sans pouvoir les déloger de leurs positions; la situation de ces deux brigades était même assez compromise dans ce village où nous commencions à regagner quelques maisons, quelques jardins, et l'ennemi comptait, pour le soutenir, sur l'arrivée prochaine d'un nouveau renfort. Le général en chef allemand avait, en effet, donné l'ordre à la IIIᵉ division (Hartmann) d'entrer en ligne sur tout le front Villiers-Cœuilly; cette division devait être remplacée sur le plateau de Chennevières par les VIIIᵉ et XXIᵉ brigades (1). »

Il n'avait pas été aussi facile que le prince royal de Saxe et M. de Fransecky se l'étaient imaginé de chasser les Français de Champigny, en dépit de la mauvaise volonté de M. Blanchard. Bien loin d'atteindre leur but, les Allemands s'en éloignaient de plus en plus (2).

---

(1) Général Ducrot, t. III, p. 34.
(2) *Ibid.*, pp. 31 à 33.

DEVANT VILLIERS

Les généraux Frébault et Boissonnet continuent, devant Villiers, à diriger le combat contre l'artillerie allemande. Ils arrivent bien à tenir tête aux batteries de Villiers mais celles de Cœuilly les prennent de côté et font grand mal à nos artilleurs. Vainement, le capitaine Moriau essaie de se défendre, comptant sur l'ouvrage où ses canons sont alignés : cet ouvrage a été construit trop hâtivement, aussi, le parapet est facilement traversé par les projectiles : les servants, les chevaux, les pièces sont atteints de la plus grave façon. L'ennemi, ravi de la réussite de son tir, concentre ses coups sur cette batterie et la contraint à la retraite.

La batterie du capitaine Nismes, un peu mieux protégée, ne cesse de tirer, de même que la batterie du capitaine Dubois, mais leurs pertes sont grandes, et l'on prévoit le moment où elles vont être forcées de se retirer.

Pour conjurer cette regrettable éventualité, à dix heures, le général Frébault ordonne au commandant Lefébure de faire avancer la réserve générale. Les batteries des capitaines Bajau et Malherbe se placent de chaque côté du chemin de Villiers à Joinville, non loin du *Peuplier*, et la batterie du capitaine Gros se campe hardiment sur le plateau même de Villiers, au-dessus de Bry.

Mais deux nouvelles batteries prussiennes se joignent, vers onze heures, à celles qui tirent déjà sur notre centre et notre gauche : c'est une partie de l'artillerie de réserve du IIe corps qui entre en action pendant qu'une autre se poste près de Bel-Air et de Mon-Idée.

La position ne va plus être tenable pour nos canonniers, quand le fort de Nogent avise les deux batteries qui viennent de s'établir ainsi au nord de Cœuilly et leur envoie ses gros obus. Durant plus d'une heure, l'artillerie prussienne soutient péniblement la lutte, mais exposée « à des pertes assez sensibles causées par les pièces de place française, à une heure, elle revient s'abriter dans un pli de terrain, non loin de Mon-Idée, pendant que le bataillon de fusiliers du 14e va prolonger la droite de la ligne de bataille, sur le chemin de Champigny à Bry (1) ».

A la fin de cette chaude affaire, le commandant de l'artillerie du 2e corps, général Boissonnet, a été blessé si grièvemement qu'il s'est trouvé forcé de quitter le champ de bataille.

Toujours au milieu de ses batteries, voulant tout voir par lui-même, le général Boissonnet avait mis pied à terre, au bas du talus du chemin de fer de Mulhouse et accompagné du lieutenant-colonel Viguier et du sous-lieutenant auxiliaire Boverat, les deux seuls officiers lui restant après la journée du 30 (2), il était monté sur la voie ferrée où, un peu en arrière du pont qui passe sur la route, se trouvaient braquées deux pièces de la batterie du capitaine Courtois.

Les projectiles des batteries de Cœuilly éclataient à chaque instant sur la voie, le général venait de quitter le capitaine Courtois en lui recommandant d'abriter ses servants, au moyen d'épaulements construits à la hâte, et se dirigeait vers les batteries divisionnaires du général de Maussion, établies au haut du remblai, quand un obus tombe à quelques

---

(1) *La Guerre franco-allemande*, 2e partie, p. 549. — « Les grosses pièces du fort de Nogent, une pièce de 19 entre autres, eurent bientôt raison de ces batteries et les forcèrent à se replier. » (Général Ducrot, t. III, p. 35.)

(2) Voir, *suprà*, pp. 65 et 66.

pas. Aussitôt après la détonation, le général tourne sur lui-même, en disant : « J'ai le bras cassé. »

Le sous-lieutenant Boverat le soutient, et ce n'est que sur les instances réitérées des colonels Viguier et Minot, ce dernier commandant la réserve de l'artillerie du 2ᵉ corps, que le général consent à s'éloigner du combat. Il est remplacé par le colonel Minot; le commandant Warnesson prend la direction de la réserve générale (1).

« Au-dessus de Bry la lutte était des plus chaudes : à diverses reprises l'ennemi avait cherché à nous rejeter sur les pentes, mais nos hommes, cramponnés au talus bordant la crête, l'accueillaient chaque fois par un feu rapide qui le forçait à rétrograder (2). »

Au cours de ces péripéties meurtrières, comme nous l'avons déjà vu, partie des 126ᵉ et 107ᵉ de ligne avait si gravement fléchi que notre gauche était sérieusement menacée. A cette constatation, le général Daudel prescrit au capitaine Baudoin de porter deux pièces au sommet des crêtes, le long du chemin de Villiers, et de canonner les pentes et la partie de Bry occupée par l'ennemi. En dépit des balles qui saluent la mise en batterie de ses deux canons, le capitaine Baudoin démolit avec tant de précision les maisons où les Saxons se sont réfugiés qu'ils se retirent en toute hâte dans le parc Dewinck (3). En une demi-heure, ces deux pièces avaient lancé soixante-huit obus.

Tranquille, alors, pour ses derrières, le commandant du Hanlay, du 107ᵉ de ligne, placé en flèche au

---

(1) D'après le récit écrit de M. Maurice Boverat, officier d'ordonnance du général Boissonnet.
(2) Général Ducrot, t. III, p. 35.
(3) *Journal des marches et opérations du 126ᵉ de ligne pendant le siège de Paris.* — *Historique de l'artillerie du 3ᵉ corps de la 2ᵉ armée.* — *Historique du 107ᵉ de ligne.* — Général Ducrot, t. III, pp. 24 et 25.

haut des crêtes, se voit attaqué, de face, par de nombreux détachements sortis de Villiers. L'autre bataillon du 107ᵉ et les bataillons du 108ᵉ et du 125ᵉ, qui gardent le haut des pentes, sont pareillement menacés par les Wurtembergeois. Mais nos jeunes soldats visent les assaillants avec une telle justesse qu'ils les arrêtent net : le combat dégénère, depuis le plateau de Villiers jusqu'au parc Dewinck, en une fusillade inoffensive.

En somme, à neuf heures, neuf heures et demie, le 108ᵉ de ligne a atteint le coude de la route de Noisy, au nord de Bry ; mais toutes les maisons ne sont pas purgées des Saxons qui y font le coup de feu ou qui s'y cachent, car, dans l'après-midi, c'est par centaines que l'on y ramassera les prisonniers.

La mauvaise tournure que prend le combat, pour les Allemands, ne laisse pas de les inquiéter. En effet, si les Français ne semblent pas se préparer à aborder Villiers, comme ils l'ont fait l'avant-veille, nos ennemis sont loin d'obtenir le résultat qu'ils cherchent, à savoir : jeter la 2ᵉ armée dans la Marne. Leurs progrès sont non seulement arrêtés, à Champigny et à Bry, mais ils commencent même à perdre du terrain dans ces deux localités.

Aussi, le prince Georges de Saxe, procédant par petits paquets, engage encore, à dix heures du matin, le 3ᵉ bataillon du 107ᵉ saxon qui sort de Noisy, et le 1ᵉʳ bataillon du 108ᵉ saxon, qui part de Villiers (1).

Le général Courty fait aussitôt ouvrir le feu. De Noisy au parc de Villiers, les Allemands répondent à notre fusillade, et « les Saxons s'élancent impétueusement dans la direction du sud-ouest, aux cris de Hurrah ! Ils culbutent l'infanterie française

---

(1) *La Guerre franco-allemande*, 2ᵉ partie, p. 550.

jusque derrière les murs d'enclos des vignes (1) ».

Le premier instant de surprise passé, « le 125ᵉ et le 3ᵉ bataillon du 126ᵉ, soutenus par le feu de la batterie Gros, repoussent énergiquement les assaillants. « « Des deux côtés, dit le major Niepold, le feu s'exécutait à une distance si rapprochée que les pertes furent très grandes de part et d'autre. Dans le bataillon de tirailleurs, le commandant, tous les capitaines et presque tous les officiers furent mis hors de combat, et les compagnies étaient sensiblement réduites. Après plusieurs tentatives faites par le 1ᵉʳ bataillon de tirailleurs pour soutenir la lutte et empêcher que la position ne fût tournée, le colonel de Hausen, commandant le régiment de tirailleurs, envoya comme renfort son 2ᵉ bataillon ainsi que le 13ᵉ bataillon de chasseurs, afin de prolonger le flanc gauche de la ligne de combat. » »

« Entraînés par leurs officiers, les Français s'élancent sur le plateau, une lutte s'engage presque corps à corps; les lieutenants-colonels Jourdain et Neltner, des 125ᵉ et 126ᵉ, tombent mortellement frappés; néanmoins, nous gagnons du terrain.

« « Les Français, ajoute le major Niepold, continuaient malgré cela à entamer cette aile, et, en même temps, de forts essaims de tirailleurs attaquaient de face le parc de Villiers; des canons et des mitrailleuses prenaient également part à cette action, de telle sorte que les deux bataillons de tirailleurs saxons avaient à soutenir de front un feu très vif de mousqueterie et étaient pris, en flanc et à dos, par les obus de gros calibre du mont Avron. En peu d'instants, ils eurent donc à supporter des pertes très importantes. » »

« Comme on le voit, non seulement, l'ennemi

(1) *La Guerre franco-allemande*, 2ᵉ partie, p. 550.

n'avançait pas, mais, fortement menacé sur sa gauche, il craignait d'être enveloppé et coupé du parc de Villiers (1). »

« Bientôt, les munitions manquent à notre première ligne de tirailleurs, embusquée dans un pli de terrain, à petite distance des murs du parc de Villiers. Le général en chef envoie quelques éclaireurs de son escorte, avec le commandant Franchetti, pour prendre des cartouches dans les caissons arrêtés près du village de Bry.

« Placées dans des sacs sur l'arçon de la selle, les cartouches sont rapidement apportées et distribuées, par ces intrépides cavaliers, aux tirailleurs les plus avancés; c'est en revenant d'accomplir cette mission que le brave Franchetti est atteint d'un éclat d'obus, au moment où il entrait dans le chemin creux (bordé de murs) qui descend de Villiers sur Bry (2). »

A peu près en même temps (midi et demi), les Saxons étaient logés à la même enseigne que nous, en ce qui concerne la disette de munitions.

« A midi, dit le major Niepold, les munitions commençaient à manquer. L'artillerie française redoublait son tir à obus; de tous côtés, de nouvelles batteries s'installaient. Les troupes saxonnes ne formaient qu'un cordon très mince: le colonel de Hausen se décida donc, bien malgré lui, à ordonner la retraite sur Villiers. En séjournant trop longtemps dans une position exposée et sans soutien direct, les bataillons de tirailleurs eussent été immédiatement enveloppés (3). »

---

(1) Général Ducrot, t. III, pp. 36 et 37. — « L'action, très meurtrière pour les Saxons..... » (*La Guerre franco-allemande*, 2e partie, p. 550.)

(2) Général Ducrot, t. III, p. 37. — « Franchetti est renversé par un éclat d'obus, qui lui fracasse la hanche droite. » (Docteur Sarazin, p. 221.)

(3) Cité par le général Ducrot, t. III, p. 37.

Le récit officiel prussien confirme la version du major Niepold : « Après un court moment de répit le feu des Français reprend, vers midi, avec une incroyable violence ; puis des masses profondes d'infanterie s'ébranlent contre les positions saxonnes sur le plateau à l'est de Bry. En présence de la supériorité numérique de l'assaillant et des pertes déjà subies (1), le commandant du régiment de tirailleurs, colonel baron de Hausen, emmenant avec lui 300 prisonniers environ, entame alors sa retraite sur Villiers (2). »

« Pendant que le 125ᵉ et une partie du 126ᵉ repoussaient avec tant de vigueur le 13ᵉ bataillon de chasseurs et le régiment de tirailleurs saxons, le 1ᵉʳ bataillon du 108ᵉ et les 2ᵉ et 3ᵉ du 107ᵉ français, dirigés par le colonel Tarayre, combattaient avec le même succès contre les régiments nᵒˢ 108 et 107 saxons, qui nous attaquaient à la fois par le plateau et par les pentes. Masqués dans les vergers, derrière les haies, les Allemands, à 150 mètres de nous, tout au plus, faisaient les plus énergiques efforts pour nous rejeter dans le village. Le feu de la mousqueterie produisant peu d'effet sur nos hommes, rasés derrière les accidents du sol, ils essayèrent plusieurs fois de nous aborder. Poussés par leurs officiers, ils sortaient de leurs abris, faisaient quelques pas en avant ; aussitôt, les nôtres, baïonnette basse, s'élançaient résolument à leur rencontre. Chaque fois, les Allemands tournaient le dos et couraient à leur abris, d'où ils nous repoussaient, à leur tour, par une fusillade meurtrière. Longtemps, sur le plateau, sur les pentes, ce fut,

---

(1) « Les deux bataillons du régiment de tirailleurs, qui avaient perdu 36 officiers et 633 soldats, étaient commandés par des lieutenants en premier. » (*La Guerre franco-allemande*, 2ᵉ partie, p. 551, en note.)

(2) *Ibid.*, p. 551.

de part et d'autre, une suite de mouvements en avant et en arrière (1). »

« Chose curieuse, sur ce point du champ de bataille, les régiments, qui se faisaient face, portaient le même numéro : le 107ᵉ et le 108ᵉ français combattaient le 107ᵉ et le 108ᵉ saxons. C'est ainsi qu'à Rezonville le 7ᵉ régiment de cuirassiers français avait combattu le 7ᵉ régiment de cuirassiers prussiens (2). »

Au début de ces rudes engagements, dans le moment de confusion, suite du choc des Saxons, les deux pièces du capitaine Baudoin, qui avaient si bien fouillé les maisons du nord de Bry occupées par les Saxons, avaient été obligées de quitter la place et de se reporter plus au sud. A la vue du mouvement de recul de ces canons, un grand nombre de nos soldats prennent peur, quittent les rangs descendent, en courant, le chemin de la crête et arrivent à la place de la mairie avec une telle précipitation que la panique se propage jusque dans Bry.

A ce spectacle, le colonel Coiffé se rend compte de la gravité de la situation, il s'élance au-devant des débandés, calme les apeurés et, pour leur démontrer le peu de fondement de leur frayeur, permet à quelques hommes de son régiment de remonter le chemin bordé de murs par lequel ils viennent de descendre.

En couronnant les crêtes, ce groupe du 108ᵉ de ligne constatait que les 107ᵉ, 125ᵉ, 126ᵉ de ligne tenaient toujours tête aux Allemands, car il tombait au fort de la mêlée. « La bataille était engagée avec

---

(1) Général Ducrot, t. III, p. 38.
(2) Arthur Chuquet, p. 279. — « Par une coïncidence bizarre, les 107ᵉ et 108ᵉ régiments de ligne français (brigade Daudel) étaient engagés, à Bry, contre 107ᵉ et 108ᵉ régiments allemands. Le 3ᵉ bataillon du 107ᵉ français se trouvait directement aux prises avec le même bataillon du même régiment allemand. (N. du Tr.). » (*La Guerre franco-allemande*, 2ᵉ partie, p. 551, en note.)

une extrême violence, a écrit M. Robinet de Cléry. L'ennemi revenait à la charge avec des troupes fraîches. Ses tirailleurs, embusqués presque à bout portant, dirigeaient sur nous un feu terrible. Au bout de quelques minutes, deux de mes compagnons, MM. Sauzède et Georges Potier, étaient grièvement blessés..... nous sommes attaqués corps à corps. En face de nous, une troupe nombreuse, précédée par un officier, s'élance sur nos lignes. Je couche l'officier en joue, à quelques pas. Mais la sonnerie de *Cessez le feu!* a retenti. Un jeune capitaine (M. de Franclieu) porte sur tout notre front l'ordre d'arrêter le combat. Un officier du 107e (M. Morgan) rabat durement mon chassepot, en me disant : «« On ne tire pas sur des gens qui se rendent. »» C'est une erreur évidente, mais il faut obéir. Pendant ce temps, l'ennemi a garni notre talus. Ce sont des chasseurs saxons ou wurtembergeois (1), au costume sombre, shako droit verni avec une plume noire... La fusillade recommence à bout portant. Nous perdons du monde, mais nos agresseurs doivent fuir à découvert. Nous gardons nos lignes (2). »

Il faut s'arrêter, un instant, sur l'épisode de la *Crosse en l'air* et de la sonnerie *Cessez le feu.*

Il est certain que la sonnerie a retenti sur toute la ligne des crêtes (3). « Qui avait donné l'ordre de sonner le : *Cessez le feu?* J'ai cherché en vain à le savoir, a écrit M. Robinet de Cléry. On a cru, en général, à un stratagème allemand pour franchir, sans risque, le plateau : si cela est vrai, la ruse était

---

(1) Comme nos régiments, les régiments allemands étaient confondus les uns avec les autres. — « Un bataillon de chasseurs wurtembergeois s'était avancé vers nous en levant la crosse en l'air. » (*Historique du 108e de ligne.*)
(2) Robinet de Cléry, pp. 148 et 149.
(3) *Ibid.*, p. 149.

déloyale, bizarre, et elle n'a pas eu grand résultat. Cette attaque a coûté à l'ennemi plus de monde encore qu'à nous (1). »

L'accusation de déloyauté est formulée nettement par le *Journal des marches et opérations du 126ᵉ régiment d'infanterie pendant le siège de Paris*, qui affirme que l'ennemi a sonné deux fois le *Cessez le feu* et levé la crosse en l'air, et par les historiques des 107ᵉ et 108ᵉ de ligne, qui déclarent que les Allemands ont employé cette dernière et pitoyable ruse guerre.

Il nous est impossible, en l'absence de preuves décisives, d'accuser les Allemands de cette perfidie, la *Crosse en l'air* étant un moyen de combattre d'insurgés, non de soldats; de plus, il y a contradiction dans les dépositions françaises. On va le voir.

« Pendant la matinée, sur le plateau, dit un témoin, j'ai vu arriver au pas de course, vers notre ligne, des tirailleurs ennemis précédés par un officiers qui agitait son shako. En même temps, la sonnerie de *Cessez le feu* s'est fait entendre. Des pourparlers se sont engagés. Les prétendus prisonniers ont refusé de livrer leurs armes et ont prétendu prendre les nôtres. La fusillade a recommencé à bout portant et elle a fait beaucoup de victimes.

« Les Allemands et les Français se sont accusés réciproquement de trahison. Je crois que, de part et d'autre, on a été de bonne foi. En ce qui nous concerne, il n'y avait certainement qu'une confiance exagérée et aucune intention perfide….

« Il n'y a pas eu, comme on l'a dit à tort, soit promesse de se rendre, *soit un signe quelconque annonçant cette intention*. Les troupes qui nous ont ainsi abordés étaient commandées par leurs officiers,

---

(1) Robinet de Cléry, pp. 149 et 150.

elles avaient leurs armes à la main, *et elles n'ont pas mis la crosse en l'air* (1). »

Là est, sans doute, la vérité : il y a eu erreur réciproque.

Continuons le récit de la bataille.

Nous avons déjà vu que nous ne nous contentions plus de garder nos lignes, que nous nous précipitions aussi contre celles des Allemands. « A la fin, l'acharnement de l'ennemi dut céder devant l'entrain et la vaillance de nos soldats et, sur toute la ligne, il fut obligé de se retirer (2). »

Afin de couvrir leur mouvement de recul, les chefs allemands font avancer leur artillerie de réserve. Des batteries, se rangeant de Noisy à Villiers, canonnent avec fureur le plateau, les pentes, le village de Bry, les ponts du commandant Rieunier. Heureusement, nos pièces des forts et d'Avron les gênent et les contraignent à changer souvent de place, sans leur faire grand mal, pourtant, puisque l'artillerie du XIIe corps (saxon) n'aura qu'un homme et un cheval de blessés, puisque l'artillerie wurtembergeoise ne comptera que 2 tués, 24 blessés et 38 chevaux hors de combat, puisque l'artillerie allemande, tout entière, ne relèvera, pour la journée du 2 décembre, que 23 tués, 89 blessés et 149 chevaux hors de combat (3)!

« La retraite, dit le major Niepold, s'effectua sous la protection du 3e bataillon du régiment d'infanterie n° 107. En conséquence, les 11e et 12e compagnies s'échelonnèrent, pour recueillir et soutenir par leur feu les deux bataillons du régiment

---

(1) *Journal manuscrit de M. Robinet de Cléry*, cité par le général Ducrot, t. III, pp. 345 et 346. — Le général Ducrot semble avoir adopté la version de M. Robinet de Cléry puisqu'il n'accuse pas les Allemands de ce méfait déloyal.
(2) Général Ducrot, t. III, p. 38.
(3) *La Guerre franco-allemande*, 2e partie, supplément, p. 224*.

de tirailleurs n° 108, battant en retraite sur l'angle nord du parc de Villiers ; et les 9ᵉ et 10ᵉ compagnies exécutèrent un retour offensif sur le flanc gauche de la position française, pour couvrir cette retraite. Ces deux compagnies se portèrent en avant avec une grande bravoure, mais elles perdirent, en quelques minutes, deux chefs de compagnie, quatre officiers et un très grand nombre d'hommes. Elles durent, dès lors, se replier aussi sur Villiers. La retraite des tirailleurs saxons, soutenue par le feu des 11ᵉ et 12ᵉ compagnies du régiment n° 107, était appuyée par le 3ᵉ bataillon du régiment des grenadiers du corps n° 100, qui garnissait le mur du parc de Villiers, et par une batterie saxonne établie au sud de Villiers. Les dix compagnies du régiment des tirailleurs n° 108 purent ainsi se rallier en arrière de Villiers (1). »

On constate, ainsi, par le récit même d'un officier allemand, à quel point l'ennemi était atteint, combien il avait souffert, et dans quelle impuissance il se trouvait. Il était alors une heure environ.

« Les attaques allemandes furent d'abord heureuses, mais, dit l'*Historique du 6ᵉ régiment saxon, n° 105*, nous ne pûmes conserver les positions prises. Pendant qu'à notre aile droite le major de Bosse résistait devant Bry jusqu'à midi, vers dix heures, la division française Courty ramenait le 107ᵉ et le 2ᵉ chasseurs jusqu'aux positions de Villiers-Noisy. Vers une heure, nos soldats installés dans Bry étaient ramenés sur Noisy et le 1ᵉʳ bataillon du 105ᵉ vint les recevoir (2).

« Non seulement les Allemands sont contenus, mais, aux environs de midi, malgré l'entrée en ligne du IIᵉ corps, ils sont obligés de céder du terrain et

---

(1) Cité par le général Ducrot, t. III, pp. 38 et 39.
(2) *Historique du 6ᵉ régiment d'infanterie saxon, n° 105.*

de se replier vers leurs positions principales (1). »

A ce moment, la brigade Reille, appuyée par partie de la division d'Hugues, s'était jetée sur la Ville-Evrard et la Maison-Blanche ; si le corps d'Exéa s'était joint, tout entier, au 2ᵉ corps, pour attaquer Noisy et Villiers ; si la division de Susbielle était venue renforcer le 1ᵉʳ corps ; si la brigade Ribourt avait fait une démonstration menaçante contre le mont Mesly ; enfin si la 3ᵉ armée avait donné signe de vie, qui sait ce qu'un tel effort aurait produit, eu égard à la pénurie de munitions dont souffraient les Allemands, aux pertes qu'ils avaient subies, aux fatigues qu'ils avaient endurées, au peu de troupes de renfort sur lesquelles ils pouvaient encore compter !

Mais, non, la majeure partie de la division d'Hugues assiste à la bataille, du haut du plateau d'Avron, comme à un spectacle, sans tirer un coup de fusil ; la division de Bellemare se promène du rond-point de Plaisance à Joinville ; la division de Susbielle se tient en dehors de la ligne de feu ; la brigade Ribourt s'endort à Créteil ; la 3ᵉ armée se repose de ses combats du 29 et du 30 !

Le général Trochu, chef suprême des troupes, ne réunit pas tous les fils de cette grande trame, ne synthétise pas cette immense conflagration, ne lui imprime pas l'unité nécessaire, ne donne pas d'ordres et se contente de galoper follement devant les combattants, de Champigny à Bry, en faisant à chaque régiment, à chaque batterie, le même boniment, ne changeant que le nom du colonel et le numéro du corps.

En effet, comme il comprend que sa présence dans un fort est plus qu'extraordinaire, s'il n'en

---

(1) Colonel Lecomte, t. III, p. 423. — « A onze heures du matin, l'ennemi était rompu ; à une heure de l'après-midi, il nous cédait les hauteurs. » (Major de Sarrepont, p. 367.)

profite pour diriger cette lutte formidable, M. Trochu s'arrête à un parti qui le dispense de faire œuvre de général, qui lui permet de ne pas montrer une capacité militaire dont il parle toujours et qu'on ne voit jamais : il se décide à se promener au milieu des balles et des obus.

Le Gouverneur pique donc des deux vers Champigny. Il rejoint le général Ducrot, l'entraîne avec lui et, suivis de quelques officiers de leur état-major, ils se mettent à parcourir, à cheval, au petit pas, entre la ligne allemande et la ligne française, tout le front des troupes engagées.

« Au plus fort de la lutte, le général Trochu était arrivé à Champigny; après avoir vivement félicité les 35e, 42e et 114e qui défendaient si héroïquement le centre du village, il avait parcouru, à petite distance des tirailleurs ennemis, et sous une pluie de projectiles, toute la chaussée du pont; là, il avait adressé les plus chaleureux éloges au 113e qui venait, comme nous le raconterons tout à l'heure, de se conduire à l'égal des vieux régiments, et au général Faron, commandant ces braves troupes (1) ».

C'est au cours de cette tournée, aussi crâne que criminelle, car, lorsque l'on a charge de vies humaines, lorsque l'on a la responsabilité du salut de la patrie, lorsque l'on est général, on n'a pas le droit de se soustraire au commandement par le suicide; c'est au cours de cette tournée, que le Gouverneur adresse à chaque régiment, d'une voix calme et harmonieuse, sans se presser, la même harangue, dont les témoins nous ont conservé le modèle.

Devant le 3e bataillon du 107e, commandé par M. du Hanlay, il s'écrie :

---

(1) Général Ducrot, t. III, p. 45.

« Soldats,

« Je viens de Champigny; là, se battent, comme des héros, les soldats de deux vieux régiments; vous ne leur cédez en rien. Brave du Hanlay, je vous fais lieutenant-colonel (1) ».

S'il conserve toujours le fond, il modifie quelquefois la forme, le ton de son allocution :

« Bravo le 108ᵉ ! dit-il, en s'arrêtant devant les groupes de ce régiment. Ils croyaient nous surprendre; c'est nous qui les avons battus. J'arrive de Champigny; j'ai trouvé là deux vieux régiments. Ils tenaient comme des teignes, nom de D... (2) ! »

Le général Ducrot, « soucieux, immobile et muet, semblait écouter avec impatience le discours de son compagnon (3) ». Cette faconde paraissait l'énerver au plus degré : l'on sentait que le commandant du 2ᵉ corps ne se payait plus de mots, qu'il comprenait la responsabilité qu'il avait assumée, qu'il redoutait la faillite de sa splendide proclamation et qu'il aurait souhaité qu'une balle ou un éclat d'obus lui permît de tenir sa parole.

Sa promenade terminée, le Gouverneur laisse le général Ducrot sur le champ de bataille, traverse la Marne et rentre tranquillement à Vincennes, où il commence, devant son entourage, une interminable conférence sur l'art de la guerre.

A cette excursion, et aux quatre invitations ou ordres, adressés aux généraux d'Exéa, de Susbielle, Daudel et Favé, s'est réduit le rôle du généralissime dans les combats des 30 novembre et 2 dé-

---

(1) Général Ducrot, t. III, p. 38. — Arthur Chuquet, p. 278.
(2) *Journal manuscrit de M. Robinet de Cléry*, cité par le général Ducrot, t. III, p. 344. — Robinet de Cléry, pp. 151 et 152.
(3) *Ibid.*, p. 152.

cembre. C'est ainsi que nos armées étaient dirigées en 1870 (1) !

Que nous sommes loin du vrai général en chef, si bien défini dans une excellente brochure qui traite du *Commandement*: « Sur un tertre élevé, en avant de son état-major, le commandant de l'armée suit les péripéties de l'*engagement* et s'efforce de deviner les projets de l'adversaire... Près du commandant en chef, comme un dictionnaire à portée de sa main, se tient son chef d'état-major. Derrière, à quelque distance, des aides de camp et des officiers d'ordonnance. Près de chaque commandant de corps d'armée, le général en chef a détaché un de ses aides de camp. Par lui, il saura d'heure en heure l'état exact de la situation (2). »

M. Trochu, lui, se promène, sans chef d'état-major, presque sans aides de camp. Il pérore devant les malheureux soldats noirs de poudre, rouges de sang ; il ne donne pas d'ordres, ne reçoit pas de rapports. En revanche, à une heure un quart, il envoye à Paris une dépêche boursouflée et vide, datée du plateau entre Champigny et Villiers :

« Parcourant nos lignes de tirailleurs depuis Champigny jusqu'à Bry, j'ai recueilli l'honneur et l'indicible joie des acclamations des troupes soumises au feu le plus violent (3). »

On ne trouvait pas le moyen d'expédier aux chefs de corps les ordres les plus urgents, mais le télé-

---

(1) « Le général Trochu n'a pas su montrer l'initiative qui lui appartenait en raison de sa situation de généralissime..... On peut lui reprocher de n'avoir assisté à la lutte qu'en simple spectateur. Avec une direction supérieure plus énergique et plus judicieuse, il n'eût peut-être pas été impossible d'enlever les positions de Cœuilly et de Villiers. » (Commandant Grouard, *Le Blocus de Paris et la Première armée de la Loire*, 3ᵉ partie, p. 48.) Voir, *suprà*, pp. 32, note 2, 86, 87 et 97, note 3.

(2) *Le Commandement et ses auxiliaires*, par C. M. ; Paris, Baudoin, 1893 ; pp. 5 et 6. — Voir, *infrà*, pp. 249 et 250.

(3) Robinet de Cléry, p. 152.

graphe fonctionnait, sans difficultés et tout de suite, quand il s'agissait de tenir les politiciens de Paris au courant des faits et gestes du rhéteur qui se croyait militaire.

RÉOCCUPATION COMPLÈTE DE BRY

L'ennemi n'était guère en meilleure position que nous. Ses réserves ne donnaient pas avec ensemble; ses petits paquets avaient été repoussés les uns après les autres.

Pour masquer cette défaillance, les princes saxons avaient mis en batterie, comme nous l'avons déjà vu, toute leur artillerie de réserve. Ce sont dix batteries qui, de Noisy à Villiers, fouillent les pentes de Bry, en dépit du feu, plus bruyant que meurtrier, du plateau d'Avron. « Les projectiles tombent, en grand nombre, dans le village de Bry dont les maisons sont traversées de part en part (1). »

Mais les nôtres, ne se sentant plus pressés par la fusillade, songent à purger définitivement le nord de Bry des Saxons qui s'y tiennent depuis le matin : le général Daudel charge de ce travail les 107e et 108e de ligne, et voici nos troupiers en train de visiter les maisons, de la cave au grenier.

« Elles étaient encore pleines de soldats ennemis, qui, sous le feu de l'artillerie et des mitrailleuses de la rive droite, n'avaient pas pu remonter les pentes de Noisy. Ils attendaient, sans doute, soit un retour offensif des leurs, soit un mouvement de retraite de notre part, pour s'enfuir..... Ils étaient nombreux, armés, dans l'intérieur de nos canton-

---

(1) Robinet de Cléry, p. 153.

nements. En sortant, à l'improviste, de leurs caves et de leurs cachettes, ils nous eussent procuré une surprise fort désagréable. Découverts en plein jour, ils ne résistaient pas : à la première sommation, ils remettaient leurs armes. Le 108ᵉ en recueillit ainsi plus de 300. C'étaient des Saxons portant le n° 107ᵉ du régiment de la Confédération du Nord (1). »

Nous sommes, enfin, vraiment maîtres de Bry, et cessons d'être exposés à des coups de feu qui partent de tous côtés, au moment où l'on s'y attend le moins. Il ne reste plus que le parc Dewinck à nettoyer : cette besogne est assez rapidement faite et l'ennemi ne se tient plus qu'à Noisy et à Villiers.

« Le feu des troupes de Noisy et de Villiers, efficacement secondé par le tir des batteries en position sur le côté sud du village, force les Français à suspendre leur poursuite ; néanmoins, les compagnies qui se trouvaient dans Bry, rétrogradaient aussi sur Noisy, pour éviter d'être débordées sur leur gauche et acculées à la Marne. Les Français occupent alors Bry, où ils font prisonniers quelques groupes isolés restés dans les maisons (2). »

Notre situation s'était améliorée encore par l'arrivée de la division de Bellemare qui, partie du rond-point de Plaisance, a passé la Marne aux ponts de Joinville, ceux de Nogent étant trop « fatigués ». Ce puissant secours permet à la brigade Daudel de chasser les Saxons de Bry, ainsi que nous venons de le raconter, et à la brigade Courty, qui se bat aussi depuis le matin, de se reposer en arrière : la division de Bellemare prend la place de ces deux brigades et recommence la lutte. Le général Daudel, moins maltraité, se remet dans Bry même ;

---

(1) Robinet de Cléry, pp. 153 et 154.
(2) *La Guerre franco-allemande*, 2ᵉ partie, p. 551.

le général Courty, plus abîmé, se reforme au Plant de Champigny.

« Il est à remarquer que le général Ducrot (dans son récit) ne fait nullement mention de cette part, prise au combat du 2 par la division de Bellemare, quand il est reconnu et admis par tous les historiens que cette division contribua puissamment, par la rapidité et la vigueur de ses mouvements, à rétablir le succès de la journée (1) : » elle détermina la retraite des Saxons sur Noisy et Villiers (2).

La division de Susbielle, venant lentement de Créteil, parvient aux environs des Fours-à-Chaux, vers deux heures; un de ses régiments, le 116e, pousse même jusqu'au plateau de Villiers où il apporte à la division Berthaut un concours bien nécessaire (3).

Entre temps, les batteries divisionnaires du général de Bellemare, s'étaient jointes aux pièces qui soutenaient la lutte, du chemin de fer au chemin creux, non loin du *Peuplier*. Le commandant Tardif de Moidrey, qui dirigeait les nouveaux arrivés, ébranlait, un instant, l'artillerie ennemie; mais, les pertes des Allemands étant minimes, ils se remettent de l'alerte, amènent la réserve d'artillerie du IIe corps sur la partie nord du plateau de Cœuilly; de là, elle prend nos pièces en demi-flanc : nous éprouvons des pertes sérieuses. Grâce à l'entrée en ligne d'une nouvelle batterie, la batterie Salin, de la réserve du 1er corps, nos canons

---

(1) *Mémoire du général de Bellemare.* — Commandant Grouard, *Le Blocus de Paris et la Première armée de la Loire*, 3e partie, p. 44. — « Un peu plus tard, M. le général commandant en chef le 2e corps voulut bien m'envoyer, sur ma demande, la division de Bellemare; à partir de ce moment, *toutes les tentatives de l'ennemi restèrent infructueuses.* » (Rapport du général Berthaut.) — Historique du 125e de ligne.
(2) M. de Moltke, p. 260. — Le Faure, t. II, p. 151.
(3) Charles de Mazade, *La guerre de France*, t. II, p. 222.

continuent à tonner; néanmoins, l'effet de notre tir n'est pas comparable à celui de l'ennemi : notre infériorité est évidente (1).

DERNIER EFFORT DES ALLEMANDS

Le général de Hartmann, commandant la IIIe division, s'était mis en marche après onze heures. A ce moment, quatorze batteries bombardaient Champigny avec fureur (2). « Vers midi, à la suite d'un engagement aussi long qu'acharné, le général-major de Hartmann avait réussi à porter les forces réunies autour de Champigny jusqu'à hauteur du chemin de Bry, et il prenait possession définitive des carrières où 160 hommes environ mettaient bas les armes (3). » Champigny va recevoir le choc du bataillon de chasseurs de Poméranie n° 2, du 7e régiment d'infanterie poméranien n° 54, qui viennent à la rescousse du 2e bataillon de chasseurs wurtembergeois, du 6e régiment d'infanterie de Poméranie, n° 49 et du 9e régiment de grenadiers de Kolberg. Les IIIe et IVe divisions d'infanterie prussiennes, la Ire brigade wurtembergeoise vont se trouver ainsi mêlées dans l'attaque suprême.

S'excitant par leurs cris sauvages, les Prussiens fondent sur la division Faron; celle-ci ne se laisse pas ébranler et les crible de balles. Cette réception peu engageante refroidit encore l'ardeur relative de l'ennemi : il n'avance plus, il se cache, les Français vont à lui et le rejoignent jusque dans les maisons où il se tient.

Un combat acharné s'engage alors. « Sur le côté

---

(1) Général Ducrot, t. III, pp. 39 à 42.
(2) *La Guerre franco-allemande*, 2e partie, p. 549, en note.
(3) *Ibid.*, p. 549.

nord de la grande rue les sapeurs préparent la voie ; dès qu'une brèche est ouverte nos soldats s'y précipitent résolument. De maison à maison, de chambre à chambre, on s'aborde avec fureur, on se fusille à bout portant, on se bat à coups de baïonnette, à coups de crosse. Au sud de la grande rue, nous sommes définitivement maîtres de tout l'îlot attenant à la Maison Verte, et nous engageons une vive fusillade avec les tirailleurs postés dans les habitations et jardins environnants ; mais il est impossible d'avancer sous le feu qui, partant de la tranchée (près de la Marne), couvre de projectiles le centre du village et la chaussée du pont. Le 113e ne parvient pas, malgré les plus énergiques efforts, à déloger de cet abri les chasseurs wurtembergeois (1). »

Néanmoins, le brave régiment ne se décourage pas. Il revient sans cesse à la charge, se servant, du mieux qu'il peut, des quelques murs, des quelques tas de terre qui se trouvent entre la rue de Sucy et la rivière. Malheureusement, aussitôt que nous sortons de ces abris pour atteindre la tranchée, la fusillade ennemie est si vive que chaque fois, nous sommes obligés de reculer. Vainement, un audacieux sergent, nommé Pomme, cherche-t-il à profiter de la déclivité de la berge pour conduire une vingtaine d'hommes, le long de la Marne, et déborder la tranchée par sa gauche : à 10 mètres, il est, de nouveau, à découvert et tellement en butte aux coups de fusil que lui et sa troupe sont atteints par les balles.

Le commandant Besson essaie une dernière tentative. Il propose au sergent Subileau de gagner l'île de Champigny et de tirer, par derrière, sur les

---

(1) Général Ducrot, t. III, pp. 43 et 44. — Charles de Mazade, *La guerre de France*, t. II, p. 221.

défenseurs de la néfaste tranchée. Le sergent « monte, avec cinq hommes, dans une barque accrochée à la rive ; ces braves gens, faisant force de rames, traversent la rivière sous une grêle de balles et débarquent dans l'île. Se défilant derrière les arbres, ils débordent la tranchée, fusillent, à une centaine de mètres, les Wurtembergeois, et les forcent à se retirer (1) ». Selon l'expression du général Trochu, les Français « tiennent comme des teignes ».

Le général Ducrot, dans son livre, fait observer avec raison combien il aurait été important d'occuper les abris de la rive droite de la Marne, notamment les murs du parc Adam et les maisons voisines, d'où l'on aurait pris, à revers, non seulement la tranchée qui nous avait causé tant de mal, mais aussi les pentes qui descendent de la Marne et, surtout, le chemin de Sucy et la nouvelle route de Chennevières, par où débouchaient les renforts de l'ennemi (2).

Assurément, les regrets du général Ducrot sont justifiés ; seulement, qui est responsable de la non-mise en valeur tactique de l'avancée de la presqu'île de Saint-Maur ? Il nous semble que c'est lui, puisqu'il commandait en chef, ou le généralissime, son ami le général Trochu. Nous savons bien que M. Ducrot a accusé le général Favé de lui avoir désobéi, toutefois, il faut remarquer que cette désobéissance ne se serait produite qu'à propos du feu de l'artillerie et que l'on ne découvre pas un ordre du général Ducrot prescrivant à l'infanterie de la presqu'île de marcher pour prendre les Allemands de flanc ou à revers. Aussi bien nous traiterons de nouveau la question en développant les considéra-

(1). Général Ducrot, t. III, p. 44.
(2) Notamment, voir *Ibid.*, pp. 44 et 47.

tions que fait naître le récit de la journée du 2 décembre.

Nous avons laissé une quarantaine de héros à la défense du jardin de la rue des Roches, sous le feu du parc en pointe et de la Plâtrière; soutenus par les capitaines Poulvé, Giroin et Robert, ils n'ont pas faibli, bien que vingt d'entre eux soient morts ou blessés.

Le lieutenant Leca avait pu sortir, vers midi; ralliant quelques isolés, il avait sauté de maisons en maisons et avait pu fournir une assez longue course. Cerné par des forces supérieures, il avait fini par se rendre, à la suite d'un combat furieux.

Ceux qui étaient restés dans le jardin continuaient donc la lutte. Malheureusement, toutes les cartouches étaient brûlées, même celles des morts, même celles des blessés. Un adjudant sort pour en rapporter : il est tué raide. Un sergent, plus heureux, revient avec quelques paquets. Encouragé, il repart et tombe à son tour, grièvement blessé. La situation devient critique : à deux heures, le capitaine Poulvé prévient ses quinze derniers combattants qu'il ne peut plus empêcher les Prussiens d'approcher, que l'on va être pris comme dans une souricière, qu'il y a 125 mètres à parcourir à découvert : il faut donc choisir entre la mort et la captivité... Tous sortent en courant du jardin : une partie peut gagner les maisons de la rue de Bonneau, au nord de la mairie, où elle recommence le feu; les autres et le capitaine Giroin sont foudroyés dans le parcours (1).

Aussi bien, l'ennemi très circonspect ne progresse plus. Il a peur des feux du Signal et des mai-

---

(1) « Une compagnie tint six heures durant sans reculer, épuisant ses munitions jusqu'à la dernière cartouche, se voyant réduite à quinze hommes. » (Charles de Mazade, *La guerre de France*, t. II, p. 221.) — Henri Martin, t. VII, p. 247.

sons de la rue de Bonneau. Au centre, nous le chassons de toutes les habitations ; à droite nous l'avons expulsé de la tranchée et des constructions environnantes : les Allemands ne combattent plus que mollement, nous abandonnent le village et ne résistent plus que dans le parc en pointe, le grand parc et les maisons voisines, à la bifurcation de la vieille et de la nouvelle route de Chennevières. Il est deux heures (1).

Au cours de ces engagements meurtriers, l'artillerie du 1er corps, installée dans le bois du Plant, s'évertuait à atteindre les batteries ennemies qui s'étaient approchées sur le bord du plateau de Cœuilly. Le général Ducrot veut, alors, la renforcer par deux autres batteries qu'il aligne, derrière Champigny, le long de la Marne ; puis, il ordonne au colonel Hennet de tirer, par-dessus le village, sur la partie nord du plateau de Cœuilly. C'est là que son irritation augmente en raison du silence qui règne de l'autre côté de la Marne : « la fusillade et la canonnade avaient complètement cessé de ce côté ; les ouvrages et batteries établis sur le bord de la rivière (rive droite), paraissaient abandonnés. Que faisaient donc l'infanterie et la puissante artillerie mises à la disposition du général Favé pour appuyer notre droite (2)? »

Indigné de cette inaction, le général Ducrot dépêche le lieutenant-colonel Warnet, sous-chef d'état-major de la 2e armée, au général Favé, avec ordre de faire reporter en avant toute l'artillerie de campagne et de remettre en action les pièces de rempart. Mais le feu n'en reprend pas davantage :

(1) « Les Français reprirent encore une fois l'avantage, bien que des troupes fraîches du IIe corps eussent été envoyées en renfort..... A Champigny, la plus grande partie du village fut réoccupée par les Français. » (A. Niemann, p. 233.)
(2) Général Ducrot, t. III, p. 47.

le secours de l'artillerie de la presqu'île est, dès lors, à peu près nul (1).

Afin de suivre toutes les péripéties de la bataille, changeons encore une fois de place. A l'heure où la division Faron combattait ainsi dans Champigny, les Prussiens attaquaient également les Fours-à-Chaux.

Ainsi que nous l'avons déjà expliqué, nous avions établi des batteries devant le Grand-Four-à-Chaux, au moyen des tas de calcaire tirés de la carrière qui donna son nom à ces ouvrages que l'on appela Batterie de la Carrière. Depuis longtemps, elle était en butte aux feux du régiment de grenadiers de Kolberg et du 6e poméranien composant la VIIe brigade, sous le commandement du général du Trossel, embusquée dans le petit bois, au nord du parc en pointe, dans la Maison-Rouge et aux alentours.

Tout à coup, le 3e poméranien, de la VIe brigade, arrive à la rescousse : voici tous les Prussiens qui se lancent en avant. Renversés par l'avalanche, les défenseurs de la Plâtrière sont mis hors de combat : derechef, cette redoutable position est perdue pour nous. De plus, l'ennemi se dirige, menaçant, contre la Batterie de la Carrière.

Le danger apparaît à tous; par suite des combats précédents, par suite de certaines défaillances de ces jeunes troupes, nous n'avons pas grand monde sur le plateau du Signal et à la Batterie de la Carrière. Cette dernière n'est gardée que par une trentaine d'hommes des 121e et 122e de ligne. Heureusement, la compagnie du génie, commandée par le capitaine Glises, vient de terminer les travaux de défense de Champigny et est disponible. Ce sont 70 hommes que l'on dirige à la hâte sur le point

---

(1) Général Ducrot, t. III, pp. 42 à 47.

menacé ; on y ajoute encore quelques soldats des 121ᵉ et 122ᵉ. En tout, 250 combattants occupent la batterie, ses abords et le pourtour de la carrière.

Le capitaine Glises se prépare à la lutte, avec l'aide de ses trois officiers : le capitaine Coville, le lieutenant Perseval et le sous-lieutenant Azibert. Les Prussiens approchent. En effet, reprenant la tactique qui lui a si bien réussi, au Bourget, le 30 octobre, « l'ennemi descendant les pentes en plusieurs petites colonnes séparées par des intervalles de 3 à 400 mètres, s'avance par bonds successifs ; dès que ces colonnes trouvent un obstacle ou un ressaut favorable au défilement, elles s'arrêtent, engagent une vive fusillade, puis se portent de nouveau en avant, s'étendant de plus en plus à droite et à gauche, de manière à envelopper la position et à rendre nos coups plus incertains (1) ».

Mais les mêmes moyens ne produisent pas toujours les mêmes effets. Ainsi que nous venons de le voir, la prudence et la lenteur relative, avec lesquelles les Prussiens exécutent leur mouvement, ont permis aux Français de s'organiser, de se renforcer. Couverts, à gauche, par l'excavation profonde de la carrière ; défendus, à droite, par les détachements qui remplissent la tranchée reliant les deux Fours-à-Chaux, les sapeurs ne se démoralisent pas et attendent le choc de pied ferme.

Sur l'ordre du capitaine Glises, quand les assaillants se cachent et font le coup de fusil, quelques bons tireurs seuls leur répondent ; dès que les Prussiens sortent de leurs abris et courent en avant, nos soldats se relèvent et, formés sur plusieurs rangs, les premiers à genoux, les derniers debout, ils exécutent des feux de salve qui font grand mal à l'ennemi.

(1) Général Ducrot, t. III, p. 51.

Cependant, le voici, à une cinquantaine de mètres de la Batterie : 1,500 hommes vont tomber sur la petite troupe française. Nerveusement, nos hommes crient : « A la baïonnette! A la baïonnette ! » En entendant cet appel et le cliquetis des armes, les Prussiens, saisis d'épouvante, ne font plus un pas; les Français ne profitent point de l'hésitation de leurs adversaires et n'exécutent pas une décharge générale : ils attendent on ne sait quoi. « Les officiers prussiens excitent leurs soldats, les injurient, les poussent, les frappent, aucun ne bouge. Français et Allemands restent ainsi pendant quelque temps, les premiers sans faire feu, les autres sans avancer (1), » comme pétrifiés.

La position finissait par devenir ridicule pour les deux partis, quand le capitaine Glises appelle à lui la batterie Salle. A la vue des deux pièces de canon, que l'on a traînées à bras jusqu'à la carrière, les Prussiens font demi-tour, passent sur le ventre de leurs officiers et se retirent à toute vitesse, à la faveur des abris qui leur avaient permis de s'approcher. Alors, nous nous décidons à reprendre le feu ; notre mousqueterie et les coups à mitraille de nos deux pièces ôtent si bien à l'ennemi toute idée de retour offensif que la Ve brigade, qui forme réserve, atteint simplement le bord du plateau mais ne se hasarde pas à en descendre les pentes : le sort du 3e poméranien ne la met pas en humeur de renouveler l'expérience; on le comprendra facilement quand on saura que, à lui seul, ce régiment avait perdu 16 officiers et 291 hommes (2). Grâce à notre

---

(1) Général Ducrot, t. III, pp. 52 et 53.
(2) D'après les Prussiens, le 3e poméranien perdit, ce jour-là, 18 officiers, 284 hommes et 2 chevaux (*La Guerre franco-allemande*, 2e partie, p. 223*.

position abritée, nous n'avions que 30 tués ou blessés (1).

FIN DE LA BATAILLE

En réalité, à trois heures, la bataille était terminée: « toutes les tentatives des Allemands avaient échoué (2) ». Les deux infanteries, exténuées par cette lutte de huit heures, cruellement éprouvées par le feu, désorganisées, presque sans officiers, refusaient de faire un pas en avant. Conserver la place où elles se trouvaient, oui; affronter de nouveau les terribles décharges des chassepots, les explosions meurtrières des obus allemands, non.

Mais, comme l'artillerie ennemie a été épargnée, elle remplace l'infanterie et continue un combat auquel cette dernière est hors d'état de se mêler. Cent pièces de canon tonnent, sans relâche, contre toutes les avancées françaises.

Le général Ducrot, voyant les pertes de ses troupes fait donner ses dernières réserves d'artillerie et prescrit aux forts de redoubler leur feu. C'est, à cet instant, un ébranlement formidable de l'air et du sol, la fumée s'étend, semblable à un immense nuage d'incendie et cache toutes les vues; on ne tire plus qu'au juger. Le hasard nous sert: « nous parvenons enfin à dominer le feu de l'ennemi (3). »

Comme les Allemands commencent à manquer de munitions, à éprouver quelques pertes, comme

---

(1) Général Ducrot, t. III, pp. 50 à 53.
(2) Commandant Grouard, *Le Blocus de Paris et la Première armée de la Loire*, 3ᵉ partie, p. 45.
(3) *Ibid.*

ils n'ont aucun intérêt à perpétuer ce duel, majestueux et vain tout à la fois, au bout d'une heure, les détonations ne crépitent plus ainsi qu'une gigantesque fusillade, l'orage diminue de violence, la grêle de fer ne s'abat plus si dru et cesse même bientôt tout à fait. Il est quatre heures (1).

Quelques minutes après, la canonnade reprend encore, faiblement il est vrai, pour s'éteindre enfin à cinq heures. Les pièces françaises de place continuaient, seules, à tirer, de loin en loin, jusqu'à la nuit close.

« C'était, après tout, une bataille bravement rétablie, si bien rétablie que les Allemands, rejetés sur les hauteurs, ne renouvelaient plus leurs tentatives. Leur infanterie cédait de toutes parts le terrain, lassée par l'opiniâtre résistance qu'elle avait rencontrée (2). » — « Oui, nos pauvres moblots et nos modestes lignards avaient, en définitive, vaillamment combattu, et leur gloire était grande car ils avaient repoussé les phalanges victorieuses de Frœschwiller, de Forbach et de Sedan (3). »

En somme, après les attaques furieuses des Allemands, le drapeau tricolore continuait à flotter sur les clochers de Bry et de Champigny (4). C'était un

---

(1) Charles de Mazade, *La guerre de France*, t. II, p. 223. — « A quatre heures, le feu cessait sur toute la ligne. » (Major de Sarrepont, p. 367.)

(2) Charles de Mazade, *La guerre de France*, t. II, p. 222. — « Les Allemands ne purent conserver l'avantage que leur avait donné la surprise du matin. » (Rüstow, t. II, p. 159.) — *Ibid.*, p. 160. — « Avant midi, le combat était rétabli et les Allemands étaient arrêtés net. » (Commandant Canonge, t. II, p. 377.)

(3) *Histoire critique du siège de Paris par un officier de marine*, p. 136. — « L'attaque des Français fut conduite avec la plus grande vigueur. » (*La Guerre de 1870-1871*; traduit de l'allemand, pp. 118 et 119.) — « Nous restions maîtres du champ de bataille. » (Major de Sarrepont, p. 367.) — Commandant Rousset, p. 220. — *Histoire de la guerre de 1870-1871*, par le général Ambert, p. 350. — Edmond Rousse, t. II, p. 293.

(4) *La Campagne de 1870*; traduit du *Times*, p. 226. — « Vers quatre heures, le combat cesse à peu près où il a commencé et

succès. « La journée pouvait être considérée comme à l'avantage des Français qui, tout en évitant le sérieux danger d'être jetés à la Marne, avaient, pour le moins, gardé toutes leurs positions de la veille et opposé une très bonne contenance à la vigoureuse offensive des Allemands (1). »

Nous avons vu que, pendant la lutte, un certain nombre de bataillons de la Garde nationale avaient été envoyés sous les forts de Nogent et de Rosny afin de faire croire aux Allemands que les combattants de Champigny et de Bry allaient recevoir des secours. Mais ce n'était qu'une parade : jamais on n'avait eu l'intention de les engager (2).

« Dans certaines de nos sorties, a dit le général Le Flô, on a mis en réserve 50, 60 ou même 80 bataillons de la Garde nationale, sans leur faire tirer un coup de fusil. Au point de vue politique c'était une faute ; au point de vue militaire, c'en était une plus grande (3). » Quoi de plus juste ? Mais il était écrit que rien de logique ne sortirait du cerveau de M. Trochu.

Le rideau de la nuit étant tombé sur le dernier acte de ce drame sanglant, chacun cherche ses positions pour prendre un peu de repos.

Les 114ᵉ et 119ᵉ de ligne occupent le village de Champigny ; les 115ᵉ et 116ᵉ les Fours-à-Chaux ; la plus grande partie de la division Faron, la division de Malroy et l'artillerie du 1ᵉʳ corps se tiennent derrière, entre les bois du Plant et la Marne.

La brigade de Miribel, défend les tranchées

plutôt en avant de la ligne française. » (Colonel Lecomte, t. III, p. 423.)

(1) Colonel Lecomte, t. III, p. 423.
(2) *Enquête parlementaire sur l'Insurrection du Dix-Huit-Mars*; Versailles, Cerf, 1872 ; déposition du colonel Montaigu, p. 416.
(3) *Ibid.*, déposition du général Le Flô, p. 82. — « Pourquoi s'est-on, systématiquement, abstenu d'engager un seul bataillon de la Garde nationale ? » (A. Ballue, p. 98.)

creusées entre le chemin de fer de Mulhouse et le *Peuplier*; le 118ᵉ continue la ligne, vers Bry, jusqu'au chemin creux. La brigade Bocher est en dernière ligne, au débouché des chemins de Champigny et de Villiers sur la route de Joinville à Bry. La division Courty se refait dans le bois du Plant. L'artillerie du 2ᵉ corps prend haleine à l'abri du remblai du chemin de fer.

Toute la division de Bellemare garnit la ligne des crêtes, depuis le chemin creux jusqu'au cimetière de Bry, et, de là, jusqu'à la Marne. Elle fait ainsi face à Villiers et à Noisy. La brigade Daudel, mise sous les ordres du général de Bellemare, remplit Bry; un de ses régiments, le 108ᵉ, s'installe dans la partie nord de ce village, donnant la main au 105ᵉ, de la brigade Bonnet, qui veille sur les ponts de Neuilly. L'artillerie du 3ᵉ corps est bravement campée sur la rive droite de la Marne, défendue, on ne sait pourquoi, par le 106ᵉ de ligne.

La brigade Reille a réoccupé Neuilly; la division d'Hugues n'a pas quitté le plateau d'Avron.

La brigade Blaise est arrivée, dans l'après-midi, du Moulin-Saquet à Créteil, où elle remplace la division de Susbielle qui a été placée en première ligne, de Champigny au *Peuplier*. La brigade Ribourt est également à Créteil.

Du côté de l'ennemi, le 6ᵉ poméranien se retranche dans le parc en pointe et dans le grand parc, à une dizaine de mètres du 117ᵉ de ligne qui occupe les maisons de Champigny; le 2ᵉ bataillon de chasseurs poméraniens défend les pentes et la plaine jusqu'à la Marne, en face du parc Adam. Une partie de la VIᵉ brigade prussienne s'étend de Villiers à Champigny, avec le gros entre Chennevières et Ormesson. La Vᵉ brigade prussienne est entre Bonneuil et Choisy-le-Roi; la IIIᵉ brigade wurtembergeoise à Boissy et à Valenton; la

VIIIe brigade prussienne à Draveil, le régiment de grenadiers de Kolberg à Villeneuve-Saint-Georges.

La IIe brigade wurtembergeoise se tient en première ligne, de Noisy à Villiers; la XXIVe division se refait, à Champs, à côté de l'artillerie de corps saxonne; la Ire brigade wurtembergeoise campe entre le bois Saint-Martin et le parc de la Lande, devant le château. La XLVIe brigade, saxonne, est auprès de Gournay.

En somme, la ligne allemande passe par la maison du garde-barrière du chemin de fer de Lyon, le carrefour Pompadour, le mont Mesly, Bonneuil, Chennevières, Mon-Idée, les parcs du haut Champigny, le plateau de Cœuilly, Villiers, Noisy, Gournay et la Maison-Blanche (1).

En raison de l'épuisement des troupes allemandes, M. de Moltke expédie de nouveaux renforts. « Dans la nuit du 2 au 3 décembre, 7 bataillons et 2 batteries de la division de landwehr de la Garde, ainsi que 3 escadrons et 6 batteries des Ve et XIe corps d'armée, sont donc dirigés vers l'aile droite de la IIIe armée et permettent ainsi au VIe corps d'avoir, indépendamment de la XXIe brigade d'infanterie qui se trouve déjà sur la rive droite de la Seine, une brigade, avec l'artillerie et la cavalerie nécessaires, toute prête à être détachée sur la rive droite du fleuve (2). »

Le champ de bataille était aussi lamentable que celui du 30 novembre. Un froid mortel glaçait les débris des bataillons si cruellement atteints. On ne pouvait relever les blessés, qui mouraient presque tous, après quelques heures d'une horrible agonie (3).

(1) Général Ducrot, t. III, pp. 53 et 54 et 60 à 62. — *La Guerre franco-allemande*, 2e partie, pp. 552 et 553.
(2) Major Blume, p. 174.
(3) *La France et l'Europe pendant le siège de Paris* (18 septembre 1870-28 janvier 1871). Encyclopédie politique, militaire et

CONSIDÉRATIONS

Les pertes françaises, dans la bataille du 2 décembre, se montaient à un peu plus de 5,000 hommes hors de combat (1); les Allemands n'en comptaient que 3,482 (2).

Les forces engagées peuvent être évaluées, du côté des Français, à 92 bataillons, dont 26 de mobiles, et 276 bouches à feu. Les forces ennemies se composaient de 82 bataillons et 274 pièces de canon. Mais, comme le bataillon allemand était beaucoup plus fourni que le nôtre, il faut dire que 62,000 Français ont résisté à 72,000 Allemands (3).

Il est même bon d'ajouter que, en fait, le chiffre

---

anecdotique, par Pierre Maquest (archiviste de la ville de Tournai, Belgique; conservateur des archives de l'Etat) avec une préface de M. E. Spuller, député de la Seine, 2ᵉ édition; Paris, Ghio, 1877; pp. 449 et 450.

(1) Le général Ducrot dit que, du 30 novembre au 3 décembre, la 2ᵉ armée eut 9,428 hommes hors de combat. (Général Ducrot, t. III, p. 99.) Or, comme il avait dit précédemment (t. II, p. 284), que nous avions perdu 4,000 hommes le 30 novembre, comme il y a lieu de déduire les quelques officiers et soldats qui furent atteints le 3 décembre, il reste donc environ 5,000 hommes pour la journée du 2.

(2) *La Guerre franco-allemande*, 2ᵉ partie, supplément, p. 224*. — Le général Ducrot dit que les Allemands ont eu, le 2 décembre, 3,529 hommes hors de combat. (T. III, p. 102.) — « Paris, 3 décembre 1870, 3 h. 50 du soir. Préfet de police à M. le ministre de la Guerre. 700 prisonniers prussiens occupent et remplissent la Grande Roquette. Voulez-vous nous fournir la literie qui manque? » (*Enq. parlem. déf. nationale*, deuxième déposition de M. Cresson, p. 19.) — Rüstow, qui a puisé ses renseignements en Allemagne, dit que les pertes allemandes s'élevèrent, ce jour-là, à 5,000 hommes. (T. II, p. 61.) — « A l'est et au nord-est de Paris ont eu lieu des engagements sérieux avec de grandes pertes, *même de notre côté*;..... les Saxons ont perdu un bataillon tout entier. » (Moritz Busch, p. 306.)

(3) Général Ducrot, t. III, pp. 54 et 55, en note. — « Le IIᵉ corps, tout entier, était venu s'établir soit sur la position même, soit en arrière, comme réserve. » (Major Blume, p. 173.)

de 62,000 doit être diminué d'une quinzaine, peut-être d'une vingtaine de mille hommes. En effet, ces régiments de mobiles, et aussi de ligne, étaient de nouvelle formation, inexpérimentés, mal encadrés, n'avaient jamais vu le feu ; aux premières décharges un grand nombre de novices quittèrent les rangs et, de la journée, on ne les revit : ils se pressaient près des ponts de Joinville que plusieurs finirent par traverser. Cela n'en fait ressortir que davantage le courage de ceux qui ne se laissèrent pas ébranler.

Au contraire, les régiments ennemis se composaient de vieilles troupes, habituées à la fatigue, disciplinées, qui venaient de battre l'armée impériale. Entre ces soldats de métier et ces enfants ou ces rappelés, la comparaison n'était guère possible, et la résistance que ces bataillons improvisés ont opposée aux furibondes attaques des soudards allemands montre ce qu'ils auraient pu faire si nous avions été commandés.

Toutefois, pour être juste, il faut reconnaître que le canon des forts et des redoutes facilitait singulièrement la besogne de la 2ᵉ armée ; mais on ne doit pas exagérer l'effet de ce canon : nous en donnons pour preuve les pertes insignifiantes éprouvées par l'artillerie ennemie (1).

Remarquons, enfin, au sujet de la composition des troupes engagées, qu'aucune cavalerie ne se hasarda dans le champ de tir, qu'elle n'eût pu y tenir cinq minutes, et que l'artillerie allemande et l'infanterie française soutinrent principalement le poids du combat et portèrent les plus rudes coups à leurs adversaires.

Examinons, maintenant, l'incident Favé.
L'accusation portée par le général Ducrot contre

(1) Voir, *suprà*, p. 217.

son subordonné est fort nette : « M. le général Favé, ne voulant tenir aucun compte des vues du général en chef de la 2ᵉ armée, refusa absolument d'obtempérer à ses invitations et ne fit qu'un emploi très incomplet et très peu judicieux des ressources considérables, en matériel et en personnel, accumulées dans la presqu'île Saint-Maur et dans les ouvrages qui en dépendaient (1). »

Nous n'hésitons pas une seconde à déclarer que le général Ducrot avait cent fois raison contre le général Favé, en dépit des explications apportées par celui-ci pour sa défense (2). Quand un officier reçoit un ordre de son chef il doit obéir; lorsqu'il ne s'y est pas conformé une première fois et qu'il ne tient pas compte d'une seconde injonction, il commet un crime militaire.

Le général Favé s'est placé à son seul point de vue, a suivi ses seules idées, a considéré comme rabâchages les ordres du général en chef ; en cela, il a été coupable. Il n'était pas juge de l'utilité, de l'opportunité, du danger que pouvaient présenter ces ordres ; le commandant en chef se trompe souvent, mais le subordonné ne saurait se soustraire à ses prescriptions, la fraction ne saurait se rendre indépendante du tout, sous le prétexte que la mesure ordonnée préjudiciera à la fraction, car elle ignore si son désastre ne fera pas triompher le tout.

Aussi bien, le simple exposé des faits, apporté par le général Favé lui-même, va lui donner tort.

Dans l'après-midi, « notre feu n'avait plus que peu de vivacité, quand arriva, à cheval, dans la redoute de Saint-Maur, où j'étais encore en observation, un aide de camp du Gouverneur de Paris. Il

---

(1) Général Ducrot, t. III, p. 49. — « Notre artillerie, devenue inutile, s'est tue depuis longtemps. » (Paul de Kerneu, p. 115.)
(2) Voir, *suprà*, pp. 178 à 181.

était haletant quand, en m'abordant, il me dit :
«« Général, le Gouverneur trouve que votre feu est mou ; il demande que vous fassiez un feu vif, très vif. »» Je lui répondis : «« Nous ne tirons plus qu'avec les gros calibres parce qu'ils ont seuls assez de portée pour atteindre sur le plateau très au delà des crêtes, mais si l'ennemi se fait voir sur les pentes, tous mes canons pourront entrer en action, et je vous réponds qu'ils produiront un effet décisif. »» L'aide de camp, un peu plus calme, reprit : «« Le Gouverneur a mené lui-même l'infanterie dans Champigny que l'ennemi attaque avec acharnement ; il a le plus grand besoin d'être appuyé par vous : je vous en prie, mon général, faites un feu fort, ne fût-ce que comme démonstration. »» Puis, sans descendre de cheval, il repartit, sans me donner aucune indication. Si j'avais suivi son conseil, en faisant feu immédiatement et un peu au hasard, la fumée de nos canons aurait un peu voilé tout le lointain, tandis qu'il nous fallait, avant tout, distinguer les positions prises par les ennemis de celles que le 1er corps de l'armée française occupait, ce qui était de la plus haute importance pour ne pas tirer sur nos troupes. Aucun signal n'avait été convenu pour nous indiquer l'extrémité des emplacements occupés par nos soldats, et nous n'apercevions rien, ni mes commandants de batterie ni moi, du combat qui se livrait pour la possession du village de Champigny. L'ennemi était-il toujours demeuré dans quelques maisons ou bien y était-il rentré sans qu'aucun de mes commandants de batterie pût l'apercevoir ? Nous ne le savions pas (1). »

Discutons, d'abord, cette partie de la défense de M. Favé.

L'émotion de l'aide de camp du Gouverneur

---

(1) Général Favé, pp. 49 et 50.

démontre combien M. Trochu était mécontent de l'abstention du général Favé.

Il faut constater, ensuite, que l'ordre du généralissime n'était pas facultatif mais formel : il demandait un feu très vif. M. Favé semble croire qu'il ne s'agissait que de contre-battre l'artillerie ennemie installée sur le plateau de Cœuilly ; il oublie que la partie nord-ouest de la presqu'île prenait Champigny de flanc et à revers et que l'entrée en scène de l'infanterie et de l'artillerie de campagne, du côté du parc Adam, n'aurait pas permis aux Wurtembergeois de défendre si longtemps la tranchée du chemin de Sucy, aurait singulièrement gêné leurs mouvements sur ce chemin et sur la nouvelle route de Chennevières (1). « De la rive droite de la Marne, il eût été bien facile, cependant, d'obtenir ce résultat (l'expulsion des Wurtembergeois de la tranchée) en occupant les murs du parc Adam, les maisons voisines d'où l'on prenait d'écharpe et à revers toute la tranchée ; malheureusement, dans la presqu'île de Saint-Maur, aucun de ces couverts n'avait été utilisé (2). »

Et c'est vrai. Il n'y a pas trace qu'un coup de fusil ait été tiré, de la presqu'île, sur les Allemands garnissant la rive gauche. Quant à l'artillerie de campagne, pourquoi l'avoir ramenée en arrière ? Puisque M. Favé reconnaît que, le 30 novembre, les deux batteries qu'il avait installées à gauche de la station, à droite de Belle-Chasse, avaient dirigé leur feu du côté de Chennevières (3) ; puisque, toujours le 30, ces deux batteries mobiles, de cet emplacement, ont protégé la droite du 1er corps au moment où elle était prise en flanc par les troupes

---

(1) Voir, *suprà*, pp. 227 à 229.
(2) Général Ducrot, t. III, p. 44.
(3) Général Favé, p. 41.

allemandes (1), pourquoi ne pas leur avoir assigné la même tâche le 2 décembre? Enfin, pourquoi la redoute du Réservoir n'a-t-elle pas, ce jour-là, « canonné vivement ceux des ennemis qui tentaient de descendre du plateau, rétabli ainsi le combat à notre avantage, dans cette partie, et éteint les batteries allemandes toutes les fois qu'elles entreprirent de tirer (2) », comme elle le fit l'avant-veille ? En effet, bien que le général prétende qu'il a forcé à se retirer plusieurs troupes d'infanterie qui s'étaient aventurées le long des pentes, entre Champigny et Chennevières, nous n'avons vu, nulle part, vestige de cette action ; et les assauts que les soldats du 1er corps eurent à soutenir, le long de la rivière, prouvent bien que notre artillerie de la presqu'île ne contrariait guère l'ennemi dans ses mouvements (3).

Nous ne saurions trop le répéter, si le général Favé se servait peu de son artillerie, il n'employait pas du tout son infanterie qui, si rare qu'elle fût, aurait pu, néanmoins, venir en aide au 1er corps, ainsi que le montre l'effet immédiat de l'intervention audacieuse du sergent Subileau et de ses cinq hommes (4). Que M. Favé n'invoque pas le danger à courir, attendu que, du 30 novembre au 3 décembre, toutes les troupes de la presqu'île de Saint-Maur n'ont eu que trois blessés et pas un seul tué (5).

(1) Général Favé, p. 66. — Le général allègue que, de cet emplacement, les maisons, les murs et les arbres empêchaient de rien voir (p. 51). Maisons, murs et arbres avaient donc poussé depuis le 30 novembre? Voir, toutefois, ce que nous avons apporté à la décharge du général Favé, *suprà*, pp. 178 à 181.
(2) Général Favé, p. 41.
(3) « L'artillerie, qui occupait la presqu'île Saint-Maur, aurait pu intervenir de la manière la plus efficace, mais elle demeurait complètement inactive, malgré les injonctions réitérées envoyées par le général en chef. » (Commandant Grouard, *Le Blocus de Paris et la Première armée de la Loire*, 3e partie, p. 45.)
(4) Voir, *suprà*, pp. 227 et 228.
(5) Général Ducrot, t. III, p. 99.

Maintenant, quand il dit qu'il a désobéi au Gouverneur parce que, s'il avait fait feu immédiatement, la fumée de nos canons aurait voilé tout le lointain, il nous sera permis de ne pas prendre l'excuse au sérieux, car il vaut mieux tirer un peu que pas du tout. De plus, en donnant cette excuse, qu'il croit ingénieuse, M. Favé oublie que le vent était du nord, qu'il emportait la fumée vers Bonneuil et, par conséquent, ne gênait pas son tir contre l'ouest, le nord et l'est de Champigny.

Enfin, il est assurément regrettable qu'aucun signal n'ait été convenu pour désigner l'emplacement de nos soldats, mais il n'en était pas moins indiqué d'envoyer quelques éclaireurs au pont démoli et au parc Adam : de ces deux points, il leur eût été aisé de voir si le village appartenait aux Français ou aux Allemands.

Au surplus, le général Favé ne se contenta pas de désobéir une première fois au Gouverneur, nous avons vu que, furieux, le général Ducrot avait expédié, en toute hâte, le lieutenant-colonel Warnet, afin de forcer M. Favé à sortir de son étrange réserve. Voici comment ce dernier raconte cette mission :

« J'appris qu'un lieutenant-colonel d'état-major, appartenant à l'état-major général de la 2ᵉ armée, était venu pour me parler. Après avoir dit que nos pièces n'étaient pas assez rapprochées de l'ennemi, il était allé en avant dans la presqu'île, en me faisant prévenir qu'il reviendrait bientôt ; en m'abordant, il commença, me parlant en son propre nom, à critiquer la position de certaines pièces qu'il avait cru devoir déplacer. Il signala des défectuosités de tir, et il conclut en me disant qu'il y avait lieu, suivant lui, de porter les batteries plus en avant. Je fus surpris, et je crois légitimement, du ton et du jugement, au moins un peu hâtif, d'un officier qui ne connaissait pas les raisons qui m'avaient fait agir et qui était mon inférieur en grade. Je lui répondis froidement : «« *Vous m'avez exposé vos idées, mais j'ai l'habitude d'agir d'après les miennes.* »» Il me quitta, *et je laissai les choses dans le même état.* Il revint, environ une heure après, alors que notre feu avait diminué de plus en plus, l'ennemi n'étant en vue d'aucun côté. Il m'apportait une lettre du général en chef de la 2ᵉ armée, commençant par ces mots : «« Vous avez eu tort de ne pas porter vos pièces plus en avant »» ; il me prescrivait ensuite de donner la direction des batteries au lieutenant-colonel, qui connaissait ses intentions et qui possédait toute sa confiance.

« Enlever ainsi à un officier général un commandement spécial pour donner la direction de cent bouches à feu et plus, contre l'ennemi, à un officier d'état-major qui, probablement, ne connaissait pas même la portée des diverses sortes de bouches à feu qu'on lui confiait, c'est un fait étrange, dont il n'y a pas, je crois, un second exemple (1). »

Il le fallait bien puisque le concours apporté par le général Favé à la 2ᵉ armée était quasi nul. Mais le lieutenant-colonel Warnet ne présente pas les choses comme M. Favé :

« Je fus à la redoute de Saint-Maur, demandant le général Favé ; il n'y était pas. *On me dit que l'ordre était de ne pas tirer.....* A la batterie du *Réservoir* on ne tirait pas parce que les embrasures étaient dirigées sur des portions de terrain occupées par nos troupes..... Quant aux batteries plus en avant, les pièces en avaient été retirées et ramenées à Saint-Maur. Nous revînmes à la redoute de Saint-Maur et je trouvai le général Favé. Devant tous les

---

(1) Général Favé, pp. 54 et 55.

officiers qui se trouvaient là, je lui expliquai les ordres du général en chef. Le général me dit «« qu'il avait ramené ses pièces en arrière pour couvrir une retraite et ne pas exposer son matériel »». Je répliquai que le général en chef lui demandait de soutenir, de son feu, les efforts qu'il faisait du côté de Champigny et que, pour cela, il fallait reporter ses batteries mobiles à leur ancien emplacement, d'où elles pourraient tirer, à bonne portée et d'enfilade, sur la batterie de Cœuilly. Le général Favé me répondit que tel n'était pas son avis. — «« L'ordre formel du général en chef est de tirer et j'ai l'honneur de vous le transmettre. »» Je revins, au galop, rendre compte de ce que j'avais vu. Le général Favé fit faire feu de quelques pièces de la redoute de Saint-Maur, et ce fut tout. Ce que voyant, le général Ducrot me dicta une lettre, me chargeant de la porter au général Favé et de veiller à l'exécution de ses ordres (1). » C'était l'injonction de remettre le commandement au lieutenant-colonel Warnet.

Cette destitution était de toute justice.

L'inaction, la mauvaise volonté du général Favé nous semblent donc évidentes (2). Encore une fois, quelle qu'ait été son opinion touchant l'efficacité du tir contre les batteries du plateau de Cœuilly, il avait le devoir de le tenter puisque son supérieur le lui prescrivait. Et puis, nous le répétons également, cette efficacité n'était pas contestable contre les chemins qui vont de Champigny à Chennevières, contre la tranchée du bord de la Marne. Pourquoi,

(1) Général Ducrot, t. III, p. 349.
(2) « Il paraît certain que le général Favé a ralenti et presque supprimé son tir dans l'après-midi du 2 décembre, et qu'il a obéi à un mouvement d'humeur, bien inopportun, lorsque des officiers d'état-major lui ont porté, successivement, les observations et les ordres du général Trochu et du général Ducrot. » (*Notes à nous remises par M. Robinet de Cléry.*)

alors, avoir ramené à Saint-Maur les pièces qui se trouvaient à la gauche de la station de Champigny? Pourquoi n'avoir pas fait tirer un coup de fusil à son infanterie?

On ne saurait assez blâmer la conduite du général Favé : de pareils manquements à l'obéissance devraient être punis impitoyablement. C'est le seul moyen de sauver la vie à une foule de malheureux qui sont les victimes innocentes et inconscientes de la susceptibilité de grands chefs ne sachant pas se sacrifier au bien général et plaçant leur amour-propre au-dessus du salut de l'armée et du pays.

Maintenant, comment ordre n'a-t-il pas été donné au général Vinoy de s'opposer à l'arrivée des renforts ennemis?

Cependant, dit le général Vinoy, « le 2, quand on a attaqué, j'étais à Ivry, j'entendais une canonnade des plus violentes de l'autre côté; j'examinais tout avec une lunette et je recevais des nouvelles d'un observateur placé dans le clocher de Villejuif et qui avait également une lunette d'une très grande portée. Je voyais passer de l'artillerie, de la cavalerie au trot, de la Garde prussienne arrivant en foule; toutes ces troupes venaient de Versailles et très vivement (1). » N'était-ce pas le cas d'arrêter, de gêner, de retarder leur marche? Une nouvelle attaque de Choisy-le-Roi, de Thiais, n'était-elle pas tout indiquée? Pourquoi les régiments du général Vinoy restèrent-ils l'arme au pied toute la journée?

C'est qu'il y avait « un désordre inouï dans les bureaux de l'état-major général, désordre qui fut très préjudiciable à la défense (2) ».

(1) *Enq. parlem. déf. nationale*, déposition du général Vinoy, p. 121. — Voir, *infrà*, pp. 315 et 316.
(2) Général Ambert, *Récits militaires, Le siège de Paris*, p. 36.

Certes, en pareille bagarre, nous admettons qu'il peut y avoir un peu de confusion dans les services ; néanmoins, oublier, non un régiment, non une division, non un corps d'armée, mais une armée entière, nous semble le comble de la distraction !

Tout en ne mettant pas en doute la bravoure personnelle du général Blanchard et des généraux du 1ᵉʳ corps, nous avons déjà dit combien leur attitude avait été regrettable.

Quant au piteux général d'Exéa, il avait été aussi nul, aussi malfaisant, le 2 décembre que le 30 novembre : nous n'avons pas découvert ses traces, ce jour-là, sur la rive gauche de la Marne. N'eût-il pas été cent fois préférable de laisser ces vieux braves au sein de leur famille et de les remplacer par des hommes dans toute la vigueur de l'âge, n'eussent-ils été que colonels ? Si l'habit ne fait pas le moine, le chapeau à plumes et les étoiles ne font pas le vrai général, celui qui ne se bat pas, seulement, mais qui, aussi, réfléchit en se battant. Il n'y avait guère de ces derniers dans l'armée française de 1870. Souhaitons qu'il y en ait beaucoup plus aujourd'hui.

Enfin, quelle singulière façon de procéder, pour un généralissime, que de se rendre sur le champ de bataille sans son état-major ! Oui, M. Schmitz et la plupart des officiers d'ordonnance du Gouverneur n'avaient pas quitté le Louvre (1) ! Pendant

---

— Les officiers de marine du fort de Montrouge « ne paraissent pas avoir une confiance absolue dans la direction de la défense de Paris. Il n'y a, disent-ils, ni supériorité de vues, ni unité de commandement. Le génie, l'artillerie et la marine passent leur temps à se contrarier. » (Edmond Rousse, t. II, p. 230.) — Emile Chevalet, p. 203.

(1) Général Ducrot, t. III, p. 58. — Voir, *supra*, p. 97. — M. d'Hérisson prétend être resté seul, au Louvre, avec le général Schmitz (p. 285). Son assertion n'a pas été confirmée par l'examen auquel nous nous sommes livré ; c'est pourquoi nous nous rangeons à l'avis du général Ducrot.

que M. Trochu regardait la fumée de la bataille, du haut de la Faisanderie ou de Nogent, pendant qu'il galopait et discourait à Champigny, au Grand-Four-à-Chaux et devant Villiers, son état-major fumait des cigarettes sur les canapés du palais du Louvre! On voit que le général Trochu veille à ne pas tarir la source de nos étonnements, qu'il l'alimente à mesure que nous y puisons des sujets de stupéfaction, que ce tacticien original a changé les éternels principes du commandement et considéré l'état-major comme une quantité négligeable, dont un général n'a pas à s'embarrasser, au cours d'une bataille! Vraiment! les Prussiens ont eu toutes les chances dans cette déplorable guerre!

Quoi qu'il en soit, la bataille était gagnée, tactiquement, et perdue, stratégiquement.

Elle était gagnée, tactiquement, puisque « le prince royal de Saxe avait envoyé l'ordre, au commandant du XII⁰ corps, de rejeter, derrière la Marne, les forces françaises, qui se maintenaient à Bry et à Champigny, et de détruire les ponts »; puisque, dans la soirée du 1ᵉʳ décembre, « le général de Fransecky, investi du commandement momentané de toutes les troupes réunies entre Seine et Marne, avait reçu, du prince royal de Saxe, l'ordre d'attaquer dès le lendemain (1) »; puisque l'ennemi avait abordé Bry et Champigny et qu'il n'avait pu s'emparer ni de Bry, ni des crêtes, ni des Fours-à-Chaux, ni de Champigny, ni des ponts. « La journée du 2 décembre était un succès. Les ordres du grand quartier général allemand avaient prescrit d'enlever le village de Bry et de Champigny, à la pointe du jour, et de tenter de détruire les ponts sur la

---

(1) *La Guerre franco-allemande*, 2ᵉ partie, pp. 544 et 545.

Marne. L'offensive de l'ennemi avait été partout repoussée (1) ».

Elle était perdue, stratégiquement, puisque notre succès « était incomplet, stérile, puisque, si nous couchions sur le champ de bataille, nous n'avions ni Villiers ni Cœuilly, clefs de la position (2) », sans lesquelles nous ne pouvions ouvrir le passage à l'armée de sortie, ou prendre de flanc et à revers les défenses de l'ennemi.

Etait-il sage de recommencer la lutte le lendemain ? « Pouvions-nous demander un nouvel effort à ces soldats, dont beaucoup marchaient et travaillaient depuis cinq jours et cinq nuits, du 27 novembre au 2 décembre, qui, depuis trois jours, bivouaquaient sur la terre glacée, sans couvertures, sans feu, qui, dans ces deux sanglantes journées, avaient perdu la plupart de leurs officiers, de leurs cadres ? Décimés, affaiblis, pourraient-ils emporter les positions que deux jours de combat n'avaient pu leur donner, alors qu'ils étaient pleins de vigueur et de confiance ?

« Ce que nous avions pu faire contre un ennemi relativement peu nombreux, encore mal préparé, était-il possible, alors que, de toutes parts, étaient accourues de fortes réserves, que, sur chaque position, un travail incessant avait accumulé les plus sérieuses défenses ? Et, d'ailleurs, eussions-nous triomphé de ces obstacles, *à quoi notre succès pouvait-il nous mener ?* N'aurions-nous pas été épuisés par cette nouvelle lutte, par le froid, par la fatigue, par la faim ? Sans vivres, sans munitions, *sans*

---

(1) Robinet de Cléry, p. 161. « Les Français occupaient de nouveau Bry et les hauteurs situées immédiatement en avant, ainsi que la moitié de Champigny (les deux parcs du haut); l'autre moitié de ce village (toutes les maisons) était au pouvoir des troupes allemandes. » (Major Blume, p. 173.)

(2) Général Ducrot, t. III, p. 55.

aucun moyen de nous ravitailler, rencontrant à chaque pas, les nouvelles réserves de l'ennemi, *talonnés, pris en flanc, n'étions-nous pas fatalement condamnés à périr au premier passage de rivière, à la première rencontre d'un corps du prince Frédéric-Charles*, accouru pour nous barrer la route (1) ? »

Voilà-t-il pas la confession, faite par le général Ducrot lui-même, que sa tentative de sortie par Villiers était pure démence? Est-ce que les obstacles qu'il énumère, le feu, la fatigue, la faim, le froid, la poursuite de l'ennemi, la rencontre du prince Frédéric-Charles n'étaient pas aussi inévitables le 1er décembre que le 2, le 30 novembre que le 1er décembre, le 29 novembre que le 30?

« Il n'y avait pas d'armée de secours assez proche pour permettre à l'armée, sortant de Paris, de se réunir immédiatement à elle... Si l'armée du général Ducrot était parvenue à réussir dans sa tentative de percer, elle eût été, en tout cas, hors d'état de faire encore, le même jour, une marche un peu forte, et elle aurait dû, forcément, camper, pendant la nuit suivante, auprès de Villiers, sous les yeux mêmes des troupes allemandes refoulées. Pendant ce temps, la Garde et la majeure partie au moins du IVe corps se seraient concentrées, et auraient pu venir occuper, dans la nuit, une position bien choisie, de l'autre côté de la Marne. Le lendemain matin, les troupes allemandes, qui se trouvaient entre Seine et Marne, n'auraient pas permis à l'ennemi de continuer son mouvement sans nouveaux combats, et on aurait gagné ainsi les délais nécessaires pour être en mesure de l'attaquer en rase campagne avec les troupes fraîches de la Garde et du IVe corps. Le blocus rigoureux de Paris eût pu, d'ailleurs, être momentanément abandonné sur le

---

(1) Général Ducrot, t. III, pp. 55 et 56.

front nord sans grands inconvénients, jusqu'au moment où la Iʳᵉ armée, qui revenait précisément d'Amiens, fût venue prendre les positions occupées précédemment par l'armée de la Meuse, ce qui pouvait être exécuté quatre jours après l'ordre donné (1). »

Après avoir cité ce passage du major Blume, M. Chaper se range, en ces termes, à l'avis du major : « L'écrivain prussien a raison; les conséquences ne sont pas difficiles à déduire. Même victorieuse le 2 décembre, l'armée de sortie de Paris aurait rencontré d'incessants combats, où elle était condamnée à vaincre, chaque jour, sous peine de périr en entier avant d'atteindre les armées de province (2). »

« Il était trop évident que, dans sa sortie, le général Ducrot n'aurait pu emmener des voitures; les hommes auraient eu trois jours de vivres au maximum; il y aurait donc eu trois jours de combat, et les Prussiens auraient pu nous opposer des forces deux fois supérieures en hommes, plus encore en artillerie. Admettre que Ducrot pouvait dépasser la troisième étape est une folie (3). »

« Les généraux français ne pouvaient pas poursuivre immédiatement les avantages qu'ils obtenaient, ni procéder aussitôt à de nouvelles attaques, parce que leurs soldats n'avaient pas, pour cela,

___
(1) Major Blume, p. 177.
(2) *Enq. parlem. déf. nationale*, rapport de M. Chaper sur le Gouvernement de la Défense à Paris au point de vue militaire, p. 182.
(3) *Ibid.*, déposition de M. de Serres, p. 60. — « Une trouée ne servirait à rien. Le cercle ennemi se refermerait derrière elle, des troupes seraient envoyées à sa poursuite d'autant plus facilement que la défense de Paris serait affaiblie par son départ, et, ayant à traverser, sans munitions, sans vivres, une zone de trente lieues d'un pays dévasté et ruiné, cette armée succomberait infailliblement sous les coups de l'ennemi, ou ses débris ne seraient qu'une ressource illusoire pour les armées de secours. » (*Proposition présentée au Gouverneur par le général*

l'ordre et la solidité nécessaires (1). » Et pourquoi ?
Parce qu'ils manquaient de discipline, d'instruction,
de direction.

« Il fallait, écrit M. Viollet-le-Duc, que nous ne
saurions trop citer, car c'est la raison même, se décider à perdre 10,000 hommes, au besoin, et inspirer à nos corps assez de confiance et d'entrain pour
qu'ils marchassent en avant avec cette certitude
de succès qui, seule, entraîne la troupe. Cet effort
était possible, peut-être, pendant le mois de novembre ; plus tard, après les affaires du Bourget et de
Champigny, nos troupes avaient perdu confiance
et jetaient toujours un regard sur leur ligne de
retraite. Il fallait prévoir la rigueur de la saison
d'hiver ; ne pas exposer ces troupes à des souffrances
inutiles ; les relever souvent ; les bien vêtir ; ne pas
les laisser geler dans les tranchées, sur des points
où, parfois, on les oubliait. Il fallait que les officiers

---

de Bellemare, le 8 décembre 1870. Inédit.) — « Le général
Ducrot eût été accablé par les forces réunies de l'armée de
la Meuse et du prince Frédéric-Charles. » (Le Blocus de Paris
et la Première armée de la Loire, par A. G. (commandant
Grouard), ancien élève de l'Ecole polytechnique ; 2ᵉ partie,
Coulmiers et ses suites ; Paris, Baudoin, 1890 ; p. 140.) — « Le
plan, qui avait pour but la jonction des deux armées françaises
sur la Seine, au-dessus de Paris, était essentiellement défectueux
parce que, même dans les circonstances les plus favorables, on
se trouvait conduit au milieu des forces allemandes, sans aucun
point d'appui de quelque valeur. » (Commandant Grouard, Le
Blocus de Paris et la Première armée de la Loire, 2ᵉ partie, p. 150.)
— Ibid., 3ᵉ partie, pp. 48 à 50. — « Aucune campagne éloignée
n'était possible avec les troupes qu'on avait. » (Opinions d'un
civil sur la Défense de Paris, par G. Wyrouboff, directeur de la
Philosophie positive ; Paris, Le Chevalier, 1872 ; p. 47.) — Le général
Trochu devant l'histoire, extrait du Diario del sitio de Paris, par
A. Borrego ; traduit de l'espagnol par Louis Gerdebat ; Paris,
Librairie générale ; pp. 25, 26 et 27. — Ambroise Rendu, p. 81.
— Major de Sarrepont, p. 370. — Viollet-le-Duc, pp. 31 et 32. —
Charles de Mazade, La guerre de France, t. II, p. 226. — Rüstow,
t. II, p. 161. — Général Ambert, Récits militaires, Le siège de Paris,
p. 287. — Robinet de Cléry, pp. 163 et 164. — Francis Garnier,
pp. 81 et 82. — Michel Cornudet, p. 313.

(1) Rüstow, t. II, pp. 156 et 157.

s'occupassent de leurs hommes avec plus de sollicitude et montrassent plus de confiance, des fronts moins soucieux. Il faut bien le dire, nous n'avions pas un officier général qui eût pris l'habitude de faire mouvoir une armée; nous n'avions que des généraux de division et pas un major-général qui sût coordonner de grands mouvements, établir l'ordre avant, et surtout après l'action. Nos soldats, qui, la plupart, n'avaient jamais fait campagne, ignoraient la manière de se garder, de camper devant l'ennemi, et personne ne s'inquiétait de leur indiquer ces éléments de la guerre; il eût fallu du temps pour cela, et le temps manquait. Les recrues, gauches, sachant à peine le maniement des armes, qu'on avait si malheureusement laissées oisives dans Paris pendant des semaines (le temps ne manquait donc pas), et qui y perdirent toute valeur morale, ne savaient pas se *débrouiller*, suivant l'expression du soldat. Elles mangeaient mal, ne trouvaient pas le repos nécessaire, n'ayant aucune expérience de la vie de campagne. Pendant les nuits glaciales, elles se débandaient pour chercher des abris dans des maisons qu'elles laissaient brûler, en dormant près de feux extravagants. De leur côté, les officiers, sitôt l'action terminée, se réfugiaient dans des habitations, sans s'inquiéter de ce que devenaient leurs hommes. Jamais de rondes de nuit. A l'aube, tous étaient réveillés par les premiers coups de fusil. Cette inexpérience, et le défaut de discipline surtout, retardaient tous nos mouvements. Les hommes, dispersés par la nécessité de se procurer le nécessaire, par la rigueur du froid, étaient lents à se rassembler, lents à se mouvoir. Aucun officier général ne prenait l'initiative de mesures d'ordre. Le hasard présidait seul à la manière de camper en face de l'ennemi; chacun prenait sa place où il pouvait; les différents corps confondus, mêlés, n'avaient pas leur poste de bataille indiqué. A la vue de cette infériorité, de ce désordre, de cette insouciance, on se demandait comment la résistance pouvait encore se montrer ce qu'elle était, et si l'ennemi que nous avions en face de nous n'était pas lui-même au-dessous de l'idée qu'on se faisait de sa force (1). »

Quoi qu'il en soit, après la journée du 2 décembre, « il était bien acquis que nous ne pouvions pas sortir, mais, en même temps, tous les efforts des Allemands avaient été impuissants à nous chasser des positions que nous avions occupées le 30. Nous n'avions ni Villiers ni Cœuilly, mais nous couchions sur le champ de bataille. En somme, si la lutte avait été plus honorables, elle était stérile (2) ». Du reste, les batailles de la Marne « n'ont pas eu un objectif militairement justifiable (3) ». Nous ne nous lasserons pas de le dire : Trochu, Ducrot, Blanchard, d'Exéa n'ont jamais eu l'intention de sortir. Un aide de camp du Gouverneur l'a avoué : « Sortir ? Personne, parmi les généraux, n'en avait seulement la pensée, et la preuve, c'est qu'on n'avait pas même fait emporter aux soldats leurs couvertures pour passer la nuit. Quant à des convois de vivres nécessaires à une armée en marche, ils étaient inutiles puisqu'on devait rentrer, quoi qu'il arrivât, et eût-on dispersé, anéanti, la portion de l'armée prussienne qui était devant nous (4). » La vérité s'échappe de la plume de

---

(1) Viollet-le-Duc, pp. 139 et 140. — Emile Chevalet, p. 202.
(2) Commandant Grouard, *Le Blocus de Paris et la Première armée de la Loire*, 3e partie, pp. 45 et 46. — « Il n'y avait là qu'un succès stérile. » (Commandant Canonge, t. II, p. 378.) — Le Faure, t. II, p. 151. — Général Ducrot, t. III, p. 55.
(3) Borrego, p. 27.
(4) Comte d'Hérisson, pp. 298 et 299. — « Un général qui commande l'artillerie, disait, en parlant des opérations du siège : « Nous irons seulement jusque sous les forts. » (*A Paris pendant le siège*, p. 206.) N'était-ce pas le général Favé ? Et cela n'explique-t-il pas son attitude le 30 novembre et le 2 décembre ?

M. Trochu, quand il écrit, le 28 novembre, dans son dernier codicille : « Demain, de concert avec mon vieil ami le général Ducrot, je conduirai mes troupes, telles qu'elles sont, à une bataille dont les chances sont bien incertaines et les conséquences difficiles à fixer (1). » Il ne croyait pas à la victoire, il ne croyait qu'à la retraite.

A aucun moment du siège il n'eût été sage de faire quitter Paris à une fraction quelconque des forces qui le défendaient. La seule tactique possible, pratique, à Paris, nous l'avons déjà indiquée (2), consistait à harceler l'ennemi à toute heure de jour et de nuit, tantôt sur un point, tantôt sur un autre (3).

Nous ne cesserons pas de le répéter : notre position centrale, les nombreuses routes de terre, de fer et d'eau, dont Paris disposait, permettaient des concentrations soudaines, alors que l'ennemi était condamné à d'immenses détours; or, loin de créer des débouchés nouveaux, on n'améliorait même pas ce qui existait : « pas un chemin de fer diamétral n'a été monté, pour faciliter les mouvements

---

(1) *L'Empire et la Défense de Paris devant le jury de la Seine.* Introduction et conclusion par le général Trochu; Paris, Hetzel, 1872; p. 570.

(2) *Paris, Thiers, le Plan Trochu et l'Hay.* par Alfred Duquet, p. 192, et *Paris, Chevilly et Bagneux*, par Alfred Duquet; Paris, Bibliothèque Charpentier, 1891; pp. 101 à 109.

(3) « Il faut rentrer dans la tactique raisonnable, qui consiste à frapper sans cesse l'ennemi, tantôt d'un côté, tantôt de l'autre. » (Discours du général Trochu, le 6 décembre 1870, *Enq. parlem. déf. nationale*, rapport de M. Chaper sur les procès-verbaux des séances du Gouvernement de la Défense nationale, p. 89.) Voir, *infrà*, p. 327. — Le prince de Lorraine, enfermé dans Prague, devait, à la pointe du jour, attaquer avec toutes ses forces un des quartiers de l'ennemi, le battre et rentrer aussitôt dans la place; recommencer ainsi plusieurs fois sur d'autres points et détruire en détail l'armée prussienne. C'était le cas de se battre tous les jours, alternativement sur les deux rives du fleuve ». (Napoléon, *Observations sur les campagnes de Frédéric II*; cité par le colonel R. Henry, p. 288. — A. Ballue, p. 70.

prompts et sûrs du matériel de guerre, et le chemin de fer militaire, établi le long des remparts, n'a pu rendre aucun service réel, à cause des pentes que l'on n'a su éviter. Pendant que l'ennemi, qui agissait sur la circonférence avec rapidité, bien qu'il eût des distances énormes à parcourir et des différences de niveaux très notables à franchir, nous, qui n'avions à faire que des mouvements diamétraux, ou suivant des cordes d'arc, nous ne pouvions nous mouvoir qu'avec lenteur : il est vrai que la Commission des barricades avait tout fait pour qu'il en fût ainsi, et que, jusqu'au dernier moment, on a respecté sa défense théâtrale autant que malencontreuse (1) ». Il faut ajouter que la fermeture des portes de l'enceinte, qui n'a servi qu'à la Commune, augmentait encore l'embarras (2).

Revenant à la tactique à employer, nous déclarons que les grandes batailles n'auraient dû avoir pour but que de harasser l'ennemi, lui tuer du monde, bouleverser ses travaux, et que l'on devait revenir sous l'abri des forts dès que les Allemands seraient accourus au secours de la partie de leurs lignes attaquée.

Ainsi, le 29 novembre, il aurait fallu jeter les ponts, traverser la Marne au point du jour, dépasser

---

(1) Viollet-le-Duc, pp. XXXIX et XL. — Cette organisation « aurait compris l'installation de chemins de fer diamétraux, outre la voie ferrée établie le long des remparts; et, dès lors, nous aurions possédé tous les moyens de faire exécuter à nos troupes des mouvements rapides et foudroyants qui nous eussent assuré des succès incontestables. D'autant que nous n'avions, pour changer brusquement nos attaques, que des cordes à parcourir, là où nos adversaires avaient des arcs très étendus à franchir ». (*Histoire critique du siège de Paris par un officier de marine*, p. 101.) — Edmond Rousse, t. II, p. 298.

(2) A. Morillon, p. 75. — « La barricade de M. Henri Rochefort servait tout simplement à rendre inutile, pour l'armée de Paris, la valeur stratégique de cette grande voie de communication (la route de Vincennes à la place du Trône). » (*A Paris pendant le siège*, p. 200.)

rapidement Champigny et le mont Mesly, que les troupes de Créteil auraient prestement emporté, et tomber à l'improviste sur Cœuilly et Bonneuil. Cela était faisable, nous le savons, en raison des faibles détachements qui défendaient les points à enlever, en raison de l'appui qu'apportaient, pour cette opération, la Seine et la Marne qui rendaient difficile l'arrivée des renforts allemands à droite et à gauche du champ de bataille.

Une fois maîtres de Chennevières, de Cœuilly, du Plessis-Trévise et du Bois-Saint-Martin, il était aisé de conjurer les attaques venant d'Ormesson, de la Queue-en-Brie et de Malnoue. Pendant qu'une partie de l'armée se serait acquittée de cette besogne de résistance, d'autant plus commode que les renforts ennemis n'auraient pas encore eu le temps d'arriver, l'autre partie, se rabattant sur Noisy et le bois de Grâce, au-dessus de Champs et de Gournay, aurait pris, de flanc et à revers, les défenseurs de Villiers et de Noisy, ramassant, dans un gigantesque coup de filet, ou jetant à la Marne toutes les troupes de garde ou celles de renfort qui se seraient hâtées, par petits paquets, à l'aide des bataillons cernés.

Cette conversion, à partir de Cœuilly, et cette marche de front sur le bois de Grâce et Noisy, n'auraient pas demandé beaucoup de temps, puisqu'il n'y a qu'une lieue jusqu'à Noisy, qu'une lieue et demie jusqu'à Gournay ; nous avions le loisir de détruire les travaux ennemis, d'emporter les provisions, d'incendier les villages avant l'approche du gros des forces allemandes, et nous battions en retraite sur les ponts, jetés de Neuilly à Joinville, quand ce gros aurait été signalé, sans même essayer de soutenir la lutte, à moins que l'on ne se sentît en état de conserver certaines positions conquises : Chennevières, Cœuilly, Villiers et Noisy, par exemple, ce qui, selon nous, eût été préférable et possible (1).

Une pareille tactique, employée contre toute la ligne d'investissement, aurait contraint les assiégeants énervés, fourbus, décimés, terrorisés par ces alertes de tous les jours, par ces combats de toutes les semaines, à lever le siège

Notre position centrale, l'abri assuré des forts étaient deux si beaux atouts dans notre jeu que le résultat de la partie n'était pas douteux pourvu que les cartes fussent tenues par un joueur un peu sérieux. Hélas! C'étaient MM. Trochu et Ducrot qui conduisaient notre jeu!

Il y avait aussi à aguerrir les troupes par la guerre de siège. Oui, il était facile de choisir un objectif favorable, de se proposer d'enlever une position ennemie et d'en commencer l'attaque par les moyens ordinaires: bombardement, tranchées, etc. Les Allemands ne possédant qu'une artillerie de campagne, alors que les assiégés disposaient de nombreuses pièces de place, alors que les forts constituaient une formidable première ligne d'attaque, tous les avantages étaient du côté des Parisiens (2).

« Notre offensive, en débutant au plus tard le 5 novembre, devait, je crois, procéder d'abord par des cheminements partiels où chaque pas, pour ainsi dire, eût été assuré par une fortification de campagne (même de siège) de manière à conserver contre tout retour offensif le terrain gagné et à

---

(1) *Lettres militaires du siège*, par E. Colonna-Ceccaldi, lieutenant-colonel, sous-chef d'état-major des gardes nationales de la Seine pendant le siège; Paris, Plon, 1872; pp. 176 et 177.

(2) « Toutes les positions importantes que les Prussiens occupaient autour de Paris, positions dominantes, généralement couvertes de bois, sont battues par nos forts et quelques-uns, même par les bastions de l'enceinte. » (Viollet-le-Duc, p. 96.)

nous rapprocher, le plus possible, à couvert, des positions à enlever (1) ».

Qu'on n'oppose pas l'inexpugnabilité des ouvrages allemands! Cette excuse, commode, est inadmissible.

« On a beaucoup parlé de leurs retranchements, de l'apparence formidable de leurs batteries, des ouvrages de terrassement importants qu'ils faisaient. Je dois dire, affirme M. Viollet-le-Duc, que ce sont là des exagérations dues à l'imagination de personnes qui n'ont jamais dépassé la ligne des forts. Leurs tranchées sont peu étendues et peu profondes, faites grossièrement par les soldats sur les points faibles; les épaulements de leurs batteries n'ont rien d'extraordinaire et ont habituellement peu de relief. Dans les armées allemandes, le travail de l'ingénieur ne paraît pas très développé (2). »

« Il fallait notre propre faiblesse, notre profonde désorganisation pour n'avoir pu surmonter les obstacles et reconnaître l'insuffisance des moyens qu'on nous opposait (3). »

En revanche, leurs généraux se servent bien du terrain. A propos de ces ouvrages, M. Viollet-le-Duc s'exprime ainsi : « Je dois dire, tout d'abord, qu'ils ne se recommandent ni par leur étendue, ni par un aspect formidable, ni par la perfection d'exécution. Si on les regardait, de la nacelle d'un ballon, ils

---

(1) Colonel Colonna-Ceccaldi, p. 180. — « Le général Tripier est celui qui, dès les premiers jours du siège, essaya en vain de faire adopter un système d'éloignement des Prussiens par des levées de terre auxquelles la Garde nationale tout entière eût travaillé. » (Mme Adam, p. 409.) — Viollet-le-Duc, p. 33. — Borrego, p. 24.

(2) Viollet-le-Duc, p. 70. — *Ibid.*, pp. 204 et 205. — M. Bazaine avait, pareillement, exagéré les travaux des Prussiens autour de Metz. (*Les Derniers jours de l'armée du Rhin*, par Alfred Duquet; Paris, Bibliothèque Charpentier, 1888; pp. 105 à 109.)

(3) Viollet-le-Duc, p. 205. — Voir, *infra*, p. 311.

rappelleraient plutôt les quelques terrassements laissés par les hordes barbares, qui envahirent les Gaules du ve au xe siècle, que les travaux dûs aux ingénieurs des armées de notre temps. Mais si l'on s'en approche, si l'on suit leur tracé sur le terrain, on s'aperçoit bien vite qu'ils sont dûs à une connaissance très exacte des localités et à une observation très judicieuse des ressources qu'elles fournissent soit comme relief, soit comme accidents naturels ou artificiels (1). »

Mais, ici, il nous est impossible de ne pas transcrire en entier les remarquables considérations du savant architecte ;

« Je ne crois pas, écrit-il, les troupes allemandes plus ou moins braves que les nôtres en ligne, mais leurs officiers ne leur font jamais affronter un danger inutilement. Il n'y a qu'en France où l'on s'imagine que la bravoure ne peut s'allier à la prudence, et ce préjugé nous a coûté bien cher depuis Crécy. Cependant on ne fait la guerre, et on ne peut la continuer longtemps, qu'avec des soldats; donc, il paraît assez logique de ne pas les compromettre. L'armée étant l'outil, il est bon de le ménager. Les officiers allemands sont pénétrés de cette vérité; ils ont observé aussi que tout soldat couvert ajuste son ennemi, tandis que le soldat découvert tire devant lui, avec précipitation, et atteint rarement le but; que tout soldat dans un état de sécurité relative est moins prompt à plier sous un feu nourri que ne l'est le soldat exposé. Les armes à tir rapide n'ont fait que donner plus d'importance à ces considérations et diminuer les chances de l'attaque à la baïonnette..... Si, dès la première affaire de la Malmaison, on eût voulu entreprendre contre les positions prussiennes la

---

(1) Viollet-le-Duc, p. 92.

guerre de tranchées, de siège, en avançant pas à pas, méthodiquement, peut-être arrivait-on à leur faire subir un échec assez grave pour les embarrasser beaucoup. Alors nos officiers généraux ne voulaient pas entendre parler de ce genre d'attaque, et maintenaient l'ancienne tactique française qui, devant un ennemi toujours couvert, est condamnée à l'insuccès. Voilà ce qu'on ne saurait trop répéter et ce dont nos jeunes officiers doivent se pénétrer.

tudier et connaître à fond le terrain sur lequel on doit opérer, se servir de la pioche autant que du canon et du fusil ; avec ces éléments, si l'on n'obtient pas en un jour des succès éclatants, du moins est-on certain d'éviter des désastres et de garder des positions qui vous permettent de reprendre l'offensive à votre heure et d'attendre des renforts. Jusqu'à ce jour, dans l'armée française, on n'a guère employé le corps du génie que pour la défense ou l'attaque des places, ou pour fortifier quelques positions dont la conservation est d'une extrême importance. En ligne, on ne l'employait pas. Les campagnes dernières nous démontrent la nécessité de se servir de cette arme en bataille (1). »

Le 8 décembre, le général de Bellemare envoyait au Gouverneur une proposition où l'on pouvait lire : « Il ne faut plus essayer d'aller attaquer l'ennemi de front, mais bien l'assiéger lui-même sur quelques points déterminés. C'est à la pelle et à la pioche et avec du canon que l'on doit arriver à ce résultat, en exposant peu de monde. Au lieu de ce fractionnement en armées, corps d'armée, faits pour ménager certaines susceptibilités en créant des positions individuelles, toutes les divisions de l'armée de Paris, armée proprement dite et Garde mobile, doivent être réparties et groupées sur le

(1) Viollet-le-Duc, pp. 93, 94 et 95.

périmètre de la défense sur plusieurs points choisis à l'avance, de telle sorte que chacun de ces groupes ait pour mission de marcher devant lui, lentement, sûrement, et se couvrant constamment par des travaux de terrassement. On armerait successivement, de canons, les positions reconnues offensives, fortement défendues par des travaux. Au fur et à mesure qu'elles s'avanceraient, les troupes régulières seraient remplacées dans les positions intermédiaires par la Garde nationale sédentaire. De cette façon, sans rien aventurer, gardant toujours ses communications avec le centre et, par suite, le renouvellement des munitions et des vivres, on arrivera à forcer l'ennemi à se reculer sur toutes ses lignes (1). »

Oui, certes, il n'y avait pas à songer aux batailles rangées, aux grandes opérations militaires. Oui, à Paris, comme en province, la guerre de partisans et la guerre de siège restaient, seules pratiques, seules capables de donner des résultats; il ne fallait pas songer à s'engager à fond, à parodier les campagnes du Premier Empire; le propre du vrai général est de se rendre compte de l'instrument qu'il a en main, de ne lui demander que ce qu'il peut donner, et de ne pas prendre des conscrits pour des soldats. En 1814, Napoléon, malgré tout son génie, n'a pu résoudre le problème : c'était une grande prétention, de la part de M. Trochu, de vouloir réussir là où le grand stratège avait échoué. La même observation s'applique à M. de Freycinet qui, en province, s'est couvert de ridicule en essayant de jouer au Petit Caporal.

Au contraire, la guerre de partisans est à la portée de tout le monde; elle n'exige que du courage et

---

(1) *Proposition présentée au Gouverneur par le général de Bellemare.* — Colonel Colonna-Ceccaldi, pp. 176 et 177.

du patriotisme; elle est venue à bout des plus belles armées et, quand elle n'a pu chasser l'envahisseur, elle lui a porté de si rudes coups, fait de si cruelles blessures, qu'elle a préparé sa ruine, en dépit de son éphémère victoire : témoins les Espagnols et les Tyroliens, véritables vainqueurs de Napoléon.

C'est pour ne pas avoir compris ces vérités élémentaires que la Défense nationale a été vaincue en province et à Paris (1).

S'il est juste d'en faire retomber la responsabilité sur M. Trochu, à Paris, sur M. de Freycinet, en province, il est bon de remarquer aussi que les généraux ne se sont jamais efforcés de leur faire changer de méthode, sauf MM. Tripier et de Bellemare.

« Les généraux allemands, a écrit M. Wyrouboff, ont cherché, pendant toute la campagne, à perfectionner leur tactique, à profiter des leçons de l'expérience et à tirer le meilleur parti possible de l'armement moderne; les généraux français ne se préoccupaient que du maintien de la vieille méthode, dédaignant tous les enseignements que la pratique apportait tous les jours. Ils se comportaient avec le canon rayé et le chassepot, absolument

---

(1) Voir, infrà, p. 327, l'opinion du général Trochu qui eut le tort de ne pas conformer ses actes à ses paroles. — « On s'est demandé si de petites et fréquentes sorties sur les points faibles, pour empêcher l'ennemi de s'y fortifier, le fatiguant, le tenant constamment en haleine, n'auraient pas été mieux appropriées à la nature des forces dont on disposait? » (Enq. parlem. déf. nationale, rapport de M. Daru, p. 303.) — Il fallait « fatiguer l'ennemi par des attaques incessantes et lasser sa patience par des coups précipités. Les Prussiens, dont le succès seul soutenait le courage tranquille, n'eussent pas résisté à des échecs répétés. » (Ambroise Rendu, p. 81.) — « Sous Paris, où nul désastre n'est à craindre, l'offensive incessante, quotidienne; en province, qui ne présente nulle part un centre de résistance et d'organisation suffisamment à l'abri, la défensive et la guerre de partisans. » (Francis Garnier, p. 65.) — Louis Schneider. L'Empereur Guillaume. Souvenirs intimes, revus et annotés par l'Empereur. Traduit de l'allemand par Ch. Rabany; Paris-Nancy, Berger-Levrault, 1888; t. II, pp. 262, 263 et 312, et t. III, pp. 53 et 54.

comme s'il s'était agi de l'ancien fusil à pierre et de l'ancienne artillerie; ils semblaient considérer M. de Moltke comme un adversaire analogue à Abd-el-Kader et à Juarez, et combattaient l'armée allemande avec les mêmes procédés qui leur avaient réussi dans les plaines du Mexique et de la Kabylie. Etait-ce esprit de routine ou profonde incapacité? Je l'ignore; ce qui est certain, c'est que depuis Wœrth jusqu'au désastre de l'armée de l'Est, on a continué les mêmes errements, on a commis les mêmes fautes. On obtenait ainsi ce résultat curieux que, plus on faisait la guerre, plus on levait d'hommes et plus on livrait de batailles, plus la valeur relative des deux adversaires devenait inégale, car l'un apprenait sans cesse et l'autre s'en tenait opiniâtrement à ses principes traditionnels, qui devenaient d'autant plus mauvais qu'il avait de plus grandes masses à mouvoir et des armes plus perfectionnées à manier (1). »

Quittant ces considérations générales si intéressantes, retournant aux batailles de la Marne, nous signalerons les justes réflexions qu'elles inspirent à M. Wyrouboff :

« On s'acharna particulièrement sur le village de Villiers, qui avait été considéré, avec le parc de Cœuilly, comme le point décisif de la bataille. Je crois que c'était là une regrettable erreur. Villiers était le centre de la lutte, nul doute que sa position donnait un point d'appui précieux pour les opérations ultérieures. Pourtant, il y avait quelque chose de plus pressé que la possession de ce point, c'était une installation solide de ses deux ailes, les Prus-

---

(1) Wyrouboff, p. 43. — Voir la brochure : *Mode d'attaque de l'infanterie prussienne dans la campagne de 1870-1871* par le duc Guillaume de Wurtemberg; traduit de l'allemand par M. Conchard-Vermeil, lieutenant au 13e régiment provisoire d'infanterie; Paris, Tanera, 1871.

siens faisant toujours des attaques de flanc. L'aile droite était toujours importante à garder, car c'est sur elle que tombaient tous les renforts que l'ennemi amenait par Villeneuve-Saint-Georges. Or, l'aile droite c'était Champigny, avec les hauteurs qui le dominent, à 500 mètres du village. On occupa le village, on n'eut pas les hauteurs dont il fallait s'emparer coûte que coûte, dût-on employer à cette attaque la moitié de l'armée (1). » Cette tactique était indiquée à raison du petit nombre d'Allemands que nous avions devant nous le 30 novembre, ce qui excluait l'hypothèse de la percée du centre de notre ligne de bataille; mais elle eût été bien dangereuse le 2 décembre, alors que les renforts ennemis étaient arrivés. Au reste, ce jour-là, on sait que les Français ne voulaient plus avancer : garder les positions conquises l'avant-veille était leur seul et négatif désir.

En somme, « le général Trochu s'était révélé tout entier dans cette tentative militaire, la première qu'il ait dirigée en personne, depuis le commencement du siège. Un manque absolu de coup d'œil militaire, une imprévoyance et une indécision fatales, voilà ce dont avait fait preuve le général qui tenait entre ses mains l'honneur de Paris et le sort de la France (2) ! » Il justifiait bien ce que pensait de lui le futur président de la Commission de la réorganisation de l'armée :

« Trochu? Homme d'étude et de cabinet, mais nullement homme d'action; excellent critique, mais esprit méthodique et froid, incapable d'aucune conception hardie, d'aucune résolution énergique. C'est un très bon divisionnaire, ce serait même un bon commandant de corps d'armée, mais le com-

---

(1) Wyrouboff, p. 48.
(2) Francis Garnier, pp. 94 et 95. — A. Ballue, p. 99. — Colonel Vandevelde, pp. 268 à 270.

mandement en chef est trop lourd pour ses épaules, surtout en des circonstances aussi critiques que celles que nous traversons (1). »

Pourquoi Paris n'a-t-il pas eu la fortune de Venise ! N'eût-il pas mieux valu, encore une fois, être défendu par un avocat, général, que par un général, avocat ! C'est une question de sens militaire. « Venise avait rencontré dans un simple avocat le *si forte virum quem* dont parle le poëte, et, attentive à ses moindres paroles, apaisant ses plus tumultueuses émotions en sa présence, cette ville ne songea qu'à la lutte ; elle défia la guerre et la famine pendant une année entière, et elle réussit à obtenir une capitulation aussi honorable qu'un succès (2). »

Hélas ! Trochu ne fut pas Manin !

Quant à M. Ducrot, il s'était montré, pendant ces journées critiques, ce qu'il était réellement. Brave ? Cela ne fait pas doute : il dépassa la témérité ; mais la bravoure est la moindre des qualités du général en chef, et nous préférerions cent fois la couardise, si elle était accompagnée par l'intelligence, l'instruction et le sang-froid, à l'intrépidité, inutile et souvent funeste, des Mac-Mahon, des Canrobert et des Ducrot.

« Il demeurera acquis à l'histoire : que, dans les

---

(1) A. Ballue, p. 15. — *Le Blocus de Paris et la Première armée de la Loire*. 2ᵉ partie, pp. 122 et 123. — *A Paris pendant le siège*, pp. 212, 213, 215 et 216.

(2) *Portraits et Souvenirs littéraires* par Hippolyte Lucas; Paris, Plon, pp. 148 et 149. — » Un avocat peut parvenir à entendre la stratégie et la grande tactique mieux que maints généraux. » (*Précis de l'art de la guerre* par le baron de Jomini, général en chef, aide de camp de S. M. l'Empereur de toutes les Russies : nouvelle édition ; préface de Ferdinand Lecomte, ancien colonel divisionnaire suisse : Paris, Baudoin, 1894 : p. 36.) — « M. Thiers est revenu... De tous nos généraux, c'est dans ce bourgeois seul que j'ai confiance pour mener la guerre. » (Edmond Rousse, t. II, p. 238.)

journées du 30 novembre et du 2 décembre 1870, il lança ses bataillons, en colonnes insuffisantes, et successivement, contre des positions qui étaient de ces forteresses qu'on ne prend pas en courant, d'un seul coup de main; que son plan fut de les lancer en laissant au besoin sur ses flanc des villages retranchés de manière à absorber tous leurs feux; qu'il oublia que nous n'étions plus à une époque où de pareilles attaques pouvaient être impunément faites, et qu'avec les fusils Dreyse, les canons se chargeant par la culasse et un ennemi fortement, parfaitement retranché et abrité, il fallait changer de tactique. L'histoire dira aussi qu'il ne sut pas concentrer ses forces sur un point décisif, qu'il étendit trop sa ligne et eut plusieurs objectifs à la fois, et que, quand, par un héroïque effort, sa droite eut pris Champigny, poussé vers Chennevières, il ne sut pas la faire puissamment soutenir, méconnaissant que de ce côté était le véritable point décisif. Elle lui reprochera, enfin, de n'avoir employé que 50,000 hommes à une tentative aussi suprême et importante, tandis que, selon son dire, il pouvait disposer immédiatement de 150,000 hommes et de 400 bouches à feu. Les armées du général Vinoy, de la Roncière, les 100,000 mobilisés et les 200,000 gardes nationaux n'étaient-ils pas, d'ailleurs, aussi à sa portée; que ne lança-t-il la plus grande partie de ces forces dans la trouée que nos bataillons avaient faite au bas de Villiers (1). »

Si la plupart de ces critiques sont justes, un grand nombre retombent sur le général Trochu;

---

(1) Piérard, pp. 50 et 51. — Voir, aussi, *Ibid.*, pp. 51 à 54, des observations sur la manière dont la bataille fut conduite, qui sont terribles pour le général Ducrot. — « Le général Ducrot, intrépide comme un zouave, faisant bon marché de sa vie, excellent en ce sens qu'il donne, au soldat, l'exemple d'une bravoure à toute épreuve, *ne comprend pas grand'chose au maniement d'une armée.* » (Emile Chevalet, p. 192.) — Mme Adam, p. 348.

mais il ne faut pas oublier que jamais les duumvirs n'ont eu l'intention de sortir de Paris, et que ce qui paraît, tout d'abord, étrange, devient, ensuite, fort naturel quand on connaît le fond de la pensée des chefs de l'armée (1).

Voilà qui éclaire d'une lumière crue les actes et les agissements de MM. Ducrot et Trochu; voilà qui explique bien des choses!

(1) Voir, à ce sujet, *Paris, Thiers, le Plan Trochu et l'Hay*, par Alfred Duquet, pp. 236 et 237.

LES SUITES DE LA BATAILLE

LA NUIT DU 2 AU 3

La nuit avait été encore plus froide que la précédente; la situation morale et matérielle des troupes françaises était lamentable: « On trouvait partout de malheureux soldats épuisés, grelottants, qui avaient passé trois jours à se battre sans pouvoir faire cuire leur nourriture, accroupis sur la terre gelée, le corps et l'âme affaiblis; officiers et sous-officiers avaient si bien fait leur devoir que les cadres étaient absolument désorganisés, et il suffira de rappeler que le 30 novembre et le 2 décembre avaient coûté, à la 2ᵉ armée, 327 officiers, pour montrer quels exemples avaient donnés les chefs, et à quel prix nous revenaient des journées glorieuses mais incomplètes. L'artillerie, notre principale force, avait lutté dans des conditions déplorables, tirant d'en bas et, le plus souvent, à demi-portée de fusil, sur des ennemis masqués par le terrain. Elle était en partie démontée (1). »

(1) *Enq. parlem. déf. nationale*, rapport de M. Chaper sur le Gouvernement de la Défense à Paris au point de vue militaire, p. 183. — « L'artillerie avait eu, pour sa part, 36 officiers tués et blessés: elle avait perdu 472 hommes et 600 chevaux. » (*Ibid.*, en note.)

Au plus fort de l'action, le 2, un pigeon avait apporté une dépêche de Gambetta au général Ducrot, où l'on lisait : « Nous nous acheminerons, en deux colonnes, l'une par la route de Pithiviers, Malesherbes, Chapelle-la-Reine, l'autre par la route de Beaune-la-Rolande, Beaumont, sur Fontainebleau, qui est l'objectif, mardi prochain, 6 décembre (1). »

S'appuyant sur cette dépêche, MM. Ducrot, Chaper et Jules Favre disent que la 2ᵉ armée devait répondre à cet « appel suprême » (2).

Il y a encore là une erreur voulue ou involontaire. Ce n'était pas Gambetta qui poussait un *appel suprême*; ce n'était pas M. Ducrot qui répondait à cet appel : c'était M. Ducrot qui avait jeté ledit appel, c'était l'armée de la Loire qui courait au-devant de ceux qui la réclamaient avec tant d'insistance.

Sans parler des dépêches adressées à Tours par le général Trochu avant les batailles de la Marne (3); une lettre, partie de Paris, par ballon, le 24 novembre, et adressée par M. Trochu à la Délégation de Tours, contenait cette phrase : « Mardi 29, l'armée extérieure, commandée par le général Ducrot, le plus énergique de nous, abordera les positions fortifiées de l'ennemi et, s'il les enlève, *poussera vers la Loire, probablement dans la direction de Gien* (4). »

Quoi de plus naturel, après une pareille dépêche,

---

(1) *Enq. parlem. déf. nationale*, Dépêches télégraphiques officielles, t. II, p. 331.

(2) Général Ducrot, t. III, p. 57, *Enq. parlem. déf. nationale*, rapport de M. Chaper sur le Gouvernement de la Défense à Paris au point de vue militaire, p. 182, Jules Favre, *Gouvernement de la Défense nationale du 31 octobre 1870 au 28 janvier 1871*, p. 140.

(3) Lire ces dépêches : *Paris, Thiers, le Plan Trochu et l'Hay* par Alfred Duquet, pp. 183 et 185.

(4) Charles de Freycinet, *La Guerre en province pendant le siège de Paris 1870-1871*; Paris, Calmann Lévy, 1887; pp. 133 et 134.

que, pour rejoindre M. Ducrot, pour faire la moitié du chemin, l'armée de la Loire marche sur Fontainebleau?

Dès l'instant que Gien est l'objectif de M. Ducrot, il est vraisemblable que son armée traversera la Seine à Melun, et se rabattra sur Montargis, par la forêt de Fontainebleau : alors, pour se porter à la rencontre de cette armée, il n'y a qu'à « pousser l'armée de la Loire sur Fontainebleau, par Beaune-la-Rolande et Pithiviers : la jonction des deux armées s'effectuera probablement dans la forêt (1) ». Puisque l'armée de Paris ne sort pas par Pontoise, par Choisy-le-Roi, mais par Melun, avec Gien pour objectif, il faut abandonner Chartres ou Etampes en faveur de Fontainebleau. Rien de plus logique.

Ce n'est donc pas Gambetta qui pousse un appel si pressant, mais le général Trochu; ce n'est donc pas ce dernier qui marche au secours de l'armée de la Loire, mais celle-ci qui se lance au-devant du général Ducrot (2).

Au surplus, on sait, maintenant, que l'armée de la Loire se met en marche, qu'elle va à la rencontre de l'armée de Paris : la laissera-t-on écraser sans lui donner l'assistance dont elle est si prodigue?

Aller la rejoindre : il n'y faut plus penser. Que reste-t-il à faire pour lui apporter l'aide, sans laquelle elle court au désastre?

« L'armée de la Loire, dit le général Ducrot, pouvait arriver à Fontainebleau d'un moment à l'autre. Nous devions donc, jusqu'à la suprême limite de nos forces, lui prêter notre appui, notre

---

(1) Charles de Freycinet, p. 135.
(2) « Le Gouverneur de Paris, au lieu d'attendre que le général en chef de l'armée de la Loire lui fît connaître le moment où il serait en mesure de marcher sur Paris, prescrivit au général d'Aurelle, ou tout au moins, le poussa à précipiter son mouvement et à se porter en avant *coûte que coûte*. » (Borrego, p. 31.)

concours. Pour cela, le meilleur moyen était de retenir devant nous l'armée d'investissement. En conséquence, nous résolûmes de nous maintenir, *à tout prix*, sur nos positions (1). » — « Interrompre notre marche en avant sans une nécessité absolue, c'était prendre sur nous la responsabilité d'un échec (2). » Non, d'un désastre.

Eh bien, ce *minimum* de concours, que MM. Ducrot et Favre déclarent devoir donner à l'armée de la Loire, ne va pas même être apporté; après avoir tant appelé la Province, Paris va l'abandonner à elle-même au moment où elle répond à ses appels : Beaune-la-Rolande et Loigny vont être le lugubre pendant de Villiers et de Champigny.

Preuve nouvelle que jamais les armées de province n'auraient dû marcher sur Paris, puisque, au cas d'insuccès de l'armée de sortie, l'armée de secours était vouée à la défaite, et même à la destruction, d'autant plus complète qu'elle serait plus rapprochée de la capitale ; preuve nouvelle que la seule tactique était la guerre de partisans.

Enfin, dans les premières heures de la nuit, le général Ducrot ne songeait, dit-il, qu'à recommencer la lutte. A cet effet, il expédiait des ordres, réorganisait les troupes, les approvisionnait de vivres et de munitions, reconstituait les attelages de l'artillerie, renforçait le 3ᵉ corps. Il est vrai que cela n'allait pas tout seul ; néanmoins, on se préparait tant bien que mal, plutôt mal que bien, à soutenir une nouvelle bataille défensive le lendemain (3).

« C'était, a déclaré le général Ducrot, le seul parti à prendre dans la situation qui nous était faite.

---

(1) Général Ducrot, t. III, p. 57.
(2) Jules Favre, *Gouvernement de la Défense nationale du 31 octobre 1870 au 28 janvier 1871*, p. 140.
(3) Robinet de Cléry, pp. 159 et 160.

Il est vrai qu'au Louvre, *où était resté l'état-major général du Gouverneur*, au ministère des Affaires étrangères, où siégeaient, presque en permanence, les membres du Gouvernement de la Défense nationale, les donneurs de conseils, les faiseurs de projets ne manquaient pas. Ce qui paraissait très simple à ces personnages dissertant après un bon repas, dans un cabinet bien chauffé, les pieds sur des tapis moelleux, n'était pas d'une exécution aussi facile pour nos malheureux soldats, éprouvés depuis cinq jours par des fatigues excessives, des combats continuels, par la faim, par le froid. Aussi, rien de sérieux et de pratique ne pouvait sortir de ces conférences dans lesquelles chacun se préoccupait bien plus de critiquer que de donner des conseils vraiment utiles (1). »

Le général Ducrot traite avec un bien grand sans-gêne l'état-major du Gouverneur et les membres du Gouvernement. Certes, nous n'aurions eu guère confiance dans les inspirations militaires de tout ce monde; certes, la marche proposée sur Versailles ne pouvait aboutir à rien de bon, si l'on voulait la pousser à fond; mais n'y avait-il rien à faire? Après avoir proclamé qu'on ne pouvait abandonner l'armée de la Loire, que l'on avait jetée dans la gueule du loup, devait-on ne plus bouger jusqu'au 21 décembre? Que les troupes de province fussent victorieuses ou battues, le temps ne pressait-il pas?

Nous estimons que, après avoir accordé aux soldats, revenus sur la rive droite de la Marne, un jour de repos, il fallait recommencer l'attaque des lignes allemandes sur un autre point : au Bourget ou à Epinay, à Buzenval ou à Montretout, à l'Hay ou à Châtillon.

Le Conseil avait donc raison « d'émettre l'avis

(1) Général Ducrot, t. III, p. 58.

qu'une nouvelle attaque devait avoir lieu aussitôt que possible (1) », mais elle ne pouvait plus être tentée du côté de la Marne (2).

Le général Ducrot répond qu'il était impossible de faire traverser Paris par l'armée, que les boulevards, la rue de Rivoli, les quais étaient *trop étroits, trop encombrés*, que *l'unique pont de Neuilly* ne suffisait pas pour traverser la Seine (3). Voilà, assurément, une singulière excuse. Les boulevards, la rue de Rivoli et les quais *trop étroits?* C'est à ne pas croire. *Trop encombrés?* On les déblaie et on refoule les badauds et les voitures dans les rues environnantes : on le fait bien pour de grands enterrements, pour des fêtes publiques, on pouvait bien le faire pour le salut du pays. L'*unique pont de Neuilly?* On en jette d'autres, en amont et en aval : l'habileté, la science, la prévoyance de M. Krantz étaient-elles donc épuisées? A défaut de cet ingénieur malhabile ne pouvait-on charger le service du génie d'établir des ponts sur un fleuve dont les deux rives nous appartenaient? On n'avait pas à craindre, là, une crue de la Marne, fût-elle imaginaire? Et puis, l'*unique pont de Neuilly*, si l'on voulait se rendre à Nanterre ; mais si l'on entendait attaquer ailleurs, avait-on besoin de ponts ou n'y avait-il que celui-là? Ne disposait-on pas de tous les ponts de Paris?

Pitoyables raisons! Pitoyable aveu d'impuissance!

---

(1) *Enq. parlem. déf. nationale*, rapport de M. Chaper sur les procès-verbaux des séances du Gouvernement de la Défense nationale, p. 85. — « J'aurais compris que Ducrot, ayant attiré toute l'armée ennemie sur la Marne, se jetât, tout d'un coup, à l'autre bout de Paris, la gagnant, de vitesse, de toute la différence entre le diamètre et la circonférence. » (Edmond Rousse, t. II, p. 298.) — C'était l'avis du général Vinoy : voir, *infrà*, pp. 315 et 316.
(2) Viollet-le-Duc, pp. 31 et 32.
(3) Général Ducrot, t. III. p. 59.

RETRAITE DE LA 2ᵉ ARMÉE

Au lever du soleil, l'artillerie française se tient, en arrière de Champigny, de la Marne au bois du Plant, dans la Batterie de la Carrière, près du ravin de la Lande, près de la maison du garde-barrière et aux alentours du *Peuplier*.

A notre droite, les batteries mobiles de la presqu'île de Saint-Maur reprennent la position que le général Favé leur avait fait évacuer. A notre gauche, de nombreuses batteries garnissent le mamelon du Perreux.

Mais le général Ducrot est désarçonné. La tête baissée, le teint plombé, l'œil farouche, il parcourt, sans prononcer une parole, la ligne des avant-postes; il voit les soldats fatigués, affamés, sans matériel de campement, glacés par des nuits d'hiver passées dehors sans couvertures; il ne se dit pas que la ligne d'avant-postes de l'ennemi est en aussi piteux état, il oublie qu'au lendemain d'une bataille *chacun a son compte* (1); avec son tempérament nerveux, il subit l'effet de ce qu'il regarde, il redoute

---

(1) Les Allemands étaient aussi mal en point que nous, et leur Intendance n'avait pu leur assurer la nourriture. Voici le tableau que fait, d'un régiment ayant servi de réserve, le 2 décembre, l'historique de ce régiment : « Quatre jours sans repos avaient précédé cette journée (celle du 2 décembre). Pas de distribution; les hommes se traînaient péniblement: beaucoup tombaient dans les fossés. » (*Historique du régiment d'infanterie n° 21, de Poméranie*. Bibliothèque nationale, in 8°, M 6904. Traduction de M. Stanislas Mouillard.) — « Les pertes sérieuses que ces derniers (les Allemands) avaient eu à supporter, et leur état d'épuisement, conséquence inévitable des luttes, des fatigues et des privations des derniers jours, prescrivaient impérieusement de s'occuper de leur assurer de nouveaux renforts. » (Major Blume, p. 174.) — *Histoire critique du siège de Paris par un officier de marine*, p. 137.)

l'attaque de troupes fraîches, le danger d'un troisième choc, la défaite fatale, la dégringolade des pentes, la poussée à la Marne, le désastre (1).

Alors, il n'achève même pas son inspection; pris de peur, sans consulter le Gouverneur, il prend sur lui d'ordonner la retraite. Il appelle les généraux auprès de lui, près du *Peuplier*, et là, il leur annonce la grave résolution à laquelle il vient de s'arrêter. Pendant que toutes les batteries de position feront rage contre Villiers et Cœuilly, afin de donner l'illusion d'une nouvelle attaque, les bataillons se retireront en s'échelonnant.

Ce n'est qu'une fois le mouvement commencé, devenu presque définitif, que le général Ducrot envoie un aide de camp en aviser le Gouverneur : il n'a pas voulu qu'une influence quelconque le fît décommander, il a entendu que le général Trochu n'eût pas une décision à prendre mais un fait accompli à ratifier.

Au premier moment, le Gouverneur parut fort mal prendre le coup de tête du général Ducrot ; il fut « d'autant plus étonné » qu'il avait, enfin, ordonné « plusieurs mouvements d'artillerie et d'infanterie en vue d'une bataille » ; il fut « fort ému » car il redoutait « l'impression fâcheuse que ce mouvement rétrograde allait produire sur la population parisienne » à laquelle on avait promis la victoire ou la mort et à laquelle on ne donnait ni l'une ni l'autre (2).

Mais, comme toujours, il n'eut pas la volonté de rompre en visière à son irritable ami : après de longs

---

(1) Robinet de Cléry, p. 161. — M. de Moltke, p. 261. — Commandant Canonge, t. II, p. 378. — *Histoire critique du siège de Paris par un officier de marine*, p. 134. — *Histoire de la guerre de 1870-1871* par le général Ambert, p. 350. — Camille Farcy, *Histoire de la guerre de 1870-1871*; Paris, Dumaine, 1872; p. 343.

(2) Charles de Mazade, *La guerre de France*, t. II, pp. 225 à 227.

soupirs, de belles phrases, des plaintes émouvantes, il se soumit ; bientôt, même, sur le billet que tirait le général en chef de la 2ᵉ armée, en parlant « de projets ultérieurs, il approuvait complètement sa résolution ».

Aussi bien, « cette retraite était devenue nécessaire (1) » et persister à rester dans Bry et Champigny eût été de l'insanité. Le 3 décembre, le général Ducrot aurait trouvé, devant lui, d'après l'état-major allemand, 80 bataillons, 26 escadrons et plus de 250 bouches à feu (2). L'affaire était manquée, dès le moment où M. Krantz n'avait pas su jeter ses ponts à temps.

Devant Villiers et Champigny, on avait commencé par faire franchir la Marne à tous les *impedimenta*. Ambulances, batteries, voitures de toutes sortes gagnaient la Faisanderie et le plateau de Vincennes.

Les différentes divisions devaient, ensuite, entamer leur mouvement en arrière et défiler sur les ponts de Joinville, de l'île Fanac, de Nogent et de Bry. Les ponts de Neuilly, trop en flèche, ne seraient pas utilisés.

L'opération s'exécutait selon le programme quand la division de Malroy, frappée de panique en voyant éclater quelques obus allemands au milieu d'elle, lâche pied, à midi et demi, et se précipite en désordre au delà du Plant, découvrant ainsi la droite du 2ᵉ corps. Les tirailleurs prussiens profitent de l'aubaine, les voici déjà presque au Four-à-Chaux : la situation devient critique. Par bonheur, le général Berthaut a le temps d'installer le 118ᵉ de ligne, de la division de Susbielle, dans les positions si fâcheusement abandonnées par la division de

---

(1) Général Vinoy, p. 282. — Wyrouboff, p. 48. — Charles de Mazade, *La guerre de France*, t. II, p. 226.
(2) Major Blume, p. 174.

Malroy. L'ennemi, peu friand d'une nouvelle affaire, se tient coi et ne cherche pas à nous presser.

A une heure, la division de Bellemare passe, après la brigade Daudel, sur les ponts de Nogent « sans être inquiétée (1) », laissant, de cette sorte, Bry aux Allemands, qui n'osent pas encore s'y aventurer.

A ce propos, le général de Bellemare fait justement observer, pour répondre aux accusations de M. Ducrot, que « ce n'est pas à un général dans lequel on n'a pas confiance qu'on donne la mission de couvrir une armée qui repasse une rivière avec l'ennemi à dos, ne pouvant arguer, d'ailleurs, que ce fût la division la plus fraîche, puisque c'était une de celles qui avaient le plus combattu, celle qui avait fait les pertes les plus nombreuses (2) ».

Les divisions de Malroy et de Susbielle franchissent les ponts de l'île Fanac.

A notre extrême gauche, la brigade Reille avait évacué Neuilly, après le repliage des ponts, vers deux heures.

A notre droite, les infatigables 35e et 42e de ligne demeurent à Champigny, contenant l'ennemi, pendant que le restant du 1er corps s'écoule par la route de Joinville. Puis, le 42e suit le mouvement. A trois heures et demie, une partie du 35e se retire, sans bruit, après avoir laissé un bataillon derrière les murs crénelés et les barricades. Le brouillard augmente d'épaisseur, on se voit à peine à six pas; le bataillon d'arrière-garde profite de cette chance et s'esquive prestement, abandonnant les maisons de Champigny, noires de poudre et rouges de sang, dont plusieurs achèvent de brûler.

Enfin, à quatre heures moins le quart, la division

---

(1) *Historique de la 1re division du 3e corps.*
(2) *Ibid.*

Berthaut et le 118ᵉ de ligne quittent, en même temps, leurs positions du *Peuplier* et du Four-à-Chaux, gagnent, de chaque côté de la voie ferrée, l'une la route de Joinville à Bry, l'autre le bois du Plant, sans que les Allemands fassent mine de les poursuivre. A la nuit, ils traversent, à leur tour, la rivière.

Sauf la peu honorable panique de la division de Malroy, cette retraite s'est effectuée avec calme, avec ordre. Contenu par l'artillerie des forts et charmé de reprendre sans combat les positions que nous lui avions si heureusement disputées la veille, l'ennemi se contentait de nous suivre, à distance respectable et ne se hasardait pas à nous aborder (1), si l'on admet qu'il ait découvert notre mouvement de retraite.

A huit heures, tous les ponts ont été relevés, à l'exception de ceux de Joinville, qui permettent de communiquer avec la brigade de la Mariouse et le 126ᵉ de ligne, chargés de leur garde (2).

« On avait su habilement cacher la retraite en faisant diriger des attaques contre les avant-postes ennemis. Dès l'aube, des batteries françaises avaient ouvert le feu au Plant et à Bry et, grâce à un épais brouillard, les Allemands ignorèrent absolument la retraite de l'armée adverse (3) ». L'état-major prus-

---

(1) « Le défilé continua toute la journée par les crêtes dans la direction de Champigny, sans que l'ennemi songeât à troubler cette opération. Nous ne l'avons pas aperçu un seul instant dans cette morne et sombre journée du 3 décembre. » (Robinet de Cléry, p. 165.) — « La retraite s'effectua en toute liberté. » (Commandant Canonge, t. II, p. 378.) — Viollet-le-Duc, p. 30. — Massillon-Rouvet, p. 99. — Général Vinoy, pp. 281 et 282. — Le Faure, t. II, p. 152. — Dussieux, t. I, pp. 248 et 249. — Colonel Lecomte, t. III, p. 425. — *Histoire de la guerre de 1870-1871* par le général Aubert, p. 350. — *Petite histoire de la guerre entre la France et la Prusse* par R. Watari, Japonais; Paris, Lahure, p. 38. — Antonin Gourju, p. 24.

(2) Général Ducrot, t. III, pp. 62 à 67.

(3) M. de Moltke, p. 261.

sien avait manqué l'occasion de changer cette retraite en déroute ; mais, en dépit des affirmations de M. de Moltke, nous continuons à croire que les généraux ennemis ne nous poursuivirent pas parce que leurs soldats, épuisés et nerveux, ne se souciaient pas de s'exposer aux coups des grosses pièces des forts. « Cent dix mille hommes et 400 pièces de canon avaient repassé la Marne (1) ». 400 pièces de canon ! Et l'on n'avait pas trouvé moyen d'en mettre plus d'une vingtaine en batterie, pour appuyer le mouvement du lieutenant-colonel Boulanger, le 30 novembre, à Cœuilly !

Enfin, c'en était fait de la grande sortie : « les troupes se concentrèrent de plus en plus, et le général Ducrot rentra dans Paris *ni mort ni victorieux* (2) ».

PARIS PENDANT LA LUTTE

Qui pourra jamais peindre le tableau ressemblant de Paris pendant les cinq mortelles journées des 29, 30 novembre, 1ᵉʳ, 2 et 3 décembre 1870 ? Il semble que les exigences matérielles n'existent plus et qu'on ne vit que par la pensée absorbante, tyrannique, de la bataille, prélude de la délivrance. Les

---

(1) *Une page d'histoire contemporaine devant l'Assemblée nationale* par le général Trochu : Paris, Dumaine, 1871 ; pp. 119 et 120.

(2) Vincent d'Indy, *Histoire du 105ᵉ bataillon de la garde nationale de Paris en l'année 1870-1871*, par un engagé volontaire dudit bataillon, âgé de 19 ans ; Paris, Douniol, 1872 ; p. 50. — « Les gamins appellent M. Ducrot ««ni l'un ni l'autre»», parce qu'il n'est revenu ni mort ni victorieux. » (Mᵐᵉ Adam, p. 348.) — Quel est « celui qui a obligé l'autre à repasser la Marne ? Est-ce M. Trochu ? Est-ce M. Ducrot ? Pourvu que ça ne soit pas tous les deux qui se soient fait repasser la Marne réciproquement. » (*Ibid.*). — *Souvenirs d'un garde national par un volontaire suisse*, IIᵉ partie, p. 94. — Baron du Casse, p. 218.

yeux de tous brillent d'une flamme spéciale, poétique, éthérée ; la voix de chacun n'a plus le timbre ordinaire, l'amour sacré de la patrie la fait trembler d'une divine émotion ; il ne manque à tous ces hommes que de marcher contre l'ennemi pour en faire des héros et des martyrs. Quelles journées ! « Il faut avoir traversé de ces jours, de ces heures si longues, pour savoir comment le cœur peut se serrer (1). »

Toutes les hauteurs : Montmartre, Belleville, Ménilmontant, les Buttes-Chaumont, étaient noires de monde. Tous les gens se portaient du côté où la voix majestueuse du canon résonnait sourdement. Au cimetière du Père-Lachaise, surtout, l'affluence était immense ; là, il était plus possible d'embrasser l'ensemble de l'action, on interrogeait l'horizon, avec angoisse, pour découvrir les mouvements en avant et en arrière de nos batteries, reconnaissables aux nuages de fumée blanche qui s'élevaient au-dessus d'elles (2). « On eût dit que, réveillés par les tremblements du sol, les morts étaient sortis de leurs caveaux pour assister aux convulsions de la patrie (3). »

Les portes de Vincennes, de Saint-Mandé, de Charenton, étaient encombrées par une foule haletante, qui voulait être plus près du champ de bataille, voir rentrer nos pauvres blessés, les acclamer et essayer de tirer de leur bouche, ou de celle des ambulanciers qui les ramenaient, quelques renseignements sur le combat (4).

---

(1) *Six mois de guerre 1870-1871*, Lettres et journal de Mme Cornélis de Witt ; Paris, Hachette, 1894 ; p. 71.
(2) Michel Cornudet, p. 256. — *Journal de Fidus, La Révolution de Septembre, La Capitulation, La Commune*, pp. 34 à 37. — Léon de Villiers et Georges de Targes, p. 211. — *Journal du siège par un bourgeois de Paris*, 1870-1871, p. 440.
(3) Francis Wey, p. 248.
(4) *Histoire critique du siège de Paris par un officier de marine*, p. 129.

Les prisonniers étaient l'objet de l'ardente curiosité de la foule qui se ruait à leur rencontre. Un homme du peuple injurie un des captifs et l'appelle : « Sale Prussien ! » Celui-ci de se retourner fièrement et de répondre : « Saxon (1) ! » Et c'est vrai : il a été pris à Bry.

« L'angoisse de l'attente est dans les rues. Il y a des groupes qui stationnent sur les places. Tout homme qui parle, tout homme dont on espère un renseignement est entouré, et, avec la nuit tombante, les groupes deviennent énormes, débordant les trottoirs, les refuges et coulant sur la chaussée (2). »

Quand, le soir, on affiche les premières nouvelles de la journée, c'est éclairée par des lampes empruntées aux boutiques voisines que la foule impatiente en prend connaissance (3).

Cette foule, où les pardessus, les blouses et les tricots se mêlent démocratiquement, assiège les mairies, l'Hôtel de Ville, attend, durant des heures, la dépêche rêvée, en écoute la lecture avec recueillement, et reste encore sur place pour être parmi les heureux qui apprendront, les premiers, la grande victoire promise.

Cependant, « la nouvelle du retard éprouvé, le 29 novembre, au passage de la Marne, avait ébranlé la confiance de l'opinion publique (4). Le 30 novembre, le 1er, le 2 décembre, l'anxiété avait été

---

(1) *Par ballon monté*, Lettres envoyées de Paris pendant le siège, septembre 1870-10 février 1871, par Louis Moland; Paris, Garnier frères, 1872; p. 115. — *Journal des Goncourt*, 2ᵉ série, t. I, pp. 145 à 148. — Marie Sebran, pp. 131, 134 et 135.
(2) *Journal des Goncourt*, 2ᵉ série, t. I, p. 142.
(3) Jules de Marthold, p. 190.
(4) Le bruit de l'ajournement de l'attaque se répandit dans Paris avec la rapidité de l'éclair, et fit naître un profond découragement. » (*Opérations du corps du génie allemand*, travail rédigé par ordre supérieur et d'après les documents officiels, par Adolphe Gœtze, capitaine du génie prussien, attaché au Comité

extrême; mais la proclamation du 2 au soir avait fait naître une joie universelle. On croyait, et comment ne l'aurait-on pas cru en lisant la note officielle, que la bataille du 2 était une affaire *décisive* puisque nous avions, d'abord, *conservé nos positions* et, ensuite, *enlevé celles de l'ennemi où nous couchions* (1) ».

« On dit qu'ils sont en fuite, et qu'on va de l'avant !
« De longs grondements sourds, apportés par le vent,
« Font tressaillir nos cœurs comme des cris de joie.
« Est-ce enfin un succès que le Ciel nous envoie ?
« Réchauffant de tes feux nos horizons pâlis,
« Luiras-tu, de nouveau, beau soleil d'Austerlitz (2) ? »

« Aussi, l'impression fut-elle terrible, lorsque, dans la soirée du 3, commencèrent à arriver, dans Paris, les ambulanciers, les blessés, les curieux qui racontaient la retraite de l'armée en deçà de la

---

du génie et professeur à l'Académie de guerre; traduit de l'allemand par MM. Grillon et Fritsch, capitaines du génie au Dépôt des fortifications; Paris, Dumaine, 1874; t. II, p. 39.) — Le capitaine Gœtze ne croit pas plus que l'amiral Rieunier à la crue de la Marne, inventée par MM. Krantz et Trochu; il est du même avis que nous : « Les débris du pont de Joinville avaient tellement rétréci le lit de la rivière et augmenté la force du courant, qu'il fut impossible, malgré tous les efforts, de faire franchir le passage aux bateaux. » (*Ibid.*, t. II, p. 38.) Il ne croit donc pas, non plus, au *lâcher* de l'écluse de Chelles. Voir, sur cette question de la crue, *supra*, p. 39, et *Paris, Thiers, le Plan Trochu et l'Hay*, par Alfred Duquet, p. 277, en note. — « L'eau était verte. » (*Revue critique*, n° du 3 décembre 1894.) — Le général Ducrot « dut ajourner le passage de la Marne, non comme on l'a prétendu, parce que les ponts étaient trop courts; non comme on l'a dit, parce qu'eut lieu une crue de la rivière, tous les soldats remarquèrent que l'eau était verte..... » (Arthur Chuquet, p. 272.) — Colonel Vandevelde, pp. 269 et 270.

(1). *Enq. parlem. déf. nationale*, rapport de M. Chaper sur le Gouvernement de la Défense à Paris, au point de vue militaire, pp. 192 et 193. — Voir aussi cette dépêche de M. Trochu : « 2 décembre, 5 heures du soir. Nogent-sur-Marne. Je reviens à mon logis du fort à cinq heures, très *fatigué* et *très content*. Cette deuxième grande bataille est *beaucoup plus décisive* que la précédente.. » (*Ibid.*, p. 192, note 2.)

(2) Jacques Normand, *Tablettes d'un mobile*, 1870-1871; Paris, Lachaud, 1871; p. 43.

Marne. Quand l'*Officiel*, le 4, au matin, confirma ces nouvelles (1) », la colère et le désespoir n'eurent plus de limites : Ducrot et Trochu furent le but de toutes les injures, la cause de tous les malheurs, les victimes justement choisies en expiation de leur nullité.

La lettre de M. de Moltke, annonçant la défaite de l'armée de la Loire, vint porter à son comble la douleur publique. De nouveau, la fatalité s'abattait sur notre pauvre pays : le rayon de soleil de Coulmiers avait disparu derrière les gros nuages noirs qu'étendaient, dans ce ciel d'hiver, l'échec de Champigny et le désastre d'Orléans. « Le sort de Paris et le sort de la France étaient désormais fixés. On ne fera plus que des sorties de parade, sans but, sans conviction, sans espérance. On se battra pour se battre, et non plus pour triompher (2). »

« Enivré d'enthousiasme à la lecture du premier ordre du jour de M. Ducrot, Paris avait été, pendant trois mortelles journées, en proie aux anxiétés les plus terribles. Il faut, pour s'en faire une idée, avoir ressenti le contre-coup des émotions qui agitaient cette population si impressionnable ; il faut avoir vu son aspect et mesuré l'étendue de ses illusions et de ses craintes. Dans la matinée du 29, la foule, répandue de bonne heure dans les rues, dévorait les affiches et, dans chaque groupe, éclataient des exclamations passionnées. On acclamait les quelques troupes et les bataillons de guerre qui se rendaient à leurs postes. La ville entière frémissait d'impatience, lorsque, vers midi,

---

(1) *Enq. parlem. déf. nationale*, rapport de M. Chaper, sur le Gouvernement de la Défense à Paris, au point de vue militaire, p. 194. — Viollet-le-Duc, p. 30. — Francisque Sarcey, *Le siège de Paris* ; Paris, Lachaud, 1871 ; pp. 197 et 198. — Mme Edgar Quinet, pp. 194 et 195. — Major de Sarrepont, p. 369. — A. Niemann, p. 234. — Edmond Rousse, t. II, p. 292.

(2) Robinet de Cléry, p. 162. — Baron du Casse, p. 218.

le bruit se répandit que l'armée n'avait pas passé la Marne. *Nous expliquâmes cet incident;* le coup n'en était pas moins porté, et l'inquiétude succéda brusquement à la confiance. Puis vinrent les nouvelles des deux batailles. Le soir du premier jour de ces sanglantes actions, il y eut quelque confusion dans le transport des blessés. *Leur nombre dépassait les prévisions*, et leur encombrement jeta du trouble dans les mesures prises par l'administration. Bientôt, cependant, l'ordre se rétablit; un appel, fait au patriotisme des habitants, permit à la municipalité de disposer de cinq mille lits qui lui furent offerts en vingt-quatre heures. On se reprit à l'espoir; le 2 décembre, les remparts et les hauteurs étaient couverts de spectateurs suivant, avec une ardeur fébrile, les détails saisissables de la lutte. L'annonce d'un second succès remplit tous les cœurs d'une indicible joie. Mais lorsque, le lendemain, on connut le mouvement en arrière, le chagrin, la surprise, la défiance et la colère éclatèrent de toutes parts. On se demandait, avec un douloureux étonnement, comment une armée victorieuse renonçait à poursuivre ses avantages; les diatribes contre le Gouvernement, interrompues pendant trois jours, recommençaient plus furibondes. On accusait hautement les généraux de mollesse et d'incapacité. Les adversaires de M. Trochu, déjà nombreux, grossissaient à vue d'œil. Ce n'était plus seulement parmi les agitateurs, c'était dans les rang des meilleurs citoyens qu'ils se recrutaient (1). »

« On avait eu le tort d'éveiller de trop grandes espérances; le résultat n'y répondait pas suffisamment. Et, toutefois, un profit positif résultait de

---

(1) Jules Favre, *Gouvernement de la Défense nationale du 31 octobre 1870 au 28 janvier 1871*, pp. 141 à 143. — *Enq. parlem. déf. nationale*, rapport de M. Daru, pp. 300 et 301.

cette bataille de Champigny, à savoir, le plateau d'Avron, où l'amiral Saisset et le colonel Stoffel avaient solidement pris pied, avec une cinquantaine de pièces de fort calibre, qu'on augmentait et renforçait d'épaulements et de tranchées. Cela seul était déjà un vrai succès. Les pertes causées à l'ennemi, les huit cent prisonniers qu'on lui avait enlevés, la bonne tenue des troupes au feu meurtrier, aux durs bivouacs, dans la retraite critique, constituaient un autre avantage incontestable. Sans les malencontreuses proclamations qui avaient annoncé, avec tant d'enflure, une grandiose expédition lointaine, une lutte suprême et décisive, tous auraient pu rentrer dans Paris le cœur content et le front haut, avec d'éclatantes preuves de l'existence d'une bonne et brave armée, tout à fait apte, malgré sa prompte création, à affronter, *moyennant un commandement en chef convenable*, les grandes chances de la guerre. Si, en thèse ordinaire, trop parler nuit, en opérations militaires, trop proclamer nuit plus encore. Les trois placards parisiens des 28-29, et les bulletins officiels émis, pendant et après la bataille, firent plus de mal que la bataille même. Par suite de ces bulletins de succès, vrais au fond, sans être à la hauteur de l'attente résultant des promesses pompeuses du départ, par suite des rapports subséquents présentant la retraite de Vincennes comme une simple halte, qui dut se transformer en nouveau chômage, Paris, doublement trompé et désillusionné, fut en proie à une vive agitation, à un découragement plein de défiance et de récriminations qui rendirent la position du Gouvernement et surtout du général Trochu de plus en plus difficile (1). » La rage grondait dans tous les cœurs contre ceux

(1) Colonel Lecomte, t. III, pp. 425 et 426.

qui avaient pris la charge du commandement en chef sans se douter de ce qu'était un pareil commandement.

Loi des choses humaines, en même temps que le drame, il y avait le comique. « M. Cernuschi arrive chez moi, vers huit heures du soir, écrit Mme Adam, avec un casque prussien, un sabre-baïonnette, une cartouchière toute pleine, qu'il a enlevée à un mort sur le champ de bataille de Champigny. Il nous raconte toutes les péripéties de la bataille d'aujourd'hui (2 décembre), à laquelle il a pris part, sa canne à la main (1) », comme Louis XIV, Turenne, Condé ou Luxembourg.

« Grave et recueilli, mon mari, raconte Mme Edgar Quinet, vient d'écrire: *Pendant la bataille!* Cette page est un clairon, c'est aussi un hymne aux combattants :

«« Les armées que la liberté vient d'enfanter sont aux prises avec l'ennemi, sur la Marne. Elles portent au front la victoire, deux fois déjà elles ont été victorieuses. Raffermissons notre espoir. La lutte qu'elles soutiennent sur le plateau d'Avron a désormais son écho dans chaque village de France. On n'endormira plus cette grande France. Les coups portés aujourd'hui sur la Marne et sur la Seine ont achevé de la rendre à elle-même. La voilà qui arrive par tous les chemins. Que peut la Prusse contre cette France qui partout enfante un vengeur? Oui, nous vaincrons, morts ou vivants (2). »»

C'est avec cet étonnant galimatias que l'on grisait le peuple qui se croit le plus spirituel de la terre; c'est de ces phrases prétentieuses, vides et,

---

(1) Mme Adam, p. 319.
(2) Mme Edgar Quinet, pp. 425 et 426.

malheureusement, risibles, qu'on le nourrissait au moment des sanglantes hécatombes!

Et M. Trochu adressait à la Garde nationale des boniments comme celui-ci : « J'ai une bonne nouvelle à vous annoncer. Depuis sept heures du matin (le 2) nous avons eu 100,000 hommes sur les bras, que j'ai dû combattre avec une jeune armée, et, pour la deuxième fois, la vieille armée a été refoulée sur toute la ligne. Je joue un jeu terrible, et *je ne l'aurais pas joué si je n'avais senti derrière moi la force morale et militaire de la Garde nationale*. A un moment, j'ai cru avoir besoin de vous appeler en première ligne, mais, encore une fois, la jeune armée a battu la vieille, vous pouvez le dire à Paris (1). »

Comment ces gardes nationaux ne se seraient-ils pas pris au sérieux? Aussi, un grand nombre d'entre eux, qui n'ont même pas passé la Marne, qui n'ont entendu que de Vincennes ou de Nogent le bruit du canon, en arrivèrent, le lendemain, à croire, et, aujourd'hui, en arrivent à être convaincus, qu'ils étaient et qu'ils ont été des plus fougueux combattants de Bry et de Champigny!

Oui, le Gouvernement faisait tout pour tromper le peuple sur la situation véritable. Ses rapports militaires étaient un tissu de hâbleries dont l'effet fut de rendre plus lourde et plus douloureuse la

---

(1) Emile Chevalet, p. 168. — « On verra, dans le rapport militaire du 4 décembre, comment on cherchait à donner le change aux Parisiens sur le véritable état des choses, et comment on flattait, sans pudeur, la population parisienne. » (*Souvenirs d'un garde national par un volontaire suisse*, IIe partie, p. 96.) — *Ibid.*, note 1 et p. 97. — A. du Mesnil, p. 186. — « On se crut obligé de nous dorer la pilule, de nous endormir avec de belles phrases, pleines d'affirmations pompeuses, dont nous avons, aujourd'hui, la courte honte de rabattre épouvantablement. » (*Paris pendant le siège*, par Edouard Cadol; Bruxelles, Office de publicité, 1871; p. 48.

chute du lendemain, quand on apprit la retraite de l'armée irrésistible et victorieuse. Voici un exemple de l'exagération de ces rapports militaires que n'aurait pas désavoués Tartarin :

« 1 h. 45. *Plateau entre Champigny et Villiers.* Attaqués ce matin par des forces énormes, nous avons soutenu victorieusement un combat de sept heures. L'ennemi est encore une fois en déroute.

C'est au général Ducrot, écrit le Gouverneur, qu'appartient l'honneur des deux journées.

— *De Nogent*, 5 h. 30 *soir.* Cette deuxième grande bataille est plus décisive que la première. Avec des troupes fatiguées de l'avant-veille, nous avons brillamment soutenu le choc de troupes fraîches. Nous avons combattu trois heures pour conserver nos positions, et cinq heures pour enlever celles de l'ennemi, où nous couchons. C'est une dure et belle journée (1). »

Oui, hélas ! c'était une dure journée, car le champ de bataille était jonché de nos cadavres ; non, hâbleurs, ce n'était pas une belle journée, puisque vous saviez qu'elle serait suivie d'une lamentable retraite (2) !

A la lecture de ces phrases mensongères, le public crut sérieusement que la trouée était faite, et les membres du Gouvernement eux-mêmes s'y laissèrent prendre. « Ils délibérèrent, toute une nuit, paraît-il, sur la question de savoir s'il ne fallait pas donner au général Trochu un immense et éclatant témoignage de reconnaissance, en lui conférant, du même coup, la dignité de maréchal de France et la

---

(1) Jouaust, p. 47.
(2) « Non, la victoire du 2 décembre n'était pas *plus décisive* que celle du 30 novembre, puisqu'elle nous laissait au même point, puisqu'elle ne nous donnait ni Villiers, ni Cœuilly. » (Charles de Mazade, *La guerre de France*, t. II, p. 224. — Comte d'Hérisson, p. 300.)

grand'croix de la Légion d'honneur. Mais les plus fins d'entre eux, qui se méfiaient de la rhétorique nébuleuse du Gouverneur, calmèrent cet enthousiasme. Ils décidèrent leurs collègues à ne *décréter* qu'après plus ample informé et à se contenter, pour le moment, d'adresser une lettre chaleureuse de félicitations et de remerciements, au commandant en chef des armées (1). » La voici :

« Général et bien cher Président,

« Depuis trois jours, nous sommes avec vous, par la pensée, sur ce champ de bataille glorieux où se décident les destinées de la patrie. Nous voudrions partager vos dangers, en vous laissant cette gloire qui vous appartient bien d'avoir préparé et d'assurer, maintenant, par votre noble dévouement, le succès de notre vaillante armée.

« Nul mieux que vous n'a le droit d'en être fier, nul ne peut plus dignement en faire l'éloge ; vous n'oubliez que vous-même, mais vous ne pouvez vous dérober à l'acclamation de vos compagnons d'armes électrisés par votre exemple.

« Il nous eût été doux d'y joindre les nôtres ; permettez-nous au moins de vous exprimer tout ce que notre cœur contient pour vous de gratitude et d'affection. Dites au brave général Ducrot, à vos officiers si dévoués, à vos vaillants soldats, que nous les admirons. La France républicaine reconnaît en eux l'héroïsme noble et pur qui déjà l'a sauvée. Elle sait maintenant qu'elle peut mettre en eux et en vous l'espoir de son salut.

« Nous, vos collègues, initiés à vos pensées, nous saluons avec joie ces belles et grandes journées où

---

(1) *Histoire critique du siège de Paris par un officier de marine,* pp. 138 et 139.

vous vous êtes révélé tout entier, et qui, nous en avons la conviction profonde, sont le commencement de notre délivrance (1). »

Comme ce pathos est pénible à lire quand on sait à quelle piteuse victoire il faisait allusion, quand on sait que, bien loin d'être le commencement de notre délivrance, les batailles de la Marne étaient le dernier effort, l'effort vain et désespéré de l'homme qui se noie, saisissant, convulsivement, la touffe de roseau qui s'enfonce, avec lui, dans l'eau glacée de la rivière! Oui, certes, M. Trochu s'était révélé tout entier pendant ces journées maudites où pas un ordre, pas une pensée de général ne sortit de sa bouche ou de sa plume, où il passa, présomptueux et bavard, ne se rendant pas compte qu'il était responsable de la mort et des souffrances de tous ces malheureux, dont il n'aurait pas dû accepter de diriger la suprême tentative, puisqu'il n'avait que les qualités du rhéteur et non celles du chef d'armée!

DU 29 NOVEMBRE AU 8 DÉCEMBRE

Nous allons, rapidement, passer en revue les événements, survenus à l'intérieur de Paris, du 29 novembre au 8 décembre.

D'abord, pour montrer à quel ridicule nous exposaient les rodomontades de certaines personnes, plus remplies de bonne volonté que de sens commun, nous allons transcrire un passage de la feuille ayant pour titre : *Lettre-Journal de Paris, Gazette des absents*, rédigée par M. Jouaust, et à laquelle nous faisons souvent des emprunts :

(1) *Journal officiel*, n° du 3 décembre 1870. — *Enq. parlem. déf. nationale*, rapport de M. Chaper sur le Gouvernement de la Défense à Paris, au point de vue militaire, p. 193, note 2. — Michel Cornudet, p. 266, en note. — Comte d'Hérisson, pp. 300 et 301.

« *Les Défaites de la Prusse.* A chacun son genre de gloire et de succès : aux uns le triomphe de la force, aux autres le triomphe de l'intelligence. Sur les champs de bataille, nous avons été vaincus : une armée de 300,000 hommes au plus, mal équipée, mal approvisionnée, mal conduite, a été écrasée par près d'un million de soldats exercés, munis de tout, dirigés par des chefs habiles, et soutenus par une formidable artillerie. Il y a là un fait matériel, résultat inévitable d'une brutale combinaison de chiffres, et dont la Prusse est libre de tirer telle gloire qu'il lui plaira. Dans l'ordre moral, au contraire, nous voyons la Prusse aller, depuis Sedan, de défaite en défaite : défaite, à Ferrières, quand elle a si durement accueilli la généreuse démarche de M. Jules Favre ; défaite, à Versailles, quand elle s'est refusée aux propositions d'armistice que M. Thiers lui apportait au nom des puissances neutres, et plus encore au nom du droit et de l'humanité ; défaite quand elle fusille nos francs-tireurs, quand elle menace du même sort un fils qui tente d'écrire à sa mère, quand elle tire sur nos ambulances. Cette semaine, quelle défaite plus honteuse et plus ridicule que le coup manqué de M. de Moltke qui a cru nous faire peur, comme il fait peur à ses soldats en leur disant que nous les fusillerons s'ils sont faits prisonniers ! Plus la Prusse nous écrasera, plus elle sera vaincue moralement, parce que, dans la lutte suprême qui se livre aujourd'hui, elle combat pour l'envahissement et le pillage, tandis que nous combattons pour l'indépendance et la liberté ; et si la fortune ennemie veut que nous succombions un jour, ce jour-là, la défaite de la Prusse sera complète aux yeux de l'Europe intelligente et civilisée (1). »

(1) Jouaust, p. 50.

Il y a, selon nous, certaines opérations indispensables pour sauver la vie d'un malade. Quelque pénible que soit la lecture de cette élucubration, il est bon de supporter cette souffrance afin que de pareilles fanfaronnades ne sortent plus de la plume d'écrivain français, aux jours de gloire ou de malheur.

Comme les Allemands devaient rire à la lecture de semblables articles ! Comme il leur était facile de nous comparer à certain personnage de Boccace, d'autant plus content qu'il est plus battu... Eh quoi ? Nous avions déclaré la guerre, perfidement poussés par M. de Bismarck, il est vrai, mais, enfin, nous avions le rôle d'agresseurs, nous nous battions, nous ne faisions pas de philosophie. *Age quod agis :* nous avions donc à donner des coups, non à en recevoir ; tous les sophismes du monde, ici ne font rien ; nous étions les mauvais marchands de l'affaire, en dépit des tirades de la presse parisienne ; le nier, surtout dans les termes où elle se complaisait à le faire, aggravait le ridicule de notre posture. Encore une fois, ne l'oublions pas : c'est une question de dignité nationale.

Peu de chose à noter dans ces huit jours de décembre. En effet, on ne saurait appeler quelque chose le canard, si gloutonnement avalé par les assiégés, de la capture complète de la flotte prussienne (1), la substitution du pétrole au gaz dans les maisons particulières, la proposition d'exter-

---

(1) Mme Adam, p. 314. — Jouaust, p. 50. — Michel Cornudet, p. 267, d'après *l'Electeur libre*, qui donne les détails les plus précis sur le combat : amiral se faisant sauter avec son bâtiment, etc. ! — « Dans cette guerre, notre formidable flotte cuirassée, qui a absorbé tant de millions et sur laquelle on fondait de si grandes espérances, n'a rendu qu'un service négatif. » (*Histoire critique du siège de Paris par un officier de marine*, p. 150.) — Voir Sarcey, p. 198. — Adolphe Michel, pp. 299 et 300.

miner les Allemands au moyen du feu grégeois (1), le refus opposé à M. Washburn, qui demandait 50 kilogrammes de viande et 20 rations par jour (2).

Faut-il signaler, aussi, une nouvelle fantaisie de M. Jules Simon? Non content, à cet instant terrible, de faire enlever les N du Panthéon et gratter les aigles du guichet du Carrousel, non content de charger M. Jules Claretie d'établir des bibliothèques dans Paris, le voici qui envoie l'astronome Janssen en Algérie pour y observer une éclipse de soleil! Il n'y avait pas besoin d'aller si loin pour constater une éclipse de sens commun dans le Gouvernement. Aussi bien, M. Janssen partait, le 3 décembre, sur le ballon *le Volta* (3).

« Le nombre, infiniment restreint, au commencement du siège, des personnes qui voulaient se confier aux ballons devenait si considérable que le Gouvernement ne savait plus à qui entendre. Les instances pour les missions en province affluaient (4). »

Mais arrivons, enfin, aux deux faits vraiment dignes d'être relatés : la dénonciation du traité de 1856 et l'ordre du jour du général Clément Thomas à propos des gardes nationaux socialistes.

La dénonciation du traité de 1856 ne produisit pas grande émotion. D'abord, on ne voulait déjà pas de mal à la Russie, ensuite, on en souhaitait à l'Angleterre. Le peuple n'avait guère approuvé l'expédition de Crimée, n'avait jamais été enthousiaste d'un traité dont il lui avait été impossible de saisir les avantages. Peu lui importait donc la lacé-

---

(1) Emile Chevalet, pp. 165 et 171.
(2) *Enq. parlem. déf. nationale*, rapport de M. Chaper sur les procès-verbaux des séances du Gouvernement de la Défense nationale, p. 86.
(3) Jules de Marthold, p. 195.
(4) *La politique et le siège de Paris*, par le général Trochu; Paris, Hetzel; p. 86.

ration d'un instrument diplomatique incompris; en revanche, il se rendait bien compte du coup porté à l'Angleterre, et il s'en réjouissait (1).

Quant au Gouvernement il ne vit pas le parti qu'il y avait à tirer de l'invitation qui lui était faite d'assister à la Conférence de Londres, chargée d'entériner la dénonciation du traité. Un diplomate français à la Conférence c'était presque le salut : l'Angleterre, la Russie avaient intérêt à se l'attacher; de là, à lui faire des concessions sur le dos de l'Allemagne, il n'y avait qu'un pas. Sans doute on n'aurait pas évité la cession de l'Alsace, sans doute on aurait eu une forte rançon à payer, mais, lorsque le plénipotentiaire français aurait posé la question de paix sur le tapis, les puissances réunies se seraient empressées de l'imposer sans la cession de la Lorraine et moyennant une indemnité de guerre de un ou deux milliards. Les incapables d'alors (des aigles, cependant, à côté des politiciens qui nous gouvernent depuis l'avènement de Grévy et qui ne sauront même pas sauver le Capitole (2)) ne sai-

---

(1) Jouaust, p. 48. — Emile Chevalet, p. 163. — Sarcey, pp. 199 et 200. — D'autres ne prirent pas la chose de la même manière : « Quant à la circulaire Gortschakoff, elle annonce *urbi et orbi*, avec un cynisme éhonté, que le gouvernement russe trouve le moment venu de manquer enfin à sa parole. Il n'exécutera plus le traité de 1856..... Tout cela est dit dans ce style paterne et notarial qui donne aux fourberies diplomatiques un air de dignité si risible; mais ce qu'il y a de plus amusant encore, c'est l'indignation subite de l'Angleterre, qui s'aperçoit qu'elle est jouée par la Prusse et par la Russie. Il est trop clair à présent que ces deux honnêtes gouvernements sont liés par un traité secret qu'ils démasquent aujourd'hui. (Voir, à ce sujet, *Paris, Thiers, le Plan Trochu et L'Hay*, par Alfred Duquet, p. 8.) La France ne compte plus, et, seule, l'Angleterre ne peut rien faire. Le *Times* bondit de surprise et de colère; il commence à s'apercevoir que la France, *tout annihilée* qu'elle est (*sic*), est une alliée qui vaut, au moins, la peine qu'on la regrette. » (Edmond Rousse, t. II, p. 289.)

(2) « Après le Neuf-Thermidor, les derniers voiles sont déchirés et, sur la scène politique, les instincts de licence et de domination, les convoitises privées s'étalent à nu; de l'intérêt public et

sirent pas cette superbe occasion. Tout à la crainte de la population parisienne, ils se réfugièrent dans une réserve qu'ils crurent digne et qui n'était qu'absurde (1).

M. de Chaudordy avait, fort habilement, préparé les puissances à étendre éventuellement le programme assigné aux délibérations de la Conférence; « il avait insisté, surtout auprès de l'Angleterre, pour démontrer l'inconvenance qu'il y aurait à imposer au plénipotentiaire français une réserve absolue sur des questions bien autrement actuelles et brûlantes, aux yeux du sentiment national, que la revision du traité de 1856 (2) ».

A Paris, nous le répétons, le Gouvernement ne prenait pas la chose au sérieux, bien qu'il fût averti que « l'Angleterre et la Russie semblaient faire à la France des avances à cette occasion (3) ». M. Jules Favre « déclarait qu'un Congrès ne pouvait être accepté par la France qu'autant qu'un protocole reconnaîtrait l'intégrité de son territoire, avec un armistice accompagné de ravitaillement (4) ».

---

du droit populaire, nul souci; *il est clair que les gouvernants sont une bande, que la France est leur butin, qu'ils entendent garder leur proie envers et contre tous, par tous les moyens.* » (*Les Origines de la France contemporaine,* par H. Taine, de l'Académie française; *Le Régime moderne;* Paris, Hachette, 1891; t. I, p. 67.)

(1) Le Gouvernement fut d'avis que Jules Favre ne pouvait abandonner Paris assiégé et abaisser sa dignité, en demandant un sauf-conduit à Bismarck; cette demande aurait semblé une faiblesse à la population de Paris et amené une sédition. » (Arthur Chuquet, p. 283.)

(2) *Histoire de la Diplomatie du Gouvernement de la Défense nationale,* par J. Valfrey; Paris, Amyot, 1872; 2ᵉ partie, p. 108.

(3) *Enq. parlem. déf. nationale,* rapport de M. Chaper sur les procès-verbaux des séances du Gouvernement de la Défense nationale, p. 85. — C'est pourquoi M. de Bismarck s'écriait, en recevant la note de Gortschakoff : « Les imbéciles ont commencé quatre semaines trop tôt ! » (*Le Tagebuch, Mémoires authentiques de Frédéric III;* traduction exacte de la *Deutsche-Rundschau;* Paris, Imprimerie Faustin Gaudois, 1888; p. 10.)

(4) *Enq. parlem. déf. nationale,* rapport de M. Chaper sur les

C'était de l'insanité. Bien plus avisé, M. Ernest Picard « pensait, au contraire, qu'un Congrès amènerait une suspension des hostilités et que, même sans protocole préalable, la question française y serait forcément traitée (1) ». On ne l'écouta point.

« Une occasion (de négocier) se présenta au moment de la Conférence de Londres. Nous avions obtenu de plusieurs grandes puissances de nous appuyer. Mais il fallait que notre plénipotentiaire vînt de Paris, parce que l'accord de l'ensemble du Gouvernement était nécessaire. Plusieurs fois, M. le comte de Bismarck s'était exprimé dans le sens d'une entente de tout le Gouvernement pour pouvoir négocier utilement. J'ai fait mon possible pour faire sortir de Paris un plénipotentiaire à la Conférence de Londres. J'ai obtenu les sauf-conduits, mais on n'en a pas profité, et, cependant, il ne pouvait y avoir une meilleure occasion de négocier avec le concours de l'Europe assemblée (2). »

La peur des habitants de Paris paralysait tout. « L'hyperbole avait gagné les esprits qui se piquaient le plus de tact et de mesure (3). »

« C'est ainsi qu'avec les intentions les plus patriotiques, on a laissé échapper toutes les occasions de faire une paix moins onéreuse que celle que la faim, à Paris, et l'invasion de la moitié de la France

---

procès-verbaux des séances du Gouvernement de la Défense nationale, p. 85. — *Histoire diplomatique de la guerre franco-allemande*, par Albert Sorel; Paris, Plon, 1875; t. II, p. 108.

(1) *Enq. parlem. déf. nationale*, rapport de M. Chaper sur les procès-verbaux des séances du Gouvernement de la Défense nationale, p. 85. — « Les journaux du parti avancé s'écrièrent que la France républicaine devait répudier l'intervention des monarchies, ne s'asseoir que victorieuse à la table du Congrès, et, puisqu'elle était vaincue, ignorer la vieille Europe. » (Arthur Chuquet, pp. 282 et 283.)

(2) *Enq. parlem. déf. nationale*, déposition de M. de Chaudordy, p. 11. — J. Valfrey, 2ᵉ partie, pp. 107 et 108. — *A Paris pendant le siège*, p. xix.

(3) Albert Sorel, t. II, p. 109.

rendirent nécessaire, six semaines après. Tant il est vrai qu'en politique, les qualités maîtresses sont le sang-froid et la décision, qu'il ne faut pas confondre avec la ténacité inerte dans les situations perdues (1)! »

Exposons, maintenant, le cas de la Garde nationale qui fit plus tard la Commune.

Le 6 décembre, on arrête Flourens, aux avant-postes. Puis, on se décide à prendre des mesures contre les plus fougueux gardes nationaux, contre les *sang-impur*, contre le bataillon le plus socialiste et, en même temps, le plus partisan de la guerre à outrance. L'ordre du jour du général Clément Thomas va nous mettre au courant des faits et gestes de ces foudres de guerre.

Ordre du jour.

« Désirant satisfaire aux demandes réitérées du bataillon, dit des *Tirailleurs de Belleville*, d'être employé aux opérations extérieures et de se mesurer avec l'ennemi, le commandant supérieur avait donné l'ordre de faire *équiper ce bataillon un des premiers*, et il l'a envoyé, le 25 novembre, occuper, à côté d'autres troupes, un poste d'honneur, en avant de Créteil, à 100 et quelques mètres des lignes prussiennes. Ce poste avait été occupé, jusque-là, avec le calme le plus parfait, par une compagnie de ligne.

« Des rumeurs fâcheuses sur la conduite des *Tirailleurs de Belleville* étant parvenues, dans l'intervalle, au commandant supérieur, il a demandé sur les faits, des rapports authentiques.

« Dans un premier rapport, en date du 28 no-

---

(1) J. Valfrey, 2ᵉ partie, p. 111.

vembre, le chef de bataillon Lampérière déclare qu'étant sorti, le soir, à huit heures et demie, accompagné de l'adjudant-major Lallement, il a fait une ronde dans la tranchée et recommandé à ses hommes de ne pas tirailler inutilement. La ronde terminée, il se retirait dans la dirction de la ferme des Mèches, lorsqu'il entendit une vive fusillade et aperçut, bientôt, fuyant à la débandade, une grande partie des 1ʳᵉ et 2ᵉ compagnies de son bataillon, de service à la tranchée. Ce ne fut qu'à grand'peine et à force d'énergie qu'il arrêta ses hommes et parvint à les ramener en partie à leur poste.

« Cette honteuse échauffourée, provoquée, d'après certains rapports, par la fusillade intempestive des tirailleurs, coûta la vie à trois d'entre eux, plus trois blessés. Les hommes rejetèrent la cause de leur panique sur le capitaine Ballandier, qui aurait fui le premier en criant qu'ils étaient tournés.

« Le lendemain, les *Tirailleurs de Belleville* ont été ramenés en arrière des avant-postes et cantonnés sous le fort de Charenton.

« Ordre leur ayant été donné, plus tard, de reprendre leur poste à la tranchée, ils s'y sont refusés et ne se sont décidés à s'y rendre postérieurement, que sur de nouvelles injonctions.

« Le 5, le colonel d'infanterie Le Mains, commandant la brigade, a adressé, au commandant supérieur, le rapport suivant :

«« Mon général,

«« J'ai l'honneur de vous demander, *d'urgence*, le rappel à Paris des *Tirailleurs de Belleville*.

«« Non seulement leur présence ici n'est d'aucune utilité, mais elle pourrait occasionner un grave conflit avec les gardes nationaux du 147ᵉ (bataillon de la Villette), placé à côté d'eux.

««« La haine entre ces deux bataillons est telle qu'ils ont établi, dans la tranchée, une *espèce de barricade* qu'ils s'interdisent mutuellement de franchir. *La présence de M. Flourens*, dans ce bataillon, a amené de nouvelles difficultés, les officiers ne voulant pas le reconnaître pour chef. Ce matin, le rapport du commandant de l'aile droite m'informe qu'il a dû faire occuper et surveiller particulièrement la tranchée de droite, les *Tirailleurs de Belleville* ayant abandonné leur poste.

««« Dans les circonstances où nous nous trouvons, un conflit entre nos troupes serait désastreux.

««« D'un autre côté, le mauvais exemple que donnent, à tous moments, les *Tirailleurs de Belleville* est des plus fâcheux.

««« Tels sont les motifs, mon général, qui me font vous demander leur rappel immédiat à Paris. »»

« Dans un rapport du 4 décembre, le commandant Lampérière déclare que, parti avec un effectif de 457 hommes, son bataillon est réduit, aujourd'hui, de 61 gardes, rentrés à Paris avec armes et bagages, sans permission.

««« Ce bataillon, ajoute le commandant, par son indiscipline et les éléments qui le composent, est devenu complètement impossible. Indiscipline et incapacité dans une partie des officiers et des sous-officiers : voilà, mon général, les principales causes de notre désorganisation. Formé en dehors de toutes les lois qui régissent la Garde nationale, ce bataillon s'est montré *indigne des privilèges qu'il a obtenus*, et n'est qu'un mauvais exemple pour les troupes qui l'environnent. Ces hommes, pour la plupart, se sont refusé à prendre le service de la défense. Je demande donc que ce bataillon soit rappelé à Paris et dissous.

«« De plus, j'ai l'honneur de vous adresser ma démission de chef de ce bataillon, ne pouvant, honnête homme, ancien sous-officier de l'armée, rester plus longtemps à la tête d'une troupe pareille. Je reprendrai mon fusil et rentrerai dans les rangs de la Garde nationale pour me purifier du trop long séjour que j'ai fait dans le bataillon des *Tirailleurs de Belleville.*

«« Une prompte résolution de votre part est nécessaire, mon général, car la moitié des hommes refusent de faire tout service. »»

« D'autres rapports, qu'il serait trop long de reproduire ici, établissent que le citoyen Flourens, révoqué du grade de commandant qu'il occupait dans le bataillon des *Tirailleurs de Belleville*, est allé rejoindre ce bataillon dans ses cantonnements, a repris les insignes du grade qui lui a été retiré et tenté de reprendre ainsi le commandement.

« Il résulte des documents qui précèdent : que deux compagnies du bataillon des *Tirailleurs de Belleville*, de service dans les tranchées, ont pris lâchement la fuite devant le feu de l'ennemi, que le bataillon a refusé de se rendre à son poste sur l'ordre qui lui a été donné, et que, s'y étant rendu plus tard, il l'a abandonné au milieu de la nuit.

« Il résulte, de plus, que le citoyen Flourens s'est rendu coupable d'usurpation d'insignes et de commandement militaires.

« En présence de pareils faits, que la Garde nationale tout entière répudie, le commandant supérieur propose :

« 1° La dissolution des *Tirailleurs de Belleville* ;

« 2° Les 64 gardes de ce corps qui ont disparu seront traduits devant *les conseils de guerre* pour désertion en présence de l'ennemi, ainsi que l'aide-major Lemray (Alexis), parti le 28 pour conduire des blessés à l'ambulance et qui n'a plus reparu ;

« 3° Une enquête sera faite sur la conduite du capitaine Ballandier pour apprécier si la même mesure ne lui sera pas appliquée ;

« 4° Le citoyens Flourens *sera immédiatement arrêté* et traduit en conseil de guerre pour les faits imputés à sa charge.

« Un certain nombre d'hommes du bataillon ayant mérité par leur conduite de ne pas être confondus avec ceux que frappe cet ordre du jour, ils formeront le noyau d'organisation d'un nouveau bataillon.

« Le général commandant supérieur des gardes nationales de la Seine

Clément Thomas.

« Paris, le 6 décembre 1870, 8 h. du soir.

« P.-S. — Le commandant supérieur reçoit, à l'instant même, du commandant Lampérière, un rapport lui déclarant que le 5, au soir, il n'a pu réunir ses hommes pour le service de l'avancée, la plupart étant absents et le reste ayant refusé d'obéir. Parmi ceux-ci, quelques-uns donnent pour motif, «« et ceux-là n'ont pas tort »», dit le commandant, qu'ils ne peuvent aller à la tranchée avec des hommes dont les mœurs et l'honnêteté leur sont suspectes, et qu'ils demandent l'épuration du bataillon. Le commandant ajoute que lui et le lieutenant Launay ont été menacés de coups de fusil; que les actes d'insubordination envers les officiers et sous-officiers se renouvellent constamment, et que, malgré la plus grande surveillance, les vols de vivres se commettent d'homme à homme.

« Ce rapport est visé et transmis par le lieutenant-colonel Le Mains, commandant supérieur de Créteil (1). »

Voilà ce qu'était la Garde nationale des faubourgs ! « Jusqu'ici nous les avions crus mauvais mais braves ; braillards et gouailleurs comme Gavroche, mais héroïques comme lui. Aujourd'hui, nous voyons bien qu'ils sont toujours mauvais, mais, de plus, qu'ils sont lâches (2). »

« Ces héros du Trente-et-un-Octobre ont abandonné leur poste de tranchée en se prétendant trahis, et ils se refusent à y retourner. Leur lâcheté n'a d'égale que leur indiscipline et leurs habitudes de débauche... Décidément, M. Jules Ferry avait mal placé sa harangue et son drapeau (3). »

On envoyait le 32ᵉ bataillon de la Garde nationale

---

(1) *Journal officiel*, n° du 7 décembre 1890. — « Si les bataillons de la Villette ont tenu à se séparer de ceux de Belleville par une barricade établie dans la tranchée, c'était, paraît-il, beaucoup moins pour se garantir contre l'ardeur belliqueuse très problématique de leurs voisins que pour s'affranchir d'un spectacle honteux et dégoûtant : les actes de la débauche la plus monstrueuse s'accomplissaient dans la tranchée. » (Michel Cornudet, p. 285.) — *Enq. parlem. déf. nationale*, rapport de M. Chaper sur le Gouvernement de la Défense, à Paris, au point de vue militaire, pp. 183 à 185. — Général Vinoy, pp. 283 et 284. — *Enq. parlem. sur le Dix-Huit-Mars*, déposition de M. Jules Ferry, p. 75. — Robinet de Cléry, pp. 204 et 205. — *Histoire critique du siège de Paris par un officier de marine*, pp. 148 et 149. — *A Paris pendant le siège*, p. 224. — *Paris pendant les deux sièges*, par Louis Veuillot; Paris, Palmé, 1880; p. 440. — *Journal de Fidus, La Révolution de Septembre, La Capitulation, La Commune*, pp. 43, 44, 68 à 70. — Jouaust, p. 49. — Amiral de la Roncière-le Noury, pp. 214 et 215. — *Histoire de la guerre de 1870-1871*, par le général Ambert, pp. 352 et 353. — *Siège de Paris, La Garde nationale aux avant-postes*, par Jules Moret; Paris, Taride, 1873; p. 31. — Francis Wey, pp. 256 à 261. — *Journal d'un Suisse pendant le siège de Paris*, par P. Schuler; Bienne; pp. 304 à 306. — Edmond Rousse, t. II, pp. 296 et 297. — A. du Mesnil, pp. 65 et 191.

(2) Michel Cornudet, p. 279. — Emile Chevalet, p. 180.

(3) Francis Garnier, p. 99. — Le bataillon des tirailleurs de Flourens « a fui six fois devant les Prussiens ». (*Enq. parlem. sur le Dix-Huit-Mars*, déposition du colonel Montaigu, pp. 420 et 421. — « A la tranchée, les bataillons les plus bruyants, s'étaient

à Neuilly-sur-Marne : il y recevait quelques obus et on « le retrouvait, un beau matin, à Montmartre, ayant abandonné ses positions (1) ».

Les gardes nationaux de Ménilmontant s'enfuyaient au coup de fusil d'une de leurs sentinelles qui avait pris pour des Prussiens deux corbeaux s'abattant près d'elle (2).

« Insolents dans Paris, plus que timides aux avant-postes, ils auraient dû inspirer le mépris, tant ils étaient ridicules. Cependant la plupart des bourgeois les craignaient dans les rues et sur les places publiques (3) » : ils avaient le pressentiment qu'ils se trouvaient en face de futurs incendiaires et assassins de la Commune.

L'autorité militaire envoie trois bataillons de gardes nationaux à la brigade Bonnet, près de Fontenay. « Le premier jour tout va bien, mais, la seconde nuit, chacun va se coucher à l'abri, laissant à la tranchée les armes et les outils. Le colonel s'est rejeté sur ses capitaines ; ceux-ci ont dit être dans l'impossibilité de ramener leurs hommes, et la tranchée est restée vacante (4). »

---

montrés lâches et ivrognes. » (Robinet de Cléry, p. 184. — « Oncques ne se virent tant de pochards que pendant le siège. » (Comte d'Hérisson, p. 302.) — « L'ivrognerie est devenue un mal universel. » (*A Paris pendant le siège*, p. 222.) — *Paris pendant le siège*, 1870-1871, par Arnold Henryot; Paris, Le Chevalier, 1871; pp. 97 à 99. — *Journal du siège par un bourgeois de Paris*, p. 476. — *Enq. parlem. déf. nationale*, déposition du commandant Amet, p. 136. — Jules Moret, p. 26. — Voir, au sujet de l'indiscipline des gardes nationaux, l'ordre du général Clément-Thomas : *Journal officiel*, n° du 4 décembre 1870 ; un autre ordre du même général : *Ibid.*, n° du 15 décembre 1870, et, surtout, le rapport de ce général : *Ibid.*, n° du 17 décembre 1870. Bien qu'il y ait nombre d'autres exemples de la débauche et de l'indiscipline des gardes nationaux socialistes de Paris, nous nous bornerons à signaler ceux-là.

(1) *Enq. parlem. sur le Dix-Huit-Mars*, déposition du colonel Montaigu, p. 419.
(2) Général Ambert, *Récits militaires*, *Le siège de Paris*, p. 295.
(3) *Ibid.*
(4) Robinet de Cléry, p. 207.

Les régiments de ligne « croisaient quelquefois les *sang impur* hurlant la *Marseillaise*. Des rangs, sortaient des paroles insolentes auxquelles la discipline seule empêchait les troupiers de répondre. L'armée ne paraissait pas disposée alors à fraterniser avec les futurs soldats de la Commune qui, de propos délibéré, ménageaient et accumulaient leurs munitions et qui, malgré leurs fanfaronnades, ne se montraient nullement désireux d'entrer en ligne avec les Prussiens (1). »

« Ils obéissaient à un mot d'ordre venant du dehors; ils avaient mission de proclamer la guerre à outrance, d'exprimer la haine la plus violente contre les Prussiens; mais, en fait, ils ne devaient pas combattre. Ils avaient l'ordre de réunir des munitions, des armes, des canons et d'attendre. C'est à partir de cette révélation que le général Clément Thomas, avec son ardente énergie, poursuivit les sectaires, sans leur laisser ni repos ni trêve. Il les déshonora devant Paris, devant l'opinion, par trois ou quatre ordres du jour restés fameux, lorsque, conduits à l'ennemi, ils y arrivaient en état d'ivresse, ce qui était leur habitude, et qu'ils ne combattaient pas, ce qui était dans leurs ordres (2). »

(1) Robinet de Cléry, p. 184. — « Si nous avons rencontré quelqu'un de ces bataillons en réserve ou à l'arrière-garde, nous ne les avons jamais vus au feu. » (*Ibid.*, p. 183.) — « La rue de Rivoli fourmille de gardes nationaux de mauvaise mine, mal habillés, mal armés, chantant les *Girondins*. Ce sont les citoyens de Ménilmontant qui vont je ne sais où; mais je doute qu'ils aillent au feu. «« La vile multitude »» de M. Thiers! la «« populace »» de M. de Bismarck! le gouvernement de demain peut-être! » (Edmond Rousse, t. II, p. 283.)

(2) *Une page d'histoire contemporaine*, par le général Trochu, pp. 147 et 148. — Après avoir réclamé la guerre à outrance, dès qu'ils sont maîtres de Paris, après le 18 mars, « par une contradiction singulière, ils déclarent reconnaître toutes les clauses des préliminaires de paix! Ils entrent dans des relations qu'on pourrait dire cordiales, avec l'ennemi! Un officier général prussien est dans l'obligation d'expliquer une lettre qu'il avait

Voilà bien l'armée de l'avenir, celle que nous prépare le Parlement du suffrage universel! C'est ainsi que les peuples tombent en servitude!

Quant au général Clément Thomas, son ordre du jour était sa condamnation à mort : les héros de Créteil ne lui pardonneront pas sa juste indignation, ils le fusilleront le 18 mars 1871 (1)!

Plus tard, le général Clément Thomas avait, dans son cabinet, 60 chefs de bataillons de Belleville et de Montmartre; ils voulaient se battre à outrance, insultaient le général, le traitaient de lâche, de vendu; d'aucuns lui mettaient le poing sur la figure. Alors, n'y tenant plus : « « Vous avez la réputation de vous être défendus et vous êtes des lâches; vous, un tel, votre bataillon s'est caché tout entier. Vous venez parler de défendre Paris à outrance, un jour on vous a menés contre les Prussiens, à tel endroit, et vous vous êtes sauvés. Vous êtes des lâches. » » Ces gens étaient abasourdis; ils sont partis presque sans rien dire; mais, à partir de ce moment, on était persuadé que le général Clément Thomas serait assassiné (2). »

« A partir de ce moment, il fut voué aux vengeances populaires, et lorsque, trois mois plus tard, il tombait sous les balles des assassins de la rue des Rosiers, son sacrifice héroïque n'était que la lâche

---

adressée à la Commune ou au commandant militaire de Paris sous la Commune! Le délégué à la Guerre, comme on l'appelait, rend une série d'arrêtés très sévères, qui ont pour but d'assurer à l'ennemi la libre jouissance de tous les droits que lui conféraient les négociations en cours! Des hommes, qui avaient été incarcérés par mon ordre pendant le siège comme agents prussiens, deviennent les directeurs des affaires militaires de la Commune; le sieur Dombrowski était dans ce cas. » (*Ibid.*, p. 149.). — Voir aussi, *Paris, la Malmaison, le Bourget et le Trente-et-un-Octobre*, par Alfred Duquet, pp. 97 à 99.

(1) Borrego, p. 69. — Comte d'Hérisson, p. 302. — *Une page d'histoire contemporaine*, par le général Trochu, p. 148.

(2) *Enq. parlem. sur le Dix-Huit-Mars*, déposition de M. Ossude, p. 473.

représaille des fuyards qu'il avait flétris en faisant courageusement son devoir (1). »

Malheureusement, il n'y avait pas que la Garde nationale des faubourgs d'indisciplinée : la mobile de Paris et les corps francs ne lui cédaient en rien à cet égard.

Le général Noël, commandant du Mont-Valérien, demande au Gouvernement la formation d'une cour martiale pour juger les mobiles qui se conduisent indignement. Gangrenées par la Garde nationale et les francs-tireurs, des troupes entières de mobiles ont été piller Rueil et Nanterre, s'y sont grisées abominablement et ont abandonné leur poste. Le général réclame un exemple (2). Les gouvernants s'empressent de lui accorder tout ce qu'il sollicite, mais est-il besoin d'ajouter qu'aucune exécution capitale ne s'en suivra? Aussi, la discipline n'existe plus; les soldats rient de leurs officiers et se moquent du président qui les condamne à mort.

« L'indiscipline faisait, chaque jour, des progrès effrayants, et les soldats perdaient de plus en plus toute notion du juste et de l'injuste. Nous avons vu des mobiles s'en aller, par groupe de huit à dix, armés de longues barres de fer pointues, et fouiller les murailles, les caves, les jardins des maisons abandonnées, afin d'y découvrir de l'argent caché et de se l'approprier (3). »

(1) Jules Favre, *Gouvernement de la Défense nationale du 31 octobre 1870 au 28 janvier 1871*, pp. 167 et 168.
(2) *Journal officiel*, n° du 7 décembre 1870. — Jouaust, p. 49. — *A Paris pendant le siège*, pp. 222 et 223. — *Journal de Fidus, La Révolution de Septembre, La Capitulation, la Commune*, p. 70. — *Histoire de la guerre de 1870-1871* par le général Ambert, pp. 353 et 354. — Adolphe Michel, p. 291. — Francis Wey, pp. 255 et 256.
(3) Charles Besson, commandant du 3e bataillon de la Seine-Inférieure, 1870-1871, *Histoire d'un bataillon de mobiles, siège de*

Du côté de Saint-Denis, les mobiles de la Seine ne se conduisaient pas mieux que ceux qui campaient sous le Mont-Valérien ; abandon de poste devant l'ennemi, menaces de se servir de leurs armes contre les factionnaires, insubordination continuelle. Le contre-amiral Cosnier est obligé de les faire disperser par les troupes de garde sur l'enceinte (1). La discipline n'existe pas, pour les Parisiens, qu'ils soient mobiles ou gardes nationaux : et ils veulent battre les Allemands !

Que de milliers de malheureux ont perdu la vie, fauchés par les balles et les obus ennemis, auxquels les avait livrés l'insubordination de leurs camarades, par suite de l'absurde respect de l'existence de quelques chenapans... sans compter la capitulation de Paris et le triomphe de l'Allemagne !

NOUVEAU PROJET DE SORTIE

Le général Ducrot affirme que, le 3 décembre, il se retirait pour sortir par un autre point. Assurément, il le disait ; son frère d'armes Trochu le répétait ; mais le pensaient-ils ? Rien ne peut le faire croire. Ils n'avaient pas réussi, avec une armée toute fraîche, seraient-ils plus heureux avec des troupes fatiguées, démoralisées, décimées ? Ils ne se flattaient certainement pas de cet espoir et ne songeaient qu'à gagner du temps, comptant sur lui pour faire la besogne dont ils étaient incapables, pour leur apporter le salut qu'ils ne savaient trouver eux-mêmes.

Paris; Paris, Lachaud, 1872; p. 90. Il faut déclarer que le commandant Besson affirme que ses mobiles n'étaient pas de ceux qui pillaient. — Francis Wey, pp. 225 à 231.
(1) Amiral de la Roncière-le Noury, p. 211.

En tous cas, plus on attendait, plus les difficultés s'accumulaient : chaque jour, les Allemands perfectionnaient leurs défenses; ce qui eût été aisé en octobre ne l'était plus en novembre, allait devenir bien hasardeux en décembre, presque impossible en janvier.

En effet, on s'est extasié sur les travaux des Allemands autour de Paris, seulement on n'a puisé cette admiration que sur ce que l'on a vu après le siège, alors que les ouvrages avaient atteint leur *summum* de perfectionnement. Or, l'ennemi a été long à s'installer, à se couvrir, à armer ses redoutes : de septembre à la fin de novembre, il y a eu un laps de temps pendant lequel des attaques bien conduites contre les positions allemandes ne pouvaient manquer de réussir.

Pendant la première phase de la guerre « l'ennemi, un peu trop convaincu peut-être de notre faiblesse, n'avait pas pris toutes les dispositions défensives que nos attaques successives, bien que trop décousues, l'engagèrent à prendre pendant la seconde phase (1) ».

A la fin, le système de fortification des assiégeants devint quasi parfait.

« Les lignes de défense étaient choisies de telle sorte que leurs abords, défendables avec relativement peu de monde, fussent d'un accès difficile pour des troupes s'avançant en masse et sur un front étendu; toutes étaient, d'ailleurs, commandées de l'arrière. Elles étaient généralement au nombre de trois en profondeur : la première n'était occupée que faiblement: la suivante, ou ligne de principale résistance, qu'occupait le gros de l'infanterie, était soutenue par des batteries, la dernière était jalonnée par des batteries fortement établies.

---

(1) Viollet-le-Duc, p. 96. — Voir, *suprà*, p. 261.

« Toutes les fois que le terrain ou la nature des obstacles le permit, on organisa en points d'appui principaux, comme saillants ou réduits, les fermes, les villages, les bouquets de bois, les parcs, les villas ou châteaux si nombreux dans les environs de Paris, ou simplement des murs de parcs, de jardins, de façon à en faire de véritables forteresses ou des obstables infranchissables.

« Là où il fallait, à défaut d'obstacles, constituer ces points d'appui, on établit de solides redoutes destinées, le plus souvent, à recevoir une compagnie d'infanterie.

« Généralement, les pièces de campagne, auxquelles on aménagea toujours un champ de tir étendu, étaient placées, non pas dans les villages ni les redoutes, mais sur les flancs et en arrière, bien abritées et soigneusement dissimulées aux vues de l'assiégeant.

« Les points principaux de ces lignes de défense étaient reliés entre eux par des tranchées-abris dont les abords, dans toute région boisée, étaient dégagés, et, en même temps, protégés par plusieurs rangées d'abatis généralement inextricables (1). »

Encore une fois, ce tableau est celui de la fin du siège : ces obstacles n'étaient pas ceux de décembre, n'étaient pas, surtout, ceux de novembre. Mais revenons au nouveau projet de sortie.

Le 3, au soir, le général Ducrot rentrait, à neuf heures, dans le château de Vincennes. Il y trouvait le Gouverneur, fort intrigué de cette retraite, à laquelle il ne s'attendait pas. Après les premières explications, le général Ducrot se met à exposer les grandes lignes d'un nouveau projet de sortie. Cet exposé, que nous allons donner, est bien la con-

---

(1) Commandant Canonge, t. II, pp. 358 et 359. — Viollet-le-Duc, pp. 140 et 141.

damnation la plus dure du projet de sortie par Villiers, et de l'abandon du général de Bellemare, le 30 octobre, au Bourget. Si la plaine, en avant de Saint-Denis et d'Aubervilliers, présentait tant d'avantages, que ne s'en était-on servi quand nous tenions le Bourget? Si les collines de Villiers et de Cœuilly avaient tant d'inconvénients, pourquoi était-on, naïvement, allé s'y heurter? Que n'avait-on fait le grand effort du côté du Bourget?

Aussi bien, voici la thèse du général Ducrot. Après avoir déclaré que « les dernières nouvelles de l'armée de la Loire nous faisaient un devoir de continuer la lutte coûte que coûte, afin de coopérer à son action (1) », il ajoute :

« La percée des lignes ennemies n'étant plus possible dans la direction du sud-est, il fallait nécessairement reporter nos efforts sur un autre point. Or, il était incontestable que, pendant les journées du 30 novembre et du 2 décembre, l'action de notre artillerie avait été particulièrement énergique et soutenue; notre jeune infanterie, sans doute, avait fait preuve d'un grand dévouement et d'un généreux élan, mais elle ne s'était montrée ni assez manœuvrière, ni assez solide pour triompher de sérieux obstacles.

« Il fallait donc choisir notre terrain en conséquence, trouver un champ de bataille où l'on pourrait utiliser plus efficacement l'artillerie et rendre possible à l'infanterie le développement de ses facultés traditionnelles.

« La vaste plaine de Saint-Denis, entre Bondy et le Bourget, paraissait présenter toutes les qualités voulues; sur ce terrain plan, nos batteries ne seraient plus dominées comme elles l'avaient presque constamment été pendant les deux journées

---

(1) Général Ducrot, t. III, pp. 105 et 106.

de la Marne; le nombre des pièces venant suppléer à certains défauts inhérents à notre matériel, il était permis de croire que notre artillerie serait égale, sinon supérieure à celle de nos adversaires.

« L'on pouvait également espérer attirer l'infanterie ennemie dans ces grandes plaines. Là, à découvert, hors de leurs bois, de leurs abris, les soldats allemands n'ayant pas l'entrain, l'élan de nos jeunes troupes, pourraient avoir le dessous dans une lutte corps à corps.

« A tous ces avantages s'ajoutaient l'excellence, la force même de la position : en prenant comme front d'opération la ligne Saint-Denis-Bondy, nous étions soutenus, en arrière, par le plateau de Romainville, hérissé de forts et de batteries. A gauche, nous avions, comme point d'appui, la place de Saint-Denis et, sur notre droite, nous pouvions tirer grand parti du plateau d'Avron (1). »

Le commandant de la 2ᵉ armée demandait quarante-huit heures pour « reconstituer nos batteries et nos bataillons, recomposer nos attelages, remplir nos caissons, distribuer à nos fantassins des vivres, des cartouches, des effets, etc. (2) ».

Enfin, il posait, comme condition, qu'il serait libre de compléter et de remanier les cadres, et que les officiers de mobiles seraient nommés, non à l'élection, mais par l'autorité militaire.

Naturellement, le général Trochu obéit à son subordonné; il approuva tout, et le Gouvernement rendit un décret annulant sa précédente décision et déclarant que, vu les circonstances et l'urgence, les officiers de la Garde mobile seraient nommés par le général Trochu.

Ayant obtenu ce qu'il réclamait, le général

---

(1) Général Ducrot, t, III, pp. 106 et 107.
(2) *Ibid.*, p. 107.

LES SUITES DE LA BATAILLE

Ducrot convoqua ses chefs de corps et de service pour le 4, à dix heures du matin, au château de Vincennes (1).

M. Trochu ne s'était pas arrêté au projet de marche sur Versailles. Le général Vinoy croit que cette marche eût été facile, le 3 décembre, et même le 4, en raison des mouvements de troupes nécessités par les batailles de la Marne, mouvements qui auraient dégarni les abords du grand quartier général prussien.

Dès le 2, au soir, le général Vinoy était allé au Louvre. Il n'avait pas rencontré le Gouverneur mais avait exposé son plan au général Schmitz:

« Je viens vous donner un dernier conseil, lui avait-il dit, je n'en donnerai plus. Si l'on veut changer la défaite en victoire, car pour moi c'est une défaite, il faut laisser une division à Joinville, faire repasser immédiatement toute l'armée par Paris, par les boulevards extérieurs, par les boulevards intérieurs, la rue de Rivoli, les quais, la Seine, en se servant de tous les petits bateaux omnibus; il vous faut sept heures au plus pour aller au Mont-Valérien, et, demain matin, vous pouvez attaquer Versailles; vous n'y trouverez pas 1,500 hommes. J'ai vu passer toutes les troupes de l'ennemi; pour retourner à Versailles, il lui faut quarante heures au minimum, et même quarante-huit ou cinquante puisqu'il ne peut passer que par Villeneuve-Saint-Georges. Demain, vous serez à Versailles. Pendant ce temps, je ferai disposer tous les mobiles qui me restent, et j'opérerai une démonstration contre Châtillon. Cette démonstration ne sera pas sérieuse, mais, arrivés à Versailles, vous repartirez; on peut y laisser une brigade, un régiment même, et descendre la route de Versailles à Choisy-le-Roi. On

---

(1) Général Ducrot, t. III, p. 107.

prendrait ainsi Châtillon à revers; je me montrerai d'un côté pendant qu'on arrivera de l'autre, nous jetterons les Prussiens dans la Seine (1). »

Un aide de camp fut chargé de porter ce plan au Gouverneur qui refusa de l'adopter. Cependant, dit le général Vinoy, un officier, envoyé, du Mont-Valérien, avec 600 hommes, du côté de la Malmaison, ne rencontra aucun ennemi. « Si le général Noël ne m'avait pas fait revenir, déclarait cet officier, j'aurais été à Versailles. » (Pourquoi pas à Berlin?) Il serait parvenu jusqu'à la Celle-Saint-Cloud (2)!

La prise de Versailles eût-elle été aussi aisée que le pensait le général Vinoy? Nous en doutons, car nous sommes sûr que le grand quartier général n'était pas aussi dégarni de troupes qu'on s'est plu à le dire. En tous cas, on pouvait aller jusqu'à la Celle-Saint-Cloud et rabattre, à gauche, en prenant de flanc et à revers les ouvrages allemands jusqu'à et y compris Châtillon et Choisy-le-Roi.

Seulement, notre état-major était-il en état de

---

(1) *Enq. parlem. déf. nationale*, déposition du général Vinoy, p. 122. — « De tous les côtés on apercevait les renforts ennemis se dirigeant sur le champ de bataille; le pont de Villeneuve-Saint-Georges et la route qui y conduit étaient couverts de troupes et de convois d'artillerie. » (Général Vinoy, p. 274.) — Voir le développement du plan du général Vinoy : *Ibid.*, pp. 278 à 280.

(2) *Enq. parlem. déf. nationale*, déposition du général Vinoy, p. 122. — Pendant les batailles de la Marne, « les Allemands avaient perdu environ sept mille hommes, ce qui était beaucoup pour eux, à si grande distance de leurs dépôts. Aussi, dans la soirée du 2, le prince royal de Saxe n'était-il pas sans inquiétude sur les événements possibles du lendemain. Du renfort avait été demandé aux corps voisins, de sorte que, pour le 3, une portion de la Garde et du VIe corps auraient pu coopérer à l'action. *En revanche, le reste du front se trouverait d'autant plus affaibli.* Comprenant fort bien cette situation, plusieurs généraux français, entre autres Vinoy, insistèrent auprès de Trochu, le 2, au soir, et le 3, pour qu'il retournât aussitôt l'offensive principale contre un autre point du front, notamment contre Versailles. Ce fut en vain. » (Colonel Lecomte, t. III, p. 425.) — *Histoire de la guerre de 1870-1871*, par le général Ambert, p. 351.

combiner une semblable diversion? L'armée était-elle en état de marcher et de combattre tout de suite (1)? Nous en doutons toujours. C'était une bien grosse entreprise pour les chefs et pour les soldats. La diversion du général Vinoy était pratique du côté de Bondy et du Bourget, parce que, là, les difficultés étaient moins grandes, mais pas du côté de Versailles.

Quoi qu'il en soit, il fallait bien expliquer, ou paraître expliquer à la population et à l'armée, la reculade de la journée. A cet effet, M. Ducrot rédigea l'ordre du jour suivant qui porta à son comble l'irritation de plusieurs membres du Gouvernement :

« Soldats,

« Après deux journées de glorieux combats, je vous ai fait repasser la Marne, parce que j'étais convaincu que de nouveaux efforts dans une direction où l'ennemi avait eu le temps de concentrer toutes ses forces et de préparer de nouveaux moyens d'action seraient stériles.

« En nous obstinant dans cette voie, je sacrifiais inutilement des milliers de braves et, loin de servir l'œuvre de la délivrance, je la compromettais sérieusement ; je pouvais même vous conduire à un désastre irréparable.

« Mais, vous l'avez compris, la lutte n'est suspendue que pour un instant ; nous allons la reprendre avec résolution. Soyez donc prêts, complétez en toute hâte vos munitions, vos vivres, et, surtout, élevez vos cœurs à la hauteur des sacrifices

---

(1) Wyrouboff, p. 49. — « L'idée était plus hardie que pratique. » (Charles de Mazade, *La guerre de France*, t. II, p. 224. — Le Faure, t. II, p. 152.

qu'exige la sainte cause pour laquelle nous ne devons pas hésiter à donner notre vie.

« Au grand quartier général, à Vincennes, le 4 décembre 1870 (1). »

La première partie de cet ordre du jour était inattaquable et l'expression même de la vérité, mais elle était la condamnation de la bataille du 2 décembre (2). Quant à la dernière phrase, elle était malencontreuse et ne pouvait avoir pour effet que de décourager les soldats. M. Ducrot aurait donc mieux fait de ne pas l'écrire. Aussi, le Conseil « blâma unanimement certaines expressions de cette proclamation et décida qu'à l'avenir aucune pièce ne serait portée à l'Imprimerie nationale et publiée sans avoir été soumise au Gouvernement (3) ». C'était la censure préalable établie pour les généraux, et, de fait, elle fonctionna immédiatement, même pour les plus haut placés, puisque, le lendemain, une lettre du général Trochu, destinée à la publicité, sera arrêtée par le Conseil comme « obscure, embarrassée, ne répondant pas à la situation (4) ». Qui le croirait? M. Jules Simon « demandera de l'action et non des proclamations! (5) »

Quant aux troupes, « cette retraite, devenue

(1) Général Ducrot, t. III, p. 108.
(2) « Un ordre du général Ducrot confessa naïvement l'inopportunité de l'entreprise, la vanité des résultats. » (Francis Wey, p. 246.)
(3) *Enq. parlem. déf. nationale*, rapport de M. Chaper sur les procès-verbaux des séances du Gouvernement de la Défense nationale, p. 86.
(4) *Ibid.*
(5) *Ibid.* — Lire un compte rendu plus détaillé de l'incident soulevé par la lettre du Gouverneur dans : Général Ducrot t. III. p. 383. — M. Jules Simon, en homme de guerre éprouvé, le disait dans un conseil du Gouvernement : «« De l'action et non des proclamations. »« (Charles de Mazade, *La guerre de France*, t. II, p. 233.)

nécessaire, produisit sur leur moral l'effet le plus décourageant et le plus désastreux. On leur enlevait ainsi, par ces perpétuels mouvements de recul, succédant à de grandes luttes où elles avaient montré toute leur ardeur, la confiance qu'elles pouvaient avoir dans le succès définitif de la défense. On paralysait en elles l'élan naturel dont elles étaient animées, en leur faisant abandonner tout à coup des positions conquises et en leur montrant l'inutilité d'un effort considérable, où elles étaient cependant en droit de croire qu'elles avaient triomphé (1). »

Pendant ce temps, les généraux de la 2ᵉ armée se réunissaient au grand quartier général, à Vincennes, à l'exception de ceux du 1ᵉʳ corps, « l'officier d'état-major, envoyé, pendant la nuit, pour porter les ordres du général en chef, n'ayant pu trouver le général commandant le 1ᵉʳ corps, qui était rentré dans Paris (2). »

Le général Ducrot se contient tout d'abord, il expose son plan, dit qu'on ne peut abandonner l'armée de la Loire, qu'il faut recommencer le combat dans le plus court délai. Un silence glacial, puis des objections de toutes sortes, suivent son allocution. Alors, irrité déjà par l'absence du général Blanchard, il éclate et déclare qu'il n'admettra ni observations ni hésitations.

« Quelle scène ! écrit le docteur Sarazin.

« Quand ils furent tous sortis, Ducrot s'affaissa

---

(1) Général Vinoy. p. 282. — « Personne ne croyait plus à la trouée, ni à la levée du siège. » (Robinet de Cléry, p. 166.) — « A partir du 3 décembre, il ne fallait plus songer à demander aux soldats de vigoureux coups de collier. Ils n'avaient plus la foi dans leurs généraux, et encore moins dans l'efficacité d'une nouvelle bataille pour le salut de la France. » (*Histoire critique du siège de Paris par un officier de marine*, p. 140.) — « On renonçait à percer les lignes ennemies; on perdait et l'on ôtait confiance dans les efforts à venir. » (Colonel Fabre, p. 335.)

(2) Général Ducrot, t, III. p. 109.

sur son fauteuil, et, les coudes sur la table, la tête dans les mains, il ne m'entendit pas m'approcher de lui. Je crus devoir lui parler.

— Comme c'est triste, mon général !
— Ah ! vous étiez là, docteur ?
— Oui, mon général, j'ai tout entendu.
— Vous n'en parlerez jamais à personne, entendez-vous ? Vous ne deviez pas être ici.
— Je regrette d'être resté, mon général ; c'est ce que j'ai vu de plus triste pour notre pauvre pays depuis le commencement de la guerre (1). »

La séance levée, le général Ducrot envoie, de nouveau, à M. Blanchard, l'ordre de se rendre au château de Vincennes. Cette fois, l'aide de camp trouve le commandant du 1er corps, qui est revenu de sa promenade en ville : à quatre heures, le général Blanchard et ses états-majors se présentent au général en chef.

Ne laissant voir la colère qui l'étouffe que par le tremblement de sa voix et la flamme de son regard, le général Ducrot répète les instructions adressées, le matin, aux chefs des 2e et 3e corps. Le général Blanchard ne cache pas sa mauvaise volonté, soutient que ses troupes sont épuisées, qu'il ne peut les remettre en état de combattre. Il ne prend pas la peine de dissimuler sa méchante humeur : il suffit que le général en chef dise oui pour qu'il dise non, dise non pour qu'il dise oui.

Alors, le général Ducrot donne un libre cours à sa colère : il reproche au commandant du 1er corps sa conduite le 30 novembre et le 2 décembre, il l'accuse d'avoir quitté son poste devant l'ennemi, reproche et accusation bien justifiés car l'attitude du général Blanchard, pendant les batailles de la Marne, avait été bien répréhensible, car il s'y était

---

(1) Docteur Sarazin, pp. 225 et 226.

montré découragé par avance, négligent, incapable, car on n'abandonne pas ses troupes, dans une situation si critique, pour aller chercher du linge à Paris.

À ces sanglantes apostrophes, M. Blanchard répond d'un ton de plus en plus cassant. Le général en chef, hors de lui, « prononce des paroles incohérentes avec une grande volubilité. Il dit qu'il se soucie peu des défaillances, qu'il brisera toutes les mauvaises volontés et que, pour obtenir l'obéissance, il aura, au besoin, recours aux conseils de guerre. Indignés, les officiers du 1er corps se serrent autour de leur chef. Celui-ci, mettant la main sur la poignée de son épée et regardant Ducrot entre les deux yeux, lui lance les mots suivants : «« Demain matin, je verrai, général Ducrot, si, l'épée à la main, vous aurez le verbe si haut. »» Et il sort, suivi de son état-major (1). »

« Dans la cour du fort, on rencontre Trochu venant conférer avec le chef de la 2e armée. On lui rend compte aussitôt de l'incident. Il en comprend la gravité et ramène Blanchard chez le commandant en chef.....

« Trochu prêche l'union qui fait la force et, voyant, parmi les officiers présents, un qui avait supporté le blocus de Milianah, il parle longuement de la situation désespérée de cette bicoque.

---

(1) Récit fait par le colonel Comte, depuis général de division, présent à la scène, à M. Jules Richard, rédacteur militaire du *Figaro*. — Les explications de cette entrevue « amenèrent une scène des plus vives ». (Général Ducrot, t. III, p. 110.) — « *Séance du 28 décembre* 1870. M. le général Trochu rappelle la scène scandaleuse qui l'a paralysé, à Vincennes, lorsqu'il voulait procéder à de nouvelles opérations, après avoir repassé la Marne. » (*Ibid.*, note 1.) — Ni le général Ducrot ni moi n'avons raconté la scène du matin « qui s'est renouvelée le même jour dans l'après-midi ». (Docteur Sarazin, p. 226 en note.) — « Des paroles inconvenantes, surtout dans la bouche du général Ducrot, provoquèrent des réponses acerbes. Les épées seraient sorties des fourreaux sans l'intervention du Gouverneur. » (Jules Richard, 2e partie, p. 62.)

On en est sorti, cependant, s'écrie-t-il, nous en sortirons.

« Cela n'avait aucun rapport avec l'affaire, mais Trochu crut, un instant, l'avoir replâtrée. Il n'en était rien. Pour éviter une rencontre entre Ducrot et Blanchard, il dut remanier l'ordre de bataille et faire passer le dernier sous les ordres de Vinoy (1). »

Puis, « les brigades, les batteries d'artillerie, tout cela fut livré à un chassez-croisé des plus complexes. Personne ne s'y reconnut plus (2) ».

La 2ᵉ armée ne se composa plus que des deux corps : le 1ᵉʳ, sous les ordres du général de Maussion, fut formé par les divisions de Susbielle, Berthaut et Courty ; le 2ᵉ sous les ordres du général d'Exéa, fut formé par les divisions de Bellemare, Mattat et par la brigade de mobiles Reille.

La division de Maud'huy passa à la 3ᵉ armée ; la brigade Martenot se remit, à Paris ; la division Faron, et l'ancienne brigade Paturel, placée sous les ordres du colonel Lespieau, composèrent un corps, dit de réserve, dont le général Faron prit la direction.

Ni M. Trochu, ni M. Ducrot n'avaient reconnu la nullité militaire du sourd et vieux d'Exéa, qui avait accumulé, le 30 novembre et le 2 décembre, toutes les fautes imaginables. Si les duumvirs avaient eu une parcelle de bon sens, ce n'est pas chef de corps qu'il l'auraient nommé mais gouverneur des Invalides.

---

(1) *Récit du colonel Comte.* — « A la suite de la scène, des modifications durent être apportées dans l'organisation des commandements de corps d'armée et de divisions. » (Général Ducrot, t. III, p. 110.) — « Le général Vinoy, victime lui-même de la jalouse autorité du général Ducrot, recueillit sa nouvelle victime, le général Blanchard, qui prit, sous ses ordres, le commandement du *corps* dit de la *Rive gauche.* » (Jules Richard, 2ᵉ partie, p. 63.)

(2) *Histoire critique du siège de Paris par un officier de marine,* p. 146.

« En même temps, on se chamarre sur toute la ligne : c'est une pluie de grand'croix, de grands officiers, de commandeurs de la Légion d'honneur à rendre jaloux l'Empire ; et, à côté de cela, maigre pitance pour les soldats, les mobiles et les simples matelots (1). » Le piteux, le coupable d'Exéa est nommé grand'croix de la Légion d'honneur (2) !

Nous comprenons facilement qu'on ait élevé à la dignité de commandeurs les généraux Paturel, Courty et Avril de Lenclos, qui s'étaient couverts de gloire le 30 novembre et le 2 décembre, mais nommer grands officiers M. Princeteau, M. Appert, l'homme de Châtillon (3), faire un général de division de M. Faron, l'incapable de Champigny (4), cela dépassait toutes les permissions !

INVITE A LA PAIX

Au moment où, selon le général Ducrot, on se préparait ainsi à recommencer le combat, du côté du Bourget, le 6, au matin, voici que le 5, au soir, arrive une lettre de M. de Moltke, adressée au Gouverneur :

---

(1) *Histoire critique du siège de Paris par un officier de marine*, p. 146.
(2) *Journal officiel*, nº du 17 décembre 1870.
(3) *Ibid.*
(4) *Ibid.*, nº du 5 décembre 1870. — « Le général Ducrot s'étant réservé la distribution des récompenses honorifiques et de l'avancement, sans même que l'administration de la Guerre soit avisée et consultée, c'est un concert unanime d'imprécations contre la façon de procéder de son état-major. » (Emile Chevalet, pp. 192 et 193.) — « Je connais un lieutenant-colonel (le futur général Boulanger), officier d'une distinction et d'un mérite hors ligne, à qui le général Trochu a dit : «« Je vous nomme colonel »», et dont la nomination n'a pas été confirmée parce qu'à l'état-major on ne l'a pas trouvé assez ancien d'âge et de grade. » (*Ibid.*, p. 193.)

« Versailles, le 5 décembre 1870.

« Mon général,

« Il pourrait être utile d'informer Votre Excellence que l'armée de la Loire a été défaite, près d'Orléans, et que cette ville a été réoccupée par les troupes allemandes,

« Si, toutefois, Votre Excellence juge à propos de s'en convaincre par un de ses officiers, je ne manquerai pas de le munir d'un sauf-conduit pour aller et revenir.

« Agréez, mon général, l'expression de la haute considération avec laquelle j'ai l'honneur d'être votre très humble et très obéissant serviteur.

« Le chef d'état-major

« Comte de Moltke (1). »

« Tout semblait étrange dans cette démarche. La lettre était adressée, non au président du Gouvernement, mais au général Trochu, au commandant de l'armée française. Elle était conçue d'une façon assez énigmatique pour donner à réfléchir, pour avoir l'air de laisser comprendre ce qu'on ne voulait pas dire (2). »

Le Gouverneur et M. Ducrot, tout en étant désolés du nouveau coup qui frappait la France, éprouvèrent un grand soulagement à la pensée qu'ils allaient avoir le temps de respirer, qu'ils pourraient refaire un peu leurs troupes avant de les pousser encore contre les assiégeants. En effet, ce n'était que pour ne pas laisser écraser l'armée de la Loire qu'ils se hâtaient, ou paraissaient se hâter,

---

(1) *Enq. parlem. déf. nationale*, rapport de M. Chaper sur le Gouvernement de la Défense à Paris au point de vue militaire, p. 190.

(2) Charles de Mazade, *La guerre de France*, t. II, p. 229.

d'opérer une diversion ; dès l'instant que cette armée, loin d'être à quelques lieues de Paris, était repoussée au delà d'Orléans, rien ne pressait plus, et l'on avait le loisir d'attendre, en fatalistes, un dénouement que l'on ne prévoyait que trop bien.

Les duumvirs pensaient « qu'il n'y avait plus urgence aussi extrême à reprendre les opérations et qu'il convenait de se donner le temps nécessaire pour réorganiser l'armée dans des conditions plus normales, mieux préparer les moyens d'action et d'accorder aux troupes quelques jours de repos (1) ».

Mais, au dire du général Ducrot, là cessa leur accord : M. Ducrot considéra que la lettre de M. de Moltke était une invite à la paix ; le Gouverneur y vit une manœuvre de l'ennemi. Pendant que l'un voulait profiter de l'occasion et envoyer un officier pour vérifier des assertions, qu'il croyait malheureusement vraies, l'autre se contentait de nier l'exactitude de la défaite de l'armée de la Loire et refusait d'entrer en pourparlers (2). « Ce fut, dit le général Ducrot, la première divergence d'opinion qui s'éleva, au point de vue des opérations militaires, entre le chef du Gouvernement et son lieutenant le plus dévoué, le plus ardent, divergence qui, hélas ! s'accentua chaque jour davantage jusqu'à la catastrophe finale (3). »

L'affaire est portée devant le Conseil, le lendemain matin.

MM. Trochu, Garnier-Pagès et Jules Ferry regardent la lettre de M. de Moltke comme un piège ; M. Jules Favre, fort sensément, est d'avis de profiter

---

(1) Général Ducrot, t. III, p. 113. — Charles de Mazade, *La guerre de France*, t. II, p. 232.

(2) M. Trochu croyait si bien à l'exactitude de la nouvelle qu'il pensait, aussitôt après la réception de la lettre de M. de Moltke « qu'il n'y avait plus urgence aussi extrême à reprendre les opérations ». (Voir, *supra*, même page.)

(3) Général Ducrot, t. III, p. 113.

de l'offre prussienne et d'envoyer un officier, qui, toujours, rapportera des nouvelles. Le Gouverneur s'élève vivement contre une démarche qui, cependant, n'engage à rien : il veut refuser, publiquement, d'entrer en rapport avec l'ennemi.

Certes, le commandant d'une place de guerre ne doit pas négocier avec les assiégeants, mais il a le droit de se servir des moyens, qui sont à sa disposition, dans l'intérêt de la défense ; or, à Paris, avoir des nouvelles était une chose capitale ; refuser de s'en procurer était une folie, surtout de la part d'un commandant qui se trouvait, en même temps, chef du Gouvernement de la France (1).

Aussi, M. Picard « le membre du Gouvernement ayant le plus de sens politique (2) », pense-t-il qu'il y a lieu de profiter de la circonstance pour s'assurer du véritable état des armées de province et de tâcher de signer un traité de paix moins désavantageux que celui qui sera imposé après la capitulation.

M. Jules Ferry réplique qu'il ne faut pas envoyer d'officier, et que le seul moyen d'empêcher les Prussiens d'entrer à Paris, c'est de les battre.

On s'en doutait bien un peu.

MM. Emmanuel Arago, Le Flô, Jules Simon, Garnier-Pagès appuient MM. Trochu et Ferry.

Alors, le Gouverneur reprend la parole et, dans une allocution où se rencontrent, à la fois, des erreurs et des vérités, s'oppose à toute négociation. Mais nous allons transcrire cette partie de la discussion, dans laquelle M. Trochu préconise, avec

---

(1) « N'y avait-il pas un avantage certain à profiter de l'offre de M. de Moltke pour connaître, au juste, l'état de nos armées et de la province ? » (*Enq. parlem. déf. nationale*, rapport de M. de Rainneville, p. 62.) — *Ibid.*, rapport de M. Chaper sur le Gouvernement de la Défense à Paris, au point de vue militaire, p. 220.

(2) *Histoire critique du siège de Paris par un officier de marine*, p. 143.

une telle conviction, la seule façon logique de défendre Paris, que l'on se demande pourquoi il n'a pas conformé sa conduite à ses paroles.

« M. le général Trochu rappelle au Conseil quelles ont été constamment, jusqu'ici, son attitude et ses résolutions. Sous le coup des exigences de l'opinion publique, plusieurs de ses collègues ne cessaient de lui crier, dès le début : «« Agissez vite, vite, »» et il leur résistait en déclarant que, sans armée de secours, la défense de Paris était une *héroïque folie*, qu'il fallait savoir faire, en se ménageant autant de chances que posssible. Quand une armée a été, enfin, constituée à grand'peine, cette même opinion publique s'est écriée : «« Vite, vite, réunissez-vous, percez les lignes et tendez les mains à l'armée de la Loire. »» Ce qui est également insensé, *car il faut user l'ennemi par des coups de boutoir, tantôt d'un côté, tantôt de l'autre*.

« Le temps est donc venu, suivant lui, de laisser dire l'opinion publique et de ne plus faire qu'une guerre sérieuse, *basée sur les vraies données scientifiques*. Il ne se dissimule pas que *l'esprit des officiers supérieurs est loin de valoir celui des soldats*, et que leur action décourageante va se trouver fortifiée par les dernières nouvelles relatives à la reprise d'Orléans; mais la lettre de M. de Moltke est une impertinence à laquelle il serait honteux de répondre autrement que par le combat. Si l'armée, *énervée par certains de ses officiers*, ne sait plus se résoudre aux grandes luttes, il répond, du moins, qu'elle saura défendre Paris, qui ne peut en finir honorablement sur une lettre de M. de Moltke, qui trahit bien plus les embarras de l'ennemi qu'elle ne révèle les revers essuyés de nouveau par nos armes. Si l'on est obligé d'en venir à des négociations, ce qui est possible, que ce ne soit pas, du moins, à la suite d'une humiliation subie. »

Oui, certes, il aurait fallu « user l'ennemi par des coups de boutoir, tantôt d'un côté tantôt de l'autre », nous l'avons toujours proclamé; oui, malheureusement, « l'armée était énervée par certains de ses officiers » dont nous avons flétri les défaillances, la mauvaise volonté, l'incapacité, mais la défense de Paris n'était pas une « héroïque folie », c'était une opération de guerre qui pouvait être couronnée de succès, si elle était conduite par un vrai général (1); mais il fallait « agir vite, vite »; mais la lettre de M. de Moltke n'était pas une « impertinence » et il n'y avait pas « d'humiliation subie » à envoyer un officier prendre des nouvelles. Toute cette indignation est viande creuse, mots vides, rhétorique fade : on ne sent pas une objection sérieuse apportée par le Gouverneur pour combattre la proposition de M. Jules Favre.

Puis, la discussion dévie. En terminant, MM. Picard et Jules Favre reviennent à la charge : ils veulent commencer à négocier pour arriver à la paix. Les autres s'opposent à tout pourparler et le Conseil décide que le Gouverneur répondra par un refus à la lettre de M. de Moltke (2).

En conséquence, le jour même, M. Trochu adressait, au grand quartier général de Versailles, une lettre ainsi conçue :

---

(1) *Paris, le Quatre-Septembre et Châtillon*, par Alfred Duquet; Paris, Bibliothèque Charpentier, 1890; p. 264. — *La Guerre franco-allemande*, 2ᵉ partie, p. 33.

(2) *Enq. parlem. déf. nationale*, rapport de M. Chaper sur les procès-verbaux des séances du Gouvernement de la Défense nationale, pp. 87 à 90. — Général Ducrot, t. III, pp. 114 à 120. — Jules Favre, *Gouvernement de la Défense nationale, du 31 octobre 1870 au 28 janvier 1871*, pp. 169 et 170. — *Enq. parlem. déf. nationale*, rapport de M. Chaper sur le Gouvernement de la Défense à Paris, au point de vue militaire, Pièces justificatives, p. 68. — *Histoire critique du siège de Paris par un officier de marine*, pp. 143 et 144.

« Paris, 6 décembre 1870.

« Mon général,

« Votre Excellence a pensé qu'il pourrait être utile de m'informer que l'armée de la Loire a été défaite près d'Orléans et que cette ville est réoccupée par les troupes allemandes.

« J'ai l'honneur de vous accuser réception de cette communication, que je ne crois pas devoir faire vérifier par le moyen que Votre Excellence m'indique.

« Agréez, mon général, l'assurance de la haute considération avec laquelle j'ai l'honneur d'être votre très humble et très obéissant subordonné.

« *Le Gouverneur de Paris.*

« Général Trochu. »

Et le Gouvernement faisait afficher, sur les murs de la capitale, les lettres de MM. de Moltke et Trochu, accompagnées de la déclaration suivante :

« Cette nouvelle, qui nous vient par l'ennemi, en la supposant exacte, ne nous ôte pas le droit de compter sur le grand mouvement de la France accourant à notre secours. Elle ne change rien, ni à nos résolutions, ni à nos devoirs.

« Un seul mot les résume : Combattre !

« Vive la France ! Vive la République (1) !

---

(1) *Journal officiel*, n° du 9 décembre 1870. — « De tels succès (Champigny et Loigny) faisaient naître l'espoir que le Gouvernement français, voyant l'impossibilité de la résistance, rendrait la ville. Le 5 décembre, le général de Moltke communiqua au général Trochu la nouvelle de la défaite de l'armée de la Loire, avec l'invitation d'envoyer un officier pour vérifier le fait. Mais la position du général Trochu n'était pas celle d'un commandant de forteresse ; il se borna à accuser réception de la lettre du général de Moltke, en répétant, d'une façon piquante, les expressions

Toute possibilité de renseignements ou de paix était écartée.

« Ce n'est pas en septembre, octobre, novembre mais en décembre, après les affaires de Coulmiers, de Champigny et d'Orléans, et alors que Paris tenait encore, que les circonstances pour négocier ont été le plus favorables. Les Prussiens, étonnés du nombre de troupes que nous mettions successivement en avant, avaient le désir d'entrer en négociations. Ils le firent bien voir lorsque le général de Moltke offrit au Gouverneur de Paris de laisser sortir un parlementaire pour qu'il pût s'assurer de la défaite subie par l'armée de la Loire..... Cette proposition fût écartée par le Gouvernement (1). »

« L'armée allemande était épuisée, à ce moment, elle était très inquiète pour son ravitaillement, elle manquait de vivres, elle avait fait des pertes énormes, sur la Loire et dans d'autres combats; ils ne pouvaient pas continuer la lutte sans demander à l'Allemagne de très lourds sacrifices et ils reculaient devant cette nécessité. C'est pour cela qu'ils voulaient entrer en pourparlers (2). »

On a nié que la lettre de M. de Moltke fût une ouverture de paix.

---

mêmes de cette lettre, et déclina l'autorisation qu'on lui offrait pour expédier un de ses officiers. Les Parisiens dirent de lui, qu'il eut de l'esprit une fois dans sa vie. » (A. Niemann, p. 234.)

(1) *Enq. parlem. déf. nationale*, déposition de M. de Chaudordy, p. 11.

(2) *Ibid.*, déposition du général Ducrot, p. 97. — « Déjà, plus d'une fois, l'état-major allemand s'était trouvé aux prises avec de terribles difficultés pour assurer l'existence de cette multitude de soldats, répartis des bords du Rhin aux bords de la Seine, de la Saône et de la Loire; le moindre échec pouvait, à ce point de vue, avoir les plus terribles conséquences. » (Général Ducrot, t. III, p. 125.) — Voir, à ce sujet, *Paris, Chevilly et Bagneux*, par Alfred Duquet, pp. 112 à 115, et *Paris, Thiers, le Plan Trochu, et L'Hay*, par le même, pp. 206 et 207. — « Les troupes, qui tenaient la campagne depuis cinq mois et demi, manifestaient une grande lassitude et un vif désir de retourner dans leurs foyers pour les fêtes de Noël. » (J. Valfrey, 2ᵉ partie, p. 77.)

L'affirmative n'est pourtant pas douteuse, sans quoi, comment se l'expliquer ?

« Je croyais que c'était une main qu'on nous tendait, a dit M. Jules Favre, pour nous engager à entrer en négociations. Depuis, j'en ai acquis la certitude (1). » C'est aussi notre opinion (2).

Mais à quelles conditions le roi de Prusse aurait-il signé la paix? Aux conditions qu'il nous a imposées, ou à des conditions plus douces?

Ici, l'on ne peut répondre que par des probabilités. Il est probable, presque certain même, que les exigences de M. de Bismarck devaient être plus dures après la capitulation de Paris, après la défaite du Mans, après l'échec de l'armée de l'Est, qu'au commencement de décembre, alors que plus de 300,000 hommes armés garnissaient les forts et les remparts de la ville assiégée, alors que Chanzy, Faidherbe, et, bientôt Bourbaki, étaient menaçants : devant, à droite et à gauche des envahisseurs. Il y a une différence de traitement à subir pour celui qui se rend pouvant encore combattre, et pour celui qui se rend par impossibilité matérielle de se défendre encore.

De plus, le général Ducrot fait remarquer, non sans raison, que les Allemands avaient soif de paix, que les pertes subies sur la Marne étaient cruelles pour les Prussiens, mais surtout pour les Saxons et les Wurtembergeois, dont il ne fallait pas trop éprouver la constance ; que l'ennemi savait combien

---

(1) *Enq. parlem. déf. nationale*, déposition de M. Jules Favre, p. 355. — « C'était là, encore, une ouverture de paix, et faite, il faut le reconnaître, avec une discrétion courtoise... Il n'y eut que M. Jules Favre et moi qui fûmes d'avis d'accepter l'offre de l'envoi d'un officier. Cette offre était d'autant plus acceptable que cela n'arrêtait pas les opérations autour de Paris. » (*Ibid.*, déposition de M. Ernest Picard, p. 486.)

(2) Dans le même sens : *Enq. parlem. déf. nationale*, rapport de M. Daru, p. 285.

la guerre est affaire de chance, comment on risque de tout perdre en voulant trop gagner. De là, à accepter une paix qui consacrerait les résultats acquis, sans réduire la France au désespoir, il n'y avait pas loin (1).

Une conversation, tenue au Plant de Champigny, pendant l'armistice dont nous ferons tout à l'heure le récit, semblerait confirmer le désir de paix qui se serait, à ce moment, emparé des chefs allemands. Cette conversation, nous allons la rapporter, d'après le docteur Sarazin, un des interlocuteurs.

« Un seul officier est venu au-devant de nous; il est très supérieur, sous tous les rapports, à ceux que nous avons vus la veille, et s'exprime en français, très correctement. Il nous annonce la bataille d'Orléans et la défaite de l'armée de la Loire.

— C'est pour vous, nous dit-il, une grande défaite. La bataille que vous avez livrée ici avait pour but d'aller au-devant de l'armée de la Loire; maintenant, vous ne pouvez plus compter sur elle. Pourquoi prolonger inutilement la résistance de Paris et livrer de sanglantes batailles qui ne peuvent mener à rien ?

« Mon voisin lui répond :

— Pour pouvoir dire plus tard : Tout est perdu fors l'honneur !

— Oui, oui, je sais bien, dit-il, en souriant, c'est très joli, mais ce sont des mots; cela n'est pas sérieux. C'est comme envoyer Jules Favre à Ferrières ! Jules Favre n'est bon qu'à faire des révolutions. Choisir un tel homme pour négocier la paix, c'était déclarer que vous vouliez continuer la guerre.

— Le fait est qu'il n'a pas réussi.

---

(1) Dussieux, t. I, pp. 250 et 251.

— Si, en ce moment, le général Trochu s'adressait directement au roi de Prusse, *il obtiendrait certainement de lui des conditions fort honorables,* car le roi l'estime personnellement comme honnête homme et comme soldat.

— J'ai peine à croire, lui répondit le commandant Vosseur (aujourd'hui commandant de corps d'armée), que la chose soit si facile à arranger.

— Mais si, vraiment, je vous affirme que si le général Trochu s'adressait au roi de Prusse la paix serait bientôt faite.....

« La conversation continue entre ce diable d'Allemand, qu'on interroge sur la défaite d'Orléans, et MM. Vosseur et de la Grangerie, directeur des Ambulances de la Presse.

« Chaque fois qu'on lui posait une question de quelque importance, le parlementaire allemand allait au-delà de la voûte du chemin de fer et revenait avec une réponse de son général. M. de la Grangerie lui demanda quel pouvait être le général qui se tenait si près de nous; l'officier wurtembergeois l'emmena au delà de la voûte et lui montra un soldat portant sur le dos un appareil télégraphique d'où se déroulait un fil conducteur.

— C'est de Versailles que me viennent les réponses, lui dit l'officier (1). »

« Cette conversation, écrit le général Ducrot, n'était-elle pas l'expression très saisissable des tendances du quartier général allemand ? N'était-elle pas inspirée par le quartier général allemand même, désireux d'en finir? Cet entretien presque officieux, commentant, développant la lettre de M. de Moltke, ne permettait-il pas de lire facilement entre les lignes (2)? »

Quoi qu'il en soit, dès que le commandant

(1) Docteur Sarazin, pp. 228, 229 et 230.
(2) Général Ducrot, t. III, p. 123.

Vosseur eut rapporté cette conversation au général Ducrot, celui-ci le dépêcha au Louvre, en compagnie du docteur Sarazin.

M. Trochu accorda immédiatement audience aux envoyés du général Ducrot, qui transmirent fidèlement la conversation qu'ils avaient eue avec l'officier wurtembergeois, et qui informèrent le Gouverneur des circonstances lui donnant une valeur spéciale.

Il les écouta avec sa bienveillance habituelle, s'empressa de profiter de la communication pour faire une éloquente conférence sur la question, mais persista, dans son refus catégorique d'entrer en pourparlers (1).

« Ce serait pourtant le seul moyen de savoir, au juste, ce qui s'est passé à Orléans, car, par ce temps froid, les pigeons n'arrivent pas (2). » Par peur des démagogues, M. Trochu ne voulut pas saisir une occasion qui s'offrait, si belle, pour se renseigner et prendre un parti raisonnable et raisonné. Nous ne disons pas qu'il fallait signer la paix quand même, non, il fallait, seulement, voir, s'instruire, juger et décider. Encore un coup, le Gouvernement, paralysé par la crainte d'exciter les fureurs populaires, n'accepta pas l'aubaine et se jeta, en insensé, dans l'inconnu, les ténèbres, la lutte sans méthode, sans espoir, sans enthousiasme, et tomba au fond de l'abîme plein de sang et de boue où il trouva la capitulation et la Commune (3).

M. Trochu croit se disculper en opposant ce

(1) Docteur Sarazin, pp. 231 à 234. — Général Ducrot, t. III, p. 123, en note.
(2) Telle était l'opinion du général Ducrot, rapportée par le docteur Sarazin, p. 232.
(3) Lire, sur cette question de pourparlers de paix au mois de novembre : J. Valfrey, 2ᵉ partie, pp. 77 à 81 ; *Enq. parlem. déf. nationale*, rapport de M. Chaper sur le Gouvernement de la Défense à Paris, au point de vue militaire, pp. 219 à 223, et général Ducrot, t. III, pp. 125 à 131.

qu'on a justement reproché à Bazaine et ce qu'on lui reproche non moins justement ; alors, il établit cet ingénieux tableau :

Justice de l'armée	*Justice de l'Enquête*
« Elle accuse le commandant en chef à Metz : « D'avoir eu de continuelles relations avec les généraux ennemis ; d'avoir reçu, personnellement, et même d'avoir communiqué aux troupes, des avis venant de l'ennemi, en violation de la loi militaire qui s'exprime ainsi sur ce point : «« Le commandant d'une place assiégée doit rester sourd aux avis que l'ennemi lui fait parvenir. »» « *Acte d'accusation.* »	« Elle reproche au commandant en chef à Paris : « De s'être obstinément refusé à entrer en relation avec les généraux ennemis ; d'avoir été sourd aux avis qu'ils lui faisaient parvenir ; d'avoir, notamment, répondu de très haut à l'avis que lui adressait le général de Moltke pour l'informer de la défaite de nos troupes devant Orléans, offrant de donner un sauf-conduit à un officier pour la constater ; d'avoir montré, en cette occasion, une *résistance inflexible*, dommageable à l'intérêt public, qui voulait qu'on traitât, alors (dit M. le comte Daru, Rapport, p. 487) «« que le général de Moltke tendait la main au négociateur français. »» « *Résumé des rapports d'enquête* (1). »

(1 *La Politique et le siège de Paris,* par le général Trochu, p. 16.

Certes, nous n'eussions pas admis qu'on rendît l'étreinte à M. de Moltke, en admettant que telle ait été son intention. Mais s'agissait-il bien de cela? Etait-il même question de commencer à négocier? Non, mille fois non! Il n'y avait, redisons-le, qu'à profiter, d'une offre faite, pour se renseigner sur la situation des armées de province, et cela, tout commandant de place peut le faire, s'il y trouve un intérêt militaire. Or, cet intérêt était patent, à Paris. Pourquoi le négliger si naïvement?

On a reproché à Bazaine ses relations avec l'ennemi parce qu'elles avaient un but non militaire mais politique (1) et que, subordonné, commandant de place isolée du gouvernement de fait, il devait se battre et non négocier. La situation n'eût pas été semblable si le siège du Gouvernement avait été à Metz.

Tout autre était la position du général Trochu à Paris. Comment établir une relation entre les deux villes, les deux commandants de place, les deux chefs d'armée? A Paris, le général Trochu se trouvait être le chef du Gouvernement, et la lettre de M. de Moltke s'adressait, en réalité, plus au Gouvernement qu'au Gouverneur. Si le soldat ne doit pas correspondre avec l'ennemi, au contraire, les ministres, le président de la République, le roi, l'empereur sont tenus à s'aboucher avec l'étranger quand ils croient que des négociations, des pourparlers de paix seront utiles au pays. C'est tellement vrai que M. Jules Favre, au nom du général Trochu et de ses collègues, n'a pas hésité à le faire, au mois d'octobre, à Ferrières, et au mois de janvier, à Versailles. Que M. Trochu ne vienne donc pas nous apporter, pour sa justification, des comparaisons qui ne sont pas des raisons!

(1) Voir *Les Derniers Jours de l'armée du Rhin*, par Alfred Duquet, notamment pp. 219, 326 et 327.

Quant aux habitants de Paris, ils approuvaient toujours dès qu'on parlait de ne pas entrer en relations avec l'ennemi.

« Chose étrange, télégraphiait M. Jules Favre à M. Gambetta, le 9 décembre, la population de Paris, dont nous redoutions l'abattement, a montré une ardeur et une colère incomparables. Elle considère la lettre prussienne comme une ruse et n'y veut pas croire. Elle s'en indigne. Elle accepte la prise d'Orléans, la défaite de l'armée et n'en est que plus disposée à se battre. Nos généraux se préparent à lui donner satisfaction. La Garde nationale est pleine d'enthousiasme et veut prendre part à l'action. Nous allons donc, de nouveau, frapper un grand coup (1). »

Oui, depuis l'académique M. Vitet jusqu'au plus misérable ouvrier, tout le monde ne songeait qu'à la lutte, sinon pour soi, du moins pour les autres. « Aussi, loin d'abattre les courages, nos échecs semblaient les surexciter. Dans un des clubs de Paris, un orateur annonçait avec tristesse que l'armée de la Loire venait d'être coupée en deux. «« Tant mieux! s'écrie un assistant, nous aurons, maintenant deux armées de la Loire! »» Et ces paroles sont couvertes d'acclamations (2). »

---

(1) *Enq. parlem. déf. nationale*, rapport de M. Chaper sur le Gouvernement de la Défense à Paris, au point de vue militaire, Pièces justificatives, p. 69.

(2) Jules Favre, *Gouvernement de la Défense nationale du 31 octobre 1870 au 28 janvier 1871*, p. 172. — « La réponse du Gouverneur reçoit l'approbation générale et excite, dans la population, un enthousiasme qui amortit l'impression causée par l'échec de notre armée de province. La résolution de se défendre quand même est unanime. Quel malheur que le général Trochu ne manie pas aussi bien l'épée que la plume! » (Francis Garnier, pp. 96 et 97.) — Au sujet de la lettre de M. Vitet, M. Michel Cornudet écrivait : « Vous retrouverez, dans cette troisième lettre, les sentiments élevés, le patriotisme vrai et l'éloquence des premières. » (P. 262.) — « Le général Trochu a répondu comme il convenait. » (*Ibid.*, p. 273.) — *Ibid.*, p. 276. — « L'idée d'une

Sans doute, il y a une certaine crânerie dans ces réparties qui se rapprochent un peu de la décision du Sénat romain vendant le champ où campait Annibal, mais les Romains ne se contentaient pas de parler, ils agissaient encore plus: la Garde nationale parisienne n'imita qu'à moitié leur exemple, exception faite, bien entendu, pour certains bataillons que l'on connaît et qui se sont bravement avancés contre l'ennemi.

SUSPENSION D'ARMES

Le champ de bataille du 2 décembre restait émaillé de cadavres; sur la terre, durcie par la gelée, les taches rouges et bleues, funèbres coquelicots, tristes bluets de la guerre, indiquaient que les morts n'avaient pas été enterrés. On songea donc, de part et d'autre, à accomplir la pieuse besogne et, pour cela, un armistice était nécessaire.

Dans la soirée du 5 décembre, un parlementaire allemand vint le proposer. Nos généraux l'acceptèrent immédiatement.

M. de la Grangerie, secrétaire général des Ambulances de la Presse, le docteur Sarazin et le commandant Vosseur, suivis de 60 frères de la Doctrine chrétienne, de fossoyeurs et de fourgons pleins d'outils et de brancards, s'avancèrent jus-

---

trêve, même momentanée, met les Parisiens en fureur. « (*A Paris pendant le siège*, p. 189.) — Dussieux, t. I, p. 250. — Louis Veuillot, t. I, p. 426. — Jouaust, p. 50. — Sarcey, p. 203. — Jules de Marthold, p. 200. — Mme Cornélis de Witt, pp. 75 et 76. — *Ibid.*, p. 78. — Mme Edgar Quinet, pp. 196, 197 et 198. — Colonel Lecomte, t. III. pp. 430 et 431. — Adolphe Michel, p. 292. — Léon de Villiers et Georges de Targes, p. 231. — P. Schuler, pp. 302 et 303. — *Journal du siège par un bourgeois de Paris*, p. 474. — A. du Mesnil, pp. 190 et 191. — Camille Farcy, p. 345.

qu'aux avant-postes ennemis. Le commandant Vosseur se mit en rapport avec les officiers wurtembergeois chargés de surveiller le lugubre travail.

Il y avait à peine dix minutes que les brancardiers et les fossoyeurs relevaient les cadavres, les officiers français et allemands causaient ensemble, près du Four-à-Chaux, en regardant les terrassiers piocher, quand un obus, parti de la Faisanderie, vient éclater à quelques pas du groupe. « C'est une honte, c'est une trahison! » s'écrient les officiers wurtembergeois. Au même instant, un deuxième puis un troisième projectile tombent près de ces messieurs.

Furieux, les officiers ennemis ne veulent plus rien entendre, ils ordonnent à leurs hommes de s'emparer des Français, qui sont injuriés, bousculés, menacés de mort. « C'est une erreur, ne cesse de crier le docteur Sarazin, nous sommes aussi exposés que vous; nous allons faire arrêter le feu. » Heureusement, ce feu s'arrête de lui-même. Comme les malencontreux obus n'ont atteint personne, les Wurtembergeois se calment, lâchent leurs prisonniers mais ne veulent pas prolonger l'armistice: ils disent au commandant Vosseur et à ses compagnons de revenir, le lendemain, à dix heures du matin. Ils ajoutent, avec raison, qu'il serait bon de se représenter mieux en règle, c'est-à-dire, avec l'assurance que les forts ne tireront pas sur les travailleurs (1).

Cet incident montre, une fois de plus, le désordre qui régnait à l'état-major général de Paris:

---

(1) Docteur Sarazin, pp. 227 et 228. — Général Ducrot, t. III. pp. 136 et 137. — « D'intelligents artilleurs avaient pris les Frères pour des canonniers prussiens en train d'élever des ouvrages. » (*Souvenirs d'un garde national par un volontaire suisse*, IIe partie, p. 99.)

M. Ducrot envoyait des officiers, pour conclure un armistice, et des hommes pour enterrer les morts, sans prévenir les commandants de redoutes de la suspension d'armes!

Le lendemain, 7, il n'y eut pas d'oubli. Ordre fut donné à Nogent, à la Faisanderie, à Gravelle et à Saint-Maur de cesser le feu à partir de dix heures (1). Que n'avait-on pris la même précaution la veille!

Quoi qu'il en soit, la suspension d'armes, signée par M. de la Grangerie et le capitaine wurtembergeois Sarvey, convient qu'elle comprendra l'artillerie et l'infanterie, et que, de Noisy à Ormesson, de Gravelle à Nogent, le feu cessera jusqu'à cinq heures du soir. Avron ne tirera pas sur Noisy et Bry.

A quatre heures et demie, la nuit arrivait rapidement, des rafales de neige s'abattaient sur la plaine et sur les plateaux: en dépit de l'activité mise par les travailleurs, il n'y avait que 485 morts d'ensevelis : les Wurtembergeois déclaraient qu'il n'y avait pas la moitié de la besogne de faite..... et la grande fosse où l'on avait aligné tous ces malheureux était pleine; il fallait en creuser une nouvelle; on prit rendez-vous pour le lendemain, à la même heure (2).

Chacun fut exact. A dix heures, le sinistre travail recommence. Trois autres fosses sont creusées, comme la grande, au nord de la route de Villiers à Joinville. Sous un ciel de charbon, par un froid glacial, au milieu de la neige qui blanchit la terre rougie de tant de sang, on amène des charretées de cadavres. « Il y en a de longues files, alignées sur le bord des fosses : artilleurs, zouaves, soldats de la ligne, mobiles, en rangs serrés sur la terre gelée,

---

(1) Général Ducrot, t. III, p. 137.
(2) Docteur Sarazin, pp. 230, 231 et 235. — Général Ducrot, t. III, pp. 137 et 138.

gelés eux-mêmes dans les contorsions fantastiques de l'agonie. Des officiers de toutes les armes forment le premier rang de cette revue d'honneur. Les Frères, avec leurs longues robes noires, qui tranchent sur la neige blanche, vont et viennent au milieu de ces morts. Il y a, dans ces choses lugubres, une symétrie horrible. Les fosses sont longues, larges et profondes; près de 700 cadavres doivent y trouver place, et peut-être, aussi, le repos éternel qui est dû à tous ceux qui meurent pour leur patrie (1). »

Il ne fait plus clair quand tout est fini; l'ombre des travailleurs, projetée par la lueur des torches pétillantes, se dessine fantastiquement sur le sol blanc mat; les quatre fosses sont comblées.

Au-dessus de chaque tumulus, M. de la Grangerie fait planter une croix de bois noir, avec cette inscription:

ICI REPOSENT
SIX CENT QUATRE-VINGT CINQ
SOLDATS ET OFFICIERS FRANÇAIS TOMBÉS
SUR LE CHAMP DE BATAILLE
ENSEVELIS PAR LES AMBULANCES DE LA PRESSE
LE 8 DÉCEMBRE 1870 (2).

---

(1) Docteur Sarazin, p. 236.
(2) *Ibid.* — Général Ducrot, t. III, p. 139.

PIÈCES JUSTIFICATIVES

I

ORDRE DE BATAILLE DE LA IIIe ARMÉE

au 30 novembre 1870

Commandant en chef :
S. A. LE PRINCE ROYAL DE PRUSSE,
feld-maréchal-général.

Chef d'état-major : lieutenant-général DE BLUMENTHAL.
Quartier maître supérieur : colonel DE GOTTBERG.
Commandant de l'artillerie : lieutenant-général HERKT.
Commandant du génie et des pionniers : général-major SCHULZ.

IIe CORPS D'ARMÉE

COMMANDANT EN CHEF : général d'infanterie **DE FRANSECKY**

Chef d'état-major : colonel DE WICHMANN.
Commandant de l'artillerie : général-major DE KLEIST.
Commandant du génie et des pionniers : major Sandkuhl.

3ᵒ division d'infanterie

Commandant : général-major DE HARTMANN.

5ᵉ *brigade d'infanterie* : général-major DE KOBLINSKY.

2ᵉ rég. de gren. (1ᵉʳ de Pomér.) (Roi Fréd. Guil. IV), colonel de Ziemietzky.

5ᵉ rég. d'inf. de Pomér., nᵒ 42, colonel von dem Knesebeck.

6ᵉ *brigade d'infanterie* : colonel VON DER DECKEN, remplacé, par suite de blessure, par le colonel DE WEDELL.

3ᵉ rég. d'infant. de Pomér., nᵒ 14, colonel de Voss, remplacé, par suite de blessure, par le major de Schorlemmer.

7ᵉ rég. d'infant. de Pomér., nᵒ 54, lieutenant-colonel de Rechenberg.

Bat. de chass. de Pomér., nᵒ 2.

3ᵉ rég. de drag. de la Neumark.

1ʳᵉ abth. montée du rég. d'art. de camp. de Pomér., nᵒ 2 (1ʳᵉ et 2ᵉ batt. lourdes, 1ʳᵉ et 2ᵉ batt. lég.)

1ʳᵉ comp. de pionn. de camp. avec l'équip. de pont léger.

4ᵉ division d'infanterie

Commandant : lieutenant-général HANN DE WEYHERN

7ᵉ *brigade d'infanterie* : général-major DU TROSSEL.

9ᵉ rég. de gren. de Kolberg (2ᵉ de Poméranie), colonel de Ferentheil et Gruppenberg.

6ᵉ rég. d'infant. de Pomér., nᵒ 49, lieutenant-colonel Laurin.

8ᵉ *brigade d'infanterie* : général-major DE KETTLER.

4ᵉ rég. d'infant. de Pomér., nᵒ 21, lieutenant-colonel de Lobenthal.

8ᵉ rég. d'infant. de Pomér., nᵒ 61, colonel de Wedell, appelé au commandement de la 6ᵉ brigade d'infant. et remplacé par le lieutenant-colonel Weyrach.

PIÈCES JUSTIFICATIVES 345

11e rég. de drag. de Pomér.

3e abth. montée du rég. d'art. de camp. de Pomér., n° 2 (5e et 6e batt. lourdes, 5e et 6e batt. lég.).

2e comp. de pionn. de camp. avec la colonne d'outils.

3e comp. de pionn. de camp.

Artillerie de corps : colonel Petzel.

Abth. à chev. du rég. d'art. de camp. de Pomér., n° 2 (2e et 3e batt. à chev.)

2e abth. montée du rég. d'art. de camp. de Pomér., n° 2 (3e et 4e batt. lourdes, 3e et 4e batt. lég.).

V° CORPS D'ARMÉE

Commandant en chef : général d'infanterie **DE KIRCHBACH**.

Chef d'état-major ; colonel von der Esch.
Commandant de l'artillerie : colonel Gaede.
Commandant du génie et des pionniers : capitaine May.

9e division d'infanterie

Commandant : général-major DE SANDRART.

17e *brigade d'infanterie* : colonel de Bothmer.

3e rég. d'inf. de Posen, n° 58, colonel de Rex.

4e rég. d'inf. de Posen, n° 59, colonel Eyl.

18e *brigade d'infanterie* : général-major de Voigts-Rhetz.

7e rég. de gren. du Roi (2e de la Prusse occid.) colonel de Koethen.

2e rég. d'inf. de Basse-Silésie, n° 47, colonel de Flotow.

1er bat. de chass. de Silésie, n° 5.

1er rég. de drag. de Silésie, n° 4.

1re abth. montée du rég. d'art. de camp. de Basse-Silésie, n° 5, (1re et 2e batt. lourdes, 1re et 12e batt. lég.)

1re comp. de pionn. de camp. avec l'équip. de pont léger.

10ᵉ division d'infanterie

Commandant : lieutenant-général DE SCHMIDT.

19ᵉ *brigade d'infanterie* : colonel DE HENNING sur SCHOENHOFF.

1ᵉʳ rég. de gren. de la Prusse occid. n° 6, colonel de Floecker, appelé au commandement de la 20ᵉ brigade d'infanterie et remplacé par le lieutenant-colonel de Webern.

1ᵉʳ rég. d'inf. de Basse-Silésie, n° 46, colonel d'Eberhardt.

20ᵉ *brigade d'infanterie* : général-major WALTHER DE MONBARY, remplacé, par suite de maladie, par le colonel FLOECHER.

Rég. de fus. de Westph. n° 37, colonel de Heinemann.

2ᵉ rég. d'inf. de Basse-Silésie, n° 50, colonel Michelmann.

14ᵉ rég. de drag. de la Marche Elect.

3ᵉ abth. montée du rég. d'art. de camp. de Basse-Silésie, n° 5 (5ᵉ et 6ᵉ batt. lourdes, 5ᵉ et 6ᵉ batt. lég.)

2ᵉ comp. de pionn. de camp. avec la colonne d'outils.

3ᵉ comp. de pionn. de camp.

Artillerie de corps : lieutenant-colonel KOEHLER

Abth. à chev. du rég. d'art. de camp. de Basse-Silésie n° 5 (2ᵉ et 3ᵉ batt. à chev.).

2ᵉ abth. montée du rég. d'art. de camp. de Basse-Silésie n° 5, (3ᵉ et 4ᵉ batt. lourdes, 3ᵉ et 4ᵉ batt. lég.).

VIᵉ CORPS D'ARMÉE

COMMANDANT EN CHEF :

général de cavalerie **DE TÜMPLING**

Chef d'état-major : colonel DE SALVIATI.
Commandant de l'artillerie : colonel DE RAMM.
Commandant du génie et des pionniers : capitaine Guhl.

11ᵉ division d'infanterie

Commandant : lieutenant-général DE GORDON

21ᵉ *brigade d'infanterie* : général-major DE MALACHOWSKI.

1ᵉʳ rég. de gren. de Silésie n° 10, colonel de Weller, remplacé pour cause de maladie par le lieutenant-colonel Baumeister.

1ᵉʳ rég. d'inf. de Posen, n° 18, colonel de Bock.

22ᵉ *brigade d'infanterie* : général-major D'ECKARTSBERG

Rég. de fus. de Silésie, n° 38, colonel de Schmeling.

4ᵉ rég. d'infant. de Basse-Silésie, n° 51, colonel Knipping.

2ᵉ bat. des chasseurs de Silésie, n° 6.

2ᵉ rég. de drag. de Silésie, n° 8.

1ʳᵉ abth. montée du rég. d'art. de camp. de Silésie n° 6 (1ʳᵉ et 2ᵉ batt. lourdes, 1ʳᵉ et 2ᵉ batt. lég.).

1ʳᵉ comp. de pionn. de camp. avec l'équip. de pont léger.

1ʳᵉ comp. de pionn. de camp. avec la colonne d'outils.

12ᵉ division d'infanterie

Commandant : lieutenant-général DE HOFFMANN

23ᵉ *brigade d'infanterie* : colonel GUNDELL

1ᵉʳ rég. d'inf. de Haute-Silésie, n° 22, colonel de Quistorp.
2ᵉ rég. d'inf. de Haute-Silésie, n° 72, colonel de Bessel.

24ᵉ *brigade d'infanterie* : général-major DE FABECK

2ᵉ rég. d'inf. de Haute-Silésie, n° 23, colonel de Briesen.
4ᵉ rég. d'inf. de Haute-Silésie, n° 63, colonel de Thielau.

3ᵉ rég. de drag. de Silésie n° 15.

3ᵉ abth. montée du rég. d'art. de camp de Silésie n° 6 (5ᵉ et 6ᵉ batt. lourdes, 5ᵉ et 6ᵉ batt. lég.).

3ᵉ comp. de pionn.

Artillerie de corps : colonel ARNOLD

Abth. à chev. du rég. d'art. de camp. de Silésie n° 6 (1re et 2e batt. à chev.).

2e abth. montée du rég. de camp. de Silésie n° 6 (3e et 4e batt. lourdes, 3e et 4e batt. lég.)

XIe CORPS D'ARMÉE

COMMANDANT EN CHEF : lieutenant-général **DE BOSE**, blessé et remplacé par le lieutenant-général **DE SCHACHTMEYER**

Chef d'état-major : général major STEIN DE KAMINSKI.
Commandant de l'artillerie : général-major HAUSMANN.
Commandant du génie et des pionniers : major Crueger.

21e division d'infanterie

Commandant : lieutenant-général DE SCHACHTMEYER, appelé au commandement du corps et remplacé par le général major DE SCHKOPP.

41e *brigade d'infanterie* : colonel DE KOBLINSKI, remplacé, par suite de blessure, par le colonel DE FŒRSTER.

Rég. de fus. hessois n° 80, colonel de Colomb, blessé et remplacé par le lieutenant-colonel d'Œtinger.

1er rég. d'inf. de Nassau n° 87, colonel Grolman, blessé et remplacé par le major Schulz.

42e *brigade d'infanterie* : général-major DE THILE.

2e rég. d'inf. hess. n° 82, colonel de Grawert.

2e rég. d'inf. de Nassau n° 88, lieutenant-colonel Preuss.

Bat. de chass. hessois n° 11.

2e rég. de huss. hessois n° 14.

1re abth. montée du rég. d'artill. de camp. hess. n° 11 (1re et 2e batt. lourdes, 1re et 2e batt. lég.).

2e comp. de pion. de camp. avec la colonne d'outils.

Artillerie de corps : colonel d'OPPELN-BRONIKOWSKI, détaché et remplacé par le major KNIPFER.

Abth. à cheval du rég. d'art. de camp. hessois n° 11 (1re et 3e batt. à cheval).

3e abth. montée du rég. d'art. de camp. hessois n° 11 (5e et 6e batt. lourdes).

IIe CORPS BAVAROIS

COMMANDANT DU CORPS D'ARMÉE : général d'infanterie chevalier **DE HARTMANN**

Chef d'état-major : général-major baron DE HORN.
Directeur de l'artill. de camp. : général-major LUTZ.
Directeur du génie de camp. : lieutenant-colonel FOGT.

3e division d'infanterie

Commandant : lieutenant-général chev. DE WALTHER.

5e brigade d'infanterie : général-major DE SCHLEICH.

6e rég. d'inf. (Roi Guillaume de Prusse) colonel Boesmiller.
7e rég. d'inf. (Hohenhausen) colonel Hoefler.
8e bat. de chasseurs.

6e brigade d'infanterie : général-major DE DIEHL.

14e rég. d'inf. (Hartmann) colonel baron de Nesselrode-Hugenpoet.
15e rég. d'inf. (Roi Jean de Saxe) colonel baron de Treuberg.
3e bat. de chasseurs.

1er rég. de chev. lég. (Emp. Alex. de Russie).
Abth. d'artill. (3e et 4e batt. de 4, 7e et 8e de 6 du 4e rég. d'artill. (du Roi).

PARIS.

4ᵉ division d'infanterie

Commandant : lieutenant-général comte DE BOTHMER.

7ᵉ *brigade d'infanterie* : général-major BORRIÈS DE WISSEL.

5ᵉ rég. d'inf. (Grand duc de Hesse) colonel Mühlbaur.
9ᵉ rég. d'inf. (Wrede) colonel de Heeg.
6ᵉ bat. de chasseurs.

8ᵉ *brigade d'infanterie* : colonel comte DE LEUBLFING (la brigade restait commandée jusqu'au 7 décembre par son ancien chef, le lieutenant-général DE MAILLINGER.)

3ᵉ bat. du 1ᵉʳ rég. d'inf. (du Roi) major baron de Dürsch.
3ᵉ bat. du 5ᵉ rég. d'inf. (Grand-duc de Hesse) major baron de Feilitzsch.
1ᵉ bat. du 7ᵉ rég. d'inf. (Hohenhausen).
3ᵉ bat. du 11ᵉ rég. d'inf. (von der Tann).
3ᵉ bat. du 14ᵉ rég. d'infant. (Hartmann).
5ᵉ bat. de chasseurs.

10ᵉ bat. de chasseurs.
2ᵉ rég. de chev. légers (Taxis).
Abth. d'artill. (1ᵉ et 2ᵉ batt. de 4, 5ᵉ et 6ᵉ de 6 du 4ᵉ rég. d'artill. (du Roi).

Brigade de uhlans : colonel HORADAM.

1ᵉʳ rég. de uhl. (vacant Grand-duc héritier Nicolas de Russie).
2ᵉ rég. de uhl. (de la Reine).
5ᵉ rég. de uhl. (Prince Othon).
2ᵉ batt. à chev. du 2ᵉ rég. d'art. (Brodesser).

Abtheilung de réserve d'artillerie : colonel BARON DE MULLER.

1ʳᵉ division (1ʳᵉ batt. à chev., 3ᵉ et 4ᵉ batt. de 6 du 2ᵉ rég. d'artill. (Brodesser) (1).
2ᵉ division (5ᵉ et 6ᵉ batt. de 6 du 2ᵉ rég. d'artill. et batt. de mitrailleuses) du 4ᵉ rég. d'artill.
3ᵉ division (7ᵉ et 8ᵉ batt. de 6, 9ᵉ de 12) du 2ᵉ rég. d'art.

(1) Du 26 novembre au 16 décembre, cette division comprenait en outre, la batterie de mitrailleuses — 4 pièces — retirée au 1ᵉʳ corps.

Division de landwehr de la Garde.

Commandant : lieutenant-général BARON DE LOEN.

1re brigade de landwehr de la Garde : colonel GIRODZ DE GAUDY.

1er rég. de landw. de la Garde, colonel de Plehwe.

2e rég. de landw. de la Garde, lieutenant-colonel de Münchhausen.

2e brigade de landwehr de la Garde : colonel DE ROEHL.

1er rég. de landw. des gren. de la Garde, lieutenant-colonel prince de Schoenbourg-Waldenbourg.

2e rég. de landw. des gren. de la Garde, lieutenant-colonel de Besser.

Abth. comb. d'artill. (1re et 2e batt. lourdes et batt. lég. de rés. de la Garde).

1re comp. de pion. de place du Xe corps.

Équip. de pont du Xe corps avec l'escad. d'escorte (1).

---

(1) *La Guerre franco-allemande,* 2e partie, supplément, pp. 184* à 196*.

II

ORDRE DE BATAILLE DE LA IVe ARMÉE (DITE DE LA MEUSE)

au 30 novembre 1870.

Commandant en chef : LE PRINCE ROYAL DE SAXE général d'infanterie.

Chef d'état-major : GÉNÉRAL MAJOR, BARON DE SCHLOTEIM, de l'armée prussienne.

GARDE PRUSSIENNE

Commandant en chef : le prince AUGUSTE DE WURTEMBERG, général de cavalerie.

Chef d'état-major : général major DE DANNENBERG.
Commandant de l'artillerie : général-major prince KRAFT DE HOHENLOHE-INGELFINGEN.
Commandant du génie et des pionniers : lieutenant-colonel Bogun de Wanhenheim.

1re division d'infanterie de la Garde

Commandant : général major DE PAPE.

1re *brigade d'infanterie* : général major DE KESSEL.
1er rég. à pied, lieutenant-colonel d'Oppell (intér.).
3e rég. à pied, colonel de Linsingen.

2ᵉ *brigade d'infanterie :* général major DE MEDEM.

2ᵉ rég. à pied, colonel de Kanitz, détaché et remplacé par le major de Passow.

Rég. de fusil, lieutenant-colonel de Papstein.

4ᵉ rég. à pied, colonel de Neumann.

Bat. de chass.

Rég. de huss.

1ʳᵉ abth. montée du rég. d'art de camp. de la Garde (1ʳᵉ et 2ᵉ batt. lourdes, 1ʳᵉ et 2ᵉ batt. lég).

1ʳᵉ comp. de pionn. de camp, avec l'équipage de pont léger.

2ᵉ division d'infanterie de la Garde

Commandant : lieutenant-général DE BUDRITZKI.

3ᵉ *brigade d'infanterie :* colonel KNAPPE DE KNAPPSTAEDT, blessé et remplacé par le colonel de Kanitz.

1ᵉʳ rég. de grenadiers (Emp. Alex.) colonel de Zenner.

3ᵉ rég. de grenadiers (Reine Elisab.) lieutenant-colonel de Bernhardi (intér.)

4ᵉ *brigade d'infanterie :* général major DE BERGER,

2ᵉ rég. de grenadiers (Emp. François), lieutenant-colonel de Boehn.

4ᵉ rég. de grenadiers (de la Reine), major de Rosenberg (intér.)

Bat. des tirailleurs de la Garde.

2ᵉ rég. de uhlans de la Garde.

3ᵉ abth. montée du rég. d'artill. de comp. de la Garde (5ᵉ et 6ᵉ batt. lourdes, 5ᵉ et 6ᵉ batt. lég.)

2ᵉ comp. de pionn. de comp. avec la colonne d'outils.

3ᵉ comp. de pionn. de camp.

Division de cavalerie de la Garde.

Commandant : lieutenant-général comte VON DER GOLTZ.

1re *brigade de cavalerie :* général-major comte DE BRANDENBURG I.

Rég. des gardes-du-corps, colonel de Krosigk.
Rég. des cuir. colonel de Brandenstein.

2e *brigade de cavalerie :* lieutenant-général PRINCE ALBRECHT DE PRUSSE (fils).

1er rég. de uhlans, lieutenant-colonel de Rochow.
3e rég. de uhlans, colonel prince Frédéric-Guillaume de Hohenlohe-Ingelfingen.

3e *brigade de cavalerie :* général-major comte DE BRANDENBURG II.

1er rég. de drag. major de Drosowski.
2e rég. de drag. major de Zedlitz-Leipe.

Artillerie de corps; colonel DE HELDEN-SARNOWSKI.

Abth. à chev. du rég. d'art. de camp. de la Garde (1re, 2e et 3e batt. à chev.).
2e abth. montée du rég. d'art. de camp. de la Garde (3e et 4e batt. lourdes, 3e et 4e batt. lég.).

IVᵉ CORPS D'ARMÉE.

COMMANDANT EN CHEF :
général d'infanterie D'ALVENSLEBEN I

Chef d'état-major, colonel DE THILE.
Commandant d'artillerie : général-major DE SCHERBENING.
Commandant du génie et des pionniers : lieutenant-colonel d'Eltester.

7ᵉ division d'infanterie.

Commandant : lieutenant-général DE GROSS DE SCHWARZHOFF.

13ᵉ *brigade d'infanterie :* général-major DE BORRIES, blessé et remplacé par le colonel DE KROSIGK.

1ᵉʳ rég. d'inf. de Magdeb., n° 26, colonel de Schmeling.
3ᵉ rég. d'inf. de Magdeb., n° 66, lieutenant-colonel de Rauchhaupt.

14ᵉ *brigade d'infanterie :* général-major DE ZYCHLINSKI.

2ᵉ rég. d'inf. de Magdeb., n° 27, colonel de Pressentin.
Rég. d'inf. d'Anhalt. n° 93, colonel de Krosigk, détaché et remplacé par le major de Fuchs.

Bat. de chass. de Magdeb. n° 4.
7ᵉ rég. de drag. de Westph.
1ʳᵉ abth. montée du rég. d'artill. de camp. de Magdeb. n° 4, (1ʳᵉ et 2ᵉ batt. lourdes, 1ʳᵉ et 2ᵉ batt. lég.).
2ᵉ comp. de pionn. de camp avec la colonne d'outils.
3ᵉ comp. de pionn. de camp.

8ᵉ division d'infanterie.

Commandant : lieutenant-général DE SCHOELER.

15ᵉ *brigade d'infanterie* : général-major DE KESSLER.

1ᵉʳ rég. d'inf. de Thur., n° 31, colonel de Bonin.
3ᵉ rég. d'inf. de Thur., n° 71, lieutenant-colonel de Klœden.

16ᵉ *brigade d'infanterie* : colonel DE SCHEFFLER.

Rég. de fus. du Schl. Holstein, n° 86, colonel de Horn.
7ᵉ rég. d'inf. de Thur, n° 96, lieutenant-colonel de Redern.

12ᵉ rég. de huss. de Thuringe.
2ᵉ abth. montée du rég. d'artill. de camp. de Magdeb., n° 4 (3ᵉ et 4ᵉ batt. lourdes, 3ᵉ et 4ᵉ batt. lég.).
1ʳᵉ comp. de pionn. de camp. avec l'équipe de pont-léger.

XII° CORPS (SAXON).

Commandant en chef : le lieutenant général prince **GEORGES DE SAXE**.

1re (23e) division d'infanterie.

Commandant : général-major de MONTBÉ.

1re (45e) *brigade d'infanterie :* colonel GARTEN.

1er régiment de gren. (du corps) n° 100, colonel de Rex.

2e rég. de gren. (roi Guillaume de Prusse) n° 101, colonel de Seydlitz-Gerstenberg, détaché et remplacé par le lieutenant-colonel de Schimpff.

Rég. de fus. (tirail.) n° 108, colonel baron de Hausen.

2° (46e) *brigade d'infanterie :* général-major de MONTBÉ, détaché et remplacé par le colonel de SEYDLITZ-GERSTENBERG.

3e rég. d'inf. (Pr. Royal) n° 102, colonel Rudorff.
4e rég. d'inf. n° 103, colonel Dietrich.

1er rég. de cav. (Pr. royal).
1re abth. montée du rég. de camp. n° 12 (1re et 2e batt. lourdes, 1re et 2e batt. lég.).
2e comp. de pionn. de camp. avec la colonne d'outils.
4e comp. de pionn. de camp.

2° (24e) division d'infanterie.

Commandant : lieutenant-général NEHRHOFF DE HOLDERBERG.

3e (47e) *brigade d'infanterie :* général-major de LEONHARDI, blessé et remplacé par le colonel D'ELTERLEIN.

5e rég. d'inf. (Pr. Fréd. Auguste), n° 104, colonel d'Elterlein, appelé à d'autres fonctions et remplacé par le lieutenant-colonel Schumann.

6e rég. d'infant., n° 105, colonel de Tettau.
1er bat. de chass. (Pr. royal) n° 12 (1).

(1) Le bataillon était détaché à la XIIe division de cavalerie.

PIÈCES JUSTIFICATIVES

4ᵉ (48ᵉ) *brigade d'infanterie* : général-major de Schulz, blessé et remplacé par le colonel d'Abendroth.

7ᵉ rég. d'inf. (Pr. Georges) nº 106, colonel d'Abendroth, appelé à d'autres fonctions et remplacé par le major de Mandelsloh.

8ᵉ rég. d'inf. nº 107, colonel de Lindemann, remplacé, pour cause de maladie, par le major de Bosse.

2ᵉ batt. de chass. nº 13.

2ᵉ rég. de caval.

2ᵉ abth. montée du rég. d'art. de camp. nº 12 (3ᵉ et 4ᵉ batt. lourdes, 3ᵉ et 4ᵉ batt. lég.).

3ᵉ comp. de pionn. de camp. avec l'équipage de pont léger.

12ᵉ division de cavalerie.

Commandant : lieutenant-général COMTE DE LIPPE.

1ʳᵉ (23ᵉ *brigade de cavalerie* : général-major Krug de Nidda.

Rég. de cav. de la Garde.

1ᵉʳ rég. de uhlans, nº 17.

2ᵉ (24ᵉ *brigade de cavalerie* : général-major Senfft de Pilsach.

3ᵉ rég. de cav.

2ᵉ rég. de uhlans, nº 18.

1ʳᵉ batt. à chev. du rég. d'art. de camp. nº 12.

Artillerie de corps : colonel Funcke, blessé et remplacé par le lieutenant-colonel Oertel.

3ᵉ abth. montée du rég. d'art. de camp. nº 12 (5ᵉ et 6ᵉ batt. lourdes, 5ᵉ batt. lég.).

4ᵉ abth. montée du rég. d'art. de camp. nº 12 (7ᵉ et 8ᵉ batt. lourdes, 6ᵉ batt. lég.) et 2ᵉ batt. à chev.

Division wurtembergeoise.

Commandant : lieutenant-général D'OBERNITZ, de l'armée prussienne.

Chef d'état-major : colonel de Triebig.
Commandant de l'artillerie : colonel de Sick.
Officier du génie : capitaine Schott de Schottenstein.

1re brigade : général-major DE REITZENSTEIN.

1er rég. d'inf. (Reine Olga) colonel de Berger.
7e rég. d'inf., colonel de Rampacher.
2e bat. de chass.

2e brigade : général-major DE STARKLOFF.

2e rég. d'inf., colonel de Ringler.
5e rég. d'inf. (Roi Charles), colonel de Huegel.
3e bat. de chass.

3e brigade : général-major DE HUEGEL, remplacé pour cause de maladie, par le colonel DE MAUCH.

3e rég. d'inf. colonel de Pfeiffelmann.
8e rég. d'inf. colonel de Mauch, appelé à d'autres fonctions et remplacé par le lieutenant-colonel de Schroeder.
1er bat. de chass.

Brigade de cavalerie : général-major COMTE DE SCHÉLER.

1er rég. de cav. (Roi Charles).
3e rég. de cav. (Roi Guillaume).
4e rég. de cav. (Reine Olga).

Artillerie.

1re abth. d'art. de camp. (1re batt. de 6, 2e et 3e de 4).
2e abth. d'art. de camp. (4e et 5e batt. de 4, 6e de 6).
3e abth. d'art. de camp. (7e et 8e batt. de 4, 9e de 6).
Corps des pionniers avec l'équipage de pont et la colonne d'outils (1).

(1) *La Guerre franco-allemande*, 2e partie, Supplément, pp. 197* à 207*.

AUTEURS & DOCUMENTS CITÉS & CONSULTÉS

A

ADAM (Mme Edmond), Juliette Lamber. *Paris, Journal d'une Parisienne*; Paris, Michel Lévy frères, 1873.

ALLOU (Roger). Voir *Campagne de 1870 (La)*.

AMBERT (général). *Gaulois et Germains, Récits militaires, Le siège de Paris*; Paris, Bloud et Barral.

AMBERT (général). *Histoire de la guerre de 1870-1871*; Paris, Plon, 1873.

A PARIS PENDANT LE SIÈGE, *par un Anglais, membre de l'Université d'Oxford*; traduction, notes et documents divers par Félix Sanguier; Paris, Ollendorff, 1888.

B

BALLUE (A.) (député, président de la commission de la réorganisation de l'armée). *Les zouaves à Paris pendant le siège*; Paris, Le Chevalier. 1872.

BAPST (*Récit du capitaine*). Voir Ducrot (général).

BELLEMARE (*Lettre inédite du général de*).

BELLEMARE (*Mémoire envoyé, en 1877, par le général de*), *aux commandants de corps d'armée, en réponse au livre du général Ducrot*.

BELLEMARE (général de). *Notes personnelles*, inédites; à nous communiquées par le général.

BELLEMARE (général de). *Proposition présentée au Gouverneur le 8 décembre 1870.* Inédit.

BERTHAUT (général). *Principes de stratégie;* Paris, Dumaine, 1881.

BERTHAUT (*Rapport du général*), commandant la 2e division du 2e corps, sur la journée du 2 décembre 1870.

BESSON (Charles), commandant du 3e bataillon de la Seine-Inférieure. *Histoire d'un bataillon de mobiles, siège de Paris, 1870-1871;* Paris, Lachaud, 1872.

BLOCUS DE PARIS (LE) *et la Première armée de la Loire* par A. G. (commandant Grouard), ancien élève de l'Ecole polytechnique; 2e partie, *Coulmiers et ses suites;* Paris, Baudoin, 1890.

BLOCUS DE PARIS (LE) *et la Première armée de la Loire* par A. G., ancien élève de l'Ecole polytechnique (commandant Grouard). 3e partie : *Champigny, Loigny, Orléans, Résumé et conclusions;* Paris, Baudoin, 1894.

BLUME (major au grand état-major prussien). *Opérations des armées allemandes depuis la bataille de Sedan jusqu'à la fin de la guerre,* d'après les documents officiels du grand quartier général; traduit de l'allemand par E. Costa de Serda, capitaine d'état-major; Paris, Dumaine. 1872.

BOGULAWSKI (capitaine von). Voir Pierron (colonel).

BONNET (Félix), chef d'escadron d'artillerie. *Guerre franco-allemande, Résumé et commentaires de l'ouvrage du grand état-major prussien;* Paris, Dumaine, 1882.

BORREGO (A.) *Le général Trochu devant l'histoire.* Extrait du *Diario del sitio de Paris;* traduit de l'espagnol par Louis Gerdebat; Paris, Librairie générale.

BOVERAT (Maurice), officier d'ordonnance du général Boissonnet. *Récit écrit d'un épisode de la bataille de Champigny.*

BUSCH (D. Moritz), secrétaire particulier de M. de Bismarck. *Le comte de Bismarck et sa suite pendant la guerre de France, 1870-1871;* traduit de l'allemand avec l'autorisation spéciale de l'auteur; Paris, Dentu, 1880.

C

CADOL (Édouard). *Paris pendant le siège;* Bruxelles, Office de publicité, 1871.

CAMPAGNE DE 1870 (LA). Traduit du *Times* par Roger Allou; Paris, Garnier frères, 1871.

CANONGE (Frédéric), commandant au 52ᵉ de ligne (aujourd'hui général). *Histoire militaire contemporaine, 1854-1871*; Paris, Charpentier, 1882.

CASSE (baron A. du). *La guerre au jour le jour, 1870-1871*; Paris, Dumaine, 1875.

CECCALDI (colonel COLONNA), sous-chef d'état-major des gardes nationales de la Seine pendant le siège. *Lettres militaires du siège;* Paris, Plon, 1872.

CHAMBRAY (marquis de). Voir Henry (colonel R.).

CHAPER. Voir *Enquête parlementaire sur les actes du Gouvernement de la Défense nationale.*

CHAROT (Médéric). *Le bataillon de Provins (siège de Paris, 1870-1871); Récit d'un garde mobile;* Provins, Le Hériché, 1872.

CHEVALET (Emile). *Mon Journal pendant le siège et la Commune par un bourgeois de Paris;* Paris, Librairie des contemporains, 1871.

CHUQUET (Arthur), *La Guerre, 1870-1871*; Paris, Chailley, 1895.

CLARETIE (Jules). *Histoire de la Révolution de 1870-1871*; Paris, Librairie illustrée.

C. M. *Le Commandement et ses auxiliaires;* Paris, Baudoin, 1893.

COMTE (*Récit fait par le colonel*), depuis général de division, à M. Jules Richard, rédacteur militaire du *Figaro*.

CONCHARD-VERMEIL. Voir Wurtemberg (duc Guillaume de).

COSTA DE SERDA (commandant E.). Voir *La Guerre franco-allemande de 1870-1871*, et Blume.

D

DABOT (Henri), docteur en droit, avocat à la Cour d'appel. *Griffonnages quotidiens d'un bourgeois du quartier latin, du 14 mai 1869 au 2 décembre 1871;* Péronne, imprimerie Quentin, 1895.

DALSÈME (A. J.). *Paris sous les obus, 19 septembre 1870-3 mars 1871*; Paris, Chamerot, 1883.

Daru (M.). Voir Enquête parlementaire sur les actes du Gouvernement de la Défense nationale.

Deutsche-Heeres-Zeitung (Berlin), n° du 19 décembre 1894.

Deustche-Rundschau (La). Voir Frédéric III.

Ducrot (général). *La Défense de Paris, 1870-1871*; Paris, Dentu, 1876.

Duquet (Alfred). *La Guerre d'Italie 1859*; Paris, Charpentier, 1882.

Duquet (Alfred). *Les Derniers Jours de l'armée du Rhin*; Paris, Bibliothèque Charpentier, 1888.

Duquet (Alfred). *Paris, Le Quatre-Septembre et Châtillon*; Paris, Bibliothèque Charpentier, 1890.

Duquet (Alfred). *Paris, Chevilly et Bagneux*; Paris, Bibliothèque Charpentier, 1891.

Duquet (Alfred). *Paris, La Malmaisson, le Bourget et le Trente-et-un-Octobre*; Paris, Bibliothèque Charpentier, 1893.

Duquet (Alfred). *Paris, Thiers, le Plan Trochu et l'Hay*; Paris, Bibliothèque Charpentier, 1894.

Dussieux (L.), professeur honoraire à l'École de Saint-Cyr. *Histoire générale de la guerre de 1870-1871*; Paris, Lecoffre, 1881.

E

Enquête parlementaire sur les actes du Gouvernement de la Défense nationale; Versailles, imprimerie Cerf et fils, 1893.

— Dépositions.

— Dépêches télégraphiques officielles.

— Rapport de M. Daru.

— Rapport de M. Chaper sur le Gouvernement de la Défense à Paris au point de vue militaire.

— Rapport de M. Chaper sur les procès-verbaux des séances du Gouvernement de la Défense nationale.

— Rapport de M. de Rainneville.

Enquête parlementaire sur l'Insurrection du Dix-huit-Mars; Versailles, Cerf, 1872.

— Dépositions.

F

Fabre (colonel). *Précis de la guerre franco-allemande;* Paris, Plon, 1875.

Farcy (Camille), *Histoire de la guerre de 1870-1871;* Paris, Dumaine, 1872.

Faure (Le), Voir Le Faure.

Favé (général). *Deux combats d'artillerie sous les forts de Paris;* Paris, Dumaine, 1874.

Favre (Jules), de l'Académie française. *Gouvernement de la Défense nationale du 31 octobre 1870 au 28 janvier 1871;* Paris, Plon, 1872.

Feuquières. Voir Henry (colonel R.).

Fidus (Journal de) (Eugène Loudun). *La Révolution de Septembre, la Capitulation, la Commune;* Paris, Savine, 1889.

Fleury (Dr Louis), professeur agrégé à la Faculté de Paris. *Occupation et bataille de Villiers-sur-Marne et de Plessis Lalande;* Paris, Lacroix, Verboeckhoven et Cie, 1871.

Flourens (Gustave). *Paris livré;* Paris, Lacroix, Verboeckhoven et Cie, 1871.

Frédéric III (Le *Tagebuch, Mémoires authentiques de*), rassemblés et complétés. Traduction exacte de la *Deustche-Rundschau;* Paris, imprimerie Faustin Gaudois, 1888.

Freycinet (Charles de). *La guerre en province pendant le siège de Paris 1870-1871;* Paris, Calmann Lévy, 1887.

Fritisch (capitaine). Voir Goetze (Adolphe).

G

Garde nationale mobile de la Cote-d'Or; *Bataille de Champigny, 2 décembre 1870, Rectification au rapport présenté à l'Assemblée nationale;* Dijon, Darantière.

Garnier (Francis). *Le siège de Paris, journal d'un officier de marine;* Paris, Delagrave, 1885.

Gerdebat (Louis). Voir Borrego.

Goetze (Adolphe), capitaine du génie prussien, attaché au Comité du génie et professeur à l'Académie de guerre. *Opérations du corps du génie allemand,* travail rédigé par ordre supérieur et d'après les documents officiels; traduit de l'allemand par MM. Grillon et Fritisch, capitaine du génie au dépôt des fortifications; Paris, Dumaine, 1874.

GOLTZ (baron Colmar von der), commandant dans le grand état-major allemand. *La Nation armée*; traduit par Ernest Jaeglé, professeur à l'Ecole militaire de Saint-Cyr; Paris, Hinrichsen, 1884.

GONCOURT (JOURNAL DES). Paris, Bibliothèque Charpentier, 1890.

GOURJU (Antonin). *La Côte d'Or au siège de Paris*; Paris, Armand Colin, 1871.

GRANCEY (le vicomte de), 1831-1870; Paris, Plon, 1873. Cette notice est du contre-amiral Ribourt.

GRILLON (capitaine). Voir Goetze (Adolphe).

GROUARD (commandant). Voir *Blocus de Paris (Le)* et la *Première armée de la Loire*, 2ᵉ partie, et Ibid., 3ᵉ partie.

GUERRE FRANCO-ALLEMANDE DE 1870-1871 (LA), rédigée par la section historique du grand état-major prussien; traduction de M. le commandant E. Costa de Serda; Paris, Dumaine, 1878.

GUERRE DE 1870-1871 (LA). *Résumé historique.* traduit de l'allemand; Paris, Berger-Levrault, 1888. C'est le livre classique des écoles allemandes.

GUICHARD (général). Voir Henry (colonel R.).

GUILLAUME (empereur). Voir Schneider (Louis).

H

HENNEBERT (lieutenant-colonel). *Les Armées modernes*; Paris, Librairie illustrée.

HENNEBERT (lieutenant-colonel). Voir Sarrepont (major de).

HENRY (colonel R.), *L'esprit de la guerre d'après les grands capitaines et les philosophes*; Paris, Berger-Levrault, 1894.

HENRYOT (Arnold). *Paris pendant le siège 1870-1871*; Paris, Le Chevalier, 1871.

HÉRISSON (comte d'), *Journal d'un officier d'ordonnance*; Paris, Ollendorff, 1885.

HISTOIRE CRITIQUE *du siège de Paris par un officier de marine ayant pris part au siège*; Paris, Dentu, 1871.

Historique de la 1ʳᵉ division du 3ᵉ corps. Manuscrit à nous remis par le général de Bellemare.

Historique du 35ᵉ de ligne.

Historique du 42ᵉ de ligne.

Historique du 107ᵉ de ligne.

Historique du 108ᵉ de ligne.

Historique du 121ᵉ de ligne.

Historique du 125ᵉ de ligne.

Historique de l'artillerie du 3ᵉ corps de la 2ᵉ armée.

Historique du régiment des mobiles de la Côte-d'Or.

Historique du 6ᵉ régiment d'infanterie saxon, n° 105, par Larass ; Bibliothèque nationale, in-8° ; M, 5737. Traduction de M. Stanislas Mouillard.

Historique du 7ᵉ régiment d'infanterie saxon, prince Georges, n° 106, par Schonberg, Bibliothèque nationale, in-8°; M, 6870. Traduction de M. Stanislas Mouillard.

Historique du 2ᵉ régiment d'infanterie wurtembergeois, par Petermann. Bibliothèque nationale, in-8°, M, 6975. Traduction de M. Stanislas Mouillard.

Historique du 3ᵉ régiment d'infanterie wurtembergeois. Bibliothèque nationale, in-8°, M, 7206. Traduction de M. Stanislas Mouillard.

Historique du 5ᵉ régiment d'infanterie wurtembergeois (roi Charles), par Muff et Wencker. Bibliothèque nationale, in-8°, M, 6473. Traduction de M. Stanislas Mouillard.

Historique du régiment d'infanterie, n° 21, de Poméranie. Bibliothèque nationale, in-8°, M, 6904. Traduction de M. Stanislas Mouillard.

Hoenig (capitaine Fritz). Voir *Deutsche-Heeres-Zeitung*.

Hohenlohe-Ingelfingen (le prince Kraft de), général d'infanterie à la suite, aide de camp général de Sa Majesté l'empereur et roi. *Lettres sur l'Infanterie ;* traduites, avec l'autorisation de l'auteur, par Ernest Jaeglé, professeur à l'Ecole spéciale militaire de Saint-Cyr ; Paris. Louis Westhausser, 1885.

Hohenlohe-Ingelfingen (prince Kraft de), général d'infanterie, aide de camp général de Sa Majesté l'empereur et roi. *Lettres sur la Stratégie ;* traduites par un officier d'infanterie ; Paris, Louis Westhausser, 1887.

I

INDY (Vincent d'). *Histoire du 105ᵉ bataillon de la garde nationale de Paris en 1870-1871, par un engagé volontaire dudit bataillon, âgé de dix-neuf ans;* Paris, Douniol, 1872.

INSTRUCTIONS SUR LES MANŒUVRES D'AUTOMNE 1876.

J

JAEGLÉ (E.). Voir Moltke (de); Goltz (baron Colmar von der); Hohenlohe-Ingelfingen, *Lettres sur l'Infanterie.*

JANCIGNY (Alfred de), ancien préfet. *Le vice-amiral, baron de la Roncière-le Noury.* Notice biographique. Evreux, imprimerie Charles Hérissey, 1881.

JOMINI (baron de), général en chef, aide de camp de Sa Majesté l'empereur de toutes les Russies, *Précis de l'art de la guerre.* Nouvelle édition; préface de Ferdinand Lecomte, ancien colonel divisionnaire suisse; Paris, Baudoin, 1894.

JOUAUST (D.). *Tablettes quotidiennes du siège de Paris raconté par lettre-journal;* Paris, Librairie des bibliophiles, 1871.

JOURNAL DES MARCHES ET OPÉRATIONS DU 126ᵉ DE LIGNE PENDANT LE SIÈGE DE PARIS.

JOURNAL OFFICIEL, nᵒˢ des 1ᵉʳ, 3, 4, 5, 7, 9, 15 et 17 décembre 1870.

JOURNAL DU SIÈGE *par un bourgeois de Paris, 1870-1871;* Paris, Dentu, 1872.

K

KERNEU (Paul de). *Journal d'un mobile;* Paris, Ghio, 1880.

L

LALANNE (Paul). *Lettre inédite.*

LAMBER (Juliette). Voir Adam (Mᵐᵉ Edmond).

LARASS. Voir *Historique du 6ᵉ régiment d'infanterie saxon,* nᵒ 105.

LECOMTE (Ferdinand), colonel fédéral suisse: *Relation historique et critique de la guerre franco-allemande en 1870-1871*; Paris, Tanera, 1874.

LECOMTE (colonel Ferdinand). Voir Jomini (baron de).

LE FAURE (Amédée). *Histoire de la guerre franco-allemande, 1870-1871*; Paris, Garnier frères, 1875.

LOUDUN (Eugène). Voir Fidus.

LUCAS (Hippolyte). *Portraits et Souvenirs littéraires*; Paris, Plon.

M

MALO (Charles). *M. de Moltke*; Paris, Berger-Levrault, 1891.

MAQUEST (Pierre), archiviste de la ville de Tournai (Belgique), conservateur des archives de l'État. *La France et l'Europe pendant le siège de Paris, 18 septembre 1870 - 28 janvier 1871*; Encyclopédie politique, militaire et anecdotique, avec une préface de M. E. Spuller, député de la Seine; 2ᵉ édition; Paris, Ghio, 1877.

MARTHOLD (Jules de). *Memorandum du siège de Paris, 1870-1871*; Paris, Charavay, 1884.

MARTIN (Henri). *Histoire de France depuis 1789 jusqu'à nos jours*; Paris, Jouvet et Cⁱᵉ, 1885.

MASSILLON-ROUVET (secrétaire de Viollet-le-Duc pendant le siège de Paris). *Viollet-le-Duc et Alphand au siège de Paris*; Paris, Librairies-imprimeries réunies, 1892.

MAZADE (Charles de). *La guerre de France*; Paris, Plon, 1875.

MAZEL (G.), ancien officier d'infanterie. *La Tactique des trois armes*; Paris, Berger-Levrault, 1880.

MAZÈRES (J.-B.). *Les mobiles de Rennes au siège de Paris*; Rennes, Leroy, 1871.

MECKEL (J.), officier supérieur d'état-major. *Les Éléments de la Tactique*; traduit de l'allemand par H. Monet, lieutenant breveté au 123ᵉ régiment d'infanterie; Paris, Louis Westhausser, 1887.

MESNIL (A. du). *Paris et les Allemands, journal d'un témoin, juillet 1870-février 1871*; Paris, Garnier frères, 1872.

MICHEL (Adolphe). *Le siège de Paris 1870-1871*; Paris, Courcier, 1871.

Moland (Louis). *Par ballon monté. Lettres envoyées de Paris pendant le siège;* Paris, Garnier, 1872.

Moltke (maréchal, comte de). *La guerre de 1870;* édition française par E. Jaeglé, professeur à l'Ecole militaire de Saint-Cyr; Paris, Le Soudier, 1891.

Monet (H.). Voir Meckel,

Moret (Jules). *La Garde nationale aux avant-postes;* Paris, Taride, 1873.

Mouillard (Stanislas). Voir: *Historique du 6ᵉ régiment d'infanterie saxon,* nº 105; *Historique du 7ᵉ régiment d'infanterie saxon, prince Georges,* nº 106; *Historique du 5ᵉ régiment d'infanterie wurtembergeois; Historique du 3ᵉ régiment d'infanterie wurtembergeois; Historique du 2ᵉ régiment d'infanterie wurtembergeois; Historique du régiment d'infanterie,* nº 21, de Poméranie.

Muff. Voir *Historique du 5ᵉ régiment d'infanterie wurtembergeois.*

N

Napoléon Iᵉʳ. *Observations sur les campagnes de Frédéric II.* Voir Henry (colonel R.).

Neue-Militar-Zeitung (août 1871). Voir Sarrepont (major de).

Neukomm (Edmond). *Les Prussiens devant Paris,* d'après les documents allemands; Paris, Librairie de la Société des Gens de Lettres.

Niemann (A.) *La Campagne de France. 1870-1871;* traduction de M. Stiedel, lieutenant de vaisseau; manuscrit de la bibliothèque du Cercle militaire de Paris; A, II, d, 120.

Niepold (major). Voir Ducrot (général).

Normand (Jacques). *Tablettes d'un mobile;* Paris, Lachaud, 1871.

P

Petermann. Voir *Historique du 2ᵉ régiment d'infanterie wurtembergeois.*

Piérart (Z. J.). *Les Batailles de la Marne en novembre et décembre 1870;* Paris, Sagnier, 1876.

PIERRON (colonel). *Les Méthodes de guerre actuelles et vers la fin du XIX⁰ siècle*; t. III, 2⁰ partie ; Paris, Dumaine, 1884.

PRINCETEAU (général). Voir Le Faure.

Q

QUEVAL (Extrait du récit du capitaine). Voir Ducrot (général).

QUINET (Mme Edgar). *Paris, Journal du siège;* Paris, Dentu, 1873.

R

RABANY (Ch.). Voir Schneider (Louis).

RAINNEVILLE (M. DE). Voir *Enquête parlementaire sur les actes du Gouvernement de la Défense nationale*.

RENDU (Ambroise). *Souvenirs de la mobile (6⁰, 7⁰ et 8⁰ bataillons de la Seine)*; Paris, Didier, 1872.

REVUE CRITIQUE, n° du 3 décembre 1894.

REVUE DES DEUX-MONDES, n° du 15 juillet 1873.

RIBOURT (contre-amiral). Voir *Grancey (le vicomte de)*.

RICHARD (Jules). *Annuaire de la guerre de 1870-1871;* 2⁰ partie; Armées de la Défense de Paris; Paris, Dentu, 1889.

RIEUNIER (*Copie du rapport du commandant*), à nous adressée, par ordre de M. le ministre de la Marine, le 28 avril 1894.

ROBINET DE CLÉRY. *Les Avant-postes pendant le siège de Paris;* Paris, Palmé, 1887.

ROBINET DE CLÉRY. Carnet de poche.

ROBINET DE CLÉRY. *Journal manuscrit*. Voir Ducrot (général).

ROBINET DE CLÉRY. *Notes à nous remises*.

RONCIÈRE-LE NOURY (vice-amiral, baron DE LA). *La Marine au siège de Paris;* Paris, Plon, 1874.

ROUSSE (Edmond), ancien bâtonnier de l'Ordre des Avocats, membre de l'Académie française. *Discours, Plaidoyers et Œuvres diverses*, recueillis et publiés par Fernand Worms, avocat à la Cour de Paris; Paris, Larose et Forcel, 1884.

Rousset (commandant L.). *Les Combattants de 1870-1871*; Paris, Librairie illustrée.

Rustow. *Guerres des frontières du Rhin*, 1870-1871; traduit de l'allemand par Savin de Larclause, colonel du 1er lanciers; Paris, Dumaine, 1871.

S

Sangnier (Félix). Voir *A Paris pendant le siège*.

Sarazin (C.), médecin en chef de l'ambulance du grand quartier général de la 2e armée. *Récits sur la dernière guerre franco-allemande;* Paris, Berger-Levrault, 1887.

Sarcey (Francisque). *Le siège de Paris;* Paris, Lachaud, 1871.

Sarrepont (major de) (lieutenant-colonel Hennebert). *Histoire de la Défense de Paris en 1870-1871;* Paris, Dumaine, 1872.

Savin de Larclause. Voir Rüstow.

Schneider (Louis). *L'Empereur Guillaume.* Souvenirs intimes, revus et annotés par l'Empereur sur le manuscrit original. Traduit de l'allemand par Ch. Rabany; Paris-Nancy, Berger-Levrault, 1888.

Schonberg. Voir *Historique du 7e régiment d'infanterie saxon, prince Georges*, n° 106.

Schuler (P.). *Journal d'un Suisse pendant le siège de Paris;* Bienne.

Sebran (Marie). *Journal d'une mère pendant le siège de Paris;* Paris, Didier, 1872.

Senevas (M. de). *Le siège de Paris, 1870-1871, Souvenirs personnels d'un volontaire;* Evreux, Hérissey, 1871.

Sorel (Albert). *Histoire diplomatique de la guerre franco-allemande;* Paris, Plon, 1875.

Souvenirs d'un garde national *pendant le siège de Paris et sous la Commune par un volontaire suisse;* IIe partie, *La Capitulation;* Neuchâtel, Sandoz, 1871.

Spuller (E.). Voir Maquest (Pierre).

Stiedel. Voir Niemann.

T

Taine (H.), de l'Académie française. *Les Origines de la France contemporaine, Le Régime moderne;* Paris, Hachette, 1891.

Targes (Georges de). Voir Villiers (Léon de).

Thoumas (général). *Les Transformations de l'armée française;* Paris, Berger-Levrault, 1887.

Times. Voir *Campagne de 1870* (La).

Trochu (général). *L'Empire et la Défense de Paris devant le jury de la Seine.* Introduction et conclusion par le général Trochu; Paris, Hetzel, 1872.

Trochu (général). *La Politique et le siège de Paris;* Paris, Hetzel.

Trochu (général). *Une page d'histoire contemporaine devant l'Assemblée nationale;* Paris, Dumaine, 1871.

V

Valfrey (J.). *Histoire de la Diplomatie du Gouvernement de la Défense nationale;* Paris, Amyot, 1872; 2ᵉ partie.

Vandevelde (colonel). *Commentaires sur la guerre de 1870-1871;* Bruxelles, Muquardt, 1872.

Vandevelde (L.) lieutenant-colonel. *La guerre de 1870;* Bruxelles, Guyot, 1871. Bibliothèque nationale, L $^{1\,b}$, 1101.

Veuillot (Louis). *Paris pendant les deux sièges;* Paris, Palmé, 1880.

Villiers (Léon de) et Georges de Targes. *Tablettes d'un mobile;* Paris, Mollie, 1871.

Vinoy (général). *Campagne de 1870-1871, siège de Paris, Opérations du 13ᵉ corps et de la 3ᵉ armée;* Paris, Plon, 1874.

Viollet-le-Duc (E.), ex-lieutenant-colonel de la Légion auxiliaire du génie. *Mémoire sur la défense de Paris, septembre 1870-janvier 1871;* Paris, Vᵛᵉ A. Morel, 1871.

W

Watari (R.) (japonais). *Petite histoire de la guerre entre la France et la Prusse;* Paris, Lahure.

Wencker. Voir *Historique du 5ᵉ régiment d'infanterie wurtembergeois.*

Wey (Francis). *Chronique du siège de Paris 1870-1871*; Paris, Hachette, 1871.

Witt (Mᵐᵉ Cornélis de). *Six mois de guerre 1870-1871, Lettres et journal*; Paris, Hachette, 1894.

Worms (Fernand). Voir Rousse (Edmond).

Wurtemberg (duc Guillaume de). *Mode d'attaque de l'infanterie prussienne dans la campagne de 1870-1871*; traduit de l'allemand par M. Conchard-Vermeil, lieutenant au 13ᵉ régiment provisoire d'infanterie; Paris, Tanera, 1871.

Wurtemberg (duc de). Voir Sarrepont (major de).

Wyrouboff (G.), directeur de la *Philosophie positive*; *Opinions d'un civil sur la défense de Paris*; Paris, Le Chevalier, 1872.

TABLE

	Pages.
Un devoir	1
Bataille de Villiers	1
Passage de la Marne	2
Enlèvement de Champigny et marche sur Bry	7
Prise de Neuilly-sur-Marne	11
Première attaque de Cœuilly	17
Attaque de Villiers	25
Indécision du général d'Exéa	39
Nouvelle attaque de Cœuilly	45
Attaques des Saxons	54
Entrée en action du 3e corps	67
Après la lutte	88
Considérations	91
Combat de Mesly	99
La Gare-aux-Bœufs	114
Épinay	121
Le premier décembre	128
Conseil de guerre de Poulangis	128
Retraite de la division de Bellemare	137
Armistice	145
Travaux de campagne. Emplacements des troupes	148

	Pages.
Bataille de Champigny	161
Avant le jour	161
Attaque de Champigny	165
Organisation de la résistance	177
Attaque du Grand-Four-à-Chaux	182
Résistance de la division Berthaut	186
Attaque de Bry	189
Deuxième attaque de Champigny	198
Combats au centre	203
Devant Villiers	207
Réoccupation complète de Bry	223
Dernier effort des Allemands	226
Fin de la bataille	234
Considérations	239
Les suites de la bataille	271
La nuit du 2 au 3	271
Retraite de la 2ᵉ armée	277
Paris pendant la lutte	282
Du 29 novembre au 8 décembre	293
Nouveau projet de sortie	310
Invite à la paix	323
Suspension d'armes	338
Pièces justificatives	343
Auteurs et documents cités ou consultés	359

CROQUIS

Plateau de Cœuilly	18
Plateau de Villiers	26
Le Mont-Mesly	100
Champigny-sur-Marne	166
Bry-sur-Marne	190

Carte des opérations militaires (hors texte).

Paris, Imprimerie L. Maretheux, 1, rue Cassette. — 5068.

G. CHARPENTIER ET E. FASQUELLE, ÉDITEURS
11, rue de Grenelle, Paris
Extrait du Catalogue de la BIBLIOTHÈQUE-CHARPENTIER
à 3 fr. 50 le volume

OUVRAGES HISTORIQUES ET MILITAIRES

GÉNÉRAL E. BOGDANOVITCH
La Bataille de Navarin...................... 1 vol.

COLONEL F. CANONGE
Histoire militaire contemporaine............ 2 vol.

ALFRED DUQUET
La Guerre d'Italie (1859)................... 1 vol.
Fræschwiller, Châlons, Sedan............... 1 vol.
Les Grandes Batailles de Metz.............. 1 vol.
Les Derniers Jours de l'Armée du Rhin...... 1 vol.
Paris. — Le Quatre Septembre et Châtillon.. 1 vol.
Paris. — Chevilly et Bagneux............... 1 vol.
Paris. — La Malmaison, Le Bourget et le
  Trente et un Octobre..................... 1 vol.
Paris. — Thiers, le Plan Trochu et
  L'Haÿ.................................... 1 vol.
Paris. — Les Batailles de la Marne......... 1 vol.

GALLI
L'Armée française en Égypte (1798-1801).... 1 vol.

AMIRAL JURIEN DE LA GRAVIÈRE
Guerres maritimes contemporaines........... 2 vol.

POLLIO
Le Bataillon du 10 août 1792............... 1 vol.

www.ingramcontent.com/pod-product-compliance
Lightning Source LLC
Chambersburg PA
CBHW070435170426
43201CB00010B/1100